Dorothea Krüger (Hrsg.)

Genderkompetenz und Schulwelten

Kultur und gesellschaftliche Praxis

Herausgeber:
Michael Corsten
Karl-Friedrich Bohler
Hartmut Rosa

In den letzten Jahrzehnten hat es in der deutschsprachigen wie internationalen Soziologie nicht nur einen massiven Anstieg von Studien zu mannigfaltigen Kulturerscheinungen und verschiedenartigen Formen gesellschaftlicher Praxis gegeben. Es ist sowohl von einem practical turn als auch von einem cultural turn in den Sozial-, Kultur- und Geisteswissenschaften die Rede.

Die Reihe „Kultur und gesellschaftliche Praxis" hat sich den Anspruch gesetzt, die Vielfalt theoretischer und empirischer Untersuchungen im Feld der Kultur- und Gesellschaftsforschung miteinander zu verbinden. Die Reihe nimmt deshalb solche Arbeiten auf, die kultur- und praxisanalytische Zugänge systematisch verknüpfen, um darüber die symbolisch-praktische Erzeugung sozialer Welten in ihren konstitutiven Mechanismen zu rekonstruieren.

Die in dieser Reihe versammelten Studien widmen sich der Rekonstruktion von historischen, kulturellen und praktischen Bedingungen der Entstehung einzelner gesellschaftlicher Symptome und der Analyse der Gegenwartsgesellschaft als Ganzer.

Dorothea Krüger (Hrsg.)

Genderkompetenz und Schulwelten

Alte Ungleichheiten –
neue Hemmnisse

VS VERLAG

Bibliografische Information der Deutschen Nationalbibliothek
Die Deutsche Nationalbibliothek verzeichnet diese Publikation in der
Deutschen Nationalbibliografie; detaillierte bibliografische Daten sind im Internet über
<http://dnb.d-nb.de> abrufbar.

1. Auflage 2011

Alle Rechte vorbehalten
© VS Verlag für Sozialwissenschaften | Springer Fachmedien Wiesbaden GmbH 2011

Lektorat: Dorothee Koch

VS Verlag für Sozialwissenschaften ist eine Marke von Springer Fachmedien.
Springer Fachmedien ist Teil der Fachverlagsgruppe Springer Science+Business Media.
www.vs-verlag.de

Umschlaggestaltung: KünkelLopka Medienentwicklung, Heidelberg
Copyright Titelbild: Sylvie Güdesen; Strange Design
Gedruckt auf säurefreiem und chlorfrei gebleichtem Papier
Printed in Germany

ISBN 978-3-531-17508-9

Geleitwort

Die schulbezogene Frauen- und Geschlechterforschung und die damit eng verwobene Gleichstellungspraxis in der Organisation Schule haben einerseits eine lange Tradition. Diese wird auch in dem vorliegenden Band nachgezeichnet. Um nur einige Beispiele zu nennen: Die Beiträge informieren über die frühe feministische Schul- und Bildungsforschung sowie Ansätze einer feministischen Pädagogik, die Debatten darüber, ob Koedukation überhaupt zur Herstellung von Geschlechtergerechtigkeit geeignet sei, und die „katholische Arbeitertochter vom Lande", die in den 1960er Jahren als Prototyp der Benachteiligten galt – und was aus ihr geworden ist.

Andererseits gibt es aber auch noch einen erheblichen Forschungs- und Handlungsbedarf. Das betrifft zum Beispiel die seit einigen Jahren immer wieder aufgeworfene Frage, ob inzwischen nicht die Mädchenförderung durch Jungenförderung ergänzt oder gar ersetzt werden müsse. Inzwischen gilt ja bekanntlich der „Migrantensohn" als Prototyp des Benachteiligten. Dazu ermöglichen die Beiträge differenzierte Einsichten.

Als roter Faden durch das Buch gezogen werden die Fragen, wie in Schulen Geschlechterunterscheidungen bzw. -stereotype und Geschlechterhierarchisierungen produziert und reproduziert werden und die Frage, was dagegen getan werden kann: welchen Beitrag die Schule – das heißt sowohl die dort (Inter)-Agierenden als auch und insbesondere, diejenigen, die den Rahmen dafür setzen – zu mehr Geschlechtergerechtigkeit oder Geschlechterdemokratie leisten können. Als eine solche Strategie wird Gender Mainstreaming vorgestellt und diskutiert.

Schließlich geht es, wie schon „die katholische Arbeitertochter vom Lande" und der „Migrantensohn" verdeutlichen, auch um die Bedeutung von Geschlecht im Verhältnis zur Bedeutung anderer sozialer Kategorien, wie z.B. soziale Herkunft, regionale Herkunft, Religionszugehörigkeit und Migrationshintergrund; dementsprechend beziehen sich einige Autor_innen auch auf das Konzept der „Intersektionalität", in dessen Zentrum die drei Kategorien *Race, Class, Gender*" stehen. Um diese Fragen geht es auch bei den in einigen Beiträgen angesprochenen Diskussionen um das Verständnis von und den Umgang mit Heterogenität in Erziehungswissenschaft und Unterrichtspraxis bzw. in einer „Pädagogik der Vielfalt". Über das Handlungsfeld Unterricht hinaus betrifft das die gesamte Schulkultur und insbesondere auch die Personalpolitik an Schulen. In all diesen Handlungsfeldern besteht eine Herausforderung darin, eine angemessene Verbindung von Gender und Diversity als gleichstellungspolitischen Strategien zu finden: sei es als Diversity unter dem Dach Gender, als „Gender plus Diversity" oder als Gender unter dem Dach Diversity. Dafür kann es keinen „Königsweg" geben, aber auch dazu liefert der vorliegende Band Informationen und Denkanstöße.

Gertraude Krell, Berlin im August 2010

Inhaltsverzeichnis

Genderkompetenz und Schulwelten: Bewegungen, Ungleichheiten, Hemmnisse

Dorothea Krüger

Bewegungen in der Institution Schule: ein langwieriges und schwer zu erfassendes Phänomen? „Institutionen (erscheinen DK) als Pflöcke, die die Grenzen von Kultur markieren und gegen strömende, heterogene Kräfte Dämme ziehen. [...] Kulturforschung, so gesehen, ist Institutionenforschung; sie nimmt Bezug auf Zusammenhänge, die [...] durch Handeln erfüllte Gestaltung von Institutionen betreffen" (Endruweit 2002: 299).

Dass es Bewegungen gibt im Denken und Handeln in der Institution Schule ist unstrittig: wie diese Bewegungen aussehen und vor allem mit welcher Zielrichtung und welchen Konsequenzen sie verfolgt werden, höchst kontrovers. Belegt sind einerseits nach wie vor Polarisierungen bezogen auf die Kompetenzen und Erfolge von Mädchen und Jungen. Andererseits gibt es eine zunehmende *Verflüssigung der Geschlechtergrenzen,* eine Annäherung der Geschlechter. Was bedeutet das für den Diskurs Genderkompetenz? Soll es weiterhin vorrangig um den Abbau geschlechtsspezifischer Benachteiligungen gehen – und wenn ja, geht es dabei in erster Linie um Mädchen oder um Jungen? Soll die Geschlechterfrage überhaupt in den Vordergrund gerückt werden oder nicht besser Geschlecht de-thematisiert? An welchen Ansätzen und Erkenntnissen der Geschlechterforschung (Gleichheit, Differenz, Dekonstruktion) sind Vorstellungen von Genderkompetenz orientiert? Und schließlich: Sollte nur Geschlecht als Strukturkategorie berücksichtigt werden oder auch andere wie z.B. soziale Herkunft, Ethnie und biographischen (Körper-)Erfahrungen - und wenn ja als gleichrangige?

In diesem Spannungsfeld von Ambivalenzen, Widersprüchen und der Suche nach Lösungen ist die Genderdebatte im Kontext Schule angesiedelt: Dabei geht es um die Frage, welche Ansätze und Konzepte existieren, die Gendergerechtigkeit in der Schule verfolgen, und wie sich die Schulforschung auf empirischer Ebene im Hinblick auf die Strukturkategorie „Geschlecht" seit den 80er Jahren des letzten Jahrhunderts entwickelt hat.

Konzepte und Ansätze für eine geschlechterkompetente Schule sowie empirische Studien zum Schulalltag unter Genderperspektive wurden vornehmlich in den letzten 10 bis 15 Jahren im Rahmen von Schulprojekten durchgeführt, in denen (alternative) Praxismodelle vorgestellt und Schulfächer kritisch beleuchtet

wurden. Dennoch bestehen -angefangen bei der Ausbildung von Lehramtsstudie-
renden- Defizite und Forschungslücken. So wird in der 18. Konferenz der
Gleichstellungs- und Frauenministerinnen sowie der Senatorinnen der Länder im
Oktober 2008 dringend die Vermittlung von Genderkompetenz in den Lehramts-
studiengängen gefordert mit dem Ziel mehr Chancengerechtigkeit für Mädchen
und Jungen zu erreichen. In Erziehung, Bildung und Ausbildung soll ein ge-
schlechterkompetenter Ansatz als Leitprinzip verfolgt werden.

   Anknüpfend an diese Forderung geht es in den Beiträgen um die Bedeutung
von Geschlecht im Kontext Schule. Welche Entwicklungen lassen sich in den
letzten 30 Jahren in der Debatte um Geschlecht und Schule feststellen? Inwiefern trägt Schule zur Reproduktion hierarchischer Geschlechterverhältnisse bei?
Welche Rolle spielen geschlechterkompetente Ansätze beim Abbau entwick-
lungshemmender Bedingungen beider Geschlechter in der Schule? Wie kann die
Gleichheit der Geschlechter im schulischen Kontext gefördert werden und welche Fragen stellen sich für die zukünftige Forschung und Praxis einer genderkompetenten schulischen Arbeit?

   Diesen Fragen wurde- aus theoretischer und empirischer Sicht- im Juni
2009 in einem Workshop mit (Bildungs-)Expert_innen und Studierenden lehr-
amtsbezogener Studiengänge am Institut für Sozialwissenschaften der Universität Hildesheim nachgegangen. Der vorliegende Band ist eine erweiterte Dokumentation dieses Workshops. Er thematisiert die Genderdebatte im Kontext
Schule, die vielfältigen Akteur_innen in der Institution Schule und Entwick-
lungspfade einer gendergerechten Kultur.

   Beleuchtet werden Fragen der Geschlechtergerechtigkeit und Geschlechter-
sensibilität in Bezug auf doing gender und undoing gender Prozesse und mögliche Strategien zur Verwirklichung von mehr Chancengleichheit in der Schule.
Damit soll eine erweiterte Perspektive der schulischen Genderdebatte in den
Mittelpunkt gestellt und nach dem „Ertragsgewinn" der vorliegenden Erkenntnisse im Hinblick auf die Implementierung einer gendergerechten Kultur in der
Schule gefragt werden.

   Bereits in den 1980er Jahren hat Ilse Brehmer als eine der Pionierinnen feministischer Mädchenbildung den ganz alltäglichen Sexismus in der Schule
aufgedeckt und in den 1990er Jahren in einem Forschungsprojekt versucht,
Lehrpersonen und Schüler_innen für geschlechtsspezifische Thematiken zu sensibilisieren und Wege zu finden, die ein Handeln jenseits von Geschlechtsstereotypen ermöglichen. „Wir haben Interventionen entworfen und ausprobiert, diese
bieten Möglichkeiten für kleine Schritte zur Veränderung. Eine durch Jahrtau-
sende eingeschliffene geschlechtsspezifische Arbeitsteilung und Zuschreibung
von so genannter Weiblichkeit und Männlichkeit lässt sich sicherlich nicht

innerhalb von zwei Jahren verändern, noch allein in der Schule, sondern bedarf langfristiger gesellschaftlicher Prozesse. Hierzu hoffen wir ein wenig beigetragen zu haben, so dass Mädchen stark und Jungen sanft sein können und dass jede Person sich so entwickeln kann, wie es ihren/seinen individuellen Interessen entspricht." (Brehmer 2000: 238). Im Kern sind hier schon relevante Prämissen benannt, die in genderkompetenten Ansätzen weiterentwickelt wurden: die Veränderung geschlechtsspezifischer Festlegungen und die Entwicklung individueller Fähigkeiten unabhängig von gesellschaftlichen Einengungen und Zuschreibungen.

Im Folgenden werden die Beiträge des Sammelbandes im Einzelnen vorgestellt. Insgesamt ist der Band untergliedert in drei Schwerpunkte: 1.Genderdebatte im Kontext Schule, 2. Akteur_innen in der Institution Schule und 3. Genderkompetenz: Bau- und Stolpersteine zur Entwicklung einer gendergerechten Kultur.

Im ersten Teil des Bandes geht es um die Genderdebatte im Kontext Schule und die Frage, welche Diskurse über die Bedeutung von Geschlecht geführt wurden und ob heute noch die Bildungsbenachteiligung des katholischen Arbeitermädchens vom Lande Relevanz beanspruchen kann. Weiter wird den Fragen nachgegangen, ob das Konzept Gender Mainstreaming für die Gleichstellungsarbeit in den Schulen ein zentraler Grundpfeiler der Gleichstellung der Geschlechter darstellt, und inwiefern gendergerechte Ansätze ein Mehr an Geschlechterdemokratie befördern.

Dorothea Krüger beschäftigt sich im ersten Teil in „Drei Jahrzehnte Forschung zu „Geschlecht und Schule". Eine Einleitung" mit dem Bedeutungswandel von Gender und Schule und kennzeichnet verschiedene Phasen der Entwicklung – von der Analyse der geschlechtsspezifischen Sozialisationsbedingungen und der Bewusstwerdung der Diskriminierung von Mädchen in der Schule – bis zum Indikator Gender für eine geschlechterkompetente Schulkultur. Einigkeit besteht in der Schulforschung darüber, dass Geschlechterdifferenzen im Bildungssystem existieren; die Frage wie Genderkompetenz umgesetzt werden sollte, bleibt strittig.

Ilse Brehmer gibt in „Aspekte der feministischen Schulforschung: Entdeckungszusammenhänge zur Gleichberechtigung der Geschlechter" einen Einblick in die Anfänge der Genderdebatte der 1980er Jahre und die „Entdeckungszusammenhänge" zum Sexismus in der Schule. Ziel der feministischen Schulforschung war es, Benachteiligungen von Mädchen abzubauen und ihr Verhaltensrepertoire zu erweitern. Brehmer zeigt in ihrem Beitrag, der auch eigene biographische Erfahrungen mit einbezieht, dass bereits Anfang der 1980er Jahre Forderungen nach Aus- und Weiterbildung der Lehrkräfte zur Sensibilisierung ge-

schlechtsspezifischer Defizite und der Entwicklung eines alternativen Unterrichts, der den „Mädchenneigungen" besser entspricht, bestehen. Sie problematisiert die aktuelle Retraditionalisierung der geschlechtsspezifischen Unterschiede
auf eine soziobiologische Sichtweise und plädiert für ein Überdenken der
Gleichberechtigungsidee.

Michael Corsten fragt in seinem Beitrag „Was ist eigentlich aus den katholischen Arbeitertöchtern vom Lande geworden?" nach dem Wandel der Geschlechterverhältnisse in der Bildung und stellt milieuspezifische Veränderungen
der Bildungsbenachteiligung fest. Seine statistischen Auswertungen belegen:
Von der Bildungsexpansion der 1960er Jahre profitierten vor allem protestantische Selbständigentöchter aus der Stadt!

Heike Kahlert eröffnet mit ihrem Beitrag „Gender Mainstraming: ein Konzept zur Geschlechtergerechtigkeit in der Schule?" die Diskussion zum Gender-
Mainstreaming-Konzept und analysiert es als ein Konzept der geschlechtergerechten Organisationsentwicklung. Sie fragt nach Umsetzungsmöglichkeiten in
die Organisation Schule und belegt vielfältige Strategien, aber auch Widerstände
im Implementierungsprozess.

Waltraud Cornelißen widmet sich in „Gendergerechte Ansätze in der Schule: ein Schritt zu mehr Geschlechterdemokratie?" der Frage, ob gendergerechte
Ansätze mehr Geschlechterdemokratie bedeuten. Ausgehend vom Gleichberech-
tigungsgebot unserer Verfassung stellt sie fest, dass sich Geschlechterdemokratie
zwar nicht verordnen lässt, aber die Befähigung beide Geschlechter gleichermaßen zu fördern ihren eigenen Lebensplänen zu folgen, auch in der Schule genutzt
werden sollte. Diese komplexe und gesamtgesellschaftliche Aufgabe wird in der
Schulkultur bisher noch wenig realisiert, zumal der männliche Arbeits- und
Kooperationsstil im System Schule honoriert, der weibliche aber ignoriert und
abgewertet wird; hingegen ein bereicherndes „crossover" zwischen den Geschlechtern Schulkulturen verändern könnte. Cornelißen weist darauf hin, dass
sowohl die hierarchische und funktionale Arbeitsteilung in der Schule als auch
das Geschlechtsrollenverständnis der Lehrkräfte Geschlechterstereotype reproduziert und dies in der öffentlichen Debatte weitgehend unbeachtet bleibt. Viel
Beachtung finden hingegen Schulstatistiken über geschlechtsspezifische Schuler-
folge, ohne dass zu rekonstruieren ist, wie Geschlechterdiskrepanzen zustande
kommen und sie eignen sich deshalb -so die Autorin- nicht als Anleitung zum
praktisch-pädagogischen Handeln! Unabdingbar sei es, über neue Formen des
Fachunterrichts nachzudenken und einen bewussten Umgang mit Heterogenität
zu fördern, denn „Geschlecht (ist) weiterhin eine wichtige, aber nicht die einzige
soziale Kategorie, mit der Differenzen erzeugt werden." Ein geschlechtergerechter Schulalltag unter Einbezug der Lebenslaufperspektive bedeutet – so das Fazit
–, dass die Individualisierung Vorrang vor der geschlechtsspezifischen Förde-

rung haben sollte und die Voraussetzung für Veränderungen eine geeignete Aus-
und Fortbildung der Lehrkräfte wäre.

Nach der Einführung in die Geschlechterdebatte im schulischen Kontext sollen
im zweiten Teil des Bandes die Akteur_innen und Schauplätze näher betrachtet
werden: die Lehrkräfte als (Mit-)Produzent_innen von Gender, Schulräume als
Ausdruck von Geschlechterhierarchie und Schulfächer als Widerspiegelung von
doing und undoing gender Prozessen.

Bei der Frage, wie eine geschlechtergerechte Schule gestaltet werden kann,
kommt niemand an den Lehrkräften vorbei. Sie nehmen eine wichtige Rolle bei
der Gestaltung der Schulkultur ein, dies gilt sowohl für die Planung des Unterrichts, für die Ausgestaltung von Interaktionen, also auch für die Erwartungshal-
tungen in Bezug auf das soziale Verhalten. Richtet man den Blick auf die alltäglichen Interaktionen, zeigen sich Möglichkeiten zur Erweiterung des Handlungs-
spektrums von Jungen und Mädchen, aber auch Risiken, wenn geschlechterstereotype Vorstellungen zugrunde gelegt werden. Dies kann dazu führen, dass –
möglicherweise gegen den eigenen Anspruch – Geschlechterdifferenzen bei den
Schüler_innen eher verstärkt als abgebaut werden.

Jürgen Budde widmet sich in seinem Beitrag „Heterogenität und Homogenität aus der Perspektive von Lehrkräften" diesen Konstruktionsprozessen der
Unterrichtsgestaltung anhand eines ethnographischen Forschungsprojektes und
fragt nach der Wahrnehmung von Heterogenität und Homogenität im Schulun-
terricht. Der Fokus richtet sich dabei auf die Lehrkräfte und den Umgang mit den
zwei Geschlechtergruppen, den Mädchen und Jungen. Budde stellt heraus, dass
die Zuschreibungen nach Geschlecht homogenisierende Bilder entfalten können,
die eine Einschränkung der realen Heterogenität der Schüler_innen bedeuten. Im
Zentrum seines Beitrages steht die Schulkultur als Aushandlungsprozess zwischen Lehrkräften, Schüler_innen, Schulleitung und Eltern sowie der institutionellen und individuellen Ebene. Budde thematisiert das soziale Lernen in der
Schule und die Bearbeitung der Konstruktionen Differenz und Gleichheit durch
die Lehrkräfte. Seine Kritik richtet sich auf die Festschreibung „geschlechtstypi-
scher" Eigenschaften, die eine Verstärkung von Stereotypen beinhaltet und nach
dem Differenzkonzept zur Wahrnehmung von Geschlechterunterschieden führt
wie „Buben sind, Mädchen sind..."

Diese geschlechtsspezifischen Wahrnehmungen – so der Autor – werden
von den Lehrkräften unterschiedlich honoriert und sanktioniert: Mädchen erhalten positivere Bewertungen als Jungen, die sich auch in Zeugnisnoten widerspiegeln. Grundsätzlich plädiert Budde für eine Flexibilisierung der Kategorie Geschlecht, die Förderung individueller Vielfalt und die institutionelle Unterstüt-

zung der Lehrkräfte, um eine erweiterte Kompetenz der (Gender-)Heterogenität zu etablieren.

Auch schulische Fächer unterliegen hierarchischen Ordnungen, wenngleich diese bisweilen v.a. über den heimlichen Lehrplan transportiert und nicht explizit benannt werden. Fächer sind über ihre spezifischen Abläufe, Ordnungen, Handlungs- und Denkmuster hergestellt. Diese fachkulturellen Konstruktionsprozesse greifen oftmals über alltägliche Prozesse, die aufgrund ihrer selbstverständlichen (doxischen) Muster nicht mehr oder nur selten reflektiert werden. Materielle Größen wie z.B. Raum(an)ordnungen stabilisieren die kulturellen Muster, geraten aber nur selten in den Blick. Raumsoziologische Fragestellungen werden erst sehr zögerlich in die erziehungswissenschaftliche Forschung einbezogen, empirische Studien gibt es fast nicht.

Auf Grundlage der empirischen Ergebnisse des DFG-Projektes „Soziale Konstruktionen von Geschlecht in der Sek. 1" befasst sich *Katharina Willems* in ihrem Beitrag „Lernräume, Geschlechterhierarchien und Fachkulturen- Komplizinnen auf dem Weg zu neuen Lernkulturen?" mit den Zusammenhängen von schulischen Fachkulturen, Geschlechterhierarchien und Lernräumen. Am Beispiel der Unterrichtsfächer Deutsch und Physik zeichnet sie nach, wie sich fachkulturelle Muster und Geschlechterverordnungen in räumlichen Anordnungen manifestieren. Katharina Willems geht davon aus, dass bis heute die grundlegende Wertung der Bereiche in die kapitalträchtige Naturwissenschaftskultur und die weniger kapitalträchtige geisteswissenschaftliche fachkulturelle Seite gilt und die Binarität dieser „Welten" nicht unabhängig voneinander denkbar ist. Die Zuweisung der binären Klassifikation als „harte", theoretische Bereiche werden der männlichen Welt zugewiesen, die weibliche gilt als eher kooperativ, „weich" und diskursiv zugänglich. Die Autorin schlussfolgert, dass Männern dementsprechend eher eine naturwissenschaftliche Kompetenz, den Frauen eine sprachliche Befähigung zugeschrieben wird; und sie stellt die Frage: welche Rolle spielen die Lehrkräfte für die Ausbildung vergeschlechtlicher Fachkulturen? Die Ergebnisse von Katharina Willems belegen gegenderte Fachkulturen und die Notwendigkeit fachkultureller Reflexionen sowie die Weiterentwicklung unterrichtlicher Inhalte, um ein Degendering der Fächer Deutsch und Physik zu erreichen. Gefordert werden neue Lernkulturen, neue Arrangements gemäß des Grundsatzes „Wer einen Teil verändern will, der muss daran denken, all jene Teile mit zu verändern, die damit zusammenhängen", konkret gesprochen: Lernräume, Fachkulturen und Geschlechterhierarchien erweisen sich auf diesem Weg als enge Komplizinnen!

Nach der Genderkompetenz im Schulsport fragt *Elke Gramespacher* in ihrem Beitrag „Schulsport genderkompetent gestalten". Da im Sport das biologische (sex) und das soziale (gender) Geschlecht direkt miteinander verbunden

sind, gilt es diese Koppelung und die damit einhergehenden geschlechtstypischen Zuschreibungen zu reflektieren. Bezüglich der Kategorie sex belegen Studien, dass Unterschiede in der sportlichen Leistungsfähigkeit erst ab Pubertät
wirksam werden und früher einsetzende Differenzierungsprozesse von Mädchen
und Jungen im Sport sozialisationsbedingte Ursachen haben. Anhand des Frau-
enfußballs zeigt die Autorin auf, inwiefern die genderbezogenen Exklusionsmechanismen des Leistungssports greifen und die Ausgrenzung durch Sondersportarten Abwertungsstrategien begünstigen. Elke Gramespacher präsentiert ein
Modell des genderkompetent gestalteten Schulsports auf der Grundlage der empirischen Studie „Gender Mainstreaming in der Schul(sport)entwicklung". In
dieser Untersuchung wurden Sportlehrkräfte der Haupt-, Realschulen und Gymnasien in Baden-Württemberg befragt mit dem Ziel, geschlechtsbezogene soziale
Ungleichheiten im Schulsport aufzuzeigen. Die Daten belegen interessante Befunde zur reflexiven Koedukation und weisen auf die Erweiterung der Genderkompetenz in Verbindung mit dem Diversity-Ansatz hin.

Im dritten Teil des Bandes werden Entwicklungslinien einer gendergerechten
Kultur in der Institution Schule entworfen. Dabei geht es konkret um die Frage,
welche Probleme bei der Institutionalisierung von Genderkompetenz in den
Schulalltag entstehen, welche praktischen Erfahrungen (am Beispiel eines Gymnasiums in Österreich und einer Gesamtschule in Nordrheinwestfalen) vorliegen
und inwiefern bildungspolitische Perspektiven zu diskutieren sind.

Uli Boldt, Lehrer an der Laborschule Bielefeld, beschreibt in „Der „steini-
ge" Weg- Ein Beitrag zur Institutionalisierung gendergerechter Konzepte an
bundesdeutschen Schulen" Wege zur Institutionalisierung gendergerechter Konzepte in deutschen Schulen. Er stellt fest, dass Genderfragen zunehmend den
Diskurs in der Erziehungswissenschaft bestimmen. Auch Bildungspolitiker und
Bildungspolitikerinnen äußerten sich zur Frage der Bildungssituation und -teil-
habe von Mädchen und Jungen. Vor dem Hintergrund des politischen Konzepts
des „Gender Mainstreaming" und des pädagogischen Konzepts der „Reflexiven
Koedukation" werde in den bundesdeutschen Schulen zunehmend auch die Frage
diskutiert, wie Geschlechterfragen im Rahmen der konkreten Schulentwicklung
berücksichtigt werden können. Uli Boldt benennt institutionelle, organisatorische
und personelle Veränderungen, die notwendig sind, um geschlechterbewusste
und gendergerechte Konzepte an bundesdeutschen Schulen zu verankern. An
einzelnen Schulen sind Konzepte für das Erreichen von einem „Mehr" an Geschlechtergerechtigkeit entwickelt worden. Andere Kollegien befinden sich erst
am Anfang der Diskussion. Deutlich ist, dass im Zuge der Schulprogrammarbeit
zwei Problemfelder berücksichtigt werden müssen: Gelungene Schulentwicklung
setzt eine Veränderung der Institution Schule und innovatives Lehrerinnenhan-

deln voraus. Die Professionalisierung der Lehrerinnen und Lehrer stellt neben
der Veränderung der Organisation eine Grundvoraussetzung dar, geschlechterbewusste Schulentwicklung zu initiieren und innerhalb der Organisation Schule
zu verankern.

Der Beitrag verdeutlicht, welche Hindernisse es bei der Institutionalisierung
gendersensibler Ansätze gibt. Zugleich soll aber auch der Gewinn sichtbar gemacht werden, wenn Lehrerinnen und Lehrer im Zusammenhang mit Fragen der
Schulentwicklung auch Geschlechterperspektiven aufgreifen. Für die Identitätsfindung der Jungen fordert Boldt einen höheren Anteil an empathischen männlichen Lehrkräften, die den Jungen ein breiteres Spektrum an Rollenvorbildern
anbieten.

Wie eine gelungene Integration des Genderschwerpunktes in die Schule
aussehen kann, zeigt beispielhaft *Heidi Schrodt* in „Entwicklungslinien gender-
kompetenter Schulprozesse: ein Pionierbericht aus Österreich". Sie beschreibt
den Schulentwicklungsprozess an einem Wiener Gymnasium seit Mitte der
1990er Jahre: von der zunächst feministisch ausgerichteten Mädchenarbeit als
erste Etappe über die Schärfung der Wahrnehmung „Gender" auf Lehrer_innen-,
Schüler_innen- und Elternebene bis zur Entwicklung einer geschlechtergerechten
Schule für Mädchen und Jungen auf der Grundlage des Gender- und Diversity-
Ansatzes. Neben der Anerkennung dieses Schulschwerpunktes weist die Autorin
auch auf nach wie vor bestehende Widerstände und „Stolpersteine" bei der Arbeit an Geschlechterfragen hin. Das Ziel, traditionelle Geschlechtsrollenzu-
schreibungen zu überwinden, kann aber langfristig nur verwirklicht werden,
wenn eine enge Verzahnung von Theorie und Praxis besteht und Unterstützung
von Seiten der Lehrerausbilder_innen existiert – so das Resümee von Heidi
Schrodt.

Ein weiteres Praxisprojekt stellen *Manuela Westphal und Nora Schulze* in
„Schüler und Schülerinnen als Genderbeauftragte an Schulen: ein Modellprojekt" dar, die das Modell der Gender-Beauftragten in einer nordrheinwestfäli-
schen Gesamtschule evaluierten. Die Ergebnisse der empirischen Studie weisen
zunächst auf eine Flexibilisierung der Geschlechterbilder hin, insgesamt wird
aber der Fokus eindeutig auf die Benachteiligung von Jungen gesetzt. Die Autorinnen reflektieren, wie dem „blinden Fleck" Mädchenbenachteiligung begegnet
werden kann.

Der letzte Beitrag von *Katharina Schiederig und Dagmar Vinz* „Gender
plus Diversity als bildungspolitische Perspektive" beschäftigt sich mit der Frage,
ob der Ansatz „Gender plus Diversity" eine Perspektive für den Abbau von sozialen Ungleichheiten in der Schule bietet. Anknüpfungspunkt für die Analyse
stellen die Konzepte des Diversity Management und Gender Mainstreaming dar,
die beide den Gleichstellungsanspruch verfolgen, wenn auch mit unterschiedli-

cher Schwerpunktsetzung. Welche Unterschiede sozial bedeutsam sind, thematisiert auch das Konzept der Intersektionalität, das sich an der Triade „Race, Class, Gender" orientiert. Übertragen auf das Bildungssystem stellt sich die Frage, wie Chancengleichheit hergestellt werden kann. Erfolgsversprechend als Analyseinstrument erscheint den Autorinnen der Ansatz der institutionellen Diskriminierung, der Selektionsentscheidungen an zentralen Übergangsschwellen im Schulbereich als Muster der Diskriminierung der Kinder, die nicht den Normalitätserwartungen an Mittelschicht-Kindern entsprechen, entlarvt. Zum Abbau von institutioneller Diskriminierung erscheint neben Strategien zur Organisationsentwicklung wie Gender Mainstreaming auch die Erlangung von Gender- und Diversity-Kompetenz unabdingbar. Dementsprechend bedarf die koedukative Schule dringender Reformen, wenn sie das Individuum befähigen soll, mit verschiedenen Wahlmöglichkeiten souverän umzugehen. Die Autorinnen weisen mit Sen (2007) darauf hin, dass Menschen nicht nur Wurzeln haben, sondern auch Füße. Sie stellen fest, dass Gender und Diversity eine interessante Perspektive für den Abbau von Ungleichheiten im Schulalltag darstellen kann. Eine Aufgabe der zukünftigen Forschung sehen sie darin herauszuarbeiten, wie erfolgreich Chancengleichheit unter Bedingungen stärkerer Marktsteuerung von Bildungsorganisation sein kann.

Insgesamt liefert der Band Einblicke in Entwicklung und Stand der wissenschaftlichen Diskussion zur Genderdebatte im Kontext Schule, greift aktuelle Fragestellungen auf und weist auf zukünftige Entwicklungslinien hin. Deutlich wird: Durch den Diskurs zur Bedeutung von Geschlecht in der Schule in Forschung und Praxis findet eine zunehmende Sensibilisierung und Kompetenz „angehender" Lehrer_innen bereits im Studium statt. Sie haben die Möglichkeit, sich mit ihrer Rolle selbstreflektiv auseinanderzusetzen und in ihren Schulpraktikas zu erproben. Projekte belegen, dass sich in der Institution Schule Handlungsfelder eröffnen.
     Erst wenn die Bedeutung von „Zweigeschlechtlichkeit" für die Institution Schule und die Bedeutung von Schule für die Institution Zweigeschlechtlichkeit bewusst ist, kann eine Kultur der Geschlechtergerechtigkeit verwirklicht werden. Dazu sind stärkere Verzahnungen von theorie- und praxisorientierten Ansätzen notwendig und, neben der Genderdimension, weitere kategoriale Unterscheidungen wie Schicht, Ethnie und biographische (Körper-)Erfahrungen. Auch Abweichungen von der Norm eindeutiger Geschlechtsidentität wie Homosexualität und Transsexualität sollten zukünftig im Konzept von Geschlechterkompetenz mitgedacht werden. Dabei sind unterschiedliche Konzepte des Umgangs mit geschlechtsspezifischen Benachteiligungen in der Schule nicht als konkurrierende, sondern ergänzende zu verstehen, die in ihren Forschungsfragen verschiedene

Schwerpunkte setzen und differierende Methoden verwenden und damit in bereichernder Weise dazu beitragen soziale Ungleichheiten in Bildungsinstitutionen zu identifizieren.

Literatur

Brehmer, Ilse (2000): Was Sandkastenrocker von Heulsusen lernen können – Ein handlungsorientiertes Projekt zur Erweiterung sozialer Kompetenzen. Herausg. vom Ministerium für Frauen, Jugend, Familie und Gesundheit des Landes NRW. Düsseldorf. Band 277.

Endruweit, Günter/Trommsdorff, Gisela (Hrsg.; 2002): Wörterbuch der Soziologie. Stuttgart: Beltz.

Sen, Amartya (2007): Die Identitätsfalle. Warum es keinen Krieg der Kulturen gibt. Bonn: Beck.

1 Die Genderdebatte im Kontext Schule

Drei Jahrzehnte Forschung zu „Geschlecht und Schule". Eine Einleitung

Dorothea Krüger

1 Einführung

Der Rückblick auf die inzwischen drei Jahrzehnte Forschung zu „Geschlecht und Schule" in Deutschland kann und soll in diesem einleitenden Beitrag nur ausschnitthaft erfolgen.[1]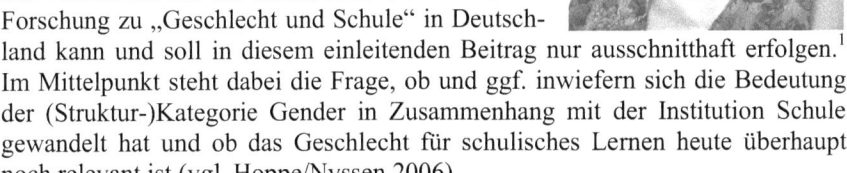
Im Mittelpunkt steht dabei die Frage, ob und ggf. inwiefern sich die Bedeutung der (Struktur-)Kategorie Gender in Zusammenhang mit der Institution Schule gewandelt hat und ob das Geschlecht für schulisches Lernen heute überhaupt noch relevant ist (vgl. Hoppe/Nyssen 2006).

Erst im Zuge der Bildungsreformdebatte Ende der 1960er Jahre wurde das Thema „Geschlecht und Schule" entdeckt. Der Anspruch, Geschlechtergleichheit aufgrund der Koedukation zu gewährleisten, schien nicht eingelöst; vielmehr seien Mädchen durch einen „heimlichen Lehrplan" benachteiligt, so die damalige Kritik. Helge Pross stellt in ihrem Band „Über die Bildungschancen von Mädchen in der Bundesrepublik" eine große Diskrepanz zwischen Bildungschancen und (Aus-)Bildungsniveau der Mädchen und Frauen in der Bundesrepublik fest und schließt mit der Aufforderung „[...] dass zahlreiche Frauen, nähmen sie nur etwas konsequenter die Mühe des Widerstands gegen den Widerstand auf sich, im öffentlichen Bereich und in der Erwerbssphäre sehr viel häufiger das Terrain zu erobern vermöchten, das zu erobern sie wünschen." (Pross 1969:110) Zur Frage, wie die Barrieren in Bildung und Ausbildung von Mädchen und Frauen durchbrochen werden können, weist Pross auf die Überwindung der weiblichen Rollenstereotype hin, die zur Perpetuierung einer sozialen Ungleichheit beitragen und gesellschaftlich überholt sind, weil sie – so die weitere Argumentation – die bürgerliche Lebensweise des 19. Jahrhunderts fortschreiben.

Und heute? Sind in den Schulen diese institutionellen und individuellen Barrieren, die zur Eingrenzung des weiblichen Geschlechts auf eine traditionelle Frauenrolle führen, überwunden? In der Zwischenzeit haben die Mädchen nicht nur

---

[1] Nicht betrachtet werden z. B. die nationalen und internationalen Leistungsvergleichsstudien, die auf repräsentativer Datenbasis beruhen (PISA, TIMMS, IGLU, OECD u.a.), und die bereits breit rezipiert wurden (vgl. z.B. Faulstich-Wieland 2008).

im Primar-, sondern auch im Sekundarbereich in der Schule aufgeholt, mehr
noch: die Jungen überholt, so dass über Benachteiligungen und Förderbedarf für
männliche Schüler nachgedacht wird.[2]

Aber nicht nur der Wechsel von der Mädchen- zur Jungenförderung steht
zur Debatte, die Bedeutung der sozialen Kategorie Geschlecht scheint heute
insgesamt strittig: Grenzziehungen zwischen typisch weiblichem und typisch
männlichem Verhalten sind weniger eindeutig und Verzahnungen mit intervenie-
renden Variablen wie Schicht, Alter, soziale Herkunft, ethnische und kulturelle
Zugehörigkeit haben als Differenzstrukturen stärkere Berücksichtigung gefunden, denn „Das Geschlecht gibt es nie pur [...]" (Metz-Göckel 2009:104).

Im Folgenden sollen die Diskurse zu „Geschlecht und Schule" anhand der drei
Phasen:

- 1980er Jahre: Frühe feministische Schulforschung
- 1990er Jahre: Mehr Geschlechtertheorie, Empirie und Konzepte
- ab 2000: Jungen, Gender und Diversity

exemplarisch in ihren Hauptrichtungen nachgezeichnet werden, um dem Bedeutungswandel von Gender im Kontext Schule näher zu kommen.

2   1980er Jahre: Frühe feministische Schulforschung

„Wir fordern alternativ zur Koedukation feministische Mädchenschulen in Frau-
enhand." (FIF 1986:64)

Die Frage nach der Geschlechtergerechtigkeit in der Schule ist in den 1980er
Jahren wesentlich von der feministischen Schulforschung vorangetrieben worden. Vor dem Hintergrund der nationalen und internationalen Frauenbewegung
und Frauenforschung sollten soziale Ungleichheiten im Schulwesen nicht nur
aufgezeigt, sondern auch ihre patriarchalischen Wurzeln kritisiert und frauenpo-
litische Veränderungen vorgenommen werden. Die Koedukation als Garant der
Gleichstellung von Mädchen und Jungen im Bildungswesen wurde als naive
Gleichsetzung von Wissen mit Macht entlarvt und Fragen nach vorenthaltenem
Wissen und den eingeschränkten Möglichkeiten erworbenen Wissens der Mädchen gestellt (Enders-Dragässer/Fuchs 1990: 12 ff).

---

[2] „Mehr als fünf Dekaden nach Beginn einer gezielten Förderung von Mädchen in der Schule scheint
es mithin an der Zeit zu sein, Angebote und Maßnahmen für eine explizite Förderung von Jungen zu
schaffen ...." (Blossfeld et al. 2009: 94)

Kurz: Es ging um neue Fragestellungen und radikale Lösungswege, weibliche Sozialisationsprozesse, Abwertungen und Ausgrenzungen von Mädchen im schulischen Alltag und einen zukünftigen Gesellschaftsentwurf, der Interessen, Erfahrungen und Bedürfnisse beider Geschlechter gleichermaßen berücksichtigt und den geschlechtsneutralen „Nebel zum Verschwinden" bringt. Diese Breite der frauenbewegten Schulkritik stellte den Ausgangspunkt für zahlreiche Veröffentlichungen über den Sexismus in der Schule (u.a. Brehmer 1982) und empirischer, feministischer Schulprojekte dar, deren Ziel es war, das System der Zweigeschlechtlichkeit mit den darin enthaltenen Diskriminierungen für das weibliche Geschlecht zu offenbaren. Dazu folgen nun einige Beispiele.

Dagmar Schultz analysiert in ihrem Band „ein mädchen ist fast so wie ein junge" sexistische Erziehungspraktiken. Sie wählt bewusst den Begriff „Sexismus", der mehr umfasst als Diskriminierung oder Stereotypisierung aufgrund der weiblichen Geschlechtszugehörigkeit. Auch die Definition „Benachteiligung von Mädchen" ist ihrer Meinung nach verharmlosend. Der Begriff Sexismus beinhaltet hingegen die vielfältigen subtilen Formen von Einschränkungen, Kontrolle und Unterschlagungen bzw. Gewalt, denen Mädchen in der Erziehung ausgesetzt sind und die sie vorbereiten auf die „weiblichen" Funktionen in ihrem Leben (1980:7). Denn – so ihre These – der Gleichheitsgrundsatz kann nicht allein durch die Koedukation erfüllt werden, es bedarf vielmehr veränderter Lerninhalte, die Mädchen ermutigen, sich gegen Festlegungen und begrenzte Entwicklungsmöglichkeiten zu wehren. Schultz fragt danach, wie die Institution Schule dazu beiträgt, dass Mädchen die psychischen und physischen Eigenschaften entwickeln, die dazu dienen, ihnen bestimmte Funktionen in dieser Gesellschaft zuzuweisen, und welchen widersprüchlichen Erwartungen und Anforderungen sie ausgesetzt sind. Ihre Analyse schulischer Sozialisationsprozesse stützt sich vor allem auf US-amerikanische Forschungsergebnisse, da bundesrepublikanische Studien noch weitgehend fehlen. Thematisiert werden neben geschlechtsspezifischen Einstellungen von Lehrerinnen und ihren Präferenzen für männliche Schüler auch Interaktionen zwischen Lehrer_innen und Schüler_innen sowie die Leistungsbewertung und Selbsteinschätzung bzw. Selbstbewertung von Mädchen. Sexismus in der Schule zeigt sich nach Schultz nicht nur darin, dass die Bedürfnisse der Mädchen weitgehend unberücksichtigt bleiben, sondern auch in der Nichtthematisierung geschlechtsspezifischer Unterschiede: (z.B. werde bei Mädchen nicht untersucht, ob schlechte Schulleistungen auch vom Geschlecht der Lehrperson abhängen) (ebd.: 78).

Ilse Brehmer stellt in ihrem Sammelband „Sexismus in der Schule" schon 1982 die Frage danach, welches Geschlecht eigentlich benachteiligt ist, wenn „[...] alles das, was wichtig ist, was die eigenen Bedürfnisse befriedigt, was zum Lernen anregt und die Welt lebenswert macht, von Frauen getan wird [...]"

(Brehmer 1982: 8). So erscheint es nach Brehmer nicht verwunderlich, dass Mädchen bessere schulische Leistungen zeigen, zumal 80% der Grundschullehrpersonen Frauen sind. Folgerichtig zitiert sie einen Artikel der Frankfurter Rundschau vom 31.8.78, in dem der niedersächsische Kulturminister als Antwort auf die im Durchschnitt besseren Lernerfolge der Mädchen eine differenzierte Bewertung der Schulleistung und eine Angleichung des Anteils der Jungen an die Mädchen, welche auf eine höhere Schulstufe empfohlen werden, fordert (Brehmer 1980: 9). Und dennoch – so Brehmer – ist der ganz vulgäre Sexismus, der Mädchen quer zu Klassen- und Schichtzugehörigkeit als das unterlegene Geschlecht kennzeichnet, noch vorhanden. Sie belegt diese These mit anderen Daten: Lehrpersonen an Gymnasien sind nur zu einem Drittel weiblich, Hochschullehrerinnen gab es 1981 nur 3%, Führungspositionen in Wirtschaft und Politik sind fast uneingeschränkt mit dem männlichen Geschlecht besetzt, in der Lohnpyramide sind Frauen überwiegend im unteren Drittel zu finden, etc. (ebd.).

Auch die ersten empirischen Studien im schulischen Bereich weisen die Benachteiligung von Mädchen auf unterschiedlichen Ebenen nach. Heidi Frasch und Angelika Wagner führen an Baden-Württembergischen Grundschulen in vierten Klassen zwei quantitative Studien zu Unterschieden im Lehrer_innenverhalten gegenüber Jungen und Mädchen durch und stellen Ungleichgewichte in der Aufmerksamkeit der Lehrperson fest: Mädchen werden signifikant häufiger ignoriert und übersehen (Frasch/Wagner 1982: 275). In einem zeitgleich von der DFG geförderten Projekt über „Unterrichtsstrategien und ihre Auswirkungen auf Schülerverhalten" zum Thema „Gewalttätigkeit" zeigen Auswertungen der Interviewstudie mangelndes Selbstvertrauen und erlernte Hilflosigkeit der Mädchen, die von Lehrpersonen durch ein „in Schutz nehmen" verstärkt werden. Die Autorinnen plädieren deshalb für eine Stärkung der Konfliktfähigkeit der Mädchen, damit sie ein Bewusstsein eigener Kompetenz und Wertigkeit entfalten und dadurch dem Sexismus aktiv begegnen können (Barz/Maier-Störmer 1982).

Wie sexistische Strukturen in der Schule verändert werden können, ist der Ansatzpunkt des Bandes „Das Thema Frau im Unterricht", in dem Unterrichtsmaterialien für den Unterricht in Deutsch, Politik, Geschichte und Fremdsprachen mit spezifischen Methoden (Ideologiekritik, Erhebung geschlechtsspezifischer Klischees, Gestaltung von Umkehrsituationen, utopischen Gesellschaftsentwürfen, in denen Geschlecht keine Eingrenzung erfährt) „[…] gegen den Strich gebürstet […]" als Hilfe von Lehrpersonen benutzt werden können (Brehmer/Peters 1982).

Auch die Dokumentationen der Fachtagungen „Arbeitsgemeinschaft Frauen und Schule" sollen in ihren Beiträgen nicht nur zeigen, dass Schülerinnen, Lehrerinnen und Mütter in der schulischen Realität „übersehen" werden, sondern

Fragen der feministischen Schulforschung in die universitäre Forschung und die Lehrer_innenausbildung einbringen (Arbeitsgruppe Elternarbeit 1984). Die Phase der Ideologiekritik und der alleinigen Kritik an der männlichen Rolle sowie den Emanzipationsvorschlägen in Richtung Anpassung an die Männerrolle bezeichnen die Autorinnen als überwunden. Sie befassen sich jetzt mit (empirischen) Ergebnissen zu den Themen „Mädchen in Naturwissenschaft und Technik", „Sexismus im Religionsunterricht", „das Frauenbild in Grundschulbüchern" und „Müttern als unbezahlte Hilfslehrerinnen". Dennoch seien die Forschungslücken beträchtlich, so dass umfassende Erhebungen geschlechtsspezifischer Daten gefordert werden.

Zwei Jahre später sind weitere Tagungsergebnisse der „AG Frauen und Schule" veröffentlicht (FIF 1986). In der Eröffnungsrede werden sowohl Forderungen wie Ergebnisse des hessischen Frauenaktionsprogrammes benannt, wie z.B., dass das Erziehungsziel Gleichberechtigung nach Art. III Abs. 2 GG in allen Zuständigkeitsbereichen des Landes Hessen (Kindergärten und Schulen) verstärkt in der Praxis zu berücksichtigen ist, Maßnahmen zur Veränderung der Lernziele und Lehrinhalte in der Schule eingeleitet wurden und die Lehrer_innenfortbildungen erste Lehrgänge zur geschlechtsspezifischen Sozialisation anbieten. Stärker als in den vorher erschienenen Veröffentlichungen ist die Verzahnung von Forschung und Politik ein wesentliches Element dieser Publikation.

Gegen Ende der 1980er Jahre erscheint eine qualitative Studie über Probleme von Frauen im Lehrberuf (Brehmer 1987), die verschiedene Ebenen der Diskriminierung von Lehrerinnen aufzeigt wie die geringere gesellschaftliche Bewertung der Frau, die Besetzung der Rektorenpositionen durch Männer und eine fehlende gezielte berufliche Förderung von Frauen. Auch die Feminisierungsthese enthält nach Brehmer eine abwertende Konnotation des weiblichen Geschlechts, weil sie in ihrer verkürzten theoretischen Sichtweise verschweigt, dass Frauen neben ihrer Berufstätigkeit unentlohnte Haus- und Erziehungsarbeit leisten, die ihnen als mangelnde Professionalisierung zum Vorwurf gemacht wird. Interessanterweise stellt sie sich gegen den feministischen Mainstream Pro-Mädchenschulen mit dem Argument, dass diese eine erneute Segregation bedeuten, die der gesellschaftlichen Realität widersprechen (1987:136). Die Veränderung von Berufsproblemen der Lehrerinnen verortet sie in Theorie und Praxis gleichermaßen; konkret in der Untersuchung des Soziotops „Schule", dem Wandel der Curricula in Aus- und Weiterbildungsinstitutionen sowie der Etablierung feministischer Pädagogik in Unterrichtsfächern.

Die Veröffentlichung „Frauensache Schule" fasst die Schulkritik der Frauenbewegung und -forschung der 1980er Jahre zusammen und bietet eine Grundlage für die damalige öffentliche Diskussion des bundesdeutschen Schulwesens (Dragässer/Fuchs 1990).

Gemeinsam ist allen vorgestellten Veröffentlichungen, dass die nicht realisierte Gleichstellung von Mädchen und Frauen im Bildungssystem angeprangert wird. Dabei geht es nicht in erster Linie um den Zugang zu Bildungsinstitutionen, sondern vor allem um anachronistische Rollenzuweisungen als Orientierung. Das weibliche Geschlecht ist – so die Analysen – nur scheinbar gleichberechtigt und befindet sich in einer paradoxen Situation zwischen Gleichberechtigungsanforderungen und geschlechtsspezifischer Arbeitsteilung.

Die frühen Publikationen der feministischen Schulforscherinnen verfolgen den Anspruch, nicht nur eine Analyse des Schulalltags mit dem parteilichen Blick für die Benachteiligungen von Mädchen zu verbinden, sondern auch konkrete Utopien zur Gesellschaftsveränderung auf politischer Ebene zu etablieren; die weit über den genuinen Schulbereich hinaus weisen. Deutlich ist, dass sowohl empirische Belege als auch Theorien fehlen, die Schule aus der Geschlechterperspektive analysieren und der Defizitansatz nicht ausreicht um den „widersprüchlichen Schulalltag" für Mädchen zu erfassen.

3   1990er Jahre: Mehr Geschlechter-Theorie, Empirie und Konzepte

Seit Ende der 1980er, vor allem aber in den 1990er Jahren entstehen überwiegend qualitative – und auch einige quantitative – Schulstudien, die sich mit Fragen der Koedukation versus Monoedukation aus differenztheoretischer Sicht auseinandersetzen (z.B. Faulstich-Wieland 1991). Auf der Grundlage von Forschungen wird deutlich gemacht, dass eine Rückkehr zur Mädchenschule und damit zur getrennten Bildung der Geschlechter die Gefahr der Überbewertung und Festschreibung von Geschlechterunterschieden in sich birgt und der Biologisierung geschlechtsspezifischer Verhaltensweisen Vorschub leistet.

Wie aber sind die Benachteiligungen von Mädchen in der Schule zu lösen? Zunächst werden Interaktionsprozesse zwischen Lehrkräften und Schüler_innen untersucht, die auf den theoretischen Erkenntnissen der geschlechtsspezifischen Sozialisation basieren (Bilden 1980). Dragässer und Fuchs (1989) belegen in ihrer qualitativen Interviewstudie Differenzen in den Interaktionsmustern der Mädchen und Jungen an hessischen Schulen. So wird die Kooperationsfähigkeit der Mädchen im Unterricht von den Lehrerinnen als wichtige Unterstützungsressource benannt, aber nicht als fachliche oder interaktionelle Leistung bewertet. Die Jungen zeigen hingegen die Tendenz, die Kompetenz von Schülerinnen und

Lehrerinnen infrage zu stellen.[3] Ein weiteres Ergebnis bezieht sich auf das Lernklima, das wesentlich vom Verhalten der Jungen und deren Interaktionen bestimmt wird. Dieser jungenorientierte Unterricht, so die Feststellung, schmälert und benachteiligt die Lernchancen der Mädchen besonders in mathematischen/naturwissenschaftlichen Fächern. Weitere Belege zeigen: An Veränderungen der Verhaltensweisen (veränderter Sprachgebrauch, didaktische Konzepte etc.) arbeiten nur einzelne Lehrerinnen, insgesamt ist das Problembewusstsein für Benachteiligungen von Schülerinnen und Lehrerinnen eher niedrig (Dragässer/Fuchs 1989: 148).

In einer Expertise zur Jungensozialisation in der Schule wird das Fehlen interaktioneller Kompetenz bei Jungen bestätigt und auf die daraus resultierenden Probleme wie verminderter Schulerfolg und Mangel an Konzentration im Unterricht hingewiesen; Defizite, die in unmittelbarem Zusammenhang mit „männlichen" Verhaltensweisen interpretiert werden (Enders-Dragässer/Fuchs 1988). Diese Verhaltensauffälligkeiten sollten nicht länger als Normalität wahrgenommen, sondern in ihrer Komplexität und ihren Folgen für die männliche Identitätsfindung mehr Beachtung finden. Problematisch erscheint den Autorinnen dabei, dass männliche Identität nicht die gleichwertige Polarität von Männlichkeit und Weiblichkeit als Basis hat, sondern eine „doppelte Negation" des Weiblichen in Form eines „Nicht-Nicht-Männlich-Seins" (Hagemann-White 1984: 92). Gefordert werden alternative pädagogische Konzepte, die interaktionelle Kompetenzen der Jungen fördern, nicht erst in der Schule, sondern bereits in der Kleinkindphase; denn – so die weitere Argumentation - pädagogische Arbeit knüpft an Grundstrukturen geschlechtsspezifischer Sozialisation an und kann sowohl traditionelle Rollenvorstellungen verfestigen oder aber im Sinn gleichberechtigter Kooperation der Geschlechter verändernd wirken (Enders-Dragässer/Fuchs 1988: 43).

Neben der Untersuchung von Interaktionsprozessen in der Schule steht auch das Selbstvertrauen und Selbstbild von Schüler_innen zur Diskussion. In einer der ersten Längsschnittstudien über Mädchensozialisation in der Schule soll die

---

[3] Dragässer/Fuchs belegen auf beeindruckende Weise, welche Grundstrukturen dieser geschlechtsspezifischen Verhaltensweisen bereits im Kleinkindalter forciert werden. Am Beispiel der Tagebuchaufzeichnungen ihrer Tochter hat Marianne Grabrucker (1985) Alltagsszenen in der Geschlechterhierarchie beobachtet: die unterschiedlichen Wertungen und unterlassenen Interventionen zugunsten der Jungen. Als ein Beispiel nennt sie das Laufen von einem zweijährigen Mädchen und Jungen in entgegengesetzter Richtung um ein Schaukelpferd. Nach einigen Zusammenstößen weicht das Mädchen so aus, dass kein Zusammenstoß mehr passiert, d.h. sie hat eine Anpassungsleistung erbracht und orientiert ihr Verhalten an seinem zu erwartenden. Der Junge hat nicht die Chance, dasselbe zu lernen, er lernt auf niemanden zu achten, wenn er mit jemandem zusammenstößt, und wird im Laufe der Zeit lernen, dass ihm die Mädchen ausweichen. Er wird daraus ableiten, dass er der „Starke" ist und dass Mädchen Respekt vor ihm haben. Und: Er wird Mädchen dafür verachten, dass sie ihm ausweichen und es wird ihn später sehr erstaunen und ärgern, wenn Mädchen und Frauen ihm nicht Platz machen (Dragässer/Fuchs 1988: 46f.).

Frage geklärt werden, ob Mädchen und Jungen in gleicher Weise in ihrer Persön-lichkeitsentwicklung gestützt und ihr Vertrauen in die eigenen Kräfte gestärkt werden (Horstkemper 1987/1995). Die Ergebnisse zeigen, dass Mädchen in der untersuchten Sekundarstufe I bei der Ausbildung eines positiven Selbstbildes trotz guter Schulleistungen behindert werden und zudem stärker als Jungen von der personalen Zuwendung der Lehrenden abhängig sind. Als Ursachen für die Mädchenbenachteiligung gelten unterrichtliche Interaktionsprozesse, wenn auch der Selbstvertrauensunterschied zwischen den Geschlechtern nicht allein durch schulinterne Faktoren erklärbar scheint. Horstkemper plädiert für Veränderungen auf curricularer Ebene: So sollen alle Fächer nach sexistischen Inhalten durch-forstet und eine stärkere Sensibilisierung der Lehrkräfte angestrebt werden. Mädchen sollen keine kompensatorische Erziehung erfahren, die an männlichen Normen orientiert ist. Vielmehr sollen Maßstäbe entwickelt werden, die die bis-her gültigen Normen infrage stellen (Horstkemper 1995: 227). Von Gleichbe-rechtigung im Bildungswesen kann nach Horstkemper erst gesprochen werden, wenn Erfahrungen von Frauen als ebenso wertvoll und gültig wie die von Män-nern akzeptiert werden. Demnach können die diffizilen Mechanismen der Be-nachteiligung der Mädchen nur durch die analytische Zusammenführung aller Aspekte, die für die geschlechtsspezifische Sozialisation relevant sind, wie z.B. in einer lebensgeschichtlich orientierten Forschung, ausreichend erfasst werden.

In einer Untersuchung über die Selbstbilder von Grundschülern geht Horstkemper (in Zusammenarbeit mit Faulstich-Wieland 1996: 42) noch einen Schritt weiter und stellt die These auf, dass Mädchen lernen müssen sich selbst das zuzutrauen, was sie an Jungen schätzen; zumal die empirischen Ergebnisse belegen, dass die Mehrzahl der Kinder einen gemeinsamen Unterricht („trennt uns bitte nicht") (Faulstich-Wieland/Horstkemper 1996: 43) befürworten. Unbe-antwortet bleibt die Frage, wie die Differenzen ohne Benachteiligung eines Ge-schlechts verwirklicht werden können, wenn die Lernbereitschaft allein auf Sei-ten der Mädchen verortet wird und gegenseitige Ergänzungen der Geschlechter aufgrund der Hierarchie wenig Attraktivität für Jungen besitzt.

Zwei theoretische Ansätze, die geschlechterbewusste Bildung und die refle-xive Koedukation, versuchen darauf eine Antwort zu geben. Zunächst zur ge-schlechterbewussten Bildung: Ausgangspunkt ist das gesellschaftliche System der Zweigeschlechtlichkeit, in dem jedes Kind vor der Aufgabe steht, sich Ge-schlechtlichkeit anzueignen (Hagemann-White 1984: 257). Angesichts dessen sollte die widersprüchliche Aufgabe der Lehrerinnen und Lehrer „Mädchen und Jungen in ihrer Geschlechtszugehörigkeit wahrzunehmen, ohne sie darauf zu reduzieren, und sie sowohl als Gleiche als auch als Ungleiche zu betrachten, und dies, obwohl sie selbst zutiefst in die Geschlechterverhältnisse verstrickt sind"

(Lemmermöhle 1998: 83) nicht in einer getrennten, sondern geschlechterbewussten Bildung angegangen werden. Das bedeutet im Einzelnen:

Die Wahrnehmung von Jungen und Mädchen als Individuen mit ihrer eigenen und je nach Geschlecht gemeinsamen Geschichte, die Anerkennung des Geschlechterverhältnisses als historisch gewordenes und veränderbares, sowie die Anerkennung der aktiven Aneignung und täglich neuen Herstellung des sozialen Geschlechtes. Eine zeitweise getrennte Erziehung der Geschlechter sollte nur als besonders zu begründendes Angebot bestehen. Dieser Ansatz der geschlechterbewussten Bildung wurde weniger rezipiert als der der reflexiven Koedukation (Faulstich-Wieland 1991), der auf dem Hintergrund von quantitativen Studien entstand. Dieser stellt zwar das gemeinschaftliche Lernen beider Geschlechter in den Mittelpunkt, zielt aber auf eine möglichst hohe Vielfalt und Offenheit in allen Fächern, um Geschlechterhierarchien abzubauen.

Ausgehend von diesem Ansatz der reflektierten Koedukation untersucht Brehmer (2000) Gesamtschulen, Gymnasien und die Laborschule Bielefeld in den Klassen 5 bis 7. Analysegegenstand ist der schulische Alltag von Mädchen und Jungen, verbunden mit der Zielsetzung, die sozialen Kompetenzen (wie Empathie, Toleranz, Konfliktfähigkeit etc.) von Mädchen und Jungen zu erweitern. In dieser Interaktionsstudie wurden Lehrende und Lernende anhand verschiedener Methoden erfasst. Eine wichtige Erkenntnis war, dass Lehrpersonen in alltäglichen Handlungen immer wieder Aspekte der geschlechtsspezifischen Sozialisation im Unterricht reproduzieren und z.B. dominantes Verhalten von Jungen unterstützen und das Rederecht der Mädchen einschränken (– wenn auch einzelne Lehrende Schüler_innen über Geschlechtergrenzen hinweg unterstützen und Interventionen entwerfen, die geschlechtssegregierendem Verhalten und geschlechtsstereotypen Annahmen widersprechen und damit kleine Schritte zu Veränderungen bieten).

Dieser interaktiven Herstellung der Zweigeschlechtlichkeit, im Konzept des „doing gender" als Elemente analysiert, die in sozialen Situationen hervorgebracht und reproduziert werden (Gildemeister 2004), widmet sich Axeli Knapp (1997) in ihrem Aufsatz „Gleichheit, Differenz, Dekonstruktion". Sie untersucht anhand der Konzepte Gleichheit, Differenz und Dekonstruktion die Transferprobleme zwischen Theorie und Praxis und stellt fest, dass sie unterschiedlichen Logiken folgen und dennoch aufeinander angewiesen sind. Sie plädiert deshalb für eine theoretisch reflektierte Praxis, um Paradoxien und Dilemmata klarer zu erkennen. Übertragen auf den schulischen Bereich bedeutet das beim Anstreben der Gleichheit der Geschlechter den Vergesellschaftungsaspekt bei der geschlechtsspezifischen Sozialisation nicht zu vergessen, beim Differenzabbau der hierarchischen Positionen, z.B. der Erhöhung des Anteils weiblicher Schulleitungen keine typisch weiblichen Eigenschaften und Verhaltensweisen hervorzuheben und damit das bipolare Koordinatensystem fortzuschreiben, und bei der Dekonstruktionsdebatte die Auflösung von geschlechtsspezifischen Zuschreibungen nicht zu überschätzen. Wie aber können diese Probleme in der Praxis berücksichtigt werden und im System Schule zu nachhaltigen Verbesserungen im Geschlechterverhältnis führen?

Zwei Methoden, die sich auf den Ansatz der reflexiven Koedukation berufen, können beispielhaft genannt werden: die zufällige methodische Trennung und das Konzept der einbeziehenden Erziehung (Kreienbaum 2004). Erstere berücksichtigt die Tatsache, dass Lernen und Verhalten kontextabhängig sind und das Verstummen der Mädchen (und auch Jungen) im Verlauf des Schullebens ein Resultat der Verhaltensnormen der jeweiligen Lerngruppe darstellen kann. Ein Kontextwechsel in geschlechtshomogenen Gruppen soll die Schüler_innen dazu anregen, über Lernformen zu reflektieren und neue Standards für den geschlechtsbezogenen Unterricht zu entwerfen. Das zweite Konzept der einbeziehenden Erziehung soll weder das Geschlechterverhältnis noch Diskriminierungserfahrungen direkt thematisieren, weil sonst die Aufmerksamkeit auf Differenzen gelenkt wird, statt diese zu überwinden. Dementsprechend ist es Ziel, Lernanlässe zu finden, in denen alle als Individuen eingebunden sind und die Arbeitsatmosphäre dazu beiträgt, sich auf eine symbolische Überwindung der Geschlechtergrenzen einzulassen. Möglicherweise bieten diese Methoden Anregungen über eine Öffnung der Geschlechtergrenzen Bedingungsfaktoren sichtbar und veränderbar zu machen und das Geschlecht als lernrelevanten Faktor zu überprüfen.

Insgesamt kann festgehalten werden, dass in den 1990er Jahren auf empirischer und theoretischer Basis zunehmend ein Bewusstsein darüber entsteht, dass Koedukation allein keine geschlechtergerechte Schule schafft und die Mädchenförderung zwar Benachteiligungen des weiblichen Geschlechts thematisiert, dies aber nicht automatisch zu einem gleichberechtigten Miteinander der Geschlechter führt. Vielmehr wächst die Erkenntnis, Mädchen und Jungen zu fördern und eine „Gleichwertigkeit in der Verschiedenheit" herzustellen. Um eine geschlechtergerechte Schule zu entwickeln, werden die drei aufeinander aufbauenden Aspekte: Stärkung des Selbstbewusstseins, Entdecken eigener Potentiale und Überwindung von Geschlechtergrenzen als praxisrelevant für die reflexive Koedukation genannt. Der Differenzansatz wird Ende der 1990er Jahre eher als hinderlich für eine Überwindung geschlechterstereotyper Verhaltensweisen entlarvt. Hingegen gilt der (De-)Konstruktionsansatz mit seiner Erkenntnis, dass das soziale Geschlecht selbst hergestellt und damit auch veränderbar ist, als produktiver für den Wandel der Geschlechterverhältnisse in der Schule.

4   Ab 2000: Jungen, Gender und Diversity

In den letzten zehn Jahren ist die Debatte zum Thema „Geschlecht und Schule" vielfältiger geworden und zwar sowohl im Hinblick auf die Rezeption theoretischer Konzepte und deren Einbindung in empirische Studien als auch bezüglich der Breite des Untersuchungsgegenstandes. Als besonders relevante thematische Schwerpunkte sind der Einfluss von Lehrkräften auf die (Re)-Produktion von Geschlechterdifferenzen und die Bildungsbenachteiligung der Jungen zu nennen. Auf die Frage, ob koedukativer oder monoedukativer Unterricht zum Abbau von Leistungsunterschieden nach Geschlecht besser geeignet ist, wird kaum noch eingegangen; zumal das Konzept der reflexiven Koedukation ein geeignetes Instrument zur geschlechtergerechten Unterrichtsgestaltung zu sein scheint.[4]

Mit dem Konzept der Dramatisierung versus Nichtdramatisierung der Geschlechterrollen kommen vielfältige Formen der Thematisierung von Gender in der Schule in den Blick (Faulstich-Wieland/Budde 2004). Aber nicht nur das Geschlecht soll hier als zentrales Kriterium für die soziale Ordnung im Vordergrund stehen, sondern ebenfalls andere Zugehörigkeiten wie Alter, Ethnie, regionale Herkunft oder Gruppenzugehörigkeit etc. In ihrem Forschungsprojekt zur sozialen Konstruktion von Geschlecht verbinden Faulstich-Wieland et al. (2004) die Aspekte „doing gender aus Sicht der Lehrkräfte" und „Jungenbenachteiligung" miteinander und stellen fest, dass durch Dramatisierung (doing gender in-den-Vordergrund-rücken) die Gefahr der Verstärkung von Gender Stereotypisierung besteht, zugleich aber die Nichtdramatisierung (undoing gender) auch keine Genderfreiheit garantiert. Wie aber kann das Dilemma im Hinblick auf einen geschlechtergerechten Unterricht gelöst werden?

In der Studie von Faulstich-Wieland et al. (2004) stecken Jungen z.T. in einer Doppelstruktur fest: Schüler können sich entweder schulangemessen und damit unmännlich verhalten oder gemäß den Anforderungen hegemonialer Männlichkeit, die mit den in der Schule gestellten Erwartungen nicht kompatibel sind. Als Konfliktlösungsstrategie wird eine Balance zwischen Dramatisierung und Entdramatisierung von Geschlecht vorgeschlagen, in dem pädagogisches Handeln rückgebunden an die Selbstreflexion des doing gender der Lehrkraft erfolgt. Denn – so die weitere Argumentation – Schule sollte ein Ort der Erwei-

---

[4] So wird z.B. in einer Studie über die Einrichtung einer Mädchenklasse eines österreichischen Gymnasiums belegt, dass geschlechtergetrennte Angebote offensichtlich keine produktive und geeignete Lösung für eine positive Veränderung benachteiligter Mädchen darstellt (Faulstich-Wieland 2005). Obwohl die Einrichtung der Mädchenklasse von Schulleitung und einigen Lehrkräften als gelungene Realisierung des Genderschwerpunktes angesehen wird, konnte eine Stigmatisierung nicht verhindert werden. Die Autorin führt das auf ein ungeklärtes Konzept der Geschlechtergerechtigkeit zurück.

terung von Genderkompetenz für Jungen (und Mädchen) sein und Schulentwicklungsprozesse dementsprechend stärker Entdramatisierungen unterstützen.

Eine weitere theoretische Position, wie Geschlechtergerechtigkeit in der
Schule erreicht werden kann, stellt die „Pädagogik der Vielfalt" dar. Prengel
(2006: 181f) plädiert für die Anerkennung von (Geschlechter-)Differenzen und
wendet sich mit einem demokratischen Differenzbegriff gegen die Verknüpfung
von Differenz und Hierarchie, gegen binäre Strukturen wie Polarität, für die
Wahrnehmung der Heterogenität verschiedener Gruppierungen innerhalb eines
Geschlechtes und für die Wahrnehmung unterschiedlicher Lebensweisen und
Verarbeitungen von Lebenserfahrungen. Diese (keineswegs vollständigen) Elemente einer Pädagogik der Vielfalt können für Mädchen und Jungen in der Schule verschiedene Bildungsziele beinhalten: „Angesichts der vorherrschenden
Mädchensozialisation legt es Mädchen Selbstachtung und die Möglichkeit, sich
von anderen abzugrenzen, also auch sich gegen Übergriffe zu wehren, nahe.
Angesichts der vorherrschenden Jungensozialisation legt es Jungen nahe, die
Grenzen anderer anzuerkennen". (Prengel 2006: 186). Auch hier kommt Lehrkräften eine besondere Rolle bei der Akzeptanz der Verschiedenheit und dem
gegenseitigen Respekt sowie der gleichberechtigten Anerkennung des Anderen
zu: Ihnen obliegt es, eine Entwicklung kognitiver und emotionaler Prozesse zu
ermöglichen. Anstelle von konkreten Leitbildern sollen Kinder und Jugendliche
auf dem Weg zur Gestaltung des eigenen Lebens begleitet und unterstützt werden und eigene Positionen vertreten lernen. Prengel geht es im Kern um eine
neue Schulkultur, die Selbstachtung, Anerkennung des Anderen, Akzeptanz der
persönlichen Heterogenität sowie die eigene Begrenztheit nicht leugnet. Gearbeitet werden soll an der Abwehr verpönter Persönlichkeitsanteile der Lehrenden.
Sowohl der Ansatz „Dramatisierung/Entdramatisierung" als auch die „Pädagogik
der Vielfalt" beziehen neben der Genderperspektive weitere Benachteiligungs-
kriterien in der Institution Schule mit ein und öffnen damit den Blick für die
Mehrdimensionalität ungleicher Verteilungen von Bildungschancen.

Auch in anderen Ansätzen werden diese Mehrdimensionalität von Ungleichheitslagen und die unterschiedlichen Wechselwirkungen zwischen ihnen
thematisiert. Im Konzept der Intersektionalität gilt das Erkenntnisinteresse den
Verflechtungszusammenhängen von sozialen Benachteiligungen (Becker-
Schmidt 2007). Dabei sollen mehrere Differenzlinien die multiplen Formen der
Diskriminierung aufzeigen. Welche Bedeutung kommt dabei der Kategorie Gender zu? Lässt sich ein Bedeutungsverlust der Strukturkategorie „Geschlecht"
feststellen? Becker-Schmidt (2007) und Knapp (2008) gehen davon aus, dass
sich Ungleichheitslagen im Geschlechterverhältnis nicht aufgelöst haben; das
Konzept der Intersektionalität jedoch verdeutlicht, dass Frauen in unterschiedlichen Ungleichverhältnissen positioniert sind und gruppenspezifische Problemla-

gen mehr beachtet werden sollten. Dennoch bleibt Gender aufgrund kumulativer Benachteiligungen im Hinblick auf die Dimension „Attribuierung" und auf der Ebene gesellschaftlicher Verortung ein Unterscheidungskriterium erster Ordnung.[5]

In der Schulforschung wird von einer Höherbewertung der Genderdimension Abstand genommen und die Verknüpfung mit anderen Dimensionen wie Interaktionsprozessen (Kampshoff 2000), sozialer Herkunft, Alter oder Migrationshintergrund betont (Kampshoff 2007). So soll der Fokus der Schulstudien auf den Gemeinsamkeiten der Geschlechter liegen und das Augenmerk mehr auf der Untersuchung von Mechanismen, mit denen (Geschlechter-)Differenzen produziert und bedeutsam gemacht werden (Faulstich-Wieland 2003: 137, 2008: 691). Dass es auch in der Schulforschung Kontroversen über die Bedeutung von Gender gibt, belegen Aufsätze im Handbuch „Gender und Erziehungswissenschaften", in denen eine erste Aufarbeitung der Entstehungsgeschichte einer gegenderten Schulforschung stattfindet (Glaser/Klika/Prengel 2004). So wird in der Grundschuldidaktik eine Ausweitung der Gender-Perspektiven gefordert, in den Sekundarstufen sollen aus sozialkonstruktivistischer Sicht Qualifikations- und Selektionsprozesse differenzierter erarbeitet und nicht allein die Unterschiede der Geschlechter im Kompetenzerwerb und Lernzuwachs von Fächern betrachtet werden (wie z.B. in den PISA, IGLU, LAU Studien), in den Fachdidaktiken werden weitere Forschungen zur Herstellung von Gleichberechtigung der Geschlechter und Unterstützung auf politische Ebene gefordert, und in der Lehrer_innenbildung wird das Gender-Mainstreaming-Konzept – wenn auch nicht unkritisch[6] – als wegweisend für eine demokratische Teilhabe der Geschlechter am öffentlichen Leben, somit auch in der Schule, betrachtet (vgl. auch Hoppe/Nyssen 2006).

Einig sind sich Schulforscher_innen darin, dass auch Jungen Benachteiligungen in der Schule erfahren und die familiäre Erziehung nach „männlichem

---

[5] „Männer erfahren Nachrangigkeit und mangelnde Anerkennung in erster Linie als Ausländer, als Menschen aus einer anderen Kultur; im Vergleich zu Frauen werden sie jedoch nicht qua Geschlecht diskriminiert. Und selbst bei rassistischer Verfolgung, in der Menschenrechte aller gleichermaßen außer Kraft gesetzt werden, gibt es sexistische Übergriffe, die Frauen in besonderer Weise demütigen." (Becker-Schmidt 2007: 80).
[6] Malwine Seemann (2009) belegt in ihrer Studie zum Gender Mainstreaming in Schweden Möglichkeiten und Grenzen der Implementierung des Konzeptes in der Schule. Als besonders relevant für ein Gelingen bezeichnet sie, dass alle Angehörigen der Institution mit einbezogen werden, es genügend Raum und Zeit für Aushandlungsprozesse gibt und neben konkreter Zielaufstellung der top-down Prozess von Schulleitung und Verwaltung von einer breiten bottom-up Bewegung begleitet wird. In Deutschland ist die Umsetzung einer Genderperspektive wenig institutionell abgesichert erfolgt; d.h. es fehlt der politische Wille, den Bundesregierungsbeschluss in die Praxis umzusetzen. Schulforscher_innen kritisieren darüber hinaus die Gefahr der Zementierung eines bipolaren Verständnisses der Welt.

Vorkriegsmodell" (Rose/Schmauch 2005: 106) eine nicht unwesentliche Rolle dabei spielt. Was belegen dazu empirische Studien im Einzelnen? In einer ethnographisch angelegten Studie werden die Interaktionen von Jugendlichen im Hinblick auf die Inszenierung von Männlichkeit analysiert und festgestellt, dass sich im schulischen Bereich eine Entwertung tradierter Männlichkeit abzeichnet (Budde 2005). Insofern erscheint es notwendig, Jungen Alternativen aufzuzeigen, z.B. auskunftsfähige Männer, die eine kulturelle Neuorientierung ermöglichen. Plädiert wird auch für eine jungenfreundliche Schule, in der das überarbeitete Curriculum Toberäume, Männer als Gesprächspartner, Jungengruppen einen anderen Umgang mit Homosexualität und neue Ansätze im Sprachunterricht enthalten (Preuss-Lausitz 2005). Diskutiert wird die Frage: Wer trägt „die Schuld" für die Schulkrise der Jungen? Ist das Geschlecht der Lehrkräfte für das Interaktionsgeschehen im Unterricht relevant?

Horstkemper (2000) belegt mit Forschungsergebnissen, die den Zusammenhang von Interaktionsklima, Inhalten und Geschlechtsrollenorientierungen in der 9. Klasse eines Gymnasiums und einer Gesamtschule untersucht, graduelle (wenn auch keine dramatischen) Unterschiede zwischen Lehrerinnen und Lehrern auf der Interaktionsebene. Lehrerinnen legen auf eine befriedigende Kommunikations- und Kooperationskultur demnach stärkeren Wert als ihre männlichen Kollegen. Sie schaffen damit größere Freiräume für selbstbestimmtes Lernen. Während die Lehrer-Schüler-Interaktion eher hierarchisch angelegt ist und eigene Erkenntnisse der Schüler_innen „geradezu verunmöglichen kann" (ebd.:150), stehen bei Lehrerinnen stärker symmetrische Kommunikationen im Vordergrund. Im Hinblick auf das Thema „Geschlechtsrollenidentität" bedeutet das insbesondere für männliche Lehrende „sensibel zu werden für die im Schulalltag weitgehend unterhalb der Bewusstseinsschwelle ablaufenden Prozesse von Ungleichbehandlung, Stereotypisierung und vordefinierten Wahrnehmungen" (ebd.: 155).

Öffentlich diskutiert werden aber vor allem geschlechtsspezifische Unterschiede in den Schulleistungen. Mädchen weisen einen besseren Schulerfolg als Jungen auf: Sie haben bessere Schulnoten, höhere Lesekompetenzen und höhere Bildungsabschlüsse (Helbig 2010). Im Bundesfamilienministerium ist seit kurzem das Referat „Gleichstellungspolitik für Jungen" eingerichtet worden: im Jahr 2007 beenden 29,4% Mädchen und 20,6% Jungen das Schulsystem mit dem Abitur.

Als Grund für die Bildungsbenachteiligung von Jungen wird vor allem die These der Feminisierung von Pädagogik genannt (Bundesjugendkuratorium 2009).[7]

---

[7] Das Sachverständigengremium Bundesjugendkuratorium (BJK) weist darauf hin, dass die Erhöhung des Männeranteils in Grundschulen allein keine Lösung für bessere Schulleistungen der Jungen

Drei Argumente stehen hier zur Diskussion: 1. Das Fehlen der Rollenbilder wirkt sich negativ auf die Lernbereitschaft der Jungen und ihre Kompetenzentwicklung aus, 2. Lehrerinnen haben weniger Verständnis und geringere Erwartungen an Jungen; sie prämieren Verhaltensweisen, die sie aufgrund ihrer eigenen geschlechtsspezifischen Sozialisation eingeübt haben (es besteht ein sog. „mismatch" zwischen dem Habitus der Lehrenden und den Jungen) und 3. Die Schule ist für Jungen insgesamt zu einem fremden Ort geworden, weil sie stärker am Lernstil der Mädchen (projektorientiert, selbständiges Lernen) ausgerichtet ist.

Helbig (2010) untersucht die Frage, ob Lehrerinnen für den geringeren Schulerfolg von Jungen verantwortlich sind. In die Längsschnittuntersuchung (2003 – 2005) wurden 4.-6. Klassen in Berliner Grundschulen und Gymnasien einbezogen.[8] Die Ergebnisse belegen, dass der Anteil männlicher Lehrer nur einen sehr bedingten Einfluss auf Jungen im Hinblick auf Kompetenzerwerb, Noten und Übergangsempfehlungen haben; denn sie profitieren weder im Leseverständnis noch in Mathematik generell von mehr männlichen Lehrkräften. Bezogen auf Mathematiknoten lässt sich aber eine Verbesserung für Jungen feststellen, wenn der Anteil männlicher Lehrer höher ist. Unklar bleibt, welche Mechanismen die Schlechterbewertung von Jungen bewirken, wenn mehr Lehrerinnen an einer Schule unterrichten. Insgesamt bezeichnen die Autoren den Zusammenhang zwischen dem gestiegenen Lehrerinnenanteil und der Entwicklung geschlechtsspezifischer Abiturquoten als minimal, zumal der Bildungserfolg der Mädchen keinen unmittelbaren Bildungsverlust von Jungen nach sich ziehen muss. Dennoch erfordere der „gender gap" beim Abitur zugunsten der Mädchen weitere interdisziplinäre Forschungen, um die Mechanismen hinter den Ergebnissen offen zu legen. Ob sich die Schule als Institution unabhängig vom Anteil der Lehrerinnen feminisiert hat, konnte die Studie nicht klären.

Eine qualitative Studie, die sich mit der Bedeutung des Geschlechtes der Lehrenden im Schulalltag befasst, stellt fest, dass bei Lehrkräften differenztheoretische Annahmen noch immer fest verankert sind (Düro 2008: 245). Die Autorin zieht daraus die Konsequenz, dass sich die Relevanz des Geschlechtes nicht historisch überlebt hat und die Notwendigkeit, Vorurteils- und Erwartungsstrukturen zu überdenken, nicht erst im Arbeitsfeld Schule, sondern bereits in den Studienordnungen des Lehramtes beginnen sollte, damit die Chancen zur Bewusstseinsveränderung von Lehrenden früh etabliert werden.

Jäckle fügt unter diskurstheoretischer Perspektive hinzu, „dass Schule innerhalb der diskursiven Ordnung der Geschlechterverhältnisse [...] als zweige-

---

darstellt, vielmehr eine gesellschaftliche Diskussion über eine neue Männlichkeit notwendig sei (Stichwort: Genderkompetenz des pädagogischen Personals).

[8] „Insgesamt wurden 3.169 Grundschüler an 71 Grundschulen und 1.724 Gymnasiasten an 31 öffentlichen Gymnasien befragt" (Helbig 2010:100).

schlechtlich geteilter Wirklichkeitsbereich und als subjektiver Erfahrungsort der Konstitution geschlechtlicher Subjektivität betrachtet wird. Aus diesem Verständnis kann Schule als Diskursproduzent von Geschlechterwirklichkeit und als Diskurseffekt konzipiert werden" (Jäckle 2009: 21). In ihrem Ausblick für eine zukünftige Geschlechterpädagogik formuliert sie das Ziel, Individuen bei ihrer Persönlichkeitsentfaltung zu unterstützen, so dass widersprüchliche und uneindeutige Geschlechterpraxis ermöglicht wird. Ihrer Meinung nach kann es nicht um das Anstreben einer geschlechtslosen Welt gehen, da wir in einer geschlechtlich codierten Welt leben; vielmehr sollte die Frage nach dem Umgang mit Geschlecht in allen seinen Variationen gestellt werden (ebd.: 395). Auf die Institution Schule bezogen hieße das: wo und wie werden Mädchen und Jungen diskriminiert oder bevorzugt, wie verschränken sich Marginalisierung und Hegemonie? Und: Wie können die Bedingungen gebrochen werden, die für Homogenisierungen, Etikettierungen und Diskriminierungen beider Geschlechter mitverantwortlich sind?

5 Zusammenfassende Bemerkungen

Die Recherchen zeigen: Wie das Thema „Gender und Schule" seit Ende der 1970er Jahre diskutiert wird, steht in engem Zusammenhang mit theoretischen und empirischen Erkenntnissen der Frauen- und Geschlechterforschung.

Welche Relevanz dem Geschlecht in der Schule zukommt, wie Gender thematisiert wird, hat sich in den letzten 30 Jahren zwar im Hinblick auf eine Vertiefung und Verbreitung von Fragestellungen gewandelt, aber die Kontinuität der Themen ist erstaunlich stabil geblieben! In einigen Veröffentlichungen ist dabei eine Verbindung theoretischer und empirischer Erkenntnisse mit politischen bzw. praktischen Umsetzungsvorschlägen in der Schule zu erkennen. Nach wie vor sind Ungleichheiten im Bildungswesen eng mit dem Geschlecht als wichtiger sozialer Kategorie, mit der Differenzen erzeugt werden, gekoppelt.

Auch für die Schulforschung gilt: Während es in den 1980er Jahren kaum empirische Studien gab, ist Geschlechterwissen heute vielfältig vorhanden, aber auch heterogener (Wetterer 2009). Die feministischen Schulforscherinnen entdeckten subtile Benachteiligungsmechanismen, die es den Mädchen verwehrten, sich umfassend zu bilden. In den 1990er Jahren wurde der Blick geweitet für soziale Ungleichheiten beider Geschlechter, und ab der Jahrhundertwende sind die „kleinen Helden in Not" vorrangig Thema in Publikationen. Dennoch scheint die Notwendigkeit von Gender-Kompetenz in der Schule noch wenig Eingang in die Bildungspolitik gefunden zu haben.

Einigkeit besteht darüber, dass Geschlechterdifferenzen im Bildungssystem existieren und den Lehrenden eine wichtige Rolle in der Transformation des Genderwissens zukommt. Ungeklärt bleibt, wie der Wissenstransfer von der Theorie in die Praxis und umgekehrt nachhaltig stattfinden kann. Das heißt konkret: Wie können die Kommunikationsbarrieren überwunden werden und sich nicht als konkurrierende Wirklichkeitskonstruktionen gegenüberstehen, die über bestehende Diskrepanzen zwischen Diskurs und Praxis schweigen (denn Wissen gibt es nur im Dialog...)?

Und wie kann das Geschlecht nach wie vor als eine bedeutsame Strukturkategorie anerkannt werden ohne das undoing Genderprozesse, Entdramatisierung, Individualisierung, Intersektionalität oder Vielfalt als Perspektive verloren gehen? Geschlechterkompetente Förderung sollte vorrangig und nicht als zweitrangig oder gar überflüssig betrachtet werden. Neue Lernkulturen und Gender Mainstreaming Konzepte könnten (geschlechter-)gerecht miteinander verbunden sein und in ihrer Diversität als Antidiskriminierungsstrategien in der Institution Schule umgesetzt werden. Der vorliegende Sammelband enthält dazu Anregungen und Perspektiven!

Literatur

Arbeitsgruppe Elternarbeit (Hrsg.; 1984): Die Schule lebt – Frauen bewegen die Schule, Reihe Materialien für die Elternarbeit, Band 12, Brehmer, Ilse/Enders-Dragässer, Uta (Bearb.), München: Deutsches Jugendinstitut (DJI).

Barz, Monika/Maier-Störmer, Susanne (1982): Schlagen und geschlagen werden, in: Brehmer, Ilse (Hrsg.), Sexismus in der Schule. Der heimliche Lehrplan der Frauendiskriminierung, Weinheim/Basel: Beltz, 279-287.

Becker-Schmidt, Regina (2007): „Class", „gender", „ethnicity", „race": Logiken der Differenzsetzung, Verschränkungen von Ungleichheitslagen und gesellschaftliche Strukturierung, in: Klinger, Cornelia et al. (Hrsg.): Achsen der Ungleichheit, Frankfurt am Main: Campus, 56-83.

Bilden, Helga (1980): Geschlechtsspezifische Sozialisation, in: Hurrelmann, Klaus/Ulich, Dieter (Hrsg.): Handbuch der Sozialisationsforschung, Weinheim: Beltz, 777-812.

Blossfeld, Hans-Peter/Bos, Wilfried/Hannover, Bettina et al. (2009): Geschlechterdifferenzen im Bildungssystem, herausgeg. vbw, Jahresgutachten 2009, Aktionsrat Bildung, Wiesbaden: VS Verlag für Sozialwissenschaften.

Brehmer, Ilse (Hrsg.; 1982): Sexismus in der Schule. Der heimliche Lehrplan der Frauendiskriminierung, Weinheim/Basel: Beltz.

Brehmer, Ilse (1987): Der widersprüchliche Alltag. Probleme von Frauen im Lehrberuf, Berlin: Frauen- und Schule-Verlag.

Brehmer, Ilse (2000): Was Sandkastenrocker von Heulsusen lernen können – Ein handlungsorientiertes Projekt zur Erweiterung sozialer Kompetenzen, herausg. vom Ministerium für Frauen, Jugend, Familie und Jugend des Landes NRW, Düsseldorf,
Band 277.

Brehmer, Ilse/Peters, Gudrun (1982): Das Thema Frau im Unterricht. Kommentierter
Überblick: Unterrichtseinheiten und Materialien für alle Schulstufen, Weinheim.:
Beltz.

Budde, Jürgen (2005): Doing gender - Doing masculinity. Männlichkeiten in schulischen
Interaktionen, in: Zeitschrift für Frauenforschung und Geschlechterstudien, Bielefeld: Kleine, H. 4, 67-78.

Bundesjugendkuratorium (2009): Schlaue Mädchen – Dumme Jungen? Gegen Verkür-
zungen im aktuellen Geschlechterdiskurs, Berlin:
www.bundesjugendkuratorium.de/pdf/2007-2009/bjk_2009_4_stellungnahme_ gen-
der.pdf.

Düro, Nicola (2008): Lehrerin – Lehrer: Welche Rolle spielt das Geschlecht im Schulalltag?, Opladen: Budrich.

Enders-Dragässer, Uta/Fuchs, Claudia (Hrsg.; 1990): Frauensache Schule. Aus dem deutschen Schulalltag: Erfahrungen, Analysen, Alternativen. Frankfurt am Main: Fischer.

Enders-Dragässer, Uta/Fuchs, Claudia (1989): Interaktionen der Geschlechter. Sexismusstrukturen in der Schule, Weinheim/München: Juventa.

Faulstich-Wieland, Hannelore (1991): Koedukation – Enttäuschte Hoffnungen?, Darmstadt: Wiss. Buchgesellschaft.

Faulstich-Wieland, Hannelore (2003): Einführung in die Genderstudien, Opladen: Les-
ke+Budrich, Kap. Schule und Geschlecht, 135-137.

Faulstich-Wieland, Hannelore (2004): Wem nützt die Einrichtung einer Mädchenklasse?,
in: Zeitschrift für Frauenforschung und Geschlechterstudien, Bielefeld: Kleine, H. 3,
39-57.

Faulstich-Wieland, Hannelore (2008): Schule und Geschlecht, in: Helsper, Wer-
ner/Böhme, Jeanette (Hrsg.): Handbuch der Schulforschung, Wiesbaden: VS Verlag
für Sozialwissenschaften, 673-695.

Faulstich-Wieland, Hannelore/Budde, Jürgen (2004): Chancen und Probleme bei der
Dramatisierung von Geschlecht, Bad Boll: Evangelische Trägergruppe für gesell-
schaftspolitische Jugendbildung, in: JugendStile, H. 4, 3-8.

Faulstich-Wieland, Hannelore/Horstkemper, Marianne (1996): „Nur Mädchen in einer
Klasse ist eine leere Klasse". Selbstbilder von Grundschülerinnen, in: Pfister, Gert-
rud/Valtin, Renate (Hrsg.): MädchenStärken. Probleme der Koedukation in der
Grundschule, Frankfurt am Main: Arbeitskreis Grundschule, Der Grundschulver-
band, 40-50.

Faulstich-Wieland, Hannelore/Weber, Martina/Willems, Katharina (2004): Doing Gender
im heutigen Schulalltag, Weinheim: Juventa.

FIF (Feministisches Interdisziplinäres Forschungsinstitut Frankfurt) (Hrsg.; 1986): Frauen
Macht Schule, Frankfurt am Main: FIF.

Frasch, Heidi/Wagner, Angelika C. (1982): „Auf Jungen achtet man einfach mehr", in:
Brehmer, Ilse (Hrsg.), Sexismus in der Schule, Weinheim/Basel: Beltz, 260-278.

Gildemeister, Regine (2004): Doing Gender: Soziale Praktiken der Geschlechterunterschiede, in: Becker, Ruth/Kortendiek, Beate (Hrsg.): Handbuch Frauen- und Geschlechterforschung. Theorien, Methoden, Empirie, Wiesbaden: VS Verlag für Sozialwissenschaften 132-140.

Glaser, Edith/Klika, Dorle/Prengel, Annedore (Hrsg.; 2004): Handbuch Gender und Erziehungswissenschaft, Bad Heilbrunn: Klinkhardt.

Grabrucker, Marianne 1985: „Typisch Mädchen ..." Prägungen in den ersten drei Lebensjahren. Ein Tagebuch. Frankfurt am Main: Fischer.

Hagemann-White, Carol (1984): Sozialisation: weiblich – männlich?. Opladen: Leske+Budrich.

Helbig, Marcel (2010): Sind Lehrerinnen für den geringen Schulerfolg von Jungen verantwortlich?, in: Kölner Zeitschrift für Soziologie und Sozialpsychologie, Wiesbaden: VS Verlag für Sozialwissenschaften, H. 1, 93-111.

Hoppe, Heidrun/Nyssen, Elke (2006): Ist das Geschlecht für das schulische Lernen noch relevant?, in: Fritz, Annemarie et al. (Hrsg.): Handbuch Kindheit und Schule, Weinheim: Beltz, 158-170.

Horstkemper, Marianne 1987 (3. Aufl. 1995): Schule, Geschlecht und Selbstvertrauen. Eine Längsschnittstudie über Mädchensozialisation in der Schule, Weinheim/München: Juventa.

Horstkemper, Marianne (2000): Geschlechtsrollenidentität und unterrichtliches Handeln, in: Schweer, Martin K.W. (Hrsg.): Lehrer – Schüler – Interaktion, Opladen: Leske+Budrich, 139-158.

Jäckle, Monika (2009): Schule M(m)acht Geschlechter. Eine Auseinandersetzung mit Schule und Geschlecht unter diskurstheoretischer Perspektive, Wiesbaden: VS Verlag für Sozialwissenschaften.

Kampshoff, Marita 2000: Doing gender und doing pupil – erste Annäherungen an einen komplexen Zusammenhang, in: Lemmermöhle, Doris et al. (Hrsg.): Lesarten des Geschlechts. Zur De-Konstruktionsdebatte in der erziehungswissenschaftlichen Geschlechterforschung, Opladen: Leske+Budrich, 189-204.

Kampshoff, Marita (2007): Geschlechterdifferenz und Schulleistung. Deutsche und englische Studien im Vergleich, Wiesbaden: VS Verlag für Sozialwissenschaften.

Knapp, Gudrun-Axeli (1997): Gleichheit, Differenz, Dekonstruktion: Vom Nutzen theoretischer Ansätze der Frauen- und Geschlechterforschung für die Praxis, in: Krell, Gertraude (Hrsg.): Chancengleichheit durch Personalpolitik, Wiesbaden:Gabler, 77-85.

Knapp, Gudrun-Axeli (2008): „Intersectionality" – ein neues Paradigma der Geschlechterforschung, in: Casale, Rita/Rendtorff, Barbara (Hrsg.): Was kommt nach der Genderforschung? Zur Zukunft der feministischen Theoriebildung, Bielefeld: Transkript, 33-53.

Kreienbaum, Maria Anna (2004): Schule: Zur reflexiven Koedukation, in: Becker, Ruth/Kortendiek, Beate (Hrsg.): Handbuch Frauen- und Geschlechterforschung. Theorien, Methoden, Empirie, Wiesbaden: VS Verlag für Sozialwissenschaften, 582-589.

Lemmermöhle, Doris (1998): Geschlechter(un)gleichheiten und Schule, in: Oechsle, Mechthild/Geissler, Birgit (Hrsg.): Die ungleiche Gleichheit. Junge Frauen und der Wandel im Geschlechterverhältnis, Opladen: Leske+Budrich, 67-86.

Metz-Göckel, Sigrid (2009): Zur Liaison von Geschlechter- und Hochschuldidaktikforschung – Provokante Positionen und provozierende Prozesse, in: Auferkorte-Michaelis, Nicole/Stahr, Ingeborg/Schönborn, Anette/Fritek, Ingrid (Hrsg.): Gender als Indikator für gute Lehre. Erkenntnisse, Konzepte und Ideen für die Hochschule, Opladen/Farmington Hills: Budrich UniPress, 99-121.

Prengel, Annedore (2006): Pädagogik der Vielfalt, Wiesbaden: VS Verlag für Sozialwissenschaften.

Preuss-Lausitz, Ulf (2005): Anforderungen an eine jugendfreundliche Schule, in: Die Deutsche Schule, Münster: Waxmann, H. 2, 222-235.

Pross, Helge (1969): Über die Bildungschancen von Mädchen in der Bundesrepublik, Frankfurt am Main: Suhrkamp.

Rose, Lotte/Schmauch, Ulrike (Hrsg.; 2005): Jungen – die neuen Verlierer? Auf den Spuren eines öffentlichen Stimmungswechsels, Königstein im Taunus: Helmer.

Schultz, Dagmar (1980): „ein mädchen ist fast so gut wie ein junge". Sexismus in der Erziehung, Band 1, Berlin: Frauenselbst Verlag.

Seemann, Malwine (2009): Geschlechtergerechtigkeit in der Schule. Eine Studie zum Gender Mainstreaming in Schweden. Bielefeld: transkript.

Wetterer, Angelika (2009): Gleichstellungspolitik im Spannungsfeld unterschiedlicher Spielarten von Geschlechterwissen. Eine wissenssoziologische Rekonstruktion, in: Gender. Zeitschrift für Geschlecht, Kultur und Gesellschaft, Opladen: Budrich, H. 2, 45-60.

Aspekte der feministischen Schulforschung: Entdeckungszusammenhänge zur Gleichberechtigung der Geschlechter

Ilse Brehmer

1   Wahrnehmung und Analysen der Diskriminierung von Frauen

Ich beginne dieses Essay sehr persönlich, war es doch eine der Thesen am Beginn der Frauenbewegung: Das Private ist das Politische. Als geschiedene Frau mit vier Kindern und Anfang dreißig und einem abgebrochenem Studium in Kunstgeschichte musste ich mir überlegen, wie ernähre ich sie und mich. Welcher Beruf ließ sich mit den Tagesabläufen der Kinder verbinden, die mein Zeitbudget bestimmten? Da blieb mir nichts anderes übrig als Lehrerin zu werden. Meine Begeisterung für diesen Beruf war nicht groß, mehr und minder unwilligen Schülerinnen und Schülern die Kommasetzung beim Relativsatz oder die Ausbreitung der Jesuiten beizubringen, hielt sich in Grenzen. Aber es gibt nun mal keinen Beruf, der sich mit der Alltagstruktur einer Familie vereinbaren ließ und eine relativ geringe Studienzeit beanspruchte.

Wie ich später in meiner Habilitationsschrift eruierte (Brehmer 1992), ist dies eines der Motive, die Frauen diesen Beruf wählen lassen. Die kurze Ausbildung für die Grundschullehrerin oder für die Sekundarstufe 1 war – wie bei mir – auch für andere Frauen Grund, diesen Beruf zu wählen. Doch es gab auch weitere Motive, bei einigen beeinflusst von der Familientradition der Lehrerfamilien bestand von Kindheit an der Wunsch zu unterrichten. Andere wählten diesen Beruf, die Befragten hatten die 68er-Bewegung miterlebt, aus politischer Motivation, sie wollten über die Schule die Welt verbessern. Dieses Motiv sollte sich auch bei mir in meinem Studium am Beginn der Siebziger Jahre ebenfalls einstellen.

Doch zurück zu den Anfängen. Um mich besser zu motivieren, wollte ich mich in die Geschichte dieses Frauenberufes einlesen. Da stieß ich auf ein Fastvakuum, einige ältere regionale Untersuchungen gab es zur Volksschullehrerin, aber keine durchgehende historische Analyse, es stellte sich so da, als ob diese Tätigkeit die Frauen erst im 19. Jahrhundert für sich entdeckt hätten. Dass Sappho auf Lesbos im sechsten Jahrhundert vor unserer Zeitrechnung einen Thiassos, eine Mädchenschule betrieb, dass Lioba im achten Jahrhundert zur ersten

Lehrerin in Deutschland wurde und die Tradition der lehrenden Nonnen begründete, all dies wurde nicht in die Darstellungen aufgenommen. Frauen, und das galt auch für alle anderen Bereiche -außer denen einzelner Herrscherinnen-, waren aus der Geschichte eliminiert. So wurde die Vorstellung generiert, dass Frauen außer Haushalt und Kinderaufzucht nichts Weiteres geleistet hätten und alle Arbeit nur aus Liebe bestand, und ihre Arbeit nur Liebe war, wie Bock und Duden (1977) in ihrem Aufsatz darlegten. Bevölkerungsgruppen, denen man keine Geschichte, keine Entwicklung zubilligt werden quasi zu Naturressourcen deklariert wie zum Beispiel die schwarzafrikanischen Stämme. (Mein Interesse an Biographien von Lehrerinnen und an der Geschichte der weiblichen Bildung verfolgte ich durch meine gesamte Berufslaufbahn, siehe hierzu die Literaturliste.)

Auf eine weitere Diskriminierung stieß ich bei meinen Recherchen nach Lehrerinnen in pädagogischen Lexika. Am Ende der fünfziger Jahre fand ich das Stichwort Lehrerin nicht mehr. Es gab nur noch Lehrer, wie auch Schüler Studenten, Professoren. Das generalisierende Maskulinum ließ die Spezifik weiblicher Lebensläufe verschwinden. Hier setzten die Linguistinnen ihre Untersuchungen an, besonders Luise Pusch sammelte einige besonders absurde Beispiele, wie auf dem Beipackzettel eines Tampons: „Die Menstruation ist bei jedem ein bisschen anders" (Pusch 1984: 149). Wie jeder Mensch selbstverständlich ein Man ist, kann frau mit einem Zitat aus Schillers Ode an die Freude belegen. „Alle Menschen werden Brüder." Was aus der Sprache verschwindet, bleibt zwar existent doch ohne eigene Artikulation.

Senta Trömmel-Plötz (1992) analysierte Gespräche zwischen Frauen und Männern, die Kommunikationsstruktur war hierarchisch, die männlich Kommunizierenden dominierten, die Frauen versuchten immer wieder das Gespräch im Fluss zu halten. Deborah Tannen kam zu dem Ergebnis, dass es auf Grund der unterschiedlichen geschlechtsspezifischen Kommunikation und Interaktionsverhalten immer wieder Missverständnissen entstehen (Tannen 1993).

Die Dominanz der Schüler insbesondere in den Naturwissenschaften und in der Mathematik und die geschlechtsspezifische Wahrnehmung der Lehrer- in diesen Fächern unterrichteten überwiegend Männer – regte die Debatte um die Koedukation an. Einige meiner Kolleginnen befürworteten Mädchenschulen (und Frauenuniversitäten), so dass Schülerinnen unbehindert durch männliches Verhalten ihre Kompetenzen entwickeln könnten. Diese Debatte wurde zwar intensiv geführt, hatte aber keine weitreichenden pädagogischen Konsequenzen (siehe hierzu die Literaturangaben bei Brehmer/Birkner/Ebel/Klewin 2000).

Ein Gebiet in dem Frauen/Mädchen eingegrenzt sichtbar sind, ist die visuelle Repräsentanz von Frauen in allen bildlichen Medien. In der Werbung lockte und lockt sie den Käufer mit ihren sexuellen Reizen, in Kinderbüchern und in

Schulbüchern waren die weiblichen Wesen überwiegend brav auf die Rolle der Hausfrau und Mutter reduziert. Ein Beispiel, das für mich sehr symptomatisch war, aus einem Lesebuch der Grundschule: Die Mutter steht am Herd und rührt im Topf, der Vater sitzt am Tisch und liest Zeitung, der Sohn spielt mit dem Auto, die Tochter mit der Puppe. Auch das mediale und literarische Lehrerinnenbild, das ich in Schulbüchern, Kinderbücher, Lehrerinnenromanen, Illustrierten fand, reduziert sich auf drei Klischees: die niedliche Junge, die mütterlich Ältere und die bärbeißige Jungfer.

Diese Diskriminierungen wahrzunehmen, sie zu analysieren und Gegenentwürfe zu entwerfen, war der Anfang der feministischen Forschung, der von vornherein multidisziplinärer war.

2 Organisation und Forschungsprojekte

Die Forschungsergebnisse wurden in einigen Publikationen zusammengefasst (Schulz 1978/79, Brehmer 1982, Mühlen-Achs1993) und führten dazu, dass wir uns vernetzten. Auf der zweiten Berliner Sommeruni 1981 lernte ich Uta Enders Dragässer kennen, die gerade ihre Dissertation über „Mütter als Hilfslehrerinnen der Nation" (1981) abgeschlossen hatte. Wir initiierten gemeinsam die ersten Tagungen zum Thema „Frauen und Schule". Es sollten alle davon Betroffenen angesprochen werden, also auch Mütter und Schülerinnen. Dies allerdings gelang nicht. Die Tagungen wurden nur von Lehrerinnen und Dozentinnen besucht. Aus diesen Aktivitäten entstand die Zeitschrift „Frauen und Schule".

Unser Grundsatz war die strikte Parteilichkeit für Mädchen, Frauen. Was behinderte sie? Wie konnten wir ihnen helfen? Es entstanden im Bereich der Sozialpädagogik zahlreiche Initiativen. Mädchentreffs, Mädchenhäuser, – hier wurde das Ausmaß sexuellen Missbrauchs offenbar –, Selbstverteidigungstraining. Für die Schule war ein spezifisches Defizit zu erkennen: in dem sprachlichen Bereich waren Mädchen eindeutig führend, aber aus den Leitwissenschaften des technologischen Wandels klinkten sie sich aus. Hier setzte unser Forschungsprojekt „Mädchen Macht (und) Mathe" (Brehmer/Küllchen/Sommer 1989) ein.

Mit qualitativen und quantitativen Methoden versuchten wir die unterschiedlichen Motivationen und Orientierungen von Mädchen und Jungen zu eruieren und die Meinungen von Lehrerinnen und Lehrern zum Verhalten der Schülerinnen und Schüler. Die einschlägigen Forschungen belegten, dass Jungen insgesamt mehr Aufmerksamkeit bekamen sowohl mit Lob und Tadel, und sie als begabter für die naturwissenschaftlichen Fächer angesehen wurden, obwohl bis etwa zum Beginn der Pubertät ein generelle gleiche Leistungsfähigkeit nachzuweisen ist, wählten wenige Mädchen naturwissenschaftliche Leistungskurse, die allgemeine Erwartung von Elternhaus, Schule und weiterem Umfeld reduzierte ihre Ambitionen. Unsere Ergebnisse aus den Interviews mit den Lehrpersonen bestätigten, dass Schülerinnen eher als fleißig, also nicht als genial, kreativ angesehen wurden. Sie werden als still und zurückhaltend empfunden, sind überempfindlich und haben keinen Spaß an kontroversen Diskussionen. Sie interessieren sich für alles Emotionale und Mitmenschliche, aber nicht für gesellschaftliche politische Fragen. Ihre Fähigkeiten werden abgewertet, als minder angesehen. Diese Wertungen, auch die des Schülerverhaltens, strukturieren die Wahrnehmung sowohl von Lehrerinnen als auch von Lehrern.

Die Schüler gelten zwar als undiszipliniert. Dies wird ihnen jedoch nicht negativ ausgelegt, sondern als „typisch jungenhaft" oder sogar als „kreativ" angesehen. Ihr Interesse für Naturwissenschaft gilt als „normal". Eine Schwäche der männlichen Sozialisation wird so zu einer Stärke umgedeutet. Besondere Anerkennung erhielten sie für ihr Interesse an historischen Fragen. So wie der übliche Geschichtsunterricht eine Männergeschichte ist, ist dies verständlich, das Gleiche gilt für politische Auseinandersetzungen. Politik wurde und wird überwiegend von Männern gemacht, obwohl seit den achtziger Jahren eine leichte Tendenz zu Verbesserung besteht.

Allerdings stellten die Lehrerinnen und Lehrer auch fest, dass Schüler kein Interesse an der Behandlung des Themas „Geschlechterbeziehung in unserer Gesellschaft" hatten, sondern Diskussionen darüber torpedierten.

Hervorzuheben ist das Ergebnis, dass die Schüler sich ausgesprochen als leistungsfähig darstellten, besonders in den naturwissenschaftlichen und mathematischen Fächern, auch wenn ihre Zensuren dies nicht betätigten, die Schülerinnen dagegen waren selbstkritischer. Über ein ungebrochenes Selbstvertrauen und Selbstbewusstsein verfügten sie nicht. Das Selbstwertgefühl weiblicher Personen ist generell niedriger, sie trauen sich weniger zu, und man oder auch frau traut ihnen weniger zu, das belegen schon die schlechteren Aufstiegschancen und der bis heute – 2009 – geringere Verdienst bei gleicher Arbeitsleistung.

Wir formulierten Forderungen: Gezielte Förderung zur Aufhebung geschlechtsspezifischer Orientierungen, Aus- und Fortbildung von Lehrkräften, um sie zu sensibilisieren für geschlechtsspezifische Defizite, und Entwicklung alternativer Unterrichtseinheiten, die den Neigungen der Mädchen entsprechen, und die Notwendigkeit der Naturwissenschaften für das soziale Ganze aufzuzeigen. Wir sammelten Unterrichtseinheiten aus allen Gebieten und publizierten diese. Ob sie von Lehrerinnen genutzt wurden, entzieht sich meiner Kenntnis (Brehmer/Peters 1982).

3 Wahrnehmung der Defizite der Sozialisation von Jungen

Es wurde zwar diskutiert, ob in Mädchenschulen die Schülerinnen ein breiteres Interessenspektrum und ein höheres Selbstwertgefühl erlangen könnten, doch die Koedukation war zur Regel in allen Bundesländern geworden und als ein Fortschritt angesehen, da das abwertend gemeinte „Puddingabitur" der Mädchenschulen nicht mehr existierte, und beide Geschlechter so den gleichen Anforderungen genügen mussten. Bei unserer Parteilichkeit für die Mädchen, war es für die gemischten Klassenverbände notwendig, sich der männlichen Sozialisation zuzuwenden.

Zuerst wurde eine Mängelliste erstellt: Wie schon vorher erwähnt, Jungen störten mehr im Unterricht, banden damit die Aufmerksamkeit der Lehrpersonen an sich. Dieses Verhalten wurde als geschlechtsspezifisch angesehen und sogar zum Teil als eine höhere Aktivität positiv definiert. Die Mädchen erschienen dagegen angepasst, fleißig, ein wenig langweilig, brav aber nicht initiativ. Bei genauerem Hinsehen allerdings ergab sich ein anderes Bild, die Schulnoten und Schulabschlüsse der Schüler waren schlechter, die Schülerinnen überflügelten sie. Während Ende der Fünfziger Jahre 20% der Mädchen Abitur machten, sind es heute über 50%. Die heutige Verteilung der Studentinnen an den verschiedenen Hochschulen zeigt einen rasanten Anstieg, so studieren an der Ludwigs Maximilians Universität in München 62,3% Frauen, an der Katholischen Stiftungshochschule, die überwiegend Sozialpädagoginnen ausbildet 78,6%. Der Frauenanteil sinkt, wenn es um die Technische Hochschule (31,6%), der Staatlichen Fachhochschule (36,6%) und erst recht bei der Universität der Bundeswehr (10,6%), letzteres ist weiter nicht verwunderlich, das Militär ist zwar kein komplett geschlossener Männerclub mehr, doch nach wie vor kein Feld für Frauen. Diese Zahlen belegen einerseits den Bildungsaufstieg von Frauen, andererseits aber auch, dass es weiterhin geschlechtsspezifische Vorlieben für bestimmte Fächer gibt (SZ 22. Sept. 2009).

Weitere Aspekte des männlichen Lebenslaufes sind, dass häufiger männliche Säuglinge im ersten Lebensjahr sterben, bei Jungen höhere Quoten von abweichendem Verhalten zu beobachten sind, Hyperaktivität, Konzentrationsstörungen bis hin zu kriminellen Akten. Es sind über 90% Männer, die in Gefängnissen einsitzen. Außerdem ist ihre Lebenserwartung geringer als die der Frauen. All dies sind statistische Durchschnittswerte, sie sind nicht zutreffend für Einzelfälle, nicht jeder Junge stört im Unterricht und wird kriminell, es besteht eine Häufung beim männlichen Geschlecht, sagt aber nichts darüber aus, dass auch bei Mädchen/Frauen solche Verhaltensweisen vorhanden sind. In den letzten Jahren erhöhte sich das auffällige Verhalten von Mädchen in einigen sozialen Brennpunkten. Die Gefahr bei der Auflistung dieser Statistik besteht darin, dass sie zu einer verstärkten geschlechtsspezifischen Stereotypisierung beitragen kann. Trotzdem bleibt die Frage, was bewirken die Defizite im männlichen Leben? Sind sie im Gegensatz zur allgemeinen Meinung nicht das starke sondern das physisch schwächere Geschlecht? Die Aufarbeitung der Defizite männlicher Sozialisation fand nur sehr geringes Interesse bei Wissenschaftlern. Im Gegensatz zu der reichhaltigen feministischen Literatur dachten Männer nur sehr vereinzelt nach über die Schwierigkeiten ein Mann zu werden, ein Mann zu sein. Der Erste, der sich in Deutschland anhand von Autobiographien von deutschen Soldaten im ersten Weltkrieg damit auseinander setzte war Theweleit (1977), der die Panzerung des männlichen Egos herausarbeitete. Ein Mann muss hart sein, Gefühle der Schwäche darf er nicht zu lassen. Aus den USA kam das Buch von Gilmore (1990), in Deutschland schrieben Schnack und Neutzling (1990) über „die kleinen Helden in Not".

Das Hauptproblem für die heranwachsenden Jugendlichen ist der Mangel an männlichen Bezugspersonen, an realistischen Vorbildern. Erziehung erfahren sie in den ersten zehn Jahren fast ausschließlich von Frauen: Mütter, Kindergärtnerinnen, Grundschullehrerinnen, und bis etwa zum Ende der Mittelstufe sind die Lehrpersonen noch über 50% weiblich. Die Väter sind, obwohl dort jetzt eine leichte Tendenz zur Besserung zu sehen ist, überwiegend abwesend. Die einzigen Vorbilder, welche die Jungen konsumieren können, werden über die Medien vermittelt. Diese Männer aber sind stark, hart, rauflustig, dominant und so weiter. Wenn dies die überwiegende Orientierung für männliche Kinder ist, meinen sie ihnen nacheifern zu müssen. Sie dürfen kein „Weichei" oder „Warmduscher" sein, die Akzeptanz von individueller Schwäche, Unsicherheit und Empathie für andere, demokratische Integration in soziale Gruppen wird ihnen so als nicht ihrem Geschlecht adäquat vermittelt.

Diese Ergebnisse der Forschung und Überlegungen waren der Ausgangspunkt für mein Forschungsprojekt „Erweiterung sozialer Kompetenz bei Mädchen und Jungen." Beide Geschlechter mussten etwas lernen, nur dann konnte sich in der zwischengeschlechtlichen Interaktion etwa ändern.

Das Ministerium in NRW, welches die Forschungsmittel bereit gestellt hatte, veröffentlichte dann unsere Ergebnisse unter dem irreführenden aber wohl als poppig empfunden Titel „Was Sandkastenrocker von Heulsusen lernen können" (2000). Unsere Zielgruppe war aus dem Sandkastenalter längst heraus, wir befragten und beobachteten Schülerinnen und Schüler der achten Klasse, sie waren in dem Alter, in dem sich die geschlechtsstereotypen Anschauungen und Verhaltensweisen noch einmal verstärken. Mein Projekt war von der Anlage her höchst anspruchsvoll. Drei Schulen, ein Gymnasium in Bad Salzufflen – in Bielefeld war kein Gymnasium bereit sich an diesem handlungsorientierten Forschungsprojekt zu beteiligen – die Gesamtschule und die Laborschule in Bielefeld, wurden mit einbezogen und jeweils zwei Lehrpersonen, die in diesen Klassen unterrichteten. Mein Anspruch war, dass jeweils eine Lehrerin und ein Lehrer sich an den Untersuchungen den Ausarbeitungen und den praktischen Ausführungen der Unterrichtseinheiten engagieren sollten, damit sowohl die weibliche wie die männliche Sicht artikuliert werden konnte. Dies gelang nicht, nur ein Lehrer aus der Gesamtschule war bereit sich beteiligen. Auch hier wieder stieß ich auf die mangelnde Bereitschaft der Männer sich mit männlicher Sozialisation auseinander zu setzen. Auf Elternabenden der Klassen stellten wir unser Projekt vor, damit auch sie sich in dem Projekt involviert fühlen konnten.

Es war der Anspruch in dieser ersten Phase der Frauenbewegung, dass nicht über Menschen als Objekte geforscht wird, sondern dass sie als Subjekte daran teilnehmen. Ich finde diesen Anspruch nach wie vor berechtigt, doch er scheiterte nicht nur in diesem Projekt, weil das Engagement der von uns Angesprochenen gering war; sei es aufgrund von mangelndem Interesse oder fehlender Zeit, obwohl ich erreicht hatte, dass alle an dem Projekt beteiligten Lehrpersonen zwei Stunden Entlastung erhielten. Wir trafen uns zwar in regelmäßigen Intervallen mit den Lehrpersonen, um Vorschläge und Ergebnisse zu besprechen, aber die Videoaufnahmen, die wir vom Unterrichtsgeschehen aufnahmen, sahen sie sich nicht an. Sich mit ihrem eigenen Verhalten zu konfrontieren, wollten sie vermeiden.

Gemeinsam entwickelten wir Unterrichtseinheiten, die dem jeweiligen Geschlecht alternative Erfahrungen bieten konnten. In der Deutscheinheit konnten die Kinder die Geschlechterstereotypen in den Printmedien erkennen und in individueller Biographiearbeit personell differierende Lebensläufe in Hinblick geschlechtsspezifischer Varianten herausarbeiten.

Im Bereich der Mathematik sollte durch den Besuch einer Mülldeponie die Volumenberechnung anschaulich eingeführt werden. Das mathematische Problem war nicht gerade der „Hit", aber der plastische Einblick in das ökologische Problem, erreichte positive Anregungen, um die Abfallproduktion sowohl in der Schule wie in der eigenen Familie zu reduzieren.

Im Sport, der dritten Unterrichtseinheit, die entwickelt wurde, zeigten sich die geschlechtsspezifischen Interessen besonders stark, obwohl Mädchen wie Jungen dies Fach auf Grund des allgemeinen Bewegungsmangels im schulischen Alltag favorisierten. Zu beachten ist für dieses Fach, dass immer wieder das gemeinsame Spiel anzustreben ist und nicht die Körperabstumpfungen, das Nichtwahrnehmen oder das forcierte Überschreiten der körperlichen Belastung besonders bei den Jungen, und individualisierte Konkurrenz, die sowohl zu brutalen Übergriffen wie zur Stigmatisierung körperlich Schwächerer führen kann. Zudem ist in unserem Kulturkreis zu beobachten, dass körperliche Annäherung zwischen Jungen/Männern nur über aggressive Akte erlaubt zu sein scheint. In arabischen Ländern ist es eine Selbstverständlichkeit, dass junge Männer Hand in Hand gehen oder sich gegenseitig die Arme auf die Schulter legen, so wird ein solches Verhalten bei uns nach wie vor als „schwul" und damit nicht als wirklich männlich deklariert. Mädchen dagegen dürfen zärtliche Zuwendung zum eigenen Geschlecht zeigen ohne deswegen abgewertet zu werden. Die Jungen haben so ein ausgesprochenes Defizit bei sanfter körperlicher Interaktion.

Als besonders wichtig erschien mir die Einführung von Mädchen- und Jungenkonferenzen, in denen Schülerinnen und Schüler in jeweils geschlechtshomogenen Gruppen über ihre Probleme reden konnten. Diese Initiative verlangte, dass die Gruppen jeweils von einer oder einem Angehörigen des eigenen Geschlechts angeleitet wurde. Dies konnte nicht für zwei Schulen realisiert werden, so dass wieder Frauen zur Ansprechpartnerinnen der Jungen wurden. Selbst bei dem einen Lehrer kam es nur zu Gesprächen über diverse Hobbys.

Über Rollenspiele konnten Konflikte, die in den Klassen auftraten, theatralisch bearbeitet werden, durch meditative Konzentrationsübungen wurden Wege aufgezeigt, die eigenen Befindlichkeiten wahrzunehmen und zur Ruhe zu kommen, ein Methode, die in jedem Fach angewendet werden kann.

Bei der Endbefragung der Schülerinnen und Schüler fiel besonders die Leugnung einer generellen Geschlechterdifferenz auf: Dies spiegelt wohl den utopischen Wunsch nach Gleichheit wieder. Für die Mädchen kann dies bedeuten, dass sie sich ein breites Verhaltensfeld wünschen und nicht durch ihr Geschlecht eingegrenzt sein wollen, während für die Jungen die Leugnung ihrer Dominanz bedeutet, dass nichts verändert werden muss.

Unsere Interventionen boten und bieten Anregungen für kleine Schritte der Veränderung, in der Wahrnehmung und im Handeln von Lehrpersonen und in der Erfahrung und in der Entwicklung breiterer Ziele für die Schülerinnen und Schüler.

4 Konstruktion des Geschlechts

Trotz der von den Schülerinnen und Schülern geäußerten Meinung oder ihrem Wunsch, dass es keine grundlegenden Unterschiede zwischen den Geschlechtern gibt, wird doch in vielen Diskussionen immer wieder die Annahme vertreten, dass Frauen und Männer sich grundsätzlich unterscheiden, etwa wenn der Spruch gern zitiert wird: Frauen stammen von der Venus, die Männer vom Mars. Das heißt übersetzt: erotische Attraktion auf der einen Seite und Krieg, Gewalt auf der Anderen. Aktiv handelnde Frauen und erotisch attraktive Männer werden geleugnet oder als eine nicht zu beachtende Randgruppe definiert.

Ein Argument gegen den Versuch die Geschlechterbarrieren auf zu heben ist: dann würde es keine sexuelle erotische Anziehungskraft mehr geben. Diesem stimmen alle Personen, die sich von ihrem eigenen Geschlecht angezogen werden, wohl nicht zu. Zum anderen spielen bei der Partnerin- und Partnerwahl viele verschiedene Faktoren mit, nicht jede Frau, nicht jeder Mann verliebt sich in alle Angehörigen des anderen Geschlechts, sondern sie wählen sehr individuell.

Die Erwartungen an eine Frau, an einen Mann sind soziale Konstrukte. Wie Margret Mead durch ihre anthropologischen und ethnologischen Forschungen darlegte, gibt es in unterschiedlichen Kulturen von unseren Erfahrungen differierende Rollenmuster. Die in unserem Kulturkreis zu beobachtende Neigung vieler aber nicht aller kleinen Mädchen für die Farbe Rosa ist keine biologische Konstante sondern sozial herbeigerufen. Doch immer wieder wird betont auf ganz unterschiedlichen Argumentationsebenen, dass es unüberwindbare Differenzen gibt. In dem Wissenschaftsmagazin von Skobel wurde z. B. die These vertreten, dass die bei Frauen häufiger auftretende Spinnenphobie ein genetisch eingepflanztes Erbe ist, weil sie überwiegend in den Höhlen der Frühzeit nach gefährlichem Kleingetier Ausschau hielten. Es ist wissenschaftlich durchaus umstritten, ob weit zurückliegende Erfahrungen sich so tradieren, zudem waren die frühen Menschen überwiegend Nomadinnen/Nomaden; das bedeutet, sie hielten sich nur in geringem Masse in Höhlen auf.

Die Frauen, so schrieb Meillasoux (1976), brachten durch ihre Sammlerinnentätigkeit Pflanzen, Körner, Früchte, Kleingetier usw. als grundlegende Nahrung ein. Die Jagd der Männer auf große Tiere war gefährlich und oft nicht erfolgreich. Die Frauen müssten also als historisches Erbe eher ein appetitliches Verhältnis zu Würmern und Insekten haben. Zudem wird in der psychoanalytischen Theorie Phobien mit anderen Annahmen erklärt.

Ein weiteres häufig vorgetragenes Argument ist, die grundsätzlich andere Organisation des weiblichen und männlichen Körpers. Die US-amerikanische Biologin Fausto Sterling (1988) hat die empirischen Untersuchungen zu den biologischen Geschlechtsunterschieden reanalysiert. Sie kommt zu dem Ergebnis, dass bei sorgfältiger Prüfung nur wenige der Ergebnisse als abgesichert angesehen werden können, etwa die größere sprachliche Fähigkeit von Mädchen, die bessere räumliche Vorstellungskraft von Jungen, ihre angeblich bessere Begabung in Mathematik und ihre höhere Aggressionsbereitschaft (siehe dazu Fausto Sterling 1988: 46). Sie sagt, dass es nicht komplett auszuschließen sei, dass hier auch biologische Komponenten zum Tragen kommen, jedoch: „[…] die Geschlechtsunterschiede sind sehr klein und es wurde [....] bewiesen, dass ein Komplex von Umweltfaktoren die visuelle räumliche Kompetenz (wie auch die sprachlichen Fähigkeiten) beeinflusst […]" (ebd.: 62).

Die Frage also was ist Sozialisation, Erziehung, und was ist biologisch determiniert, ist nicht zu beantworten, jedoch wird in biologischen Traktaten immer wieder behauptet, das Männer auf Grund ihres höheren Testosteronspiegels aggressiver sind. Sie sind nach dieser Auffassung diesem hormonalen Ansturm hilflos ausgeliefert und damit ohne Schuld bei zerstörerischen Taten.

Die biologischen Forschungsergebnisse liefern wenig Unterstützung für die These, dass „große Mengen an „männlichen" Hormonen die menschliche Aggression verursachen." (Fausto Sterling 1988: 209). Sie sieht bei all den diagnostizierten Unterschieden einerseits erhebliche Mängel in der Erhebung der Daten und zum Anderen ein „Wechselspiel zwischen ‚rein' biologischen Spielarten und gesellschaftlichen" (ebd.: 296).

Die soziobiologische Sichtweise vieler Forscher will den Geschlechtsunterschied als unumstößlich zementieren und damit erreichen, dass Frauen, was Energie, Intelligenz und Kreativität betrifft, auf dem zweiten Platz in der Menschheit verbleiben, damit wird die Hälfte der Bevölkerung von dem Konkurrenzkampf um einflussreiche Positionen ausgeschlossen. Selbst wenn es heute wenigen Frauen gelingt in Führungspositionen zu gelangen, so ist ihr Anteil daran nach wie vor marginal.

5   Erziehungsziele

Am Beginn der feministischen Forschung stand die Absicht eine vollständige Gleichberechtigung der Frauen zu erreichen. Was behindert diese Gleichberechtigung? Ich werde dazu ein wenig ausholen.

Das Hauptdilemma scheint die unterschiedliche Funktion der Geschlechter bei der Reproduktion der Nachkommen zu sein. Eine Schwangerschaft kann in den letzten Monaten eine Einschränkung der körperlichen Leistungsfähigkeit bedeuten, muss es aber nicht generell sein. In bäuerlichen Betrieben haben Frauen bis zum Einsetzen der heftigeren Wehen weiter schwere körperliche Arbeit geleistet, zudem ist in unserer hochtechnisierten Gesellschaft der Anteil von schwerer körperlicher Arbeit gering. Der Verstand leidet nicht unter Schwangerschaften. Das Stillen des Säuglings kann ein Mann aufgrund seiner biologischen Ausstattung auch nicht übernehmen, jedoch beträgt diese Phase in etwa sechs Monate. Alle anderen Fürsorgetätigkeiten sind nicht an das biologische Geschlecht gebunden. Wenn man etwa sieben bis acht Monate als überwiegende Arbeit von Frauen am Kind ansetzt, und dies bei einer Geburtenrate von unter zwei Kindern, so ist die ausschließliche Notwendigkeit der Frauen für den Nachwuchs zu sorgen maximal eineinhalb Jahre bei einer Lebenserwartung von fast achtzig Jahren. Also eine kurze Zeit, alle andere Fürsorge könnten sich Vater, Mutter und die öffentlichen Betreuungseinrichtungen paritätisch teilen. Der Elternurlaub ist ein Versuch dies zu erreichen. Er wird von Männern nur zögerlich und kurz angenommen, selbst in Ländern wie Schweden, in denen dieses Angebot bei 80% Lohnausgleich schon länger besteht, erreicht es nicht die volle paritätische Teilnahme, er stieg von dem Jahr 2000 von 12% auf 21% im Jahr 2007 an. Was gesellschaftlich möglich ist, muss nicht sozial akzeptiert werden.

Es ist also ein Erziehungsziel, dass Männer aber auch die Frauen realisieren, dass Mann erst zum Vater wird nicht durch den kurzen Akt der Zeugung sondern durch die Fürsorge für den Nachwuchs. Hier kann die Schule an einem Normenwandel mitarbeiten durch Beispiele und durch Praktika in Einrichtungen der früh kindlichen Erziehung. Dies wird meiner Meinung nach nicht ausreichen, um traditionelle Wertvorstellungen zu verändern, sondern es sollte gesetzlich geregelt werden, mit der Verpflichtung beider Elternteile ihre Berufstätigkeit für die Kinderfürsorge einzuschränken bei vollem Lohnausgleich, die Zeiten wären in den ersten Jahren länger und würden sich im Verlauf des Heranwachsens reduzieren.

Eine solche gesetzliche Regelung hätte mehrere Vorteile: Die Fürsorge für Kinder wäre kein privater Luxus mehr, wie es trotz Kindergeld nach wie vor ist, sondern eine gesellschaftlich honorierte und notwendige Arbeit. Zum Anderen: Frauen würden niemals vollständig ihr Erwerbsleben unterbrechen, sie würden immer an dem beruflichen Sektor teilhaben, also keine Disqualifikation durch Fehlzeiten und keine Reduktion der Rente. Zum Dritten wäre für die Arbeitgeber das Risiko des teilweisen Ausfalls bei der Einstellung von Männern höher, da sie ja bis ins hohe Alter zeugungsfähig bleiben können. Das, was heute für die Frauen als Berufs- und Aufstiegshindernis angesehen wird, ihre Gebärfähigkeit, würde durch die Fürsorgepflicht der Männer obsolet. Auf einer solchen gesetzlichen Grundlage und dem Wandel gesellschaftlicher Normen, könnte eine Gleichberechtigung zwischen den Geschlechtern hergestellt werden.

Aber was kann Gleichberechtigung auch noch bedeuten? So forderte damals in den achtziger Jahren Alice Schwarzer, dass auch Frauen den Zugang zur Bundeswehr haben sollten, dies ist inzwischen erreicht, auch Frauen können sich zu potentiellen Mörderinnen ausbilden lassen. Ebenso stellte sie bewundernd in der „Emma" erfolgreiche Boxerinnen vor, Frauen dürfen also prügeln und sich verprügeln lassen, soweit es sich um eine von Männern entwickelte anerkannte Sportart handelt. Alle Frauen, die Erfolg hatten und haben, egal welches politische oder weltanschaulichem Couleurs, werden als positive Identifikationsfiguren vorgestellt.

Die Gleichberechtigungsidee, die hier propagiert wird, bedeutet die gleiche Anteilnahme von Frauen in allen gesellschaftlichen Feldern. Konsequent zu Ende gedacht heißt dies, es muss gefordert werden, dass es genau so viele kriminelle Frauen gibt wie Männer, in den obersten Geschäftsetagen genauso viele korrupte und bestechliche Managerinnen, ebenso sind Bankerinnen zu fordern, die das ihnen anvertraute Geld im Nirwana versenken. Oder besteht der geheime Glaube, dass Frauen qua Natur -oder durch was immer sonst- grundsätzlich das Richtige, das Gute tun werden? Auch dies ist wieder ein geschlechtssegregierender Mythos.

Erziehungsziele müssen gültig für beide Geschlechter, für die gesamte Menschheit auf der Grundlage einer humanen Weltanschauung formuliert und propagiert werden, Achtung der Anderen in ihrer individuellen Vielfalt, Fürsorge für und Unterstützung der Schwachen, verbale Konfliktlösungsstrategien anstatt von physischer und psychischer Gewalt, um nur einige zu nennen. In der Schule könnten diese Ziele gefördert werden, besonders wenn sie auf Gemeinsamkeit statt auf Konkurrenz setzen, wenn sie dazu anleiten, kreativ Probleme zu erkennen und Lösungswege zu entwickeln.

Literatur

Bock, Gisela/Duden, Barbara (1977): Arbeit aus Liebe / Liebe als Arbeit : zur Entstehung der Hausarbeit im Kapitalismus, in: Frauen und Wissenschaft. Beiträge zur Berliner Sommeruniversität für Frauen 1976. Berlin: Courage.

Brehmer, Ilse (Hrsg.; 1980): Geschichte des Lehrerinnenberufes. München: Urban und Schwarzenberg.

Brehmer, Ilse (Hrsg.; 1982): Sexismus in der Schule: Der heimliche Lehrplan der Frauendiskriminierung. Weinheim /Basel: Beltz.

Brehmer, Ilse, Peters Gudrun (1982): Das Thema Frau im Unterricht. Weinheim: Juventa

Brehmer, Ilse (1992): Der widersprüchliche Alltag von Lehrerinnen. Probleme von Frauen im Lehrberuf. Bielefeld: Kleine.

Brehmer, Ilse/Küllchen, Hildegard/Sommer, Lisa (Hrsg.), Parlamentarische Staatsekretärin für die Gleichstellung von Frau und Mann. Landesregierung NRW (1989): Mädchen, Macht (und) Mathe, Geschechtspezifischen Leistungskurswahl in der reformierten Oberstufe, Düsseldorf.

Brehmer, Ilse/Birkner, Karin/Ebel, Bärbel/Klewin, Gabriele: Was Sandkastenrocker von Heulsusen lernen können. Ein handlungsorientiertes Projekt zur Erweiterung sozialer Kompetenz von Jungen und Mädchen, Hg. Ministerium für Frauen, Jugend, Familie und Gesundheit des Landes NRW, Düsseldorf. 3. Auflage 2000.

Brehmer, Ilse/Ehrich, Karin (1990/93): Mütterlichkeit als Profession. Lebensläufe deutscher Lehrerinnen in der ersten Hälfte dieses (20.) Jahrhunderts. Bd1 u. 2. Pfaffenweiler: Centaurus.

Brehmer, Ilse/Simon, Gertrud (1997): Geschichte der Frauenbildung und Mädchenerziehung in Österreich. Graz: Leykam.

Enders Dragässer, Uta (1981): Die Mütterdressur. Eine Untersuchung zur schulischen Sozialisation der Mütter und ihre Folgen am Beispiel der Hausaufgaben. Basel: Mond-Buch.

Fausto Sterling, Anne (1988): Gefangene des Geschlechts? Was biologische Theorien über Mann und Frau sagen. München: Piper.

Gilmore, David (1990): Mythos Mann,Weinheim: Juventa.

Meillassoux, Claude (1976): Die wilden Früchte der Frau, Frankfurt am Main: Suhrkamp.

Mühlen-Achs, Gitta (1993): Wie Katz und Hund. Die Körpersprache der Geschlechter. München: Verlag Frauenoffensive.

Schillinger Prassl, Christa/Brehmer, Ilse (2000): Mädchenerziehung in Innerösterreich vom Ende des 15. Jahrhunderts bis zur Schulreform unter Maria Theresia und Joseph II. Graz: Steiermärkisches Landesarchiv.

Schnack, Dieter/Neutzling, Rainer (1990): Die kleinen Helden in Not. Jungen auf der Suche nach Männlichkeit, Reinbek b. Hamburg: Rowohlt.

Schultz, Dagmar (1978/79): Ein Mädchen ist fast so gut wie ein Junge. 2. Bd. Berlin: Frauenbuch Vertrieb.

Tannen, Deborah (1993): Du kannst mich einfach nicht verstehen. Warum Männer und Frauen aneinander vorbeireden, München: Goldmann.

Theweleit, Klaus (1977): Männerphantasien. Bd.1. Frauen, Fluten, Körper, Geschichte. Frankfurt.a. M.: Roter Stern.

Trömmel Plötz, Senta (1993): Gewalt durch Sprache, Frankfurt am Main: Fischer.

Pusch, Luise F. (1984): Das Deutsche als Männersprache, Frankfurt am Main: Suhrkamp.

Was ist eigentlich aus den katholischen Arbeitertöchtern vom Lande geworden?

Michael Corsten

„Über Erfolgsgeschichten sprechen wir nicht!" Ist dies das scheinbare Motto von Ungleichheitssoziologie und Genderforschung? Die Sozialfigur der „katholischen Arbeitertochter vom Lande" ist eine soziologische Erfindung. Das Copyright daran wird in der Regel Hansgert Peisert, einem eher vergessenen Pionier der Bildungsforschung zugeschrieben – weit weniger bekannt als Ralf Dahrendorf, der das Bonmot erstmals 1965 in seinem Buch „Demokratie und Gesellschaft in Deutschland" mit Verweis auf den Erfinder verwendete. Ein Jahr zuvor hatte Georg Picht von der „Bildungskatastrophe" in Deutschland gesprochen. Diese Botschaften Mitte der 1960er Jahre setzten die politischen Anstrengungen zur Bildungsreform in Gang, deren Umsetzung in den 1970er geschah und deren Erfolge ab den 1990ern Jahren in einer enormen Aufstiegsmobilität im Bildungssystem sichtbar wurden.

Heute gelten die katholischen Arbeitertöchter vom Lande als integriert. Und seitdem hat sich der soziologische Blick von ihnen abgewandt. Der vorliegende Beitrag möchte diese Beobachtung zum Anlass nehmen, drei Fragekomplexe genauer zu erörtern: (1) Welches Deutungsmuster wurde eigentlich mit der Sozialfigur der katholischen Arbeitertochter vom Lande kreiert? Wie fügt sich diese Figur in das allgemeine Deutungsmuster der Milieulandschaft der 1950er und 1960er Jahre in Deutschland? Und welche Rolle spielen darin Deutungsmuster von Geschlechtsdifferenzen? Wie werden die dabei konstruierten Geschlechterstereotype in Beziehung gesetzt zu den schulischen und hochschulischen Milieus dieser Zeit? (2) Was wissen wir über die Bildungsmobilität der katholischen Arbeitertöchter vom Lande, deren Schul– und Hochschulkarrieren in die Zeit der Bildungsreformen ab Mitte der 1970er Jahre fielen? Welche Sprünge sind in der Bildungspartizipation von Mädchen und jungen Frauen statistisch in der Geschichte der Bundesrepublik Deutschland beobachtbar? Welche Besonderheiten zeigen sich, wenn wir uns auch für Phasen nachholender Bildung in späteren Lebensphasen der Frauen interessieren? Der zweite Abschnitt betrachtet dazu deskriptiv–statistische Befunde in zeithistorischer Perspektive. (3) Wer sind die katholischen Arbeitertöchter vom Lande heute? Gibt es sie noch? Welche relativen Chancen der Bildungspartizipation lassen sich für sie angeben? Ziel des Beitrags ist es somit, an der Veränderung oder gar am Verblassen einer Sozialfigur den Wandel der Geschlechterverhältnisse in den Zusammenhang der Verschiebungen der Milieus einer Gesellschaft zu stellen, wobei auch auf die Passung der als geschlechterdifferent unterstellten Mentalitäten und den schulischen und hochschulischen Umfeldern als Milieus mit spezifischen Bewährungsstrukturen eingegangen wird.

1   Die katholische Arbeitertochter im soziologischen Diskurs der 1960er Jahre

Auf die prägnante Formel der „katholischen Arbeitertochter vom Lande" brachte Hans Gert Peisert das deutsche Bildungswesen zu Beginn der 1960er Jahre. Was ermöglichte die sozialwissenschaftliche Konstruktion dieser Sozialfigur?

Seit Ende der 1950er Jahre ist es in der Bundesrepublik Deutschland (West) zu einigen empirischen Untersuchungen zur Bildungsbeteiligung gekommen. Grundlagen dafür waren die damaligen Schulstatistiken des Statistischen Bundesamtes, eine Zeitreihenuntersuchung zum relativen Schulbesuch durch Roderich von Carnap und Friedrich Edding (1962), die sich auf die Jahre 1952-1962 bezog sowie die Ergebnisse der Volkszählung aus dem Jahre 1961.

Im Umfeld des damals am Soziologischen Seminar der Universität Tübingen lehrenden Ralf Dahrendorf kam es zu einer Reihe von empirischen Arbeiten, von denen hier zwei genauer betrachtet werden. Die Studie von Hans Gert Peisert (1967) zur „Soziale(n) Lage und Bildungschancen in Deutschland" und von Hannelore Gerstein (1965) zu „Studierende(n) Mädchen" und ihrem vorzeitigen Abgang von der Universität. Auf der Grundlage der Befunde dieser beiden Studien entwickelte sich das in die Geschichte der Bildungssoziologie eingegangene Diktum von der ‚katholischen Arbeitertochter vom Lande'.

Das Diktum verbindet Ungleichheit bedingende Faktoren: regionale, religiöse und soziale Herkunft. Für die damaligen Autor_innen war aber gar nicht primär die Statistik das Fundament der Analyse. Der Statistik gegenüber waren die Forscher_innen tendenziell sogar skeptisch, wie folgendes Zitat aus der Studie von Peisert (1967: 18f) zeigt:

> Da dieser verhältnismäßig einfachen Methode (gemeint ist die Berechnung von Bildungsquoten; MC) mancherlei Einwände gegenüberzustellen sind wurde im Verlauf der ganzen Untersuchung möglichst nicht der Versuch gemacht, vage Ergebnisse durch eine Aufbereitungspräzision zu profilieren, die dem methodischen Ansatz

nicht gemäß war. Auch aus diesem Grund wurde die Auswertung häufig unter dem Gesichtspunkt unverwechselbarer Extremgruppierungen vorgenommen.

Wie wurde diese Konstruktion „unverwechselbarer Extremgruppierungen" vorgenommen? Ausgangspunkt waren einfache Anteilsquoten, die für Jungen und Mädchen gemeinsam galten, also in heutiger Sprache, der durchschnittliche Anteil 16-19jähriger Personen, die sich in Bildungsprozessen befanden, genauer: Schüler_innen und Studierende im Alter von 16 bis 19 Jahren anteilig zu Gesamtbevölkerung im gleichen Alter. In Bayern lag diese Bildungsquote für Jungen und Mädchen 1961 bspw. bei 11,9%. Peisert führt nun schrittweise Unterschiede ein, durch die dann Extremquoten mit immer größer werden Abständen gebildet werden. Zunächst zeigt er die Differenz von Jungen mit einer Bildungsquote von 13,9% gegenüber der von Mädchen mit 9,0%. Dann vergleicht er Jungen in Stadtkreisen (19,0%) mit Mädchen in Landkreisen (6,4%) und führt darüber die Stadt-Land-Unterscheidung ein. Als dritten Unterschied betrachtet er Jungen in Stadtkreisen mit geringem Anteil an katholischer Bevölkerung (25,5% Bildungsquote) und Mädchen in Landkreisen mit besonders hohem Anteil an Katholiken (4,4%). Ganz zum Schluss vergleicht er die Bildungsquote Jungen aus der Universitätsstadt Erlangen (31,3%) mit der der Mädchen aus den stark katholisch geprägten Regionen in Bayern, die allgemein eine geringe Bildungsdichte aufweisen. Die Bildungsquote der Mädchen aus diesen strukturschwachen Kreisen beträgt dann 0.7%.

Die Gegenüberstellung der statistischen Extremwerte für einzelne Gruppierungen dienen Peisert – wie bereits erwähnt – nicht primär einer Identifikation von schichtspezifischen Faktoren. Wie Ralf Dahrendorf (1965) folgt er einer schichtssoziologischen Perspektive, die an Theodor Geiger (1932) anknüpft. Geiger geht es dabei vor allem um die Mentalitäten der verschiedenen gesellschaftlichen Gruppierungen. Dementsprechend ordnet Ralf Dahrendorf in seiner Zeitdiagnose „Gesellschaft und Demokratie in Deutschland" Peiserts Befunde dem Stichpunkt „unmoderne Menschen in der modernen Welt" zu. Aus seiner Sicht bescheinigen sie zweierlei: soziale Distanz in Form von Fremdheit und Traditionalismus. Für die „Landkinder und Mädchen" – wie es Dahrendorf so schön lautet – gelte beides: „sich nicht auf ein Wagnis des Weges ins Unbekannte" einlassen und „ein Traditionalismus […] der das Festhalten am Überkommenen dem Aufstieg in die unbekannten Berge vorzieht" (Dahrendorf 1965: 125).

Was hat die Auffindung solcher Mentalitäten mit der sozialen Konstruktion von Geschlecht, hier von Weiblichkeit zu tun? Hat es überhaupt etwas damit zu tun? Zumindest finden sich in Dahrendorfs Text Beschreibungen von Frauenfiguren, die weniger der sozialstatistischen Analyse als alltagssoziologischen Unterstellungen zuzurechnen sind. So exemplifiziert er das Gefühl der Fremde, das aus der sozialen Distanz von oben und unten herrühre zu einem Teil an „höheren Töchtern", „die in jedem unrasierten Arbeiter einen Sittlichkeitsverbrecher" (Dahrendorf 1965, ebd.) vermuteten. Es fragt sich, ob es sich hierbei um Stereotype der höheren Töchter oder um die von Dahrendorf über die höheren Töchter seiner Zeit handelt. Auch in der Studie von Hannelore Gerstein über die Problematik des „frühzeitigen Abgangs" studierender Mädchen von der Universität wird versucht, die Mentalität dieser jungen Mädchen zu erfassen. Sie bezeichnet es als „Motivationsmodelle" (Gerstein 1965: 44-62). So gelangten die ‚jungen Mädchen' aus der Geborgenheit der Familie hinaus in die Universität, was als „Schritt ins Ungewisse, Fremde, ins >ganz andere<" (Gerstein 1965: 68) charakterisiert wird. Auch finden wir also wiederum eine Gegenüberstellung von Harmonie- und Traditionssuche gegenüber der Erfahrung einer sozialen Distanz, die als Fremdheit erlebt werden soll.

Wer ist nun für dieses Festhalten am Überkommenen und Vertrauten verantwortlich? Und warum sollen es gerade die ländlichen Milieus und die jungen Mädchen sein, die sich so schwer tun, mit dem Vertrauten zu brechen?

Bei Peisert und Gerstein finden wir dazu zwei Antwortrichtungen: (1) das eingeschränkte Repertoire von Vorbildern im ländlichen Raum, die sich auf ganz wenige Honoratioren (Pfarrer, Arzt, Lehrer) begrenzen (vgl. Peisert 1967: 146); (2) die Rollenerwartungen gegenüber Frauen, nach denen Eigeninitiative verpönt ist und die Abwarten nahe legen. Aber gerade die offene (und nicht straff verschulte) Organisation der von den Frauen damals überwiegend gewählten geisteswissenschaftlichen Studienfächer verlangt ein Ausmaß an Selbständigkeit und Eigeninitiative, das den allgemeinen gesellschaftlichen Erwartungen an die Frauenrolle widerspricht (vgl. Gerstein 1965: 96ff).

Die Interpretationen der Befunde aus den frühen Studien der empirischen Bildungsforschung in Deutschland fügen sich in einer allgemeinen Einschätzung, die sich im Werk von Ralf Dahrendorf immer wieder findet – der Widerstreit zwischen der Öffnung eines Optionenspielraums von „Lebenschancen" (Dahrendorf 1979), denen gesellschaftliche Restriktionen, aber auch soziale Wertbindungen als „Ligaturen" gegenübergestellt werden. Die Frage der Benachteiligung von Frauen im Bildungssystem war demgemäß mit einer Figur der Modernisierung verknüpft, die in der Balance zwischen Bindungen und deren Auflösung besteht.

2   Was ist nun tatsächlich passiert?

Anhand von deskriptiven statistischen Zeitreihen, die auf der Grundlage verschiedener Datenquellen (Allbus, Fachserien zur Bildungsstatistik, Mikrozensus) erstellt wurden, werde ich nun die Entwicklungen im Bildungssystem seit den 1960er Jahren grob skizzieren.

Die Graphik I auf der folgenden Seite zeigt das Ausmaß, in dem Frauen an der Bildungsexpansion relativ profitiert haben. Der Geburtsjahrgang 1952 – die im Jahr 1965 13-jährigen Gymnasiastinnen – besuchte noch zu unter 15% das Gymnasium. Nur noch unter 10% der Frauen besuchen 1970 im Alter von 18 das Gymnasium und unter 5% dieses Jahrgangs war 1973 im Alter 21 an einer Hochschule eingeschrieben. Die jungen Frauen, die in den 1980er Jahren geboren wurden, besuchen zu Beginn des 21. Jahrhunderts zu weit über 20% die Universität, also beinahe jede vierte junge Frau.

Graphik I: Relativer Hoch-Schulbesuch von Frauen nach Geburtskohorten[1]

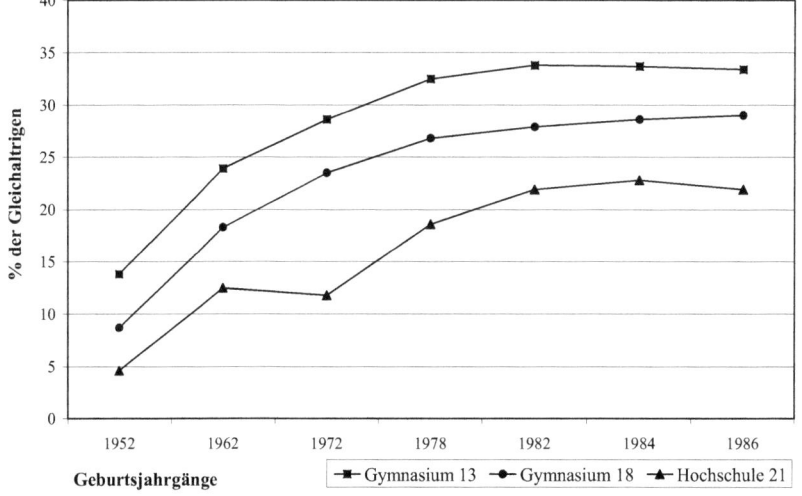

Die Entwicklung der weiblichen Bildungsbeteiligung scheint kontinuierlich gestiegen, abgesehen von zwei kleineren Abweichungen. Zum einen erfolgt der Anstieg der Beteiligung an der Hochschulbildung mit etwas Verzögerung, zum anderen scheint die Beteiligung an der gymnasialen Bildung im Alter 13 in der

---

[1] Quelle: Statistisches Bundesamt, Fachserie 11, Reihen 1 (Allgemeinbildende Schulen) und 4 (Studierende an Hochschulen) 1965ff, eigene Berechnungen.

letzten beobachteten Geburtskohorte (Mädchen des Jahrgangs 1986) schon fast etwas rückläufig[2].

Die zunehmende Veränderung der Bildungsbeteiligung von Frauen wird schon seit den 1990er Jahren statistisch gut beschrieben. So zeigen Marianne Horstkemper (1995) und Gabriele Bellenberg & Klaus Klemm (1995) anhand von Daten des Mikrozensus detailliert auf, dass junge Frauen in der Beteiligung an höherer Schulbildung die Jungen ihrer Jahrgänge nicht nur ein-, sondern sogar überholt haben. Dies ist in den frühen 1990er Jahren auch im Hinblick auf den Universitätsbesuch zu beobachten. 48,3% der Studienanfänger im Jahr 1993 sind weiblich. Im Wintersemester 2008/09 sind 51,3% der Studienanfänger weiblich[3].

Allerdings bedenkt Horstkemper in ihrer Darstellung, dass sich der Ausgleich der Geschlechter in der Bildungsbeteiligung nicht umsetzt in die Wahl berufsfachlicher Tätigkeiten. Hier sei nach wie vor eine deutliche geschlechtsspezifische Segmentation sowohl bei der Wahl von Ausbildungsberufen (vgl. Horstkemper 1995: 192ff) als auch bei der Studienfachwahl (ebd.: 201ff.) zu beobachten. Die Autorin kann diese fachliche Segmentation statistisch bis in die Schulzeit zurückverfolgen und zeigt im Anschluss an Heinrichs/Schulz (1988), Brehmer et al. (1989) und Faulstich-Wieland (1991) an der Leistungskurswahl in der gymnasialen Oberstufe erhebliche geschlechtsspezifische Differenzen auf. So dominieren in den Schulen Nordrhein-Westfalens Mitte der 1980er Jahre noch deutlich die Wahl sprachlich-künstlerischer Fächer bei Oberschülerinnen (mit jeweils mindestens 70% bei den Mädchen), wogegen Mathematik und naturwissenschaftliche Fächer (mit Ausnahme von Biologie) nur von einem Drittel der jungen Frauen als Leistungskurs gewählt wurde.

Interessant ist, dass Horstkemper die Ergebnisse ihrer statistischen Untersuchungen mit Bezug auf die Sozialfigur der katholischen Arbeitertochter vom Lande resümierend reflektiert. So schlussfolgert sie: „Junge Frauen gehen heute mit sehr viel ausgeprägterem Selbstbewußtsein an die Gestaltung ihrer beruflichen und privaten Situation heran. [...] [D]urch die Verlängerung der Schulzeit im Zuge der Bildungsreform [werde] ein längerer Zeitraum geschaffen [...], in dem sie ihre persönlichen Potentiale entfalten können. Sie erhalten Zugang zu Erfahrungsbereichen und Denkformen, die über den engen Bereich familiärer

---

[2] Dieser Eindruck bestätigt sich allerdings nicht. Die Mädchen des Jahrgangs 1990 besuchen im Schuljahr 2003/04 zu 34,7% ein Gymnasium, die Mädchen des Jahrgangs 1995 im Schuljahr 2008/09 sogar zu über 38%. Vor allem in einigen der Neuen Bundesländer ist diese Quote auf über 40% angestiegen. Die Bildungsquoten der 13-jährigen Jungen sind in beiden Jahrgängen übrigens deutlich geringer: 28,3% der 1990 geborenen Jungen und 33,1% der 1995 geborenen besuchen ein Gymnasium.

[3] Hierbei ist zu beachten, dass der Männerüberschuss in der deutschen Bevölkerung in der Altersgruppe der 18-40-jährigen kontinuierlich steigt. Am 31.12.2008 betrug er 50,8 zu 49,2. In der Altersgruppe der 18-25-jährigen beträgt der Männerüberschuss sogar 51 zu 49%.

Aufgaben weit hinausgehen und Abstraktions- und Reflexionsfähigkeiten trainieren." (Horstkemper 1995: 214).

3   Was ist aus den konfessionellen und regionalen Differenzen geworden?

Wie auch immer der modernistische Zug der Diagnosen im Anschluss an Dahrendorf oder heute an Ulrich Beck und Elisabeth Beck-Gernsheim eingeschätzt wird, nicht unwichtig daran ist, dass es sich – aus der heutigen Forschungsperspektive betrachtet – ebenso um eine intersektionalistische Bestimmung von Ungleichheit handelte. Denn Dahrendorf, Gerstein und Peisert ging es nicht allein darum, eine Benachteiligung von Mädchen und Frauen als solche zu betrachten, sondern im Verbund mit den weiteren Faktoren: ländliche Region, Arbeiterhaushalt und konfessionelle Prägung durch den Katholizismus. Erst in dieser Kombination bildete sich eine für junge Frauen besonders restriktive Chancenlage bei der Bildungsbeteiligung aus.

Aber: Wie ist es heute um diese Konstellation bestellt? Lässt sich für diese Bündelung von Faktoren weiterhin eine Benachteiligung im Bildungssystem ausmachen? Dazu wollen wir zunächst anhand eines Datensatzes aus dem ALLBUS für die Jahre 1980-2006 nachvollziehen, wie sich die Bildungsbeteiligung von Frauen differenziert nach den Konfessionen protestantisch und katholisch in verschiedenen Geburtskohorten in Deutschland entwickelt hat. Dabei zeigt sich zunächst der schon in Graphik I gesehene allgemeine Anstieg der Beteiligung an höherer Bildung (Graphik II).

Graphik II: Fach-Abiturquoten ausgewählter Geburtskohorten

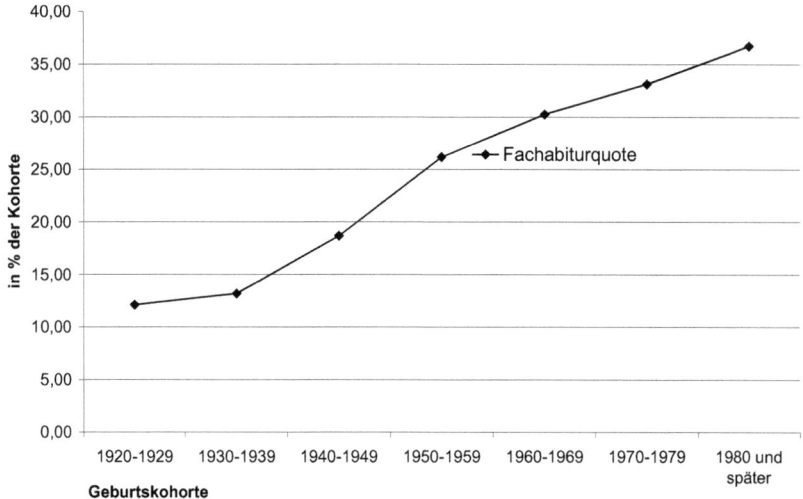

Die Graphik II zeigt den Anstieg des relativen Anteils von Personen mit einem Schulabschluss des Fachabiturs oder höher für die nach 1920 geborenen Frauen und Männer (insgesamt) in Deutschland. Grundlage der Berechnung sind ca. 21.700 Fälle aus dem kumulierten Allbus-Datensatz (1980-2006), für die die Angabe des Geburtsjahres und der allgemeinschulisch Bildungsabschluss bekannt waren. Die Fach-Abitursquote steigt von rund 12% bei den in den 1920er Jahren Geborenen auf ca. 36% bei den in den 1980er Jahren geborenen Männern und Frauen.

Wie Hans Gert Peisert wollen wir durch schrittweise Einführung von sozialen Unterschieden, Gruppen mit Extremwerten hinsichtlich ihrer Beteiligung an höheren Bildungslaufbahnen identifizieren. Daher betrachten wir als nächstes die Unterschiede zwischen Männern und Frauen der obigen Kohorten (Graphik III).

Graphik III: Bildungsbeteiligung reine Geschlechtsdifferenzen

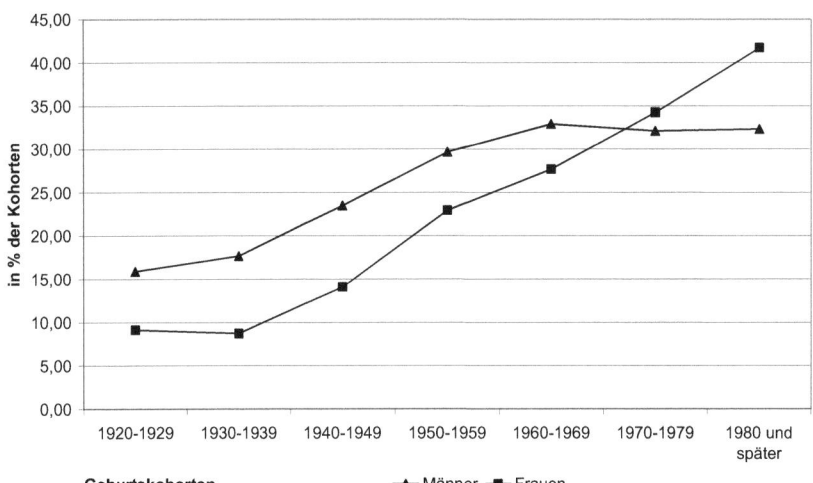

Anhand der Graphik III lassen sich über die Kohorten hinweg deutliche Prozent-
satzdifferenzen bei der Bildungsbeteiligung von Männern und Frauen beobachten. Erst bei den Geburtsjahrgängen nach 1970 überholen die Frauen leicht die
Männer im relativen Anteil bei Fachabiturienten und höheren Abschlüssen. Es
scheint bei den Männern sogar zu einer Stagnation zu kommen, wobei die Anga-
ben zu den nach 1980 geborenen Personen aufgrund vergleichsweise geringer
Fallzahlen im kumulierten Allbus-Datensatz mit etwas Vorsicht zu beurteilen
sind.

Uns interessiert nun, ob und wie sich die weitere Einführung von Differen-
zen auf den Geschlechterunterschied bemerkbar macht. Dazu vergleichen wir
städtische und ländliche Regionen (Graphik IV), Kinder von Freiberuflern und
Selbständigen mit Kindern von Arbeitern (Graphik V) sowie zu guter Letzt den
Effekt der Zugehörigkeit zur protestantischen oder katholischen Konfession
(Graphik VI). Im Hinblick auf die Datenkonstruktion wurden einfache Indikatoren herangezogen: Für die Differenz ländlich-städtisch die Einwohnerzahl des
Wohnortes der Person, unter 20.000 Einwohner für ländliche, über 100.000 Einwohner für städtische Regionen, bei der sozialen Herkunft wurde schlicht die
berufliche Stellung des Vaters genommen, bei Konfession haben wir die Angehörigen protestantischer Freikirchen ausgeschlossen. Hier nun die Befunde im
Überblick.

Graphik IV: Kombination Geschlecht und regionale Herkunft

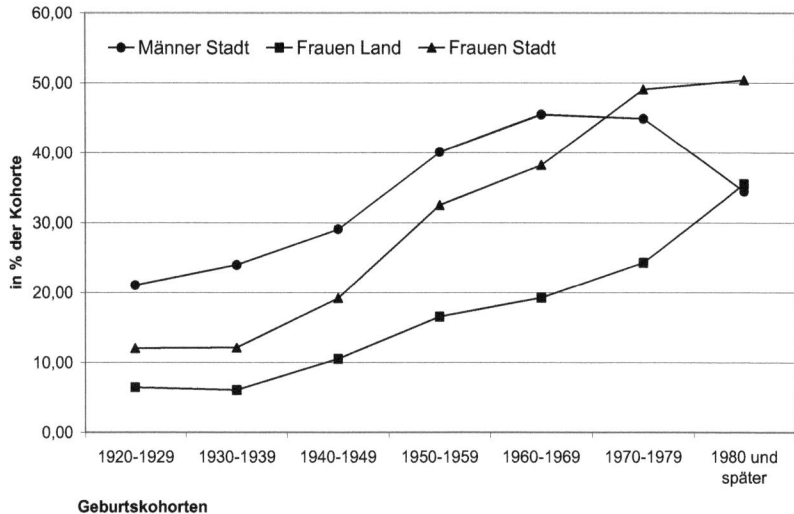

Abgesehen von den Werten der jüngsten Geburtskohorte, die aufgrund der geringen Fallzahlen problematisch sein dürften, zeigt sich ein interessanter Effekt.
Tatsächlich nähern sich bei den Frauen mit protestantischer Herkunft und Vätern
aus dem Selbständigen- bzw. Freiberufler-Milieu die Werte denen der Männer
mit gleichen Herkunftsmerkmalen an.

Graphik V: Kombination Geschlecht, Region, soziale Herkunft

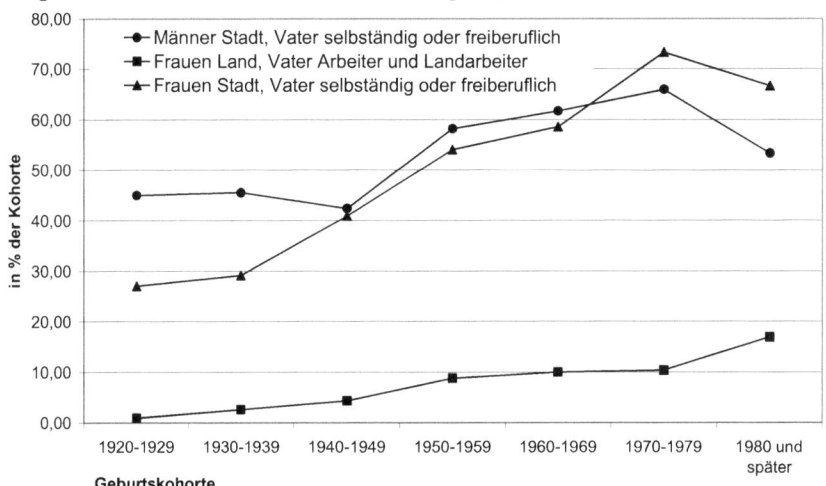

Die Kluft zwischen Männern und Frauen bei der Bildungsbeteiligung vergrößert sich bereits durch die Hinzuziehung des Merkmals der sozialen Herkunft.

Allerdings verändert sich Beteiligung an höherer Bildung bei den katholischen Arbeitertöchtern vom Lande auch in der Geburtskohorte 1970-1979 noch deutlicher, wie die Graphik VI auf der folgenden Seite zeigt. Die Beteiligung an höherer Bildung bleibt bei den katholischen Arbeitertöchtern auch in dieser relativ jungen Geburtskohorte noch unter 10%, obwohl in den gleichen Jahrgängen insgesamt der relative Anteil von Frauen mit Fachabitur und höheren Abschlüssen mit fast 35% knapp über der Quote der Männer liegt.

Erklären lässt sich dies damit, dass es innerhalb der Gruppe der Frauen in dieser Kohorte deutliche Unterschiede in der Bildungsbeteiligung gibt. So zeigt Graphik VI (nächste Seite) ebenfalls, dass protestantische Frauen aus dem Selbständigen- bzw. Freiberufler-Milieu in Städten sogar zu über 90% mindestens die Fachhochschulreife erreichen. Mit diesen anhand von relativ einfachen statistischen Vergleichen nachgewiesenen Differenzen zeigt sich die Fruchtbarkeit einer intersektionalistischen Perspektive auf Bildungsprozesse. Das heutige Schulsystem (und vermutlich auch nicht das der 1960er Jahre) seleiert nicht nach simplen binären Schemata wie Geschlechterdifferenzen. Trotzdem sind damit nicht für alle Frauen gleiche Chancen gegeben, wie die Einführung der Merkmale Region, soziale Herkunft und Religionszugehörigkeit nachwies.

Graphik VI: Kombination Geschlecht, Region, Herkunft und Religion

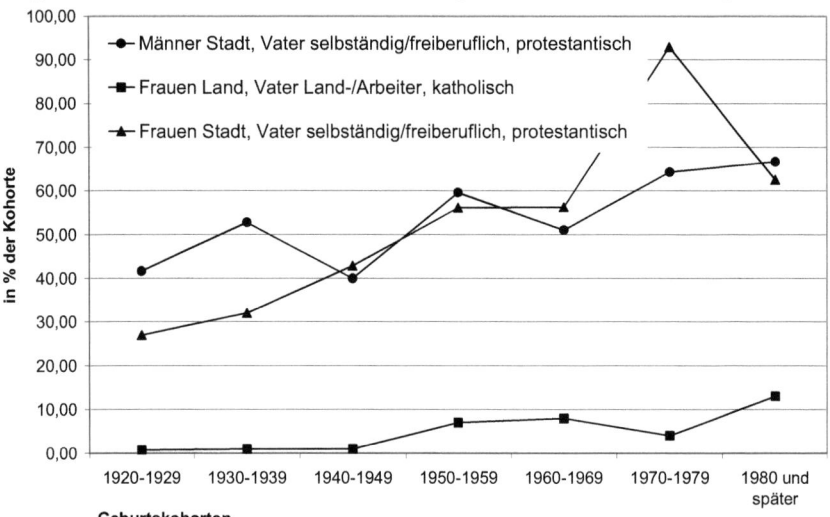

4   Fazit: Geschlechterungleichheit intersektionalistisch betrachten!

Was können wir nun aus den hier dargestellten Vergleichen deskriptiver Befunden zur Bildungsbeteiligung von Männern und Frauen folgern? Offensichtlich ist die geschlechtsspezifische Ungleichheit im Bildungswesen nicht allein eine Genderfrage. Gender ist keine allgemeine, sondern offenbar eine milieuspezifische Konstruktion, die als sich zwischen mehreren Differenzlinien bewegende intersektionalistische Wechselbeziehungen zu analysieren sind. Die Konstruktion von Geschlechterbildern auf dem Land ist eine andere als in der Stadt, und in der Arbeiterschicht wiederum anders als im Selbständigenmilieu. Im Rahmen eines intersektionalistischen Analysemodells (vgl. Tuider 2009) sind es die spezifischen Kombinationen aus Berufsmilieu (Klasse), religiösem Bezug und regionalem Umfeld, die Geschlecht zu einem mehr oder weniger extremen sozialen Unterschied machen können.

Die katholischen Arbeitertöchter vom Lande haben somit ganz offensichtlich nicht in der gleichen Weise von der Bildungsexpansion profitieren können wie die protestantischen Selbständigentöchter aus der Stadt. Bedeutet dies nun, dass im katholisch geprägten ländlichen Raum nach wie vor die unmodernen Mentalitäten in der modernen Welt vorherrschen, so wie Peisert, Gerstein und Dahrendorf es für die 1960er Jahre behauptet haben?

Das ist schwer zu sagen. Wir haben ja in diesem Beitrag zunächst lediglich einfache Unterschiede der Chancenlagen beobachten können. Hierbei scheint das über den väterlichen Berufsstatus vermittelte Herkunftsmilieu nach wie vor eine Barriere darzustellen, die sich für Töchter deutlicher zeigt als für Söhne und für Katholikinnen deutlicher als für Protestantinnen. Ob dies mit milieuspezifischen Mentalitäten einhergeht oder ob dies ebenso auf Selektionseffekte der Schul- und Unterrichtskulturen zurückzuführen ist, die diese Gruppen besonders treffen, müssten weiter differenzierte Studien ermitteln. Sie sollten neben Einstellungsdaten auch in qualitativer Form Deutungsmuster oder gar sozial-moralische Landkarten (Corsten 2009) der Akteur_innen mit in die Analyse einbeziehen.

Literatur

Bellenberg, Gabriele/Klemm, Klaus (1995): Bildungsexpansion und Bildungsbeteiligung. In: Klemm, Klaus (Hrsg.) Bildung in Zahlen. Weinheim: Juventa, 216-226.

Brehmer, Ingeborg (1989): Mädchen, Macht und Mathe. Geschlechtsspezifische Leistungsunterschiede in der reformierten Oberstufe. Dokumente und Berichte 10 der Parlamentarischen Staatssekretärin für die Gleichstellung von Mann und Frau. Landesregierung NW. Düsseldorf.

Carnap, Roderich von/Edding, Friedrich (1962): Der relative Schulbesuch in den Ländern der Bundesrepublik 1952-1962. Frankfurt am Main: Hochschule für Internationale Pädagogische Forschung.

Corsten, Michael (2009): Lokales Sozialkapital als sozial-moralische Landkarte – Subjektive Visualisierungen der eigenen Stadt. FJ NSB 3/2009, 88-99.

Dahrendorf, Ralf (1965): Gesellschaft und Demokratie in Deutschland. Düsseldorf: Pieper.

Faulstich-Wieland, Hannelore (1991): Koedukation – enttäuschte Hoffnungen. Darmstadt: Wissenschaftliche Buchgesellschaft.

Gerstein, Hannelore (1965): Studierende Mädchen. Zum Problem des vorzeitigen Abgangs von der Universität. München: Piper.

Heinrichs, Ulrich/Schulz, Thomas (1989): Mädchen und Naturwissenschaften. Wahlverhalten in der gymnasialen Oberstufe. In: Pädagogik 9/89, 36-39.

Horstkemper, Marianne (1995): Mädchen und Frauen im Bildungswesen. In: Klemm, Klaus (Hrsg.) Bildung in Zahlen. Weinheim: Juventa, 188-216.

Peisert, Hans Gert (1967): Soziale Lage und Bildungschancen in Deutschland. München: Piper.

Tuider, Elisabeth (2009): Grenzgänge. Von der (Un)möglichkeit, das Etcetera zu erschließen. In: Schmidt, Renate Bereneke/Tuider, Elisabeth/Timmermanns, Stefan (Hrsg.): Vielfalt wagen. Berlin: Logos.

Gender Mainstreaming: ein Konzept für Geschlechtergerechtigkeit in der Schule?

Heike Kahlert

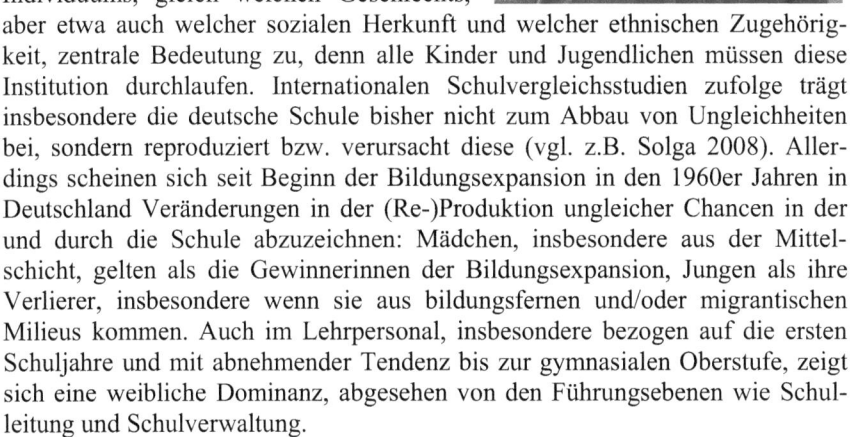

1 Der Beitrag der Schule zur Geschlechter(un)gerechtigkeit

Der Schule kommt im Leben eines jeden Individuums, gleich welchen Geschlechts, aber etwa auch welcher sozialen Herkunft und welcher ethnischen Zugehörigkeit, zentrale Bedeutung zu, denn alle Kinder und Jugendlichen müssen diese Institution durchlaufen. Internationalen Schulvergleichsstudien zufolge trägt insbesondere die deutsche Schule bisher nicht zum Abbau von Ungleichheiten bei, sondern reproduziert bzw. verursacht diese (vgl. z.B. Solga 2008). Allerdings scheinen sich seit Beginn der Bildungsexpansion in den 1960er Jahren in Deutschland Veränderungen in der (Re-)Produktion ungleicher Chancen in der und durch die Schule abzuzeichnen: Mädchen, insbesondere aus der Mittelschicht, gelten als die Gewinnerinnen der Bildungsexpansion, Jungen als ihre Verlierer, insbesondere wenn sie aus bildungsfernen und/oder migrantischen Milieus kommen. Auch im Lehrpersonal, insbesondere bezogen auf die ersten Schuljahre und mit abnehmender Tendenz bis zur gymnasialen Oberstufe, zeigt sich eine weibliche Dominanz, abgesehen von den Führungsebenen wie Schulleitung und Schulverwaltung.

Die Herstellung von Geschlechtergerechtigkeit in der Schule scheint also aktuell auf den ersten Blick vor allem Jungen und Männer, aber auch Frauen in Bezug auf Führungspositionen berücksichtigen zu müssen. Dass und warum es so einfach nun doch nicht ist und auch Mädchen trotz besserer Leistungen und größerer Erfolge nicht optimal durch die deutsche Schule gefördert werden, wird in der sich nunmehr über mehrere Jahrzehnte erstreckenden kritischen Koedukationsdebatte und der genderbezogenen Schulforschung thematisiert. Die Schule, so zeigen diese Diskussionen und Forschungsergebnisse, ist aufgefordert, sich in Bezug auf Geschlechtergerechtigkeit in ihren Strukturen, Prozessen und ihrer Kultur zu verändern, um beiden Geschlechtern optimale Entfaltungsmöglichkeiten zu bieten, sie optimal zu fördern und so einen Beitrag zur Herstellung von Chancengleichheit zu leisten.

Für eine Arbeitsdefinition von Geschlechtergerechtigkeit hilfreich ist der Ansatz der US-amerikanischen Gesellschaftstheoretikerin Nancy Fraser, die drei Gerechtigkeitsdimensionen – Umverteilung, Anerkennung und Repräsentation – unterscheidet und additiv zu einem mehrdimensionalen Modell von Geschlechtergerechtigkeit verknüpft (vgl. Fraser/Scheele 2005; Fraser 2008). Die erste Dimension ist nach Fraser die der *Umverteilung* von ökonomischen Ressourcen. Umverteilung will die klassen- und geschlechtsbedingte soziale Ungerechtigkeit durch Einkommenstransfers, vor allem aber auch durch eine Neuorganisation der Verteilung der Arbeit, Veränderungen in den Besitzstrukturen und Demokratisierung von Investitionsentscheidungen herbei-führen. Eng damit verknüpft ist die zweite Gerechtigkeitsdimension der *Anerkennung*, die auf die kulturelle Dimension fokussiert. Hier geht es darum, die Unterordnung im sozialen Status durch Reformen abzubauen, die erstens das kulturell Andere anerkennen und schätzen und zweitens die symbolische Ordnung verändern und die Begriffe dekonstruieren, die der geltenden Statusdifferenzierung zugrunde liegen. Die von Fraser benannte dritte Dimension von Geschlechtergerechtigkeit ist die der *Repräsentation*: Auf einer ersten Ebene soll die ordentliche politische Repräsentation von Frauen erreicht und auf einer zweiten Ebene sollen ‚Governance'-Strukturen und Entscheidungsprozeduren problematisiert werden. Demokratie wird in diesem Zugang nicht nur als Staatsform, sondern auch als Gesellschafts- und Lebensform verstanden.

Der Bezug dieses Begriffs von Geschlechtergerechtigkeit zur Schule liegt auf der Hand, kann doch Schule durch entsprechende Unterrichtskonzepte und -strukturen Weichen für die Neuorganisation von Arbeit zwischen den Geschlechtern stellen, die Anerkennung beider Geschlechter fördern und eine geschlechteregalitäre Beteiligung in schulischen Repräsentationen und Entscheidungsstrukturen sicherstellen.

Ziel des vorliegenden Beitrags ist, Gender Mainstreaming als ein Konzept für die geschlechtergerechte Schulentwicklung zu diskutieren. Hierzu werden im Folgenden Handlungsfelder für die schulische Organisationsentwicklung skizziert (3.) sowie Voraussetzungen der Implementation von Gender Mainstreaming, konkrete Handlungsschritte und benötigte Ressourcen erörtert (4.). Die Herstellung von Geschlechtergerechtigkeit in der und durch die Schule erfordert schließlich auch Genderkompetenz bei allen Akteuren und bringt diese zugleich hervor. Genderkompetenz wird in diesem Beitrag als wesentlicher Bestandteil von Handlungskompetenz in der Schule verstanden und begrifflich näher bestimmt (5.). Ein kurzes Fazit beleuchtet abschließend die Chancen und Grenzen der Implementation von Gender Mainstreaming im deutschen Schulwesen (6.). Einleitend wird die Idee, Geschichte und Definition von Gender Mainstreaming als ein Konzept zur Herstellung von Geschlechtergerechtigkeit in öffentlichen Institutionen und Organisationen vorgestellt (2.).

2   Gender Mainstreaming als neue Gleichstellungsstrategie

Gender Mainstreaming ist eine vergleichsweise neue Gleichstellungsstrategie, die bisherige Maßnahmen der Frauenförderung ergänzen soll. Sie ist in Deutschland vor allem über die Europäische Union auf die politische Agenda gesetzt worden. Ihre Wurzeln hat sie jedoch in internationalen Zusammenhängen: Die Idee des Gender Mainstreaming wurde bereits auf der dritten Weltfrauenkonferenz der UNO 1985 in Nairobi entwickelt und auf der vierten Weltfrauenkonferenz in Peking 1995 in die Aktionsplattform aufgenommen und ausdrücklich unterstützt. Von hier aus war der Weg in die europäische Politik bereitet, in der die Idee des Gender Mainstreaming seit 1996 zu finden ist. Prominent wurde sie durch Aufnahme in den Amsterdamer Vertrag, der seit dem 01. Mai 1999 in Kraft ist und die Mitgliedstaaten der Europäischen Union, darunter auch die Bundesrepublik Deutschland, in Artikel 2 Absatz 2 verpflichtet, „Ungleichheiten zu beseitigen und die Gleichstellung von Frauen und Männern zu fördern" (Europäische Union 1997: 25). Hierfür setzt die EU auf eine Doppelstrategie aus Gender Mainstreaming und der herkömmlichen Frauenförderpolitik. Die dafür zur Verfügung stehenden Instrumente der EU umfassen vor allem Rechtsvorschriften im Rahmen der Strukturförderung (z.B. Europäischer Sozialfonds), Werbekampagnen und die Einrichtung entsprechender Gremien und Kommissionen. Gender Mainstreaming macht ernst mit der Forderung, Maßnahmen der Chancengleichheit in allgemeine Programme und Strategien zu integrieren und damit über die bisherige Frauenpolitik, als Klientelpolitik im Interesse von Frauen, hinauszugehen. Was aber ist mit Gender Mainstreaming gemeint? Gemäß der Definition des Europarats besteht Gender Mainstreaming

in der (Re-)Organisation, Verbesserung, Entwicklung und Evaluierung der Entscheidungsprozesse, mit dem Ziel, dass die an der politischen Gestaltung beteiligten Akteurinnen und Akteure den Blickwinkel der Gleichstellung zwischen Frauen und Männern in allen Bereichen und auf allen Ebenen einnehmen (Group of Specialists on Mainstreaming/Council of Europe 1998: 15).

Gender Mainstreaming ist demzufolge eine querschnittsorientierte Strategie der Geschlechtergleichstellung, die alle gesellschaftlichen Aktivitäten umfassen soll. Dieser breite Gültigkeitsradius ist auch in der Definition der deutschen Bundesregierung sichtbar:

Gender Mainstreaming bedeutet, bei allen gesellschaftlichen Vorhaben die unterschiedlichen Lebenssituationen und Interessen von Frauen und Männern von vornherein und regelmäßig zu berücksichtigen, da es keine geschlechtsneutrale Wirklichkeit gibt. *Gender* kommt aus dem Englischen und bezeichnet die gesellschaftlich, sozial und kulturell geprägten Geschlechtsrollen von Frauen und Männern. Diese sind – anders als das biologische Geschlecht – erlernt und damit auch veränderbar. *Mainstreaming* (englisch für ‚Hauptstrom') bedeutet, dass eine bestimmte inhaltliche Vorgabe, die bisher nicht das Handeln bestimmt hat, nun zum zentralen Bestandteil bei allen Entscheidungen und Prozessen gemacht wird. *Gender Mainstreaming* ist damit ein *Auftrag*

- an die Spitze einer Verwaltung, einer Organisation, eines Unternehmens
- und an alle Beschäftigten,

die unterschiedlichen Interessen und Lebenssituationen von Frauen und Männern

- in der Struktur,
- in der Gestaltung von Prozessen und Arbeitsabläufen,
- in den Ergebnissen und Produkten,
- in der Kommunikation und Öffentlichkeitsarbeit,
- in der Steuerung (Controlling)

von vornherein zu berücksichtigen, um das *Ziel* der Gleichstellung von Frauen und Männern effektiv verwirklichen zu können. (Bundesministerium für Familie, Senioren, Frauen und Jugend 2002: 5, Herv.i.O.)

Die Definition der deutschen Bundesregierung verdeutlicht, dass Gender Mainstreaming eine Top-down-Strategie ist, die Leitungen und damit Führungskräfte, die nach wie vor mehrheitlich männlichen Geschlechts sind, aber auch alle anderen Organisationsmitglieder (beiderlei Geschlechts) aktiv für die Verwirklichung der Gleichstellung in allen organisationsrelevanten Handlungen und Entscheidungen in die Pflicht nimmt. Anders als für die herkömmliche Frauenpolitik ist für Gender Mainstreaming kein Beauftragtenwesen vorgesehen, denn definitionsgemäß ist Gender Mainstreaming ja eine Aufgabe aller Organisationsmitglieder. In größeren Organisationen finden sich dennoch oft Beauftragte und/oder stabsstellenähnliche Ressorts für Gender Mainstreaming, die die entsprechenden innerorganisationalen Aktivitäten koordinieren, unterstützen oder auch initiieren. Von der Idee her sollen die herkömmlichen Frauen- und Gleichstellungsbeauftragten nicht auch noch zuständig für Gender Mainstreaming sein, da es sich ja um eine die spezifische Frauenpolitik ergänzende – nicht: um eine alternative! – Strategie handelt. In der Praxis kommt es jedoch vor, dass Frauen- und Gleichstellungsbeauftragte auch für Gender Mainstreaming zuständig gemacht werden – oder auch abgeschafft werden, da manche Organisationen meinen, mit der Implementation von Gender Mainstreaming genug für die Gleichstellung der Geschlechter zu tun.

Gender Mainstreaming bringt also einen veränderten Denkansatz gegenüber der tradierten Frauen- und Gleichstellungspolitik in Gestalt positiver Aktionen zugunsten von Frauen mit sich, denn gemäß der Idee von Gender Mainstreaming werden Frauen nicht als unterdrückte Gruppe und Männer nicht als unterdrückende Gruppe dargestellt, sondern als Partner in einem als ungerecht identifizierten Geschlechtervertrag, der unter Einbeziehung der Männer neu verhandelt werden muss (vgl. Woodward 2004: 89). In diesem veränderten Blick auf das als problematisch erkannte asymmetrische Geschlechterverhältnis liegt eine große Chance: Gender Mainstreaming erfordert Veränderungen bei *Frauen und Männern* und unterstützt damit die Entwicklung eines neuen, auf Gleichheit und Gerechtigkeit basierenden Geschlechtervertrags. Zugleich ist die Gender-Mainstreaming-Strategie aber auch paradox, denn sie geht für ihre Umsetzung von einem egalitären Geschlechterverhältnis mit gleichberechtigten Verhandlungspartnern aus und will doch diese Gleichberechtigung zugleich erst herstellen.

Der Begriff des Gender Mainstreaming, für den es bis heute keinen deutschsprachigen Ausdruck gibt, setzt sich aus zwei Bestandteilen zusammen, die je für sich hoch voraussetzungsvoll sind. Die Bewegung des *Mainstreaming* beschreibt die (normierende) Dynamik der aktiven Berücksichtigung des sozialen Geschlechts (englisch: *gender*) in allen Organisationsaktivitäten und zielt somit auf die Veränderung des Haupt- bzw. Mehrheitsstroms in einer Organisation. Unverkennbar geht es dabei also um die Verschiebung von Machtverhältnissen in der Vereilung von Ressourcen, in kulturellen Symbolen und symbolischen Ordnungen und in Repräsentationen.

Im *Gender* Mainstreaming bildet das Geschlecht den analytischen Ausgangspunkt des Mainstreaming-Prozesses, in dem der Haupt- bzw. Mehrheitsstrom verändert und für zuvor unberücksichtigte, ausgegrenzte Wissensbestände, Sachverhalte und Strukturen, z.B. zu Benachteiligungen oder Privilegierungen, qua Geschlecht geöffnet wird (vgl. Enders-Dragässer 2009: 22). ‚Geschlecht' wird dabei in der damit verbundenen Gesamtheit von Vorstellungen, Erwartungen und Zuschreibungen, die im jeweiligen Kontext in Bezug auf Frauen und Männer existieren, als gesellschaftlich hergestellt und damit auch als gesellschaftlich veränderbar begriffen. In diesem Sinn ist Gender, so Claudia Schneider (2005: 56), ein Produkt kontinuierlicher bewusster wie unbewusster Interaktionsarbeit, es ist sozial erlernt und kulturell konstruiert, historisch und kulturell wandelbar und somit aktiv gestaltbar. Gender beschreibt die Geschlechter auch in ihren sozialen Verhältnissen zu- und untereinander. Es ermöglicht so, Differenzen, Hierarchien und Diskriminierungen zu erfassen. Geschlechterverhältnisse werden aber nicht nur durch Geschlecht, sondern auch durch weitere Kategorien sozialer Vielfalt (Diversität), wie Alter, Ethnizität, soziale Herkunft, Behinderung, sexuelle Orientierung und andere mehr, bestimmt. Nach Schneider (2005: 56) meint Gender daher auch „Geschlecht in der Vielfalt all dieser sozialen Ausprägungen".

So verstanden ist im Gender Mainstreaming also auch die Perspektive der Diversität enthalten. Verknüpft mit der Bewegung, den Haupt- bzw. Mehrheitsstrom in einer Organisation zu öffnen und zu weiten, geht es im Gender Mainstreaming also um nichts Geringeres als darum, Strukturen, Prozesse und Kultur(en) gerechter aus der Perspektive der (Geschlechter)Differenz zu gestalten.

3   Handlungsfelder der geschlechtergerechten Schulentwicklung

Gender Mainstreaming erweist sich als passfähig zum New Public Management (vgl. Kahlert 2005), wie die seit einigen Jahren stattfindende betriebswirtschaftlich ausgerichtete Modernisierung des Staates auch genannt wird. Im Zuge dieser Modernisierung der öffentlichen Verwaltung werden gegenwärtig alle politischen Institutionen nach ökonomischen Gesichtspunkten restrukturiert: Sie sollen effizienter ihre Aufgaben erledigen, optimaler ihre Leistungen erfüllen und dabei weniger kosten, denn die Staatseinnahmen sinken, und die Haushalte sind gedeckelt. Diese „Ökonomisierung des Politischen" (Pelizzari 2001) wird häufig durch kommerzielle Organisationsberatung begleitet, die den effizienten Umbau der öffentlichen Verwaltung zu wettbewerbsfähigen Public-Profit-Unternehmen[1] unterstützt. Zu den politischen Institutionen, die von den Restrukturierungen betroffen sind, gehören auch die Schulen als nachgeordnete Organisationen der staatlichen Bürokratie.

Vor dem Hintergrund der um sich greifenden Modernisierung der öffentlichen Einrichtungen auch im Bildungsbereich kann Gender Mainstreaming als ein Leitprinzip der Schulentwicklung angesehen werden. Die frühzeitige Integration der Chancengleichheitsperspektive in die Neugestaltung von Entscheidungsprozessen kommt nämlich einer Optimierung derselben im Sinne einer ziel- und ergebnisorientierten Vorgehensweise und damit einer Qualitätsverbesserung und Effizienzsteigerung der Organisationsstrukturen, -prozesse und -kultur gleich. Bei konsequenter Anwendung von Gender Mainstreaming bietet sich die Chance, „auch Zielen näher zu kommen, die sich Politik und Verwaltung im Rahmen ihrer Reformstrategien gesetzt haben" (Tondorf 2001: 276). Von den Methoden

---

1 Der Wiener Organisationsforscher und -berater Ralph Grossmann schlägt angesichts der wachsenden ökonomischen Ausrichtung des Staates vor, den öffentlichen Sektor nicht mehr länger als Non-Profit-Sektor zu bezeichnen, sondern als „Public-Profit-Sektor" (zitiert in: Nickel 2001: 168), also als einen dem Gemeinwohl verpflichteten Sektor, der unter dem Erstarken des Marktes um öffentliche Gelder konkurrieren muss und Einnahmen erzielen darf (Nickel 2001: 169).

des Gender Mainstreaming könnten, so Karin Tondorf, „weitergehende Anregungen und Impulse für eine systematische outputorientierte Arbeitsweise ausgehen." Die möglichen Effekte von Gender Mainstreaming können demnach sogar über die unmittelbar angestrebten Gleichstellungswirkungen hinausreichen; ja, die Umsetzung von Geschlechtergerechtigkeit kann mit einer Verbesserung der organisationalen Qualität insgesamt einhergehen.

In der Literatur werden zahlreiche Ansatzpunkte zur systematischen Umsetzung von Gender Mainstreaming diskutiert, wobei die praktische Umsetzung selbst bisher den theoretischen Reflexionen und konzeptuellen Überlegungen weitgehend hinterherhinkt. Für die Implementation von Gender Mainstreaming an Schulen können fünf Handlungsfelder unterschieden werden, die für die Entwicklung einer geschlechtergerechten Organisation relevant sind:

- Handlungsfeld I: Struktur des Schulsystems
- Handlungsfeld II: Schulleitung
- Handlungsfeld III: Personalentwicklung
- Handlungsfeld IV: Unterricht
- Handlungsfeld V: Soziale Rahmenbedingungen

Im Hinblick auf die Produktion und Reproduktion sozialer Ungleichheit in und durch Schule steht das deutsche Schulsystem mit seiner institutionellen Differenzierung schon länger in der Kritik. Die *Struktur des Schulsystems* „verhindert mit ihren gravierenden Benachteiligungs- und Privilegierungswirkungen in hohem Maß Gleichstellung" (Enders-Dragässer 2009: 28). Sie enthält auch einen Gender-Bias, denn die im deutschen Schulsystem vorherrschende Dominanz der Halbtagsschule hat „erhebliche Auswirkungen auf Frauen und Mütter und ihre Berufs- und Lebensplanung" (Bartz 2005: 52). Diese sind noch immer die Hauptverantwortlichen für die Kindererziehung und müssen daher in ihrer beruflichen Laufbahn häufig gegenüber dem männlichen Partner zurückstecken, um die ihnen durch Schule zugewiesene Aufgabe der Hilfslehrerin erfüllen zu können. Die Ganztagsschule hingegen kann zur Aufhebung der geschlechtlichen Arbeitsteilung in Familien beitragen und zugleich den Abbau sozialer Ungleichheit fördern, da Familien hier stärker als im Halbtagsschulsystem von Erziehungsaufgaben entlastet werden.

Die *Schulleitung* ist aktuell ebenfalls ein sehr wichtiges Handlungsfeld für die Organisationsentwicklung und die Gleichstellung. Dieses Handlungsfeld umfasst die Professionalisierung der Schulleitung als Managementaufgabe und beeinflusst dadurch alle organisationalen Aufgaben, Leistungen und Organisationsstrukturen. Gender Mainstreaming als Top-down-Prinzip kann grundsätzlich gut mit der neuen Steuerung in Schulen wie in der öffentlichen Verwaltung allgemein korrespondieren. Konkrete Maßnahmen umfassen die indikatorisierte Mittelvergabe, die Leitbilderstellung und Profilbildung, schulinternes Qualitätsmanagement und Qualitätssicherung, die Institutionalisierung eines Beauftragtenwesens für Gleichstellung und/oder Gender Mainstreaming sowie entsprechende Modelle für die paritätische Besetzung von Führungspositionen auf den verschiedenen Leitungsebenen in Schule und Schulverwaltung.

Die *Personalentwicklung* bildet ein weiteres bedeutsames Handlungsfeld zur Umsetzung von Gender Mainstreaming. Sie umfasst die Umsetzung von Geschlechtergerechtigkeit in der Aus-, Fort- und Weiterbildung von Lehrkräften ebenso wie die Personalpolitik im Schulbereich: Soll hier eine Geschlechterparität erreicht werden, so muss es um die Erhöhung des Männeranteils insbesondere im Grundschullehramt und um die Erhöhung des Frauenanteils in Schulleitungspositionen und in der Schulbürokratie gehen. Hinzu kommt ein Gleichstellungscoaching vor allem des männlichen Führungspersonals.

Die Implementation von Gender Mainstreaming im Handlungsfeld *Unterricht* beinhaltet quantitative und qualitative Maßnahmen wie Egalisierung der Geschlechterverhältnisse auf den verschiedenen Schulformen und -stufen, Abbau des geschlechtsspezifischen Fächerwahlverhaltens und geschlechtergerechte Reform des Unterrichts in curricularer und methodisch-didaktischer Hinsicht (neue Inhalte, Themenstellungen der Frauen- und Geschlechterforschung in der Erst-, Fort- und Weiterbildung, geschlechtergerechte Lehr- und Lernformen). So könnte beispielsweise im Unterricht die Hierarchie der Geschlechterverhältnisse, der geschlechtlichen Arbeitsteilung und männlicher Gewalt als gesellschaftliche Strukturen zum Thema gemacht werden (vgl. Enders-Dragässer 2009: 24).

Das fünfte Handlungsfeld umfasst schließlich die *sozialen Rahmenbedingungen*, unter denen Frauen und Männer in der Schule tätig sind. Hierzu gehören Faktoren, die den Arbeitsalltag beeinflussen und mit dem sonstigen Leben in Einklang zu bringen versuchen wie z.B. Maßnahmen zur Vereinbarkeit von Beruf und Familie (Kinderbetreuung, flexiblere Zeitstrukturen in der Unterrichtsverteilung und im Stundenplan), geschlechtergerechte Bau- und Planungsmaßnahmen sowie Räumlichkeiten. Dieses Handlungsfeld ist eng mit dem Handlungsfeld der Struktur des Schulsystems verknüpft, denn der Einsatz von personellen und zeitlichen Ressourcen in der einzelnen Schule hat in der Regel auch Auswirkungen auf die Eltern von Schülerinnen und Schüler, insbesondere die Mütter richten ihre Karriere- und Lebensplanung immer noch auch an den Bedürfnissen der Kinder und der deren Lebenslauf strukturierenden Organisationen und Institutionen aus.

Die Implementation von Gender Mainstreaming sollte idealerweise alle fünf Handlungsfelder berücksichtigen, zumal diese zum Teil eng miteinander verknüpft sind. Dies kann gleichzeitig oder aber abhängig von strategischen

Schwerpunktsetzungen in der Organisationsentwicklung und vorhandenen Ressourcen auch zeitlich versetzt erfolgen. Die Skizze der Handlungsfelder verdeutlicht erstens auch, wie wichtig hier ein Zusammenwirken von bottom-up und top-down operierender Herstellung von Geschlechtergerechtigkeit ist, denn ein zentrales gleichstellungsbezogenes Problem an Schulen ist nach wie vor der geringe Männeranteil im Lehramt für Grundschulen und der geringe Frauenanteil in Schulleitungsfunktionen. Zweitens verdeutlicht die Skizze, dass die Herstellung von Geschlechtergerechtigkeit im und durch das Schulsystem auch eine Strukturreform erforderlich macht, denn das bestehende System der Halbtagsschule unterstützt asymmetrische Geschlechterverhältnisse auch über Schule hinaus, da es auch die geschlechtliche Arbeitsteilung in Familien beeinflusst.

4 Voraussetzungen, Schritte und benötigte Ressourcen für die Implementation

Es ist bereits deutlich geworden, dass die Implementation von Gender Mainstreaming an Schulen ein voraussetzungsvoller und bedeutsamer politischer Auftrag ist, der aus internationalem, nationalem und bundesländerspezifischem Recht resultiert. Demnach sind alle Schulen zur Implementation verpflichtet. Die Entscheidung, wie Gender Mainstreaming verstanden und umgesetzt wird – im Hinblick auf die Intensität, das Tempo, die zugrunde liegende Philosophie und die strategischen Ziele –, liegt dennoch bei der einzelnen Schule und hier gemäß dem Top-down-Prinzip insbesondere bei der Leitung.

Eine zentrale Voraussetzung für die Implementation von Gender Mainstreaming ist also die *Bereitschaft der Organisationsspitze*, sich auf den damit verbundenen Schulentwicklungsprozess einzulassen und eine entsprechende *politische Entscheidung*. Hier sind in erster Linie die Schulleitungen gefragt, die für die Umsetzung von hoher Bedeutung sind. Erfahrungen zeigen, dass sich die zumeist mehrheitlich männlichen Schulleitungen und Führungskräfte oft bisher kaum intensiver mit Gleichstellung auseinander gesetzt haben, sondern diese Aufgabe an die schulische Frauen- bzw. Gleichstellungsbeauftragte delegiert bzw. einzelnen engagierten Lehrerinnen überlassen haben. Ihre Bereitschaft für eine intensivere Befassung mit der Thematik muss also häufig zunächst erst einmal geweckt werden, etwa von Organisationsmitgliedern, z.B. der Gleichstellungsbeauftragten oder einzelnen Lehrkräften, oder auch von der Umwelt, z.B. der zuständigen Aufsichtsbehörde, dem zuständigen Landesministerium oder etwa den Eltern (vgl. Bartz 2005). Die Bereitschaft der Schule zur Implementation kann durch politische und ggf. auch finanzielle *Unterstützung durch Bundes- und Landesministerien* gefördert werden.

Ist in der Schule die Entscheidung zur Implementation von Gender Mainstreaming gefallen, so braucht es *klare Zuständigkeiten* für den damit verbundenen Organisationsentwicklungsprozess. Dieser sollte direkt bei der Schulleitung angebunden sein, um die notwendige Bedeutung zu symbolisieren und die Durchsetzungsmacht für die anstehenden Veränderungen zu gewährleisten.

Wichtig ist auch, dass die *Rolle der Frauen- bzw. Gleichstellungs-beauftragten* im Gender-Mainstreaming-Prozess von vornherein geklärt wird. Dabei ist zu berücksichtigen, dass sie eine organisationsinterne Expertin für Fragen der Geschlechterverhältnisse und eine gute Kennerin der gesamten Organisation ist. Des Weiteren ist zu berücksichtigen, dass ihr bisheriges Aufgabenfeld der für Frauen parteilichen Klientelpolitik und das beide Geschlechter gleichermaßen berücksichtigende Gender Mainstreaming nur bedingt miteinander kompatibel sind. Insofern könnte ihr die Rolle der organisationsinternen Impulsgeberin und Beraterin für die gleichstellungs-orientierte Organisationsentwicklung zukommen, nicht aber die Zuständigkeit für den Prozess und/oder dessen Durchführung.

Neben der Klärung dieser Voraussetzungen sind für ein sinnvolles Management von Veränderungen, wie im Fall eines Gender-Mainstreaming-Prozesses, solide Entscheidungsgrundlagen unabdingbar, um strategische Ziele entwickeln sowie konkrete Maßnahmen und ihre Evaluation planen zu können. Geschlechterdifferenzierende Daten, z.B. zu Lehr- und Dienstplänen, Arbeitszeitmodellen und Lehrmethoden, liegen in Schulen erfahrungsgemäß nur zum Teil vor. Ein erster Schritt sind folglich qualifizierte empirische Datenerhebungen und -analysen. Am Anfang eines Gender-Mainstreaming-Prozesses steht also die geschlechterdifferenzierende methodisch kontrollierte *Organisationsdiagnose*, die mit quantitativen und qualitativen Verfahren arbeitet. Dabei ist zu berücksichtigen, dass eine solche Diagnose bereits eine Intervention in das organisationale Geschehen darstellt, denn sie macht auf die Gleichstellungsthematik aufmerksam und setzt diese für die ganze Organisation auf die Agenda.

Ein weiterer Schritt besteht darin, in der Organisation über die Diagnoseergebnisse *offen zu informieren und zu diskutieren*, zudem sollte die Bereitschaft bestehen, ausgehend von diesen Ergebnissen *konkrete Maßnahmen* einzuleiten (vgl. Doppler/Lauterburg 2002). Hierzu bieten sich partizipative Verfahren an, z.B. Workshops, denn diese fördern den für die Thematik wichtigen Sensibilisierungs- und Kommunikationsprozess unter allen beteiligten Gruppen.

Spätestens zu diesem Zeitpunkt wird in der Organisation oft der Wunsch nach fachlichen *Informationen*, z.B. zu Unterschieden und Gemeinsamkeiten von Gender Mainstreaming und Frauenförderung, und qualifizierten *Fortbildungen*, z.B. Gender Trainings, laut. Diese sollten zum Teil zielgruppenspezifisch differenziert werden, z.b. für die Schulleitung, das Kollegium und ggf. auch für Eltern. Die weitere Implementation erfolgt exemplarisch zumeist erst einmal in *Pilotprojekten*, über deren Durchführung vor dem Hintergrund zuvor festgelegter strategischer Organisationsziele, aber idealerweise auch auf der Basis der Bereitschaft der betreffenden Einheiten entschieden worden ist. Mögliche Anreize wie z.b. zusätzliche Ressourcen können die Bereitschaft der einzelnen Einheiten fördern. Zudem ist es sinnvoll, die Implementation mit ohnehin anstehenden Organisationsentwicklungsprojekten zu verknüpfen, z.b. mit der Erprobung eines neuen Arbeitszeitmodells oder der Entwicklung einer neuen Unterrichtseinheit. Eine derartige Verknüpfung minimiert den möglichen Widerstand gegen die Veränderung und verdeutlicht zugleich sehr wirkungsvoll und praktisch erfahrbar, dass die Berücksichtigung von Gleichstellung als Querschnittsaufgabe konkret in die laufenden Organisationsabläufe integriert werden kann und muss.

Prozessbegleitend sollten *professionelle Beraterinnen und Berater* eingesetzt werden, die über entsprechende Feld- und Genderkompetenz verfügen und idealerweise in einem Insider-/Outsider-Team mit Organisationsmitgliedern arbeiten, das dem Thema entsprechend möglichst gemischt-geschlechtlich zusammengesetzt ist. Durch die Kopplung von interner und externer Beratung wird das notwendige Fach-, Prozess- und Erfahrungswissen bereitgestellt.

Ergänzend zur Organisationsberatung sollte ein gezieltes *Gleichstellungscoaching* der Führungskräfte durch einschlägig qualifizierte Coaches erfolgen. Diese Personalentwicklungsmaßnahme unterstützt die Führungskräfte individuell bei beruflichen ‚Freuden und Leiden' in Bezug auf den gleichstellungsbezogenen Schulentwicklungsprozess (vgl. Schreyögg 2000) und bekräftigt das Top-down-Prinzip von Gender Mainstreaming. Sie hat zugleich die Funktion von kontinuierlicher themenbezogener Fortbildung.

Des Weiteren empfiehlt sich die Begleitung des Gender-Mainstreaming-Prozesses durch eine *Steuerungsgruppe* unter Beteiligung der Berater_innen, die nach Diversitätskriterien zusammengesetzt sein sollte (z.b. nach Geschlecht, Alter, Lebensform, ggf. Migrationshintergrund, Fachzugehörigkeit, ggf. schulexterne Mitglieder beispielsweise aus der Elternschaft), und durch eine breite sowie kontinuierliche *Kommunikation* über den Prozess in der jeweiligen Organisation, z.B. Öffentlichkeitsarbeit, ggf. Handreichungen. Eine erfolgreiche Umsetzung von Gender Mainstreaming erfordert nicht nur individuelles Lernen, sondern die ganze Schule ist als Organisation gefordert, sich auf Veränderungsprozesse einzulassen (vgl. Paseka 2005: 103).

Schließlich sollte die Implementation *wissenschaftlich begleitet* und *evaluiert* werden (Fremd- und Selbstevaluation), wobei es sinnvoll ist, die Ergebnis-

dieser wissenschaftlichen Begleitung und Evaluation im laufenden Prozess zum Diskussions- und Lerngegenstand in der Organisation zu machen.

Damit sind zugleich die benötigten Ressourcen für die Implementation von Gender Mainstreaming an Schulen benannt: *Information* und *Wissen*, z.B. in Gestalt von so genannten Flying Experts mit professioneller Gender-, Feld- und Beratungskompetenz, *Zeit* für den Organisationsentwicklungsprozess (ca. zwei bis drei Jahre) und *Geld* für Fortbildung, Beratung, konkrete Entwicklungsprojekte und Evaluation.

In den bisherigen Ausführungen war die Rede davon, dass die Umsetzung der Gender-Mainstreaming-Strategie Genderkompetenz erfordert. Doch was ist unter Genderkompetenz zu verstehen?

5   Genderkompetenz als Bestandteil von Handlungskompetenz in der Schule

In den aktuellen Diskussionen wird der ‚Kompetenz'-Begriff wesentlich synonym zum ‚Qualifikations'-Begriff verwendet und auf so genannte Schlüsselkompetenzen bzw. Schlüsselqualifikationen bezogen. Diese Begriffe gehören inzwischen zum festen Repertoire der Bildungs- und Arbeitsmarktpolitik. Der Schlüsselqualifikationsbegriff selbst ist wesentlich älter als die aktuellen Reformdiskussionen: Er wurde erstmalig 1974 von Dieter Mertens benannt und hat überwiegend arbeitsmarktpolitische Hintergründe. Schlüsselqualifikationen sind in Mertens' Verständnis Kenntnisse, Fähigkeiten und Fertigkeiten, die keinen unmittelbaren und begrenzten Bezug zu bestimmten disparaten Tätigkeiten erbringen, sondern vielmehr die Eignung erstens für eine große Zahl an Positionen und Funktionen als alternative Optionen zum gleichen Zeitpunkt und zweitens für die Bewältigung einer Sequenz von (meist unvorhersagbaren) Änderungen von Anforderungen im Laufe des Lebens sind. Die mit dieser ungebrochen aktuellen Definition verbundene Zielvorstellung lautet, dass Schlüsselqualifikationen es dem Individuum ermöglichen sollen, sich immer wieder neue Qualifikationen und damit lebenslange Handlungsfähigkeit in möglichst vielen Bereichen zu erschließen.

Bezüglich der Genderkompetenz verknüpft sich die bildungspolitische Debatte mit der gleichstellungspolitischen Debatte. Genderkompetenz gilt als die erforderliche Kompetenz für die Umsetzung von Gender Mainstreaming in Organisationen, und sie ist die (Schlüssel-)Kompetenz, die Organisationsmitglieder erwerben sollen, um in ihrem jeweiligen organisationalen und persönlichen Umfeld genderkompetent handeln zu können. Die Definitionen, was unter ‚Genderkompetenz' verstanden werden soll, differieren, je nachdem, wie die entspre-

chenden Vertreterinnen und Vertreter den Genderbegriff und den Schlüsselkom-
petenzbegriff bestimmen.

So verstehen beispielsweise Sigrid Metz-Göckel und Christine Roloff
(2002: 3) unter Genderkompetenz

> [...] ein Grundwissen über die gesellschaftlichen Strukturdaten, differenziert nach
> Geschlecht; die Kenntnis des Forschungsstandes zur Konstitution und Hierarchisie-
> rung der Geschlechterverhältnisse und in Ansätzen die Kenntnis der Geschlechter-
> theorien; ein Prozess- und Verfahrenswissen im Umgang mit Menschen, mit Grup-
> penprozessen, mit Konflikten in Arbeitszusammenhängen u.a.m.; sowie kontextbe-
> zogenes Detailwissen.

Der zu Grunde liegende Kompetenzbegriff konzentriert sich wesentlich auf den
kognitiven Bereich des Genderwissens in Gestalt von „Grundwissen", „For-
schungsstand" und „kontextbezogenem Detailwissen". Zwar wird mit dem Hinweis auf „Prozess- und Verfahrenswissen" auch auf ebenfalls notwendige soziale
und methodische Kompetenzen Bezug genommen, doch scheinen diese in der
genannten Definition weniger bedeutsam als die Ebene des Fachwissens zu sein.

Damit bleibt dieser Begriff von Genderkompetenz eng am herkömmlichen
schulischen Kompetenzbegriff angelehnt, der die Ebene der Fachkompetenz in
den Vordergrund stellt und andere Kompetenzebenen wie etwa Methoden-, Sozi-
al- und Individualkompetenz vernachlässigt (vgl. Gill 2005: 132). Diese Kompetenzen werden traditionell eher dem informellen Lernen zugeschrieben als in die
Verantwortung von Bildungseinrichtungen wie Schule gelegt, ihre Einlösung
wird folglich zumeist der Methodik und Didaktik übereignet – und damit nicht
selten marginalisiert. Genderkompetenz ist aber mehr als Fachkompetenz. Um zu
klären, was dieses ‚Mehr' ausmacht, lehne ich mich in meinem folgenden Defi-
nitionsversuch an einen Vorschlag von Barbara Thiessen (2005) an, der ein Verständnis von Gender – als Querschnittsperspektive und -kategorie – und von
Schlüsselkompetenz als Erschließungskompetenz für eine grundlegende Lernfähigkeit in allen Bereichen entwickelt.

Für die Erläuterung von Genderkompetenz greift Thiessen auf die berufspäda-
gogische Diskussion zur beruflichen Handlungsfähigkeit im dualen System zurück,
aus der der Begriff der Schlüsselkompetenz stammt, und führt diese mit den
Debatten der Frauen- und Geschlechterforschung zusammen. Im Anschluss an
diese Diskussionen entwickelt sie ein Modell von beruflicher Handlungsfähigkeit, das vier ineinander greifende Bereiche von Kenntnissen, Fähigkeiten und
Fertigkeiten beinhaltet, die sowohl ökonomische Belange als auch soziale und
individuelle Bezüge integrieren. Die hier interessierende *Genderkompetenz* hat in
diesem Modell die Funktion einer Erschließungskompetenz für eine grundlegen-

de Lernfähigkeit in allen vier Kompetenzbereichen (vgl. Thiessen 2005: 255), nämlich

- *Fachkompetenzen* wie Allgemeinwissen, Fachwissen und Sprachkenntnisse: *Genderkompetentes Fachwissen* beinhaltet etwa ein Grundwissen über die gesellschaftlichen Strukturdaten, differenziert nach Geschlecht, Kenntnisse über geschlechtliche Arbeitsteilungen und fachspezifisches Genderwissen für alle möglichen Wissensfelder – hier findet sich also die bereits erwähnte Frauen- und Geschlechterforschung mit ihren disziplinären und inter- bzw. transdisziplinären Wissensbeständen wieder.
- *Methodenkompetenzen* wie Medienkompetenz, strukturierendes Denken, analytisches Denken, Transferfähigkeit, Problemlösungsfähigkeit, Planungs-fähigkeit: *Gendersensible Methodenkompetenzen* beziehen sich beispiels-weise auf methodisches Wissen und Fertigkeiten der Selbstreflexion in Be-zug auf die Differenz; auf Konzepte und Methoden der Prozessgestaltung zur Veränderung geschlechtsdiskriminierender Strukturen und Förderung von Chancengleichheit; auf Zielgruppenspezifik.
- *Sozialkompetenzen* wie Konflikt- und Kritikfähigkeit, Kooperationsbereit-schaft, Kommunikationsfähigkeit, Teamfähigkeit und Führungsqualitäten: *Genderbezogene Sozialkompetenzen* entstehen etwa durch die Auseinander-setzungen mit den Differenzen innerhalb der eigenen Geschlechtsgruppe; die Auseinandersetzung mit eigenen und fremden Diskriminierungserfah-rungen; die Reflexion der eigenen Geschlechtszugehörigkeit in unterschied-lichen Kontexten (privat, öffentlich).
- *Individualkompetenzen* wie Selbstständigkeit, Belastbarkeit, Kreativität, Initiative, Verantwortungsbereitschaft, Leistungsbereitschaft, Ausdauer, Flexibilität, demokratische Grundhaltung und ethisches Urteilsvermögen: *Individualkompetenzen* im Genderkontext werden angeregt etwa durch Selbstreflexion, die Untersuchung der Trennung von Privatheit und Öffent-lichkeit, die Auseinandersetzung mit eigenen Identitätskonzepten.

Nach Thiessen ist Genderkompetenz eine *Schlüsselkompetenz*, die auf alle Kom-petenzbereiche beruflicher Handlungsfähigkeit bezogen ist. Genderkompetenz impliziert folglich eine Handlungskompetenz, die sich aus der Kenntnis geeigne-ter Analyse- und Handlungsinstrumente und deren Anwendbarkeit in verschie-denen Feldern sowie der Fähigkeit, sie anzuwenden, zusammensetzt. Obwohl die Kompetenzdiskussion dem arbeitsmarktpolitischen Kontext entstammt, ist Gen-derkompetenz eine berufsbezogene *und* eine persönliche Kompetenz. Ihr Erwerb schult nicht zuletzt die Kompetenz, überhaupt mit Differenz umgehen zu können, wie es auch im Zuge der Debatte über Diversity-Management, also das Management von Vielfalt, gefordert wird.

In der Schule ist Genderkompetenz ein wesentlicher Bestandteil der Handlungskompetenz aller Organisationsmitglieder, denn sie trägt zur Entwicklung einer geschlechtergerechten Schule mit geschlechtergerechten Organisations- und Kommunikationsstrukturen und damit zu einem Unterricht bei, der Schülerinnen und Schüler auf veränderte Anforderungen und damit verbundenen Differenzerfahrungen in der Berufs- und Arbeitswelt, aber auch im Privaten vorbereitet.

6   Chancen und Grenzen der Implementation von Gender Mainstreaming im deutschen Schulwesen

Das Gender-Mainstreaming-Konzept birgt ein hohes Potential zur Herstellung von Geschlechtergerechtigkeit in sich, sofern es als Konzept der Organisationsentwicklung begriffen und umgesetzt wird. Die Ausführungen in diesem Beitrag haben verdeutlicht, was es heißt, Gender Mainstreaming als Konzept der Organisationsentwicklung umzusetzen, nämlich nicht mehr, aber auch nicht weniger, als die ganze Organisation Schule einer Genderanalyse zu unterziehen und kontextbezogen im Hinblick auf die drei Dimensionen von Geschlechtergerechtigkeit umzubauen. Ein derartiger Organisationsentwicklungsprozess braucht Ressourcen in Form von Information, Wissen, Personal und Zeit, aber auch die Bereitschaft möglichst vieler Organisations-mitglieder, vor allem der Leitung, die organisationale Umgestaltung zu tragen und aktiv zu fördern:

> Gender Mainstreaming ist eine Haltung, bedeutet die Formulierung von konkreten Zielsetzungen inklusive ihrer Überprüfung und stetigen Adaptierung und vor allem die Herausforderung, das konflikthafte Potential, das mit jedem Entscheidungsschritt verbunden ist, zu managen. (Schneider 2005: 57)

Schenkt man Stimmen aus der Forschung und der Weiterbildungspraxis zu Gender Mainstreaming Glauben, so sieht es in Bezug auf die nötigen Ressourcen und die Bereitschaft zur Implementation nicht gut aus: Kathrin Nachtsheim und Sibylle Wiedmann (2009) resümieren angesichts ihrer Erfahrungen aus Weiterbildungen und Workshops im Bereich ‚Gender und Schule', dass Gender Mainstreaming als gleichstellungspolitisches Denken und Handeln auf allen Ebenen, in allen Entscheidungsprozessen und innerhalb aller Verwaltungsebenen im deutschen Schulsystem kaum stattfände. Es fehlten klare Anweisungen seitens der politischen oder administrativen Ebene an die Schulen, Gender Mainstreaming umzusetzen, sodass die Implementation von den Schulen immer noch als

Kür angesehen würde. Ähnlich schätzt auch Uta Enders-Dragässer die Situation ein:

> Die Kultusministerien bzw. Landesregierungen reagieren mühsam, schwerfällig und je nach Bundesland auch sehr unterschiedlich. Kurskorrekturen wurden und werden inzwischen vorgenommen bzw. angekündigt. Die Geschlechterfrage bzw. eine nach Geschlecht und Herkunft differenzierende Perspektive spielen dabei weiterhin kaum eine Rolle, mit vielleicht der einen Ausnahme, dass jetzt eine geschlechtsspezifische Benachteiligung von Jungen in der Schule thematisiert wird. (Enders-Dragässer 2009: 26)

Diese Beschreibungen deuten auf ein hohes Widerstandspotential gegenüber den mit Gender Mainstreaming angestrebten organisationalen (und gesellschaftlichen) Veränderungen bei den verschiedenen Beteiligtengruppen – hier schulischen Organisationsmitgliedern sowie verschiedenen Ebenen der Schulbürokratie – hin. Inwiefern sich dieser Widerstand allgemein gegen Veränderungen jeglicher Art richtet oder insbesondere auf Veränderungen in den Geschlechterverhältnissen zielt, kann an dieser Stelle nicht geklärt werden. Nachdenklich stimmt jedoch in diesem Zusammenhang, dass die auch von Enders-Dragässer angesprochene Thematisierung einer geschlechtsspezifischen Benachteiligung von Jungen derzeit auf vergleichsweise breiten gesellschaftlichen Widerhall trifft. Es bleibt abzuwarten, ob dadurch möglicherweise ein neues Gelegenheitsfenster entsteht, um auch darüber hinausweisende Fragen der Geschlechtergerechtigkeit ausgehend vom schulischen Kontext neu auf die gesellschaftliche und politische Agenda zu setzen.

Literatur

Bartz, Adolf (2005): Organisationsgestaltung in der Schule. In: Ministerium für Schule, Jugend und Kinder des Landes Nordrhein-Westfalen/Landesinstitut für Schule Soest (Hrsg.; 2005): 50-55.

Behning, Ute/Sauer, Birgit (Hrsg.; 2005): Was bewirkt Gender Mainstreaming? Evaluierung durch Policy-Analysen. Frankfurt am Main, New York: Campus.

Bundesministerium für Familie, Senioren, Frauen und Jugend (2002): Gender Mainstreaming. Was ist das? Bonn: Bundesministerium für Familie, Senioren, Frauen und Jugend.

http://www.bmfsfj.de/RedaktionBMFSFJ/Broschuerenstelle/Pdf-Anlagen/gender-mainstreaming-stand-nov_202003,property=pdf,bereich=,rwb=true.pdf (05.01.2006).

Doppler, Klaus/Lauterburg, Christoph (2002): Change Management. Den Unternehmenswandel gestalten. Frankfurt am Main, New York: Campus.

Enders-Dragässer, Uta (2009): Gender Mainstreaming als Strategie der Veränderung von Schule – Visionen möglicher Entwicklungen. In: Seemann/Kuhnhenne (Hrsg.; 2009). Oldenburg: BIS, 21-36.

Europäische Union (1997): Vertrag von Amsterdam. Luxemburg: Amt für amtliche Veröffentlichungen der Europäischen Gemeinschaften.

Fraser, Nancy (2008): Scales of Justice: Reimagining Political Space in a Globalizing World. New York, Chichester: Columbia University Press.

Fraser, Nancy/Scheele, Alexandra: „The Darkest Times and Urgent Need for Meta-Politics". An Interview with Nancy Fraser. In: femina politica 14. 1. 2005, 109-116.

Gill, Bernhard (2005): Schule in der Wissensgesellschaft. Ein soziologisches Studienbuch für Lehrerinnen und Lehrer. Wiesbaden: VS Verlag für Sozialwissenschaften.

Group of Specialists on Mainstreaming/Council of Europe (1998): Gender Mainstreaming. Conceptual Framework, Methodology and Presentation of Good Practices. Final Report of Activities of the Group of Specialists on Mainstreaming (EG-S-MS). Strasbourg: Council of Europe. http://www.coe.int/T/E/Human_Rights/Equality/PDF_EG-S-MS_98_2rev_E.pdf (14.03.2010).

Kahlert, Heike (2005): Beratung zur Emanzipation? Gender Mainstreaming unter den Vorzeichen von New Public Management. In: Behning/Sauer (Hrsg.; 2005). Frankfurt am Main, New York: Campus, 45-62.

Kahlert, Heike/Thiessen, Barbara/Weller, Ines (Hrsg.; 2005): Quer denken – Strukturen verändern: Gender Studies zwischen Disziplinen. Wiesbaden: VS Verlag für Sozialwissenschaften.

Mertens, Dieter: Schlüsselqualifikationen. Thesen zur Schulung für eine moderne Gesellschaft. In: Mitteilungen aus der Arbeitsmarkt- und Berufsforschung 7. 1. 1974, 36-43.

Metz-Göckel, Sigrid/Roloff, Christine: Genderkompetenz als Schlüsselqualifikation. In: Journal Hochschuldidaktik 13. 1. 2002. 7-10, als S. 1-4 unter: http://www.medien-bildung.net/pdf/themen_seiten/metz_goeckel_roloff.pdf (14.03.2010).

Meuser, Michael/Neusüß, Claudia (Hrsg.; 2004): Gender Mainstreaming. Konzepte – Handlungsfelder – Instrumente. Bonn: Bundeszentrale für politische Bildung.

Ministerium für Schule, Jugend und Kinder des Landes Nordrhein-Westfalen/Landesinstitut für Schule Soest (Hrsg.; 2005): Schule im Gender Mainstream. Denkanstöße – Erfahrungen – Perspektiven. Soest: Landesinstitut für Schule.

Nachtsheim, Kathrin/Wiedmann, Sibylle: Gender-Kompetenz – Vermittlung im Kontext Schule: Von Widerständen, dem Wunsch nach fertigen Rezepten und von möglichen Lösungen. In: querelles-net 10. 1. 2009. http://www.querelles-net.de/index.php/qn/article/viewArticle/727/735 (31.01.2010)

86 Heike Kahlert

Paseka, Angelika: Zur Gleichstellung von Frauen und Männern: Ansprüche und Realitäten bei der Umsetzung eines bildungspolitischen Auftrags. In: Österreichische Zeitschrift für Soziologie 30. 4. 2005, 87-109.

Pelizzari, Alessandro (2001): Die Ökonomisierung des Politischen. New Public Management und der neoliberale Angriff auf die öffentlichen Dienste. Konstanz: UVK.

Pühl, Harald (Hrsg.; 2000): Supervision und Organisationsentwicklung. Opladen: Leske+Budrich.

Schneider, Claudia (2005): Gender Mainstreaming als Schulentwicklung. In: Ministerium für Schule, Jugend und Kinder des Landes Nordrhein-Westfalen/Landesinstitut für Schule Soest (Hrsg.; 2005): 56-61.

Schreyögg, Astrid (22000): Coaching – Ergänzung oder Alternative zur Organisationsberatung. In: Pühl (Hrsg.; 2000). Opladen: Leske+Budrich, 274-281.

Seemann, Malwine/Kuhnhenne, Michaela (Hrsg.; 2009): Gender Mainstreaming und Schule. Anstöße für Theorie und Praxis der Geschlechterverhältnisse. Oldenburg: BIS.

Solga, Heike (2008): Wie das deutsche Schulsystem Bildungsungleichheiten verursacht. WZBrief Bildung Oktober. Berlin: WZB.

Thiessen, Barbara (2005): Inter- und Transdisziplinarität als Teil beruflicher Handlungskompetenzen. Gender Studies als Übersetzungswissen. In: Kahlert et al. (Hrsg.; 2005): 248-273.

Tondorf, Karin: Gender Mainstreaming – verbindliches Leitprinzip für Politik und Verwaltung. In: WSI-Mitteilungen 54. 4. 2001, 271-277.

Woodward, Alison E. (2004): Gender Mainstreaming als Instrument zur Innovation von Institutionen. In: Meuser/Neusüß (Hrsg.; 2004): 86-102.

Gendergerechte Ansätze in der Schule: Ein Schritt zu mehr Geschlechterdemokratie?

Waltraud Cornelißen

Im folgenden Beitrag wird zunächst geklärt, was hier unter dem Begriff „Geschlechterdemokratie" zu verstehen ist. Dann wird gefragt, was denn konkret von der Schule und den Lehrkräften erwartet werden muss, wenn diese sich dem Ziel verschreiben, zu mehr Geschlechterdemokratie beizutragen. Im dritten Abschnitt wird untersucht, inwiefern sich in der Schule Ungleichheiten zwischen Schülerinnen und Schülern abzeichnen. Im vierten Abschnitt werden Ansätze vorgestellt, die in den letzten Jahrzehnten entwickelt wurden, um Schule und Unterricht geschlechtergerecht zu gestalten. In einem Fazit werden die bisherigen Ansätze bilanziert.

1   Was ist Geschlechterdemokratie?

Geschlechterdemokratie soll hier als ein Gesellschaftszustand verstanden werden, der dem Gleichstellungsgebot unserer Verfassung entspricht. Verordnen lässt sich diese Gleichstellung nicht. Aber Menschen lassen sich mehr oder weniger *befähigen*, die Chancen, die das Gleichstellungsgebot bietet, zu nutzen. Hierzu sollte die Schule einen Beitrag leisten. Jutta Limbach, die ehemalige Präsidentin des Bundesverfassungsgerichtes interpretiert das Gleichstellungsgebot mit folgenden Worten:

> Zu erreichen gilt es, dass konkurrierende Lebensstile das Ergebnis einer freien Wahl beider Geschlechter sind und nicht das Resultat gesellschaftlichen Drucks und sozioökonomischer Zwänge. Denn dem Gleichberechtigungsgebot geht es darum, Männern und Frauen gleichermaßen die Freiheit zu eröffnen, ihren eigenen Lebensplänen zu folgen, ohne kraft ihres Geschlechts unterdrückt oder behindert zu werden."(Limbach 1999: 18).

Wird die Geschlechtergerechtigkeit so verstanden, dann muss man Bildung in der Lebenslaufperspektive betrachten. Geschlechtergerechtigkeit bedeutet dann: gleicher Zugang zu Bildung in allen Lebensphasen und gleiche Chancen im

Beruf entsprechend den erworbenen Bildungsabschlüssen. So breit setzt die Debatte um Geschlechtergerechtigkeit in der Bildung bisher allerdings nicht an. Der internationale und der deutsche Diskurs kreisen gegenwärtig „nur" um den Erfolg von Mädchen und Jungen in der Schule. Er vermittelt die Botschaft, früher habe die Schule die Mädchen benachteiligt, heute die Jungen. Dieses Argumentationsmuster ist aus mehreren Gründen nicht haltbar (vgl. Stamm 2008):

• Es vernachlässigt die große Heterogenität von Mädchen und Jungen und ignoriert, dass sowohl Mädchen als auch Jungen je nach sozialem Kontext sehr unterschiedliche Erfolgschancen in der Schule haben.

• Das Argumentationsmuster unterstellt, dass nur entweder Mädchen oder Jungen benachteiligt sein können. Tatsächlich aber können Vor- und Nachteile koexistieren, z.B. Vorteile beim Sprachenlernen und Nachteile im naturwissenschaftlichen Unterricht.

• Die obige These unterstellt zudem, dass die Schule die zentrale Ursache von Leistungsdefiziten darstellt, die sich in der Schule bei Mädchen oder Jungen zeigen. Damit werden z.B. die Einflüsse familialer Sozialisation sowie von Medien- und Peerkulturen ignoriert.

• Der Diskurs bleibt auf den Proporz erfolgreicher Schulabschlüsse als Indikator für Benachteiligung konzentriert. Geschlechterdemokratie aber weist weit darüber hinaus. Dieses Konzept zielt auf das ungehinderte Ausschöpfen des eigenen Potentials *auch nach der Schule.*

2 Welchen Beitrag kann die Schule zu mehr Geschlechterdemokratie leisten?

Von der Schule als Organisationsstruktur sowie von den Lehrkräften muss man mit Blick auf das Ziel der Geschlechterdemokratie erwarten, dass sie Mädchen und Jungen unabhängig von ihrer Geschlechtszugehörigkeit die Möglichkeit geben, Leistungspotentiale zu entwickeln und Partizipationschancen in unterschiedlichen sozialen Zusammenhängen, Fachgebieten und Berufsfeldern zu erproben. Hierzu gehört auch, dass Lehrkräfte insgesamt ein breites Spektrum von Männlichkeiten und Weiblichkeiten präsentieren und zulassen. Schulische Erfahrungen und das Lernen in der Schule sollten dazu beitragen, dass junge Frauen und Männer später, wenn sie dies wünschen, biographische Spielräume für sich durchsetzen können, die ihnen ein Leben auch jenseits hergebrachter Rollenzuschreibungen ermöglichen. Wünschbar wäre auch, dass die Schule zur Entwicklung politisch verantwortungsbereiter Bürger und Bürgerinnen beiträgt,

die ihrerseits privat und öffentlich auch für gleiche Entwicklungschancen anderer eintreten.
      Die Herstellung einer Gesellschaft, in der Geschlecht für die Funktionszu-weisung und die Positionierung von Individuen keine Relevanz mehr besitzt, jeder also die Freiheit gewinnt, „eigenen Lebensplänen zu folgen, ohne kraft seines Geschlechts unterdrückt oder behindert zu werden" (Limbach, ebd.), ist eine sehr komplexe und gesamtgesellschaftliche Aufgabe. Die Schule kann de-mentsprechend nur einen begrenzten Beitrag leisten. Ihr Beitrag muss zum einen in einem Unterrichtsangebot liegen, das Mädchen und Jungen in gleicher Weise zum Schulerfolg führt. Dabei wäre den *benachteiligten* Kindern in jeder Genusg-ruppe besondere Aufmerksamkeit zu schenken. Der Beitrag der Schule muss aber auch im Einüben eines reflektierten Umgangs mit Geschlechterstereotypen gesehen werden. Die Schule stellt nämlich *insgesamt* ein Setting dar, in dem sehr viel mehr als nur der vorgesehene „Unterrichtsstoff" gelernt wird und gelernt werden kann. Im Schulalltag werden meist unreflektiert Strukturen, Mentalitäten und Handlungsmuster zum Teil über Jahre als Normalität erfahren. Diese Nor-malität beeinflusst Erwartungen, Gewohnheiten und Lebensentwürfe von Schü-lern und Schülerinnen, auch solche, die auf ihr Geschlecht Bezug nehmen.
      Um diese zweite Ebene des Lernangebots, das der Schulalltag liefert, be-grifflich zu fassen, kann auf das Konzept der „Schulkultur" zurückgegriffen werden. Schulkultur, als geregeltes Interaktionsgeschehen in der Schule, ergibt sich aus dem Zusammenspiel von *äußeren* Einflüssen, die auf den unterschied-lichsten Wegen für das Schulleben Relevanz gewinnen, und *schulinternen* Ein-flüssen und Interessen. „Offensichtlich hängt die Ausprägung der gelebten Schulkultur sowohl von ihrer bewussten Gestaltung als auch von der Ausprä-gung der Habitus- und Lebensstilformen ihrer Mitglieder sowie der kulturellen Ordnung der Schule ab." (Wenzel/Keuffer/Krüger/Reinhardt/Weise 1998: 16). Dabei ist die Schulkultur nicht als eine konsensuell getragene kulturelle Praxis zu verstehen, sie ist immer auch von Konflikten und speziellen Modi des Kon-fliktaustragens geprägt (Terhart 1994: 695). So verweist Koch-Priewe zum Bei-spiel auf unterschiedliche Arbeits- und Kooperationsstile von Lehrerinnen und Lehrern. Sie kommt zu dem Ergebnis, der männliche Stil werde im System Schule honoriert, der weibliche aber ignoriert oder abgewertet (Koch-Priewe 1998: 287). Eine solch ungleiche Gratifikation wird wohl nicht immer von Kon-sens getragen sein. Koch-Priewe plädiert für eine Schulkultur, in der es den Lehrkräften gelingt, „modellhaft neue Grenzüberschreitungen aus(zu)probieren und alte Barrieren (zu) transzendieren" (ebd.: 288). Dieses Plädoyer zielt aus-drücklich auf ein „bereicherndes crossover" zwischen den Geschlechterkulturen in der Schule (ebd.).

Zur Klärung der Ausgangsfrage, wie ein Beitrag der Schule zur Geschlechterdemokratie aussehen könnte, müssen also einerseits der Unterricht und andererseits die Schulkultur insgesamt betrachtet werden. Es muss geklärt werden, ob im Unterricht und in der kulturellen Praxis der Schule geschlechtshierarchische Umgangsformen und geschlechterstereotype Zuschreibungen reproduziert werden, etwa auch neue Ungleichheiten zwischen den Geschlechtern etabliert werden oder ob beiden Geschlechtern ein Spektrum Erfolg versprechender Handlungs- und Entwicklungsspielräume jenseits traditioneller und neuer stereotyper Zuweisungen eröffnet wird.

Eine erste Schwierigkeit der Organisation Schule und der Lehrkräfte, dem oben formulierten Auftrag, zur Geschlechterdemokratie beizutragen, gerecht zu werden, ist darin zu sehen, dass die Schule selbst eine geschlechtshierarchische Organisation ist. Leitungsfunktionen werden überwiegend von Männern wahrgenommen, die Ebene der einfachen Lehrkräfte ist dagegen eher geschlechterparitätisch besetzt, in den Grundschulen sogar überwiegend weiblich (Roisch 2003a: 37, Autorengruppe Bildungsberichterstattung 2008: 76). Damit reproduzieren Schulen mehrheitlich Strukturen männlicher Dominanz und legen Jungen Überlegenheit gegenüber Mädchen nahe. Im Fachunterricht re-inszenieren weibliche und männliche Lehrkräfte zudem alltäglich die kulturell verankerte Nähe sprachlicher und künstlerischer Fächer zum weiblichen Geschlecht und die Nähe mathematisch-naturwissenschaftlicher Fächer zum männlichen Geschlecht. Auch die jungen Lehramtskandidat_innen halten sich bei ihrer Studienfachwahl mehrheitlich an geschlechtsspezifische Fächertraditionen (Roisch 2003a: 32). Hinzu kommt, dass Lehrkräfte eine geschlechtsspezifische häusliche Arbeitsteilung praktizieren, die sich in der Schule erkennbar in einer überdurchschnittlich hohen Teilzeitquote weiblicher Lehrkräfte niederschlägt (Autorengruppe Bildungsberichterstattung 2008: 76)[1]. Damit repräsentiert der Lehrkörper insgesamt die Mentalität einer Erwachsenengeneration, in der sich das traditionelle Frauenbild modernisiert hat, etwa durch höhere Bildungsabschlüsse von Frauen und durch deren vermehrtes Studieren, sowie durch mehr mütterliche Erwerbsarbeit dort, wo – wie in der Schule – Vereinbarkeit erleichtert wurde. Geschlechterbilder haben sich damit verschoben, Frauen bleiben bei diesem Modus der Modernisierung aber weiterhin zuständig für private Haus- und Erziehungsarbeit. Dies manifestiert die Schule in Westdeutschland noch dadurch, dass sie in der Regel eine Halbtagsschule ist, die im Grunde ein Elternteil voraussetzt, das die Kinder mittags mit einem warmen Mittagessen zu Hause empfängt.

In der öffentlichen Debatte bleibt weitgehend unbedacht, dass die Schule durch die beschriebene hierarchische und funktionale Arbeitsteilung und durch

---

[1] An der Grundschule sind 85% aller Lehrerinnen teilzeitbeschäftigt (Autorengruppe Bildungsberichterstattung 2008: 76).

das Geschlechtsrollenverständnis der Lehrkräfte Geschlechterstereotype reproduziert. Stattdessen stößt die Feminisierung des Lehrerberufs, d.h. die Zunahme
des Frauenanteils im Lehrberuf, auf viel Beachtung. Dieser Trend gilt einigen als
Ursache für Leistungsschwächen von Jungen (vgl. Diefenbach/Klein 2001),
allerdings ohne dass diese These bisher belegt werden konnte (Faulstich-Wieland
2009).

Die Schule ist bisher kein Ort, an dem Lehrkräfte die Geschlechterordnung
in der Schule, ihr eigenes Geschlechtsrollenverständnis, ihre Interaktion mit
Schülerinnen und Schülern und die Kokonstruktion von Männlichkeiten und
Weiblichkeiten unter Schülern und Schülerinnen systematisch reflektieren können. Noch weniger bietet sie Lehrkräften Gelegenheit, Distanz zu geschlechterstereotypen Reaktionsmustern unter dem alltäglichen Handlungsdruck in der
Schule einzuüben. Nur so aber wäre gesichert, dass sich in der Schule eine
Schulkultur herausbildet, die den Schülern und Schülerinnen Freiräume zu einer
nicht an ihr Geschlecht gebundenen Entwicklung lässt.

3   Geschlechterunterschiede zwischen Mädchen und Jungen

In der Debatte um die Bildungsbenachteiligung von Mädchen und/oder Jungen
werden sehr häufig wissenschaftliche Befunde ins Spiel gebracht. Dabei wird
deren Aussagekraft allerdings nicht immer hinreichend differenziert. Manche
Analysen beruhen auf *Selbstauskünften* von Schülerinnen und Schülern oder auf
Unterrichtsbeobachtungen. Bei diesen Untersuchungen ist das Geschlecht der
beschriebenen Person und der Auskunft gebenden Person präsent. Letzteres gilt
auch für die Bewertungen von Lehrkräften. Lehrkräfte bewerten immer Mädchen
und Jungen. Ihre Beurteilungen können also immer (auch ungewollt) von geschlechtsbezogenen Wahrnehmungsmustern und Erwartungen mitgeprägt sein.
Anders ist dies bei wissenschaftlichen Leistungstests. Mit ihnen wird Leistung
unabhängig vom Geschlecht der Person gemessen. Erst in die Interpretation
geschlechterdifferenzierter Befunde gehen Geschlechterstereotype ein. Die Auswertung von Schulstatistiken liefert dagegen ein Bild vom geschlechtsspezifischen Schulerfolg, ohne dass zu rekonstruieren ist, wie Geschlechterdiskrepanzen zustande kommen, durch unterschiedliche Förderung in der Schule, durch
eine Förderung, die vorgängige Geschlechterdifferenzen nicht im Blick hat oder
durch unfaire Beurteilung etc.

Im Folgenden sollen einige Befunde aus diesen verschiedenen Forschungs-
feldern zusammengetragen und bilanziert werden. Zunächst werden einige Befunde wiedergegeben, die auf Selbstauskünften von Schülern und Schülerinnen
sowie auf Unterrichtsbeobachtungen beruhen. Selbstauskünfte können Hinweise

auf das Verhältnis von Mädchen und Jungen zu den Lehrkräften, auf ihre Sach-
und Fachinteressen, auf ihr Selbstbild und auf ihr fachbezogenes Selbstvertrauen,
nicht aber auf ihre Leistungsfähigkeit geben. Unterrichtsbeobachtungen können
Informationen zum Lehrerverhalten, zur Selbstdarstellung von Mädchen und
Jungen im Unterricht und zum kommunikativen Herstellen von Geschlechterdifferenzen liefern.

Eine aktuelle Schülerbefragung des Kriminologischen Forschungsinstituts
Niedersachsen hat zum Beispiel ergeben, dass Jungen ihren Klassenlehrer wie
ihre Klassenlehrerin schlechter bewerten als Mädchen und zwar sowohl im
Hinblick auf ihre didaktischen Fähigkeiten als auch im Hinblick auf Gerechtigkeit und Wärme (Pfeiffer/Baier 2007, 2008: 8). Die männlichen Lehrkräfte sind
bei Jungen nicht beliebter.

Aus Schülerbefragungen wissen wir auch, dass Mädchen sich für weniger
klug halten (Milhoffer 2000) und dass sie insbesondere im mathematisch-
naturwissenschaftlichen Bereich im Laufe der Schulzeit an Selbstvertrauen ein-
büßen und der Abstand im Selbstvertrauen zuungunsten der Mädchen größer
wird (Keller 1998: 112). Ältere Interaktionsstudien belegten, dass Mädchen im
Unterricht von Seiten der Lehrkräfte weniger Aufmerksamkeit als Jungen genossen (Enders-Dragässer/Fuchs 1989; Horstkemper 1987). Später zeigte sich, dass
Mädchen im naturwissenschaftlich-technischen Bereich weniger Anerkennung
als Jungen erfahren (Thies/Röhner 2000). Wie andere Befragungen zeigen, nehmen Mädchen und Jungen auch unterschiedliche Haltungen zu unterschiedlichen
Fächern ein. Mädchen artikulieren häufiger ein Interesse am Fach Deutsch, die
Jungen häufiger am Fach Mathematik (Gille auf der Basis des DJI-Jugend-
surveys 2003).

Wird das Vorwissen von Mädchen und Jungen mit relativ offenen Methoden untersucht, so stellt man fest, dass Mädchen und Jungen unterschiedliche
Aspekte eines vorgegebenen Themas darstellen (Kaiser 1996, zit. nach Kaiser
2009: 73). Thies und Röhner berichten aus Untersuchungen, in denen Mädchen
und Jungen freie Texte produzierten, dass Jungen häufiger und detaillierter als
Mädchen technische Details beschrieben, während Mädchen häufiger als Jungen
über ihr Zuhause berichteten (Thies/Röhner 2000). Ein Teil der ermittelten Geschlechterdiskrepanzen dürfte auf geschlechtsspezifische Erfahrungswelten von
Mädchen und Jungen zurückzuführen sein, die Eltern und Erzieherinnen aber
auch andere Bezugspersonen von Kindern gestalten.

Befragungen von Mädchen und Jungen liefern Hinweise auf solche Muster
geschlechtsspezifischer Lebensführung. Nach ihren Freizeitbeschäftigungen
befragt, nennen Jungen zum Beispiel sehr viel häufiger als Mädchen Tätigkeiten,
bei denen sie technische Geräte nutzen. Entsprechend sind 71% der in der Shell-
Studie ermittelten jungen „Technikfreaks" männlich (Shell-Jugendstudie 2006:

79). Gut belegt ist, dass der Computer im Leben von Jungen einen völlig anderen Stellenwert hat als im Alltag von Mädchen. Mit Computerspielen befassen sich 47% der 12- bis 25-jährigen jungen Männer, aber nur 13% der gleichaltrigen Frauen „täglich" oder zumindest „mehrfach in der Woche" (JIM 2008: 15). Auf den Computer meinen 29% der Jungen und 15% der Mädchen am wenigsten verzichten zu können (ebd.: 18). Solche Befunde machen deutlich, dass sich Mädchen und Jungen – oft geprägt von der Ausstattung durch ihre Eltern und geleitet durch (unreflektierte) Erwartungen ihrer Bezugsperson – unterschiedliche Bezüge zu ihrer Alltagswelt aufbauen.

Beobachtungen in Schulklassen zeugen immer wieder davon, dass Jungen im Unterricht viel häufiger als Mädchen „auffälliges Verhalten" zeigen (Thies/ Röhner 2000: 36). Jungen stören den Unterrichtsablauf im Durchschnitt häufiger als Mädchen, z.b. durch Hypermotorik, Erregbarkeit, Ungehemmtheit, Verstoß gegen Regeln sowie Dominanzverhalten, Aggression (ebd.). Auf aggressiveres Verhalten von Jungen geben auch deren Selbstauskünfte Hinweise: Männliche Jugendliche geben sehr viel häufiger als weibliche an, in den letzten 12 Monaten in Schlägereien verwickelt gewesen zu sein (29% zu 14%) (15. Shell-Jugendstudie 2006: 143).

Mädchen und Jungen neigen schon im Grundschulalter dazu, sich voneinander abzugrenzen und separate soziale Räume zu bevorzugen (Petillon 1993; Krappmann/Oswald 1995: 192ff). Breidenstein und Kelle stellen fest, dass die Kategorie Geschlecht für Mädchen und Jungen, aber auch für Lehrkräfte eine naheliegende Klassifizierung darstellt, mit der Unterscheidungen und Gegenüberstellungen im Klassenverband vorgenommen werden können. Angehörige des anderen Geschlechts zu ärgern oder über sie zu lästern gehört offenbar zum Verhaltensrepertoire von Mädchen und Jungen (Breidenstein/Kelle 1998).

Auch die Zukunftsvorstellungen von Mädchen und Jungen klaffen früh auseinander. In einer repräsentativen Untersuchung in Nordrhein-Westfalen nannten Jungen im Grundschulalter als Traumberuf am häufigsten eine Tätigkeit bei Polizei oder Militär, gefolgt von Fußballprofi und anderen Sportarten; an vierter Stelle rangierte die Luft- und Raumfahrt. Gleichaltrige Mädchen nannten als Traumberuf am häufigsten den Beruf der Ärztin. Dann folgten Lehrerin, Erzieherin und Krankenschwester als wünschenswerte Berufe (Walper/Schröder 2001). An diesen Ergebnissen kann man eine deutliche Unterscheidung der Berufswünsche von acht- bis zehnjährigen Mädchen und Jungen ablesen. Berufe mit einer sehr ausgeprägten geschlechtlichen Konnotierung bieten Mädchen und Jungen Gelegenheit, mit „geschlechtskonformen" Berufswünschen sich selbst und anderen zu bestätigen, ein „richtiger" Junge beziehungsweise ein „richtiges" Mädchen zu sein.

Es mag sein, dass all diese Befunde „nur" Geschlechterinszenierungen im Kontext von Befragungs- und Beobachtungssituationen sind, aber es spricht einiges dafür, dass der Alltag der Mädchen und Jungen von diesen Inszenierungen ebenfalls geprägt ist. Das, was Mädchen und Jungen in Befragungen vielleicht nur vorgeben, über sich selbst zu wissen, ist zumindest ein Wissen, das sie wahrscheinlich auch im Alltag bestätigt finden wollen.

Dass solche in Befragungen artikulierten Interessen auch handlungsrelevant werden und Bildungswege geschlechtsspezifisch formieren, lässt sich zumindest punktuell belegen zum Beispiel an Hand der Leistungskurswahlen in der gymnasialen Oberstufe (Roisch 2003b: 139).

Wissenschaftliche Arbeiten, in denen die Schulnoten oder Schulempfehlungen ausgewertet werden, oder Studien, die die Geschwindigkeit, mit der Mädchen und Jungen die Schule durchlaufen, betrachten, und solche Studien, die untersuchen, welche Abschlüsse beide Geschlechter dabei erzielen, kommen ebenfalls zu deutlichen Geschlechterdifferenzen. In diesem Zusammenhang lässt sich zum Beispiel feststellen, dass Jungen schon verzögert im Bildungssystem starten. Mädchen werden häufiger als Jungen vorzeitig eingeschult und seltener zurückgestellt (Autorengruppe Bildungsberichterstattung 2008: 251). Seit Jahren müssen Jungen in allen Schulformen auch häufiger als Mädchen eine Klasse wiederholen (Autorengruppe Bildungsberichterstattung 2008: 70). Die relativen Vorsprünge der Mädchen bei der Einschulung bleiben trotz der vergleichsweise frühen Einschulung von Mädchen in den Grundschuljahren bestehen. Jedenfalls erhalten Jungen seltener als Mädchen eine Empfehlung fürs Gymnasium (Aktionsrat 2009: 39). Der Erfolg der Mädchen an den Gymnasien scheint den Empfehlungen der Grundschule durchaus Recht zu geben (vgl. Aktionsrat 2009: 26, 42). Dennoch gibt es Zweifel an der Gerechtigkeit der beschränkteren Zahl von Gymnasialempfehlungen für Jungen (s. unten).

Jungen besuchen seit Jahren sehr viel häufiger als Mädchen eine Hauptschule (Stürzer 2005). Auch in den Sonderschulen sind Jungen eindeutig überrepräsentiert (Moser et al. 2006). 2003 waren zum Beispiel 63% der Schüler an Schulen für Lernbehinderte Jungen (Michel/Häußler-Szcepan 2005: 525). Hinzu kommt, dass Jungen häufiger als Mädchen die allgemeinbildenden und beruflichen Schulen ganz ohne jeden Schulabschluss verlassen. Dabei muss allerdings betont werden, dass erheblich mehr *ausländische* junge Männer unter diesen ungünstigen Rahmenbedingungen ins Leben starten als deutsche. Ohne jeden Schulabschluss verließen 2006 8,7% der jungen Männer mit deutscher Staatsangehörigkeit und 19,2% der jungen Männer mit fremder Staatsangehörigkeit die Schule. Mit derart ungünstigen Startchancen wurden 2006 nur 5,3% der jungen Frauen mit deutscher und 12,7% mit ausländischer Staatsangehörigkeit entlassen (Autorengruppe Bildungsberichterstattung 2008: 277). In Ostdeutschland verlassen deutlich mehr junge Männer als in Westdeutschland die Schule ohne Abschluss (Stürzer 2005: 38). Das Risiko, zu den „Bildungsverlierern" zu gehören, ist unter Jungen also höher als unter Mädchen. Aber es trifft nicht alle Jungen gleich.

Nur, was steckt hinter diesen Befunden? Sind sie Hinweise darauf, dass ein Geschlecht in der Schule weniger gefördert wird und deshalb wirklich weniger leistet oder werden die Geschlechter in der Schule vielleicht nur ungleich bewertet? Wenn die Befunde Hinweise auf tatsächliche Leistungsunterschiede wären, so wäre noch immer nicht klar, ob Jungen in der Schule wirklich weniger gefördert werden, also benachteiligt werden, oder ob ihre Leistungsdefizite außerschulische Ursachen haben.

Leistungsdifferenzen lassen sich am ehesten noch mit dem Rückgriff auf Leistungstests klären. Dabei zeigt sich zum Beispiel, dass Jungen im sprachlichen Bereich im Durchschnitt deutlich schlechter als Mädchen abschneiden. Dies machte sowohl die internationale Grundschul-Leseuntersuchung als auch die PISA-Leistungsstudie mit 15-Jährigen deutlich (Bos et al. 2003; Stanat & Kunter 2001; Autorengruppe Bildungsberichterstattung 2008: 86). Da Schreib- und Lesekompetenzen ganz grundlegende Fähigkeiten sind, kann man vermuten, die Defizite von Jungen im sprachlichen Bereich erschwerten deren anderweitige Lernschritte und beeinträchtigten die Bewertung ihrer sprachlich formulierten Fachleistungen häufiger als die der Mädchen.

Die PISA-Studie 2000 zeigte die bereits oft belegten Leistungsrückstände von Mädchen im mathematischen Bereich auf. Der Vorsprung der Jungen war hier allerdings viel geringer als ihr Rückstand im sprachlichen Bereich. Inzwischen haben die Jungen ihren Vorsprung in den mathematischen Kompetenzen wieder etwas ausgebaut (Autorengruppe Bildungsberichterstattung 2008: 89).

In der naturwissenschaftlichen Grundbildung fanden sich in der PISA-Studie 2000 keine signifikanten Geschlechterdifferenzen (Stanat/Kunter 2001). Werden die Leistungsmessungen allerdings nach einzelnen naturwissenschaftlichen Bereichen ausdifferenziert, so zeigt sich allerdings, dass die 15-jährigen Mädchen in Biologie etwas bessere Testleistungen als die Jungen erzielten, die Jungen dagegen in Chemie und Physik signifikant besser als die Mädchen abschnitten (Faulstich-Wieland 2004: 4). Eine Schule, die geschlechtergerecht sein will, steht also weiter vor der Aufgabe, Jungen im sprachlichen Bereich besser als bisher zu fördern und andererseits Mädchen in Mathematik sowie in Physik und Chemie.

Jungen erwiesen sich in der PISA-Studie als eine ausgesprochen heterogene Leistungsgruppe: Bei den mathematischen Fähigkeiten basierten die Leistungsvorsprünge der Jungen vor allem auf den Leistungen einer Spitzengruppe von Jungen. In den mittleren Leistungsstufen waren Jungen und Mädchen gleich stark vertreten. Im unteren Leistungsspektrum fanden sich entgegen der gängigen Erwartung auch bei den mathematischen Leistungen Jungen signifikant häufiger als Mädchen (Stanat/Kunter 2001). Jungen verfügen nicht durchweg über eine schlechtere Lesekompetenz als Mädchen. Diejenigen Jungen, die angeben, gerne zu lesen, können Texte nicht schlechter verstehen als Mädchen (ebd.).

Leistungsunterschiede zwischen Mädchen und Jungen werden in der Sekundarstufe II durch die Kurswahlen der Mädchen und Jungen verstärkt. In der TIMSS III-Erhebung zeigte sich, dass deutlich weniger Schülerinnen als Schüler einen Leistungskurs in Mathematik wählten, nur rund ein Viertel der Schülerinnen, aber knapp die Hälfte der Schüler (Köller/Klieme 2000: 384). Gleichzeitig erbrachten die Tests in den Grund- und Leistungskursen Physik ein Leistungsgefälle zu ungunsten der Mädchen (ebd.: 396). Es gelang dem Physikunterricht der gymnasialen Oberstufe also nicht, der durch Selbstselektion begrenzten Zahl von Mädchen den gleichen Lernerfolg wie den Jungen zu ermöglichen (Faulstich-Wieland 2004: 5).

Immer scheinen neben den objektiv feststellbaren geschlechtsspezifischen Leistungsunterschieden die Vorstellungen von der *geschlechtsspezifischen Passung* eines Faches für die Fach- oder Berufswahl von Mädchen und Jungen eine zusätzliche Rolle zu spielen. In einer Studie des Instituts für die Pädagogik in den Naturwissenschaften (IPN) fiel zum Beispiel auf, dass selbst die Mädchen, die ihre Physikleistungen als sehr gut einschätzten, deutlich seltener als Jungen planten, einen Beruf zu ergreifen, der etwas mit Physik zu tun hat (Hoffmann et al.. 1997, zit. nach Stürzer 2003: 115). Offensichtlich ermutigt die Schule Schülerinnen bisher selten, die eigenen Fähigkeiten in „geschlechtsuntypischen" Fächern beruflich zu nutzen.

Diese Befunde machen insgesamt deutlich: Es gibt im Durchschnitt unterschiedliche Leistungsschwerpunkte von Mädchen und Jungen, die der Mädchen liegen im sprachlichen Bereich, die der Jungen im naturwissenschaftlichen Bereich. Diese Leistungsschwerpunkte reproduzieren sich nicht nur in den Köpfen von Lehrkräften und Schülern bzw. Schülerinnen. Sie werden auch durch Testleistungen bestätigt.

(Schul-)leistungstests können anders als Bewertungen von Lehrkräften unvoreingenommen Auskunft über Leistungen und geschlechtsspezifische Leistungsunterschiede geben. Dass Mädchen häufiger als Jungen eine Gymnasialempfehlung erhalten, scheint im Lichte von Kompetenzuntersuchungen fragwürdig, denn Jungen, die eine Empfehlung für das Gymnasium erhalten, weisen eine deutlich höhere Lesekompetenz auf als die für das Gymnasium empfohlenen Mädchen (Aktionsrat 2009: 27). Der Aktionsrat Bildung argumentiert, Jungen

„müssen" diese deutlich höhere Lesekompetenz aufweisen und sieht darin eine Benachteiligung von Jungen beim Übergang ins Gymnasium.

Ein Bonus, den Mädchen – wie oft vermutet – von Lehrkräften dank ihres Wohlverhaltens und ihrer Zielstrebigkeit erhalten, mag neben messbaren Kompetenzvorsprüngen zu der im Durchschnitt erfolgreicheren Schullaufbahn von Mädchen beitragen. Hinweise darauf gab die IGLU-Studie, die dem Zusammenhang von Kompetenzen im 4. Schuljahr, sozialen Merkmalen der Schülerinnen und Schüler und den Übergangsempfehlungen der Lehrkräfte nachging (Bos/ Voss et al.. 2004: 203ff). Mehr Fairness bei der Leistungsbewertung von Jungen ist also anzumahnen.

Neben leistungsschwachen Jungen, die heute die Schlagzeilen bestimmen, gibt es leistungsstarke, die ihre Leistungspotentiale wie Mädchen, wenn auch fachlich im Durchschnitt etwas anders orientiert, entfalten. Jungen werden sogar öfter als hochbegabt identifiziert, gehören häufiger zu denjenigen, die Klassen überspringen und profitieren häufiger von spezifischen Maßnahmen der Begabtenförderung (Stamm 2008: 111). Von der „Jungenkatastrophe" (Beuster 2006) zu sprechen, scheint deshalb nicht angebracht. Viele Studien zeigen, dass Jungen eine höchst heterogene Leistungsgruppe bilden. Unter Jungen gibt es regelmäßig mehr Personen mit extrem hoher und solche mit extrem niedriger Intelligenz als unter Mädchen (Breitenbach 2006).

Tatsächlich sind heute die Vorsprünge der Mädchen gemessen an ihrem Anteil an den höherwertigen Schulabschlüssen, weit geringer als die diesbezüglichen Vorsprünge der Jungen in den 60er Jahren (Stürzer 2005). Trotzdem ist die öffentliche Kritik an der Geschlechterdisparität heute deutlich lauter. Am Leitbild des männlichen Familienernährers gemessen, scheint die Verkehrung der Schulleistungsbilanz von Mädchen und Jungen nämlich dramatisch. Dieser einseitigen Dramatisierung des schlechteren Schulerfolgs ist entgegenzuhalten, dass noch immer auch Leistungsdefizite und eingeschränkte Fachinteressen auch bei Mädchen zu beobachten sind. Dies betrifft mit Mathematik, Technik, Physik und Chemie Fachgebiete, in denen heute viele berufliche Chancen liegen. Es gibt heute also wenig Anlass, nur Jungen zu fördern. Für die weitere Debatte um Mädchen- und Jungenförderung ist auch wichtig, dass kaum ein Kind den Durchschnittswerten seiner jeweiligen Geschlechtergruppe entspricht. Wenn Lehrkräfte *die* Mädchen auf der Basis der vorliegenden Befunde anders behandeln würden als *die* Jungen, so würden sie vielen Kindern mit ihren je eigenen Potenzialen und Interessen *nicht* gerecht. Eine Orientierung pädagogischen Handelns an Mittelwerten wäre insbesondere für „untypische" Mädchen und „untypische" Jungen ausgesprochen hinderlich. Gerade diesen Kindern hätte eine geschlechtergerechte Schule aber den Weg zu einer eigenständigen Entwicklung zu ebnen. Die wissenschaftlichen Befunde über Geschlechterdifferenzen dürfen nicht zu mehr als zur Entwicklung von Fallhypothesen dienen. Sie können in gar keinem Fall ein von Empathie geleitetes Verständnis für jeden einzelnen Schüler bzw. jede Schülerin und ihre je spezifischen Lern-, Leistungs- und Orientierungsprobleme ersetzen.

Mädchen können wie Jungen in ihrer Identitätsentwicklung jeweils unterschiedliche Wege nehmen. Sie können die in Stereotypen verankerten Geschlechterdifferenzen betonen und sich selbst in diesem Sinne als „typisches" Mädchen oder „typischen" Jungen inszenieren, verstehen und in Prozessen der Selbstsozialisation ihr „Frau-Sein" bzw. „Mann-Sein" ganz im Sinne der gesellschaftlich verankerten Stereotype perfektionieren (Cornelißen im Druck). Sie können mit ihrem Potenzial und einer Orientierung an einem Konzept individueller Selbstentfaltung aber auch den oft unbequemeren Weg gehen, nämlich in der eigenen Identitätsentwicklung Geschlechtergrenzen zu überschreiten.

Solange unsere Gesellschaft Geschlecht permanent zu einer relevanten Kategorie macht und die Lehrkräfte in der Schule mit Geschlechterhierarchien und geschlechtsspezifischen Fachkompetenzen traditionelle Geschlechterbilder unreflektiert re-inszenieren, wird Schülern und Schülerinnen nahegelegt, zu gesellschaftlichen und schulischen Angeboten zu greifen, mit denen sie sich polarisierend als Mädchen einerseits und Jungen andererseits sozial verorten können.

Wissenschaftliche Befunde zu Geschlechterdifferenzen und deren (mögliche) Erklärungen stoßen gegenwärtig auf großes Interesse. Zur Anleitung praktischen pädagogischen Handelns taugen sie allerdings wenig. Die Befunde können im Einzelfall sogar in die Irre führen.

4   Ansätze für eine gendergerechte Schule

Die Debatte um die Geschlechterfrage in der Schule begann in der Bundesrepublik Deutschland in den 70er Jahren. Damals wurde vor allem die begrenzte Bildungsbeteiligung von Mädchen, die geringere Aufmerksamkeit, die sie im koedukativen Unterricht genossen, ihr schlechter Zugang zu technisch-naturwissenschaftlichen Berufen und ihr geringeres Selbstvertrauen in diesem Fachgebiet wahrgenommen. Es wurden die Folgen dieser Begrenzungen für die beruflichen Entwicklungsmöglichkeiten, Einkommens- und Aufstiegschancen von Frauen thematisiert. Daraus entwickelte sich ein Ansatz zur *Mädchenförderung* (vgl. 4.1). Im neuen Jahrtausend wurde der geringere Schulerfolg von Jungen zum Anlass genommen, „Qualifikationsreserven [...] – völlig anders als seinerzeit – bei Jungen und jungen Männern zu lokalisieren." (Geißler 2008: 96) Verlangt wurde nun eine stärkere *Förderung von Jungen* (vgl. 4.2). In den letzten Jahren scheint es nun möglich, Mädchen- und Jungenförderung zusammenzu-

denken, einerseits, weil man die interne Heterogenität der beiden Gruppen ern-
ster nimmt und andererseits weil man erkennt, dass es nicht sinnvoll ist, Mäd-
chen- und Jungenförderung gegeneinander auszuspielen. Die Anerkennung der
Heterogenität beider Genusgruppen und das gemeinsame Ziel der Geschlechtergerechtigkeit, könnten die Eckpfeiler eines dritten Ansatzes bilden, der später als
erfolgreicher Umgang mit Heterogenität in seinen Konturen beschrieben werden
soll (vgl. 4.3).

4.1   Mädchenförderung

In den 70er Jahren hatten Mädchen noch keinen gleichen Zugang zu weiterführenden Schulen. Sie waren unter Abiturienten noch deutlich unterrepräsentiert
und wurden in Mädchengymnasien gesondert unterrichtet. Auch genossen die
Mädchengymnasien einen zweifelhaften Ruf. Sie waren in ihrem Fächerangebot
zumeist sprachlich orientiert und boten oft auch einen hauswirtschaftlichen
Zweig an. In diesem Bildungsgang konnten Mädchen ein Abitur machen, das
schon damals verächtlich als „Puddingabitur" bezeichnet wurde. Diese Konstellation bot Anlässe genug zur Kritik an einem Bildungswesen, das sich lange sehr
schwer tat, Gleichberechtigung für Mädchen und junge Frauen wenigstens beim
Zugang zu Bildung zu sichern.
   Mit der Durchsetzung der Koedukation, die zunächst ganz im Sinne der
Gleichberechtigung schien, setzte eine neue Debatte ein, ob nämlich die Koedukation *Mädchen* benachteilige, weil sie sich angesichts der Konkurrenz mit
selbstbewussten Jungen im Klassenverband aus dem mathematisch-naturwissenschaftlichen Fächern zurückzuziehen schienen.[2]
   Das mehrfach nachgewiesene vergleichsweise schwache Selbstvertrauen
von Mädchen (vgl. Abschnitt 3) wurde zum Anlass genommen, Wege zu suchen,
ihr Selbstbewusstsein in den nun gemischten Klassenverbänden zu stärken. Sie
sollten in jedem Fall die gleiche Aufmerksamkeit und Anerkennung wie Jungen
erhalten. Ferner wurde das geringere Interesse von Mädchen an Naturwissenschaften und Technik, ihre schlechteren Ergebnisse in Mathematik, Physik und
Chemie und ihr besonders schwaches Zutrauen zu ihren Leistungen in diesen
Fächern zum Anlass genommen, über neue Formen des Fachunterrichts nachzudenken. Dabei galten das Anknüpfen an die Alltagswelt der Lernenden, eine
selbständige Problembearbeitung und Kooperationsmöglichkeiten in Gruppenar-
beit als erfolgsversprechend (Lechner 2001).

---

[2] Die Schulvergleiche führten allerdings zu wenig einheitlichen Ergebnissen (Faulstich-Wieland
2004: 14)

Wie die im Abschnitt 3 dargelegten Befunde zeigen, sind Leistungsdefizite von Mädchen in mathematisch-naturwissenschaftlichen Fächern bis heute festzustellen, insofern wird weiter an Konzepten gearbeitet, diese Leistungsschwäche von Mädchen auszugleichen (für einen Überblick siehe Faulstich-Wieland 2004).

Auch gab und gibt es viele Bemühungen, Mädchen für technische Berufe und technische Studiengänge zu gewinnen.[3] Heute stehen diese Bemühungen ganz unter dem Eindruck eines erwarteten Fachkräftemangels. Da es bisher kaum gelungen ist, die sozialen und Gesundheitsberufe aufzuwerten, in die Frauen bisher ganz überproportional häufig einmünden, ist ein verstärkter Einstieg von Frauen in zukunftsträchtige technische Bereiche auch gleichstellungspolitisch von hoher Bedeutung. Die Erfolge dieser Bemühungen sind bisher allerdings sehr begrenzt. Hierzu dürfte die Hartnäckigkeit von Geschlechterstereotypen beitragen, die schon im Kindesalter reproduziert werden und später jungen Frauen erschweren, weibliche Identität auch in einem „Männerberuf" zu entwerfen (Cornelißen 2009). Barrieren, Frauen in traditionellen Männerdomänen zu beschäftigen, dürften bisher auch auf Seiten der Unternehmen bestanden haben. In jedem Fall sind die Anliegen der Mädchenförderung keineswegs obsolet geworden. Dies wird besonders deutlich, wenn man Bildung und deren Effekte auf berufliche Chancen in der Lebensverlaufsperspektive betrachtet.

4.2   *Jungenförderung*

Seit der Identifizierung der Jungen als „Bildungsverlierer" Anfang dieses Jahrtausends wird gefragt, wie die Schule den Jungen mit der Veränderung von inhaltlichen Angeboten, mit einer Reorganisation des Schulalltags und mit der Veränderung ihrer Anforderungen entgegenkommen kann. Der Schule wurde angesichts der zunehmenden Feminisierung der Vorwurf gemacht, sie könne Jungen keine (männlichen) Vorbilder bieten oder erwecke doch zumindest durch die Zusammensetzung der Lehrkräfte den Eindruck, Bildung sei weiblich. Belege für die populäre These, die Feminisierung des Lehrerberufs schade Jungen, sind bisher allerdings weder national noch international zu finden (Faulstich-Wieland 2009).

Überlegungen zur Jungenförderung setzen heute an sehr verschiedenen Punkten an, weil die Erklärungen für dieses Phänomen so vielfältig sind. Aus der

---

[3] Hier sind die vom BMFSFJ geförderten Aktionen zum Girls' Day oder zum Beispiel das vom BMBF finanzierte Projekt idee_it zu erwähnen. Letzteres hatte zum Ziel, mehr junge Frauen für eine Ausbildung in den IT- und Medienberufen zu gewinnen.

These, Lehrerinnen könnten Jungen nicht so fördern wie Lehrer, wird abgeleitet, es müssten mehr männliche Lehrkräfte gewonnen werden.[4]

Nach den Hinweisen darauf, dass Jungen strenger bewertet werden und schneller als Mädchen auf Schulen mit niedrigerem Lernniveau „abgeschoben" werden, stehen Fragen einer leistungsgerechten Bewertung von Jungen im Raum. Die Fragwürdigkeit von Übergangsempfehlungen und die Dominanz von Abwärtsmobilität bei Schulformwechseln, wirft auch Fragen nach der Tauglichkeit des dreigliedrigen Schulsystems mit dem letzten Auffangnetz der Sonderschulen auf. Es wird von der Schule nun erwartet, dass sie „schwierige" Jungen in ihrer individuellen Problemlage wahrnimmt und ihnen Wege aus der Spirale von Leistungsabfall und Motivationsverlust ebnet. Daraus, dass Jungen so viel häufiger im Unterricht stören und wohl auch ihr Leistungspotenzial noch weniger ausschöpfen als Mädchen, werden auch Schlussfolgerungen für die Unterrichtsorganisation und die Lerninhalte gezogen. Es wird z.B. gefordert, den Jungen mehr Bewegung zu ermöglichen und „Spaßkämpfe" zu tolerieren. Damit soll die (angebliche) Missachtung spezifischer „natürlicher" Bedürfnisse von Jungen in der Schule vermindert werden. Die Schullektüren werden daraufhin geprüft, ob sie sich mehr an Mädchen- als an Jungeninteressen orientieren. Auch außerschulische Initiativen bemühen sich, Jungen mehr Spaß am Lesen zu vermitteln. Besonders kontrovers wird die Frage behandelt, ob der oft behaupteten „Verunsicherung" der Jungen mit einer Bestärkung des traditionellen Männerbildes oder mit einer expliziten Diversifizierung von Männlichkeit begegnet werden soll (für einen Überblick siehe Schüler 2007). Beide Strategien würden Lehrkräfte voraussetzen, die Geschlecht als soziale Kategorie reflektieren können. Aus der Perspektive, dass Schule einen Beitrag zu mehr Geschlechterdemokratie leisten soll, ist die oben genannte Kontroverse der Jungenförderung zugunsten einer Diversifizierung männlicher Rollenbilder zu entscheiden. Traditionelle Männlichkeit insistiert auf männlicher Überlegenheit. Forcierte Männlichkeit steht mit ihrer Selbstgewissheit auch dem Lernen von Jungen im Weg. Das wichtige Lernen *aus Fehlern* ist nämlich nur möglich, wenn man diese Fehler als solche anerkennt und nicht permanent Überlegenheit inszenieren muss.

Statt pauschaler Konzepte für Jungen allgemein scheint eine gezielte Förderung leistungsschwacher Jungen (wie Mädchen) unbedingt notwendig. Diese Gruppe von Kindern wird nämlich früh schon stigmatisiert und wenig unterstützt. Insbesondere die Jungen werden schnell zu jungen Männern ohne Perspektive abgestempelt.

---

[4] Wie aber mehr qualifizierte junge Männer für diesen Beruf gewonnen werden können, ist völlig unklar.

4.3   Erfolgreicher Umgang mit Heterogenität

Der bewusste Umgang mit Heterogenität, ist ein dritter Ansatz, Geschlechterge-rechtigkeit zu befördern. Im Rahmen dieses Konzeptes ist der Förderbedarf bei-der Genusgruppen im Blick. Wenn im bewussten Umgang mit Heterogenität Motivations-, Wissens- und Leistungsdifferenzen von Kindern als Herausforde-rung von Lehrkräften angenommen und als Ressource für den Unterricht wertge-schätzt werden, so kommt dies nämlich Mädchen und Jungen zugute. Eine diver-sitätsbewusste Schule wird auch die Heterogenität in jeder Genusgruppe aner-kennen. Lehrkräfte richten ihre Arbeit dann auf das Ziel, *jedem* Kind ein breites Entwicklungspotential offenzuhalten, dem muslimischen Migrantensohn, dem deutschen Beamtensohn, der deutschstämmigen Tochter aus Kasachstan oder der Tochter chinesischer Eltern aus der dortigen Oberschicht. Geschlecht wäre wei-terhin eine wichtige, aber nicht die einzige soziale Kategorie, mit der Differen-zen erzeugt werden. Die Schule hätte die Aufgabe, die Entwicklung all dieser Kinder zu fördern. Lehrer müssten *individuelle* Selbstentwürfe aufmerksam wahrnehmen, sie sollten Jungen und Mädchen darin ermutigen und darin bestäti-gen, so zu sein, wie sie sich selbst verstehen und entwerfen wollen, solange nicht ihre Schulleistungen und das gemeinsame Arbeiten in der Klasse darunter leiden. Die Schule hätte insbesondere die Jungen und Mädchen zu stärken, die an den Rand gedrängt werden, egal aus welchen Gründen dies geschieht. Die Schüler und Schülerinnen hätten zu lernen, auch diejenigen zu akzeptieren, die der Le-benswelt der Mehrheit fremd, verständnislos ja abweisend gegenüberstehen. In der Klasse sollte klar werden, dass Vielfalt eine Bereicherung und Unterschiede wertvoll sind.

Auch wenn Heterogenität sich in den letzten Jahren, wie Kampshoff konsta-tiert, zu einem geflügelten Wort entwickelt hat, steckt die Schul- und Unter-richtsforschung hier noch in den Anfängen (Kampshoff 2009: 39). Untersuchun-gen zu den Einstellungen von Lehrkräften zu heterogenen Lerngruppen führen zu unterschiedlichen Ergebnissen. Mehrere Studien zeigen, dass Lehrkräfte das Arbeiten mit heterogenen Klassen überwiegend als schwierig und belastend wahrnehmen (Ulich 1996; Gehrmann 2003; Reh 2005). Preuß-Lausitz gewinnt in seiner Studie einen anderen Eindruck: Während ein Teil der Lehrkräfte ange-sichts hoher Erwartungen an den eigenen Unterricht Heterogenität als Überforde-rung wahrnimmt, nehmen andere mit Zufriedenheit die unterschiedlichen Lern-entwicklungen wahr und können Heterogenität als Bereicherung erleben (Preuß-Lausitz 2001).

Kampshoff macht deutlich, dass sowohl in der erziehungswissenschaftli-chen Debatte, wie in der pädagogischen Praxis verschiedene Konzepte von Hete-rogenität kursieren (Kampshoff 2009). Sie unterscheidet eine Definition von

Heterogenität, die sich auf das Vorhandensein einer *Vielzahl* von Differenzen bezieht, etwa Geschlecht, soziale Herkunft und Migrationshintergrund; sie problematisiert, dass bei diesem Heterogenitätsverständnis oft das hierarchische Verhältnis, das mit der Differenz oft kopräsent ist, ausgeblendet bleibt. Auch sieht sie die Gefahr, dass alte Zuschreibungen, etwa an Mädchen und Jungen nur durch differenzierte, etwa an *immigrierte* Jungen oder Mädchen ersetzt werden. Von diesem Heterogenitätskonzept hebt sie einen „anspruchsvollen" Begriff von Heterogenität ab, wie ihn Heinzel und Prengel im Anschluss an Prengels Pädagogik der Vielfalt entwickeln (Heinzel/Prengel 2002). Die Autorinnen selbst sprechen von „aufgeklärter Heterogenität" und meinen damit u.a., dass Verschiedenes gleichrangig zu behandeln ist, und dass Zuschreibungen, seien sie auch noch so differenziert, abzulehnen sind.

Dieses Verständnis von Heterogenität erfordert, die Vielfältigkeit von Lernvoraussetzungen wahrzunehmen, wertzuschätzen und produktiv im Unterricht einzusetzen. Es muss aber auch heißen, vielfältige neue Lernerfahrungen zu ermöglichen und unterschiedliche Lern- und Lösungswege zuzulassen, Vielfalt immer als wandlungsfähig zu begreifen (Heinzel/Prengel 2002).

Bezogen auf Geschlechtergerechtigkeit ist von einer Pädagogik aufgeklärter Heterogenität zu erwarten, dass sie sich offen für eine Vielfalt von Weiblichkeiten und Männlichkeiten zeigt und Spielräume für das Mann-Werden und Frau-Werden eröffnet, die mehr Geschlechtergerechtigkeit im Lebenslauf ermöglichen als traditionelle Geschlechterarrangements. Die Anerkennung von Vielfalt könnte Mädchen und Jungen in der Schule wenigstens eine *Vorstellung* davon vermitteln, wie Geschlechtergerechtigkeit in der Familie und im Arbeitsleben aussehen kann, auch wenn diese Kinder und Jugendlichen selbst oft andere Erfahrungen machen müssen; in der Schule sollte es ein bewusstes Bemühen um einen geschlechtergerechten Schulalltag geben.

5 Fazit

Geschlechterdemokratie kann nur dort entstehen, wo Eltern, Lehrkräfte und Schüler bzw. Schülerinnen beginnen, unreflektierte Geschlechterstereotype als fragwürdig zu erleben und Wahrnehmungs- und Denkspielräume jenseits der gewohnten Raster zu entwickeln.

So aufschlussreich es ist zu untersuchen, inwiefern Mädchen und Jungen sich selbst, ihr Elternhaus, die Schule und Freizeitangebote mit unterschiedlichen Augen sehen und sich dort fachlich und sozial geschlechtsspezifisch verorten und oft genug nach vorgegebenen geschlechtsspezifischen Maßstäben bewähren, so problematisch ist es, wenn Lehrkräfte die im Durchschnitt feststellbaren, oft von den Betroffenen selbst in Befragungen konstruierten Differenzen, zum ständigen Orientierungspunkt ihres pädagogischen Handelns machen. Wenn die Untersuchungsergebnisse, die im Abschnitt 3 zusammengetragen wurden, für pädagogisches Handeln relevant sein können, dann in dem Sinne, dass sie die Heterogenität der Schülerschaft verdeutlichen und der Schule bzw. Lehrkräften nahelegen, ihre Lernangebote zu diversifizieren und unterschiedlichen Motivationen und Lernwegen Rechnung zu tragen.

Die Geschlechtszugehörigkeit eines Kindes kann der Lehrkraft gelegentlich eine Erklärung für Blockaden der Interaktion oder des Lernens sein. Die Lehrkraft sollte Geschlechtergrenzen aber wie andere Unterscheidungen nicht aufbauen, allenfalls flexibel thematisieren (Budde et al.. 2008: 272). Wo sich Geschlechterstereotype im schulischen Miteinander bemerkbar machen, sollten Lehrkräfte in der Lage sein, sie in Frage zu ziehen. Explizite Mädchenförderung ebenso wie eine solche Jungenförderung stehen dagegen in der Gefahr, bestehende Geschlechterdifferenzen festzuschreiben und die Unterschiede unter Mädchen und unter Jungen zu verkennen. Geschlechtergerechtigkeit aber kann nur dort entstehen, wo niemandem qua Geschlechtszugehörigkeit Fähigkeiten, Ambitionen und Lebensentwürfe zugewiesen werden.

Die Anerkennung von Heterogenität erfordert im Unterricht eine differenzierte Wahrnehmung von individuellen Lernpotentialen und -schwierigkeiten. Dem Kind müssen seinem Lernstand angepasste Aufgaben gestellt werden und jedem muss eine differenzierte Rückmeldung zu seinen Leistungen gegeben werden. Die Lehrkräfte müssen zur Wertschätzung des Kindes und zu einer motivierenden und unterstützenden Haltung fähig sein. Der Individualisierung des Unterrichts muss vor der pauschalen Förderung von Mädchen und Jungen der Vorrang eingeräumt werden.

Die anspruchsvollen Anforderungen an Lehrkräfte können diese nur erfüllen, wenn ihnen hierfür auch geeignete Aus- und Fortbildungen und Arbeitsbedingungen geboten werden.

Literatur

Aktionsrat Bildung (2009): Geschlechterdifferenzen im Bildungssystem. Jahresgutachten Kurzfassung.

Autorengruppe Bildungsberichterstattung (2008): Bildung in Deutschland. Ein indikatorgestützter Bericht mit einer Analyse zu Übergängen im Anschluss an den Sekundarbereich I. Bielefeld: Bertelsmann.

Beuster, Frank (2006): Die Jungenkatastrophe. Das überforderte Geschlecht. Reinbek: Rowohlt.

Bos, Wilfried/Voss Andreas et al. (2004): Schullaufbahnempfehlungen von Lehrkräften für Kinder am Ende der vierten Jahrgangsstufe, in: Bos, Wilfried/Lankes, Eva-Maria et al.: IGLU. Einige Länder der Bundesrepublik Deutschland im Vergleich, Münster: Waxmann.

Bos, Wilfried/Lankes, Eva-Maria/Prenzel, Manfred/Schwippert, Kurt/Walther, Gerd/ Valtin, Renate (2003): Erste Ergebnisse aus IGLU. Schülerleistungen am Ende der vierten Jahrgangsstufe im internationalen Vergleich, Münster: Waxmann.

Breidenstein, Georg/Kelle, Helga (1998): Geschlechteralltag in der Schulklasse. Ethnographische Studien zur Gleichaltrigenkultur. Weinheim: Juventa.

Breitenbach, Eva (2006): Intelligenz und Geschlecht. http://www.uni-wuerzburg.de/sopaed1/breitenbach/intelligenz/geschlecht.htm (Stand: 1. Februar 2006).

Budde, Jürgen/Scholand, Barbara/Faulstich-Wieland, Hannelore (2008): Geschlechtergerechtigkeit in der Schule. Eine Studie zu Chancen, Blockaden und Perspektiven einer gender-sensiblen Schulkultur. Weinheim/München: Juventa.

Cornelißen, Waltraud (2009): Die Relevanz von Geschlechterstereotypen für Berufswahlentscheidungen – eine Herausforderung für die Gleichstellungspolitik, in: Baer, Susanne/Hildebrandt, Karin/Smykalla, Sandra (Hrsg.): Schubladen, Schablonen, Schema F – Stereotype als Herausforderungen für die Gleichstellungspolitik München: Kleine.

Diefenbach, Heike/Klein, Michael (2001): „Bringing Boys Back", Soziale Ungleichheit zwischen den Geschlechtern im Bildungssystem zuungunsten von Jungen am Beispiel der Sekundarabschlüsse. In: Zeitschrift für Pädagogik, H. 6, 938-958.

Enders-Dragässer, Uta/Fuchs, Claudia (1989): Interaktionen der Geschlechter. Sexismusstrukturen in der Schule, Weinheim/München: Juventa.

Faulstich-Wieland, Hannelore (2004): Mädchen und Naturwissenschaften in der Schule. Expertise für das Landesinstitut für Lehrerbildung und Schulentwicklung, Hamburg, verfügbar über: http://www.erzwiss.uni-hamburg.de/personal/faulstich-wieland/Expertise.pdf.

Faulstich-Wieland, Hannelore (2009): Mehr Männer in die Grundschule. Offene Fragen im Spiegel der Forschung, in: Grundschule, H. 9/2009, 18-20.

Gehrmann, Axel (2003): Der professionelle Lehrer. Muster der Begründung. Empirische Rekonstruktionen, Opladen: Leske+Budrich.

Geißler, Rainer (2008): Die Metamorphose der Arbeitertochter zum Migrantensohn. Zum Wandel der Chancenstruktur im Bildungssystem nach Schicht, Geschlecht, Ethnie und deren Verknüpfung, in: Berger, Peter A./Kahlert, Heike (Hrsg.; 2008): Institutionalisierte Ungleichheiten. Wie das Bildungswesen Chancen blockiert. Weinheim/München: Juventa, S. 71-100.

Heinzel, Friederike/Prengel, Annedore (2002): Einleitung zum Jahrbuch Heterogenität, Integration und Differenzierung in der Primarstufe, in: Heinzel, Friederike/Prengel, Annedore (Hrsg.; 2002): Heterogenität, Integration und Differenzierung in der Primarstufe, Opladen: VS Verlag für Sozialwissenschaften, 9-19.

Hoffmann, Lore/Häußler, Peter/Peters-Haft, Sabine (1997): An den Interessen von Mädchen orientierter Physikunterricht. Ergebnisse eines BLK-Modell-Versuchs. Kiel: IPN.

Horstkemper, Marianne (1987): Schule, Geschlecht und Selbstvertrauen. Eine Längsschnittstudie über Mädchensozialisation in der Schule, Weinheim und München: Juventa.

JIM-Studie (2008): Jugend, Information, (Multi-)Media, hrsg. Vom medienpädagogischen Forschungsverbund Südwest, verfügbar über: http://www.mpfs.de (Stand: 27.10. 09)

Kaiser, Astrid (1996): Lernvoraussetzungen für sozialwissenschaftlichen Unterricht, Oldenburg: ZpB.

Kaiser, Astrid (2009): Geschlechtergerechte Grundschule, in: Schweer, Martin K.W. (Hrsg.): Sex and Gender. Interdisziplinäre Beiträge zu einer gesellschaftlichen Konstruktion, Frankfurt am Main (2009): 69-86.

Kampshoff, Marita (2009): Heterogenität im Blick der Schul- und Unterrichtsforschung, in: Budde, Jürgen/Willems, Katharina (Hrsg.): Bildung als sozialer Prozess, Weinheim/München (2009): 35-52.

Keller, Carmen (1998): Geschlechterdifferenzen in der Mathematik: Prüfung von Erklärungsansätzen: Eine mehrebenenanalytische Untersuchung im Rahmen der Third International Mathematics and Science Study. Dissertation, Universität Zürich.

Koch-Priewe, Barbara (1998): Die Gestaltung von Schulkultur – Ein Beitrag aus der Perspektive der pädagogischen Geschlechterforschung, in: Keuffer, Josef/ Krüger, Heinz-Hermann/Reinhardt, Sibylle/Weise, Elke (Hrsg.): Schulkultur als Gestaltungsaufgabe. Partizipation – Management – Lebensweltgestaltung, Weinheim (1998): Juventa. 270 – 291.

Köller, Olaf/Klieme, Eckart (2000): Geschlechterdifferenzen in den mathematisch-naturwissenschaftlichen Leistungen, in: Baumert, Jürgen/Bos, Wilfried/Lehmann, Reiner (Hrsg.; 2000): Dritte Internationale Mathematik- und Naturwissenschaftsstudie – Mathematische und naturwissenschaftliche Bildung am Ende der Schullaufbahn. Bd. 2, Opladen: VS Verlag für Sozialwissenschaften, 373 – 404.

Krappmann, Lothar/Oswald, Hans (1995): Alltag der Schulkinder. Beobachtungen und Analysen von Interaktionen und Sozialbeziehungen. Weinheim und München: Juventa.

Lechner, Hansjoachim (2001): Fachspezifisches Selbstkonzept und Interesse der Mädchen am Anfangsunterricht Physik bei unterschiedlicher geschlechtsspezifischer Lernumgebung. In: Brechel, Renate (Hrsg.; 2001): Zur Didaktik der Physik und Chemie: Probleme und Perspektiven, Alsbach/Bergstraße: Leuchtturm-Verlag, 129 – 131.

Limbach, Jutta (1999): 50 Jahre Grundgesetz – Ideal und Wirklichkeit der Gleichberechtigung der Geschlechter, in: Bundeszentrale für politische Bildung (Hrsg.; 1999):

Demokratische Geschlechterverhältnisse im 21. Jahrhundert. Neue Forderungen – alte Herausforderungen. Arbeitshilfen für die politische Bildung, Bonn: 15 – 19.

Michel, Marion/Häußler-Szcepan, Monika (2005): Die Situation von Frauen und Männern mit Behinderung, in: Cornelißen, Waltraud (Hrsg.): Genderreport, verfügbar über http://www.bmfsfj.de/Publikationen/genderreport/root.html.

Milhoffer, Petra (2000): Wie sie sich fühlen, was sie sich wünschen. Eine empirische Studie über Mädchen und Jungen auf dem Weg in die Pubertät. Weinheim: Juventa.

Moser, Vera/Roll, Mathias/Seidel, Carola (2006): Geschlechterinszenierungen in der Sonderschule, in: Vierteljahreszeitschrift für Heilpädagogik und ihre Nachbargebiete (VHN), H. 4/2006, 305-316.

Petillon, Hanns (1993): Das Sozialleben des Schulanfängers. Die Schule aus der Sicht des Kindes, Weinheim: Psychologie-Verlag-Union.

Pfeiffer, Christian/Baier, Dirk (Vortrag Didacta 2009): Lehrer im Urteil ihrer Schüler: Ergebnisse einer neuen repräsentativen Schülerbefragung, verfügbar über: http://www.kfn.de/versions/kfn/assets/lehrerbeurteilungpfeiffer.pdf.

Preuß-Lausitz, Ulf (2001): Chance oder Belastung? Heterogenität in der Schule aus der Sicht von Grundschullehrerinnen und –lehrern, in: Grundschulzeitschrift, H. 149/2001, 30-33.

Reh, Sabine (2005): Warum fällt es Lehrerinnen und Lehrern so schwer, mit Heterogenität umzugehen? Historische und empirische Deutungen, in: Die Deutsche Schule, H. 1/2005, 76-86.

Roisch, Henrike (2003a): Die horizontale und vertikale Geschlechterverteilung in der Schule. In: Stürzer, Monika/Roisch, Henrike /Hunze, Annette/Cornelißen, Waltraud (Hrsg., 2003): Geschlechterverhältnisse in der Schule. Opladen: Leske+Budrich, 21-52.

Roisch, Henrike (2003b): Geschlechtsspezifische Interessengebiete und Interessenpräferenzen, in: Stürzer, Monika et al. (Hrsg.; 2003): Geschlechterverhältnisse in der Schule, Opladen: Leske+Budrich, 123-150.

Schüler 2007: Jungen (herausgegeben vom Erhard Friedrich Verlag in Zusammenarbeit mit Klett, Mitherausgeber Alexander Bentheim, Christine Biermann, Ulrich Boldt, Klaus-Jürgen Tillmann und Uwe Sielert.

15. Shell-Jugendstudie (2006): Pragmatische Generation unter Druck, Frankfurt am Main.

Stamm, Margrit (2008): Underachievement von Jungen: Perspektiven eines internationalen Diskurses, in: Zeitschrift für Erziehungswissenschaft, H. 1/2008, 106 – 124.

Stanat, Petra/Kunter, Mareike (2001): Geschlechterunterschiede in Basiskompetenzen, in: Deutsches PISA-Konsortium (Hrsg.; 2001): PISA 2000. Basiskompetenzen von Schülerinnen und Schülern im internationalen Vergleich, Opladen: VS Verlag für Sozialwissenschaften, 249-269.

Stürzer, Monika (2003): Geschlechtsspezifische Schulleistungen, in: Stürzer, Monika et al. (Hrsg.; 2003): Geschlechterverhältnisse in der Schule, Opladen: VS Verlag für Sozialwissenschaften, 83-121.

Stürzer, Monika (2005): Bildung, Ausbildung und Weiterbildung, in: Cornelißen, Waltraud (Hrsg.): Genderreport, verfügbar über: http://www.bmfsfj.de/Publikationen/genderreport/root.html.

Terhart, Ewald (1994): Schulkultur. Hintergründe, Formen und Implikationen eines schulpädagogischen Trends, in: Zeitschrift für Pädagogik, H. 5/1994, 685-699.

Thies, Wiltrud/Röhner, Charlotte (2000): Erziehungsziel Geschlechterdemokratie. Interaktionsstudie über Reformansätze im Unterricht, Weinheim: Juventa.

Ulich, Klaus (1996): Beruf : Lehrer/in. Arbeitsbelastungen, Beziehungskonflikte, Zufriedenheit. Weinheim und Basel: Beltz.

Walper, Sabine/Schröder, Richard (2001): Kinder und ihre Zukunft, in: LBS-Initiative Junge Familie (Hrsg.): Kindheit 2001. Das LBS-Kinderbarometer. Was Kinder wünsche, hoffen und befürchten. Opladen: Leske+Budrich.

Wenzel, Hartmut/Keuffer, Josef/Krüger, Heinz-Hermann/Reinhardt, Sibylle/Weise, Elke (1998): Schulkultur als Gestaltungsaufgabe – Professionelle Innovation oder finanzielles Kalkül?, in: Keuffer, Josef/ Krüger, Heinz-Hermann/Reinhardt, Sibylle/Weise, Elke (Hrsg.): Schulkultur als Gestaltungsaufgabe. Partizipation – Management – Lebensweltgestaltung, Weinheim: Dt. Studienverlag, 9-25.

2 Akteur_innen in der Institution Schule

Heterogenität und Homogenität aus der Perspektive von Lehrkräften[1]

Jürgen Budde

1 Einleitung: Heterogenität und Homogenität in Schule und Unterricht

Schulen in Deutschland sind zunehmend damit konfrontiert, auf die Heterogenität ihrer Schüler_innenschaft zu reagieren. Entsprechend wird die Forderung nach einem angemessenen Umgang mit heterogenen Gruppen in der Schule immer deutlicher artikuliert. Diese Forderung bezieht sich nicht nur auf die Berücksichtigung individuell *unterschiedlicher Lernständen* im Unterricht und damit einhergehend auf eine veränderte und individualisierende Unterrichtskultur, sondern auch auf die zunehmend *heterogene soziale Zusammensetzung* der Schüler_innenschaft, die häufig eng mit sozialer Ungleichheit verwoben ist und die vor allem durch Milieuzugehörigkeit, Migrationshintergrund und durch Geschlechtszugehörigkeit charakterisiert wird.

Heterogenität hat sich als neues Schlagwort in der Erziehungswissenschaft mittlerweile etabliert. Welchen Stellenwert dieser Begriff hat ist jedoch unklar und ambivalent, während manche Heterogenität als neue Leitkategorie ausrufen (vgl. Katzenbach 2007; Boller et al. 2007), sind andere überzeugt davon, dass Heterogenität in der Erziehungswissenschaft einer negativen Konnotation unterliegt (vgl. Schroeder 2007), während dritte eine Pädagogik der Vielfalt entwickeln, die besonders gut in der Lage sein soll, auf die intersektionalen[2] Lebenslagen der Schüler_innen einzugehen (vgl. Prengel 2006).

Vorstellungen von Heterogenität sind jedoch nicht isoliert zu betrachten, sondern grundsätzlich mit (zumeist impliziten) Vorstellungen von Homogenität verknüpft (vgl. Wenning 2004). Während sich auf der unterrichtlichen Seite immer öfter eine (nicht selten moralisch aufgeladenen) positive Bezugnahme auf

---

[1] Teile dieses Beitrags sind erschienen unter dem Titel: Perspektiven für Jungenforschung an Schulen. In: Budde, Jürgen; Mammes, Ingelore (Hrsg.) (2009): Jungenforschung empirisch. Zwischen Schule, männlichem Habitus und Peerkultur. Wiesbaden, 36-52.

[2] Mit Intersektionalität wird die Überschneidung unterschiedlicher sozialer Kategorien beschrieben. Erst im Zusammenspiel von Milieu, Migration, Gesundheit, Geschlecht, Alter und weiterer Kategorien werden die komplexen und individuellen Lebens- und Lernlagen von Jugendlichen deutlich (vgl. Lutz; Leiprecht 2005).

Heterogenität findet, greifen gleichzeitig zahlreiche Maßnahmen zur Herstellung homogener Lerngruppen. Homogenisierungen können einerseits im Sinne von „Normalisierungen" wirkungsmächtig werden, die sich sowohl in schulstrukturellen Mechanismen manifestieren, die auf die Schaffung einheitlicher Lerngruppen abzielen (vgl. von Saldern 2008), als auch im lehrkraftzentrierten Unterricht, der sich an homogenisierenden Vorstellungen über die Schüler_innen orientiert sowie durch die impliziten (und habituell verankerten) Theorien über Norm und Angemessenheit bei den Lehrkräften, die eng mit einer Homogenisierung der Verhaltenserwartungen an die Schüler_innen verbunden sind (vgl. Sturm 2009a). Homogenisierungen lassen sich andererseits im Sinne von Vergemeinschaftung, aber auch in der Formulierung allgemeingültiger Werte und Normen sowie (mittels Vergleichsarbeiten überprüfbarer) Kompetenzen finden. Dabei sind Heterogenitäts- und Homogenitätskonstruktionen keineswegs sich ausschließende Gegensätze, sondern stehen in einem konstitutiven Spannungsverhältnis zueinander und sind auf vielfältige und widersprüchliche Weise miteinander verwoben.

Zentrale Bedeutung im Spannungsfeld von Heterogenität und Homogenität kommt den Lehrkräften zu. Ihre Deutungsmuster von Gleichheit und Differenz (und die dabei zugrunde gelegten Stereotypen) haben – so die Ausgangsannahme – Einfluss auf Lernprozesse und Anerkennungsverhältnisse in der Schule und stellen somit eine relevante Größe für bestmögliche Förderbedingungen dar. Umso erstaunlicher ist es, dass der Umgang mit Heterogenität aus Perspektive von Lehrkräften bislang noch kaum Gegenstand wissenschaftlicher Untersuchungen ist. Zwar wird von den Lehrkräften eine differenziertere Wahrnehmung von Vielfalt gefordert, die zu einer veränderten Unterrichtsgestaltung führen soll, empirische Untersuchungen zu diesem Punkt existieren nur wenige. Welche Konstruktionen von Differenz und Gleichheit bei Lehrkräften vorherrschen und auf welche Weise und unter Rückgriff auf welche Deutungsmuster sie Heterogenität bzw. Homogenität bearbeiten, ist bislang jedoch weitestgehend unklar. Der Beitrag möchte auf diese Fragen erste Antworten liefern und nimmt damit Bezug auf ein bisheriges Desiderat der Schul- und Unterrichtsforschung genommen, da Studien, welche „die Konstruktionsprozesse ins Zentrum stellen […] vor allem im deutschsprachigen Raum noch wenig umgesetzt werden" (Kampshoff 2009: 49).

Gerade Geschlecht kann dabei als eine Art Präzedenzfall für die Differenzierung der Schüler_innenschaft durch die Lehrkräfte anhand sozialer Klassifizierungsmerkmale angesehen werden. Angeregt durch die feministische Schul- und Bildungskritik wurde in den letzten Jahrzehnten aufgedeckt, dass die Kinder und Jugendliche eben nicht einfach nur Kinder und Jugendliche sind, sondern dass sie eine geschlechtliche Zugehörigkeit haben und diese in der Regel relevant für Interaktionen, Interessen und Lernprozesse ist (vgl. z.B. Beetz 1998; Horstkemper 1999; Budde 2005).[3] Weiter wurde herausgearbeitet, dass die mit der flächendeckenden Einführung der Koedukation in Deutschland in den 1970er Jahren postulierte Geschlechterneutralität und -gleichbehandlung in der Schule eher als Geschlechterblindheit zu bezeichnen ist, weil die Orientierung an Männlichkeit als heimlicher Maßstab zugrunde gelegt wurde. Während diese Kritik an der Genderblindheit in der Folgezeit erst zurückgewiesen wurde, gilt diese Einteilung in zwei Geschlechter heute als common sense für die erziehungswissenschaftliche Theorie und Praxis. Heutzutage wird – analog zu der gesellschaftlich vorherrschenden Geschlechterverhältnissen – zumeist in genau zwei Geschlechtergruppen eingeteilt, in Jungen und Mädchen.[4]

Anhand eines ethnographischen Forschungsprojekts argumentiert der Beitrag am Beispiel Geschlecht, dass die differenzierte Wahrnehmung von Heterogenität nicht in jedem Fall zu einem Handlungsoptionen erweiternden Umgang führt, da die impliziten Homogenisierungsdiskurse vernachlässigt werden und so eine binäre Kategorisierung vorgenommen wird. Der Beitrag zeigt, dass bei Lehrkräften die Differenzierung in zwei Geschlechtergruppen und die damit einhergehende Zuschreibung je geschlechtsspezifischer Kompetenzen und Probleme dazu führen können, dass homogenisierenden und stereotype Bilder über *die* Jungen und *die* Mädchen entfaltet werden, welche die reale Heterogenität der Schüler_innen wiederum einschränken.

2   Transformationen von Heterogenität und Homogenität

Wie begründet sich die zunehmende Forderung nach Berücksichtigung von Heterogenität? Aktuell ist das bundesdeutsche Bildungssystem sowohl auf der gesellschaftlichen, als auch auf der schulstrukturellen sowie der unterrichtlichen Ebene mit zahlreichen Transformationen konfrontiert, die zu Neujustierungen des Verhältnisses von Heterogenität und Homogenität führen.

---

[3] Damit ist an dieser Stelle nicht auf eine Omnirelevanz von Geschlecht verwiesen – im Gegenteil, es existieren zahlreiche Studien, die gerade auf die Überschneidungen des Verhaltens, der Leistungen, Kompetenzen, Lernstrategien oder Interessen von Mädchen und Jungen hinweisen. Dessen ungeachtet hat die geschlechtliche Zugehörigkeit in der Regel prägende Auswirkungen auf die Lern- und Lebenslagen von Mädchen und Jungen.
[4] Dabei ist diese Einteilung grundsätzlich heteronormativ; homosexuelle, sich geschlechtlich uneindeutig verhaltende oder intersexuelle Kinder und Jugendliche finden bislang in erziehungswissenschaftlicher Theorie und Praxis kaum Berücksichtigung.

- Erstens erfordert die Pluralität der Schüler_innen zunehmend neuer Antworten. Vor allem die Kategorie Migrationshintergrund hat in diesem Zusammenhang in den letzten Jahren in der Wahrnehmung der Lehrkräfte an Bedeutung gewonnen; so weisen ca. 20 Prozent der Schüler_innen in Deutschland innerfamiliäre Migrationserfahrungen auf (vgl. Konsortium Bildung 2006). Allerdings ist der Anteil von Schüler_innen mit Migrationshintergrund je nach Region und Schulform höchst unterschiedlich ausgeprägt: während an Hauptschulen in Hamburg, Dortmund oder Berlin Schüler_innen mit Migrationshintergrund oftmals die Mehrheit stellen, ist der Anteil dieser Schüler_innen an Gymnasien in den ostdeutschen Bundesländern äußerst gering. Dabei kann die Differenzierung der Schüler_innen anhand des Kriteriums Migrationshintergrund zu einer Homogenisierung der Teilgruppen führen, indem den Schüler_innen aufgrund von Gruppenzugehörigkeit spezifische Stereotype zugeschrieben werden. So arbeitet Weber (2009) heraus, dass die Stilisierung von deviantem Schülerverhalten durch Lehrkräfte als „Kulturkampf zwischen Moslems gegenüber der Mehrheitsgesellschaft" Heterogenität als ethnisch markierte Differenz konstruiert und dadurch Homogenität als hegemonialer schulischer Bewertungsmaßstab installiert wird. Resultat dieser Homogenisierung von Heterogenität sind stereotype Wahrnehmungskategorien. Ein ähnlicher Mechanismus gilt – so zeigt der vorliegende Artikel – bei der Konstruktion von Geschlecht durch Lehrkräfte (vgl. Budde 2008).

- Zweitens zeigen sich auf der schulstrukturellen Ebene Transformationen in Bezug auf Homo- und Heterogenität. Bislang dominiert in Deutschland ein mehrgliedriges Schulsystem, an dem zunehmend kritisiert wird, dass die intendierte Herstellung homogener Jahrgangs- und Leistungsgruppen an der Einzelschule erstens eine vereinheitlichende Vorstellung von Lehr-Lernprozessen zugrunde liegt und zweitens in enger Korrelation mit dem ökonomischen Kapital der Eltern vollzogen wird, sodass die heterogenen Herkunftsmilieus in der weiterführenden Schule tendenziell homogenisiert werden (vgl. Geißler 2005; Vester et al. 2001; Ackeren/Block 2009: 207-208). Entsprechend lassen sich aktuell Ausdifferenzierungen dieser Struktur finden, die mit Begriffen wie „Zwei-Säulen-Modell" oder „Kooperative Schule" umschrieben werden. Diese Umstrukturierungen werden aus unterschiedlichen Motiven heraus gestaltet, längeres gemeinsames Lernen unterschiedlicher Schüler_innen ist ein zentrales.[5] Damit wird an den heteroge-

---

[5] Andererseits stellt die Zunahme von Privatschulen eine Absetzbewegung höherer und exklusiverer Elternhäuser dar, die in Bezug auf Leistung und Milieu zu neuen Homogenisierungen führt (vgl. Ullrich/Strunck 2009).

nen Lernvoraussetzungen angesetzt, die didaktisch-methodischer Antworten bedürfen. Im Zuge dieser Entwicklung bleibt das mehrgliedrige Schulsystem zwar bestehen, seine Komplexität wird auf struktureller Ebene jedoch reduziert und vereinheitlicht, während es auf unterrichtsorganisatorischer Ebene zu komplexitätssteigernden Prozessen kommt. Die verstärkt formulierte Forderung nach Berücksichtigung der heterogenen sozialen Lebenslagen der Schüler_innen auf Unterrichtsebene steht damit im latenten Widerspruch zur feldspezifischen Situation der Schule selbst. Aus diesem Grund sind die Handlungen von Akteur_innen im schulischen und unterrichtlichen Feld durch einen Widerspruch gekennzeichnet, der von der Institution als solcher ausgeblendet wird (vgl. Sturm 2009b).

• Auf der unterrichtlichen Handlungsebene stellen sich drittens neue Herausforderungen bei der Bearbeitung von Heterogenität und Homogenität bei Lehrkräften durch die Forderung nach einer neuen Unterrichtskultur, die stärker in der Lage ist, den oben angesprochenen Entwicklungen Rechnung zu tragen. So wird nicht nur ein Einfluss sozialer Kategorien auf Lernen und Leistung angenommen und eine stärkere Berücksichtigung in der Unterrichtsgestaltung und in der Diagnostik gefordert (vgl. Bacher 2007; Budde 2009a), sondern auch im Nachgang internationaler Vergleichsstudien eine Reform der Unterrichtsmethoden in Richtung Binnendifferenzierung angemahnt (vgl. Kampshoff 2009; Huf 2006; Kucharz/Wagener 2007; Sturm 2009b). Dabei sind in den letzten Jahren mit offenem Unterricht über Freiarbeit, Lernbereiche bis zu individuellen Lernverträge und Wochenplanarbeit zahlreiche heterogenitätsfördernde und -bejahende Unterrichtsinnovationen angeregt und diskutiert worden, die zu einer Binnendifferenzierung des Lernens führen sollen. Das diese Innovationen jedoch in Bezug auf heterogene Lerngruppen keine „Selbstgänger" sind, wird beispielsweise daran deutlich, dass viele Lehrkräfte unter Binnendifferenzierung die Schaffung leistungshomogener Untergruppen verstehen, die dann zusammen arbeiten.

Weiter findet – und dies im hier diskutierten Zusammenhang von besonderem Interesse – eine stärkere Integration erzieherischer Aspekte in Schule und Unterricht statt, die zu einer intensiveren Berücksichtigung von Heterogenität führen (vgl. Beher/Rauschenbach 2006). In dem Maße, in dem sich Schule zu einem „Haus des Lernens" entwickelt, gewinnt auch die Beschäftigung mit sozialen Problemlagen und Wertesystemen an Bedeutung. Im Zusammenhang mit der Erosion tradierter inkludierender Sozialisationsinstanzen in einer desintegrierten Gesellschaft erhält Schule zunehmend integrierende soziale Funktionen, z.B. durch die Aufgabe, allgemeine (in diesem Sinne homogenisierende) Werte und

Normen vor allem im so genannten „Sozialen Lernen" (vgl. Budde 2010) zu vermitteln.

Dabei führen alle hier nur skizzierten Transformationen nicht zu einseitigen Effekten – indem sie ausschließlich Vielfalt befördern oder lediglich auf Gleichheit abzielen – sondern wirken im Spannungsfeld sowohl zwischen Heterogenität und Homogenität als auch zwischen den drei angesprochenen Ebenen. Bei der Konstruktion von Heterogenität und Homogenität sind Lehrkräfte als Hauptakteure anzusehen. Bei ihnen sind höchst unterschiedliche Positionierung zu vermuten, die wenigen zumeist explorativen Studien zeichnen kein einheitliches Bild. Von einigen Lehrkräften wird Heterogenität als Belastung auf der Unterrichtsebene wahrgenommen, jedoch vor allem, weil sie „allen Kindern gerecht" werden wollen und daraus Überforderung resultieren kann (vgl. Reh 2005). In anderen Studien werden neben belastenden auch deutlich positive Aspekte der Arbeit mit einer heterogenen Schüler_innenschaft beschrieben (vgl. Preuss-Lausitz 2001; Lafranchi 2008: 241ff.; Budde 2009b).

3 Design der Studie

Anhand von Daten aus einem DFG-Forschungsprojekt über „Chancen und Blockaden bei der Realisierung einer geschlechtergerechten Schule" beleuchtet der Artikel das Problem, durch die Differenzierung der Schüler_innen in zwei Geschlechtergruppen neue Homogenisierungen vorzunehmen. Die ethnographische Studie untersucht einen ersten Jahrgang an sich selber als geschlechtergerecht verstehenden Gymnasium „Zimmerbreite" in einer österreichischen Großstadt (vgl. Budde et al. 2008). Zentral ist dabei die Erforschung dessen, was Werner Helsper et al. unter Schulkultur verstehen.

> Schulkultur wird […] als Ergebnis der kollektiven und individuellen Auseinandersetzungen und Interaktionen der schulischen Akteure mit äußeren Vorgaben und damit als die über Handlungen einzelschulspezifisch ausgeformte, regelgeleitete Struktur konzipiert, die ihrerseits wiederum konstitutiv für die schulischen Mikroprozesse ist […]. Daraus kann wiederum die Institutionalisierung transformierter Regeln und Strukturen für schulisches Handeln resultieren. (Helsper et al. 1998: 45)

Während Schulkultur bislang vornehmlich an spektakulären und singulären Ereignissen wie beispielsweise Abitursreden untersucht wird (vgl. dies), rückt in der Studie der Alltag sowohl als Ergebnis als auch als Produktionsstätte von Schulkultur in den Mittelpunkt, sind es doch häufig die routinierten Abläufe – die „Mikroprozesse" –, in denen sich eine Institutionskultur festigt und tradiert.

Die Schulkultur entsteht dabei auf zweierlei Weise als Resultat von Aushandlungsprozessen: zum einen durch die Aushandlungen zwischen Lehrkräften, Schüler_innen, Schulleitung und Eltern und zum zweiten als Aushandlungen zwischen institutioneller und individueller Ebene. Besondere Bedeutung kommt gerade in den alltäglichen Praktiken den Lehrkräften zu, die in diesem Prozess als Scharnier fungieren (vgl. Budde et al. 2006). Sie planen ihren Unterricht, überlegen sich methodische und didaktische Herangehensweisen, bewerten, beraten, etablieren Normen und eröffnen Handlungsspielräume. Neben der Vermittlung fachbezogenen Wissens in den Unterrichtsfächern, transportieren sie implizit und explizit Wissen zu Verhaltensweisen und Umgangsformen.

Konkret wurden in unserem Forschungsprojekt vier fünfte Klassen in ihrem ersten Jahr an der für sie neuen Schule „Zimmerbreite" drei Monate lang mit ethnographischen Methoden begleitet (im September, im Januar und im Juni). Alle Klassen wiesen einen höheren Mädchenanteil auf. Beobachtungen wurden vor allem in Deutsch, textilem und technischem Werken, einem schulspezifischen Fach KoKoKo (Kooperation, Kommunikation, Konfliktlösung) sowie teilweise in Mathematik, Englisch, Sport und Religion durchgeführt. Zusätzlich wurden Lehrkräfte und für die Schulkultur relevante Personen – wie die Direktorin, die Genderkoordinator_innen usw. – interviewt. Insgesamt liegen 244 Unterrichtsprotokolle und 54 Interviewtranskripte vor. Abgerundet wurde das Sample durch die Erhebung der Zeugnisnoten, durch zwei Leistungstests (HST 4/5 und CFT 20-R[6]), einige Fragebögen für die Schüler_innen und Schulmaterialien wie Flyer, Jahrbuch oder die Homepage (vgl. Budde et al. 2008). Die ausgewählten Interviewtranskripte und Unterrichtsprotokolle wurden mit der Methode der Sequenzanalyse nach Bohnsack et al. (2001) ausgewertet.

Im Zentrum dieses Beitrags steht dabei Projekten und Maßnahmen, die auf das weite Feld des sozialen Lernen in der Schule abzielen, da hier pädagogische Orientierungen von Lehrkräften besonders deutlich werden. Diese Projekte und Maßnahmen haben an der Schnittstelle zwischen unterrichtlicher Interaktion und institutionellem Schulkontext eine entscheidende Bedeutung für die Schulkultur. Dabei stehen folgende Fragen im Vordergrund: Wie nehmen Lehrkräfte Heterogenität und Homogenität wahr? Mithilfe welcher Konstruktionen bearbeiten die Lehrkräfte Differenz und Gleichheit? Führt dies zu einer Ausweitung oder zu einer Einschränkung von Vielfalt?

---

[6] Der durchgeführte HST 4/5 (Hamburger Schulleistungstest für 4. und 5. Klassen) misst mathematische und sprachliche Kompetenzen. Der HST 4/5 misst als Hamburger Schulleistungstest für 4. und 5. Klassen vor allem mathematische und sprachliche Kompetenzen, der CFT 20-R misst als nicht sprachgestützter skalierte Grundintelligenztest den Intelligenzquotient, in der hier angewendeten Version erweitert um einen Test für Wortschatztest und Zahlenfolgentest.

4   Heterogenität und Homogenität im sozialen Lernen

Ein wichtiges Instrument für soziales Lernen stellt am Gymnasium „Zimmerbreite" der KoKoKo-Unterricht dar. KoKoKo steht für Kooperation, Kommunikation und Konfliktlösung. Das Fach ähnelt Projekten wie Klassengemeinschafts-
stunden, Klassenrat usw. Bei allen neuen fünften Klassen des Gymnasiums steht
in ihrem ersten Jahr eine Stunde pro Woche KoKoKo auf dem Stundenplan,
welches formal dem Deutschunterricht zugeordnet ist und dementsprechend von
den Deutschlehrkräften unterrichtet wird. Das Fach wird benotet, was die Lehrkräfte als positiv herausstreichen, da dies die Ernsthaftigkeit des Unterrichts
betont. Manchmal wird Geschlecht im KoKoKo explizit zum Thema gemacht,
wie das folgende Beispiel zeigt.

Buben sind..., Mädchen sind...

Das Beispiel handelt von einer Sequenz, in der der KoKoKo-Unterricht in zwei
geschlechtshomogene Gruppen geteilt wurde. Die Schülerinnen und Schüler
sollten mit der KoKoKo-Lehrerin und dem Klassenlehrer Plakate erstellen. Das
Thema bei den Mädchen lautete „Mädchen sind ..." und bei den Jungen entsprechend „Jungen sind ...".

Beim Blick auf die Plakate wird sofort eine Differenz deutlich. Das Mädchenplakat ist akkurat gestaltet; die Plakate der Jungen, die während der Übung
selbständig noch ein zweites, inhaltlich und ästhetisch ähnliches Plakat erstellt
haben, sind unordentlich. Auch die Beiträge sind unterschiedlich: Die Mädchen
schreiben: „Wir sind fleißiger als Buben" oder „Mädchen müssen immer sau-
bermachen". Die Jungen geben an: „cool", „Magic Power" oder „gegen Nazis".
Die Wertung, die der Klassenlehrer Herr Hufenbach in einem Interview zum
Schuljahresende den beiden Jungenplakaten zukommen lässt, ist negativ:

> Also das erste Halbjahr, war extrem ruhig, ja. Also extrem ruhig, extrem leicht zu unterrichten,
> muss ich sagen. Ha'm schön mitgemacht und jetzt merkt man halt, dass es doch... so lauter
> wird. Und ich finde schon, dass da die Buben schon, oder einige der Buben schon, ja, so ein
> bisschen cool sein wollen, so ich sag's mal.
> Ja, und das hab ich auch gemerkt, als ich mit denen ein Plakat gemacht hab ... gibt's ja zwei
> Plakate, ‚wir Mädchen sind', ‚wir Buben sind' und eins hab ich mit den Buben gemacht und,
> und da merkt man halt schon, dass sie halt sagen ‚jaaa, also wir sind cooler, wir ... kommen
> auch ein bisschen später in den Unterricht, uns stört das weniger'. Also das Klima hat sich da
> schon ein bisschen eindeutig verschlechtert, ja. (Interview Hufenbach 06/2006J)

Während der Lehrer angibt, dass das erste Halbjahr leicht zu unterrichten war,
hat sich im zweiten Halbjahr das Klassenklima verschlechtert. Grund ist das

negative Verhalten einiger Buben, die „so ein bisschen cool sein" wollen. Als Beispiel dafür führt er das Plakat an, an dem man merken könne, dass die Jungen sich an traditionellen Männlichkeitsbildern orientieren. Schaut man jedoch genauer auf die Plakate, dann wird deutlich, dass bei den Mädchen einschränkende Formulierungen dominieren – Dinge, die sie nicht dürfen oder können: „müssen nicht blond und blauäugig sein, um schön zu sein" oder „sind benachteiligt bei der Arbeit". Selten finden sich positive Aussagen wie: „nett", „tierlieb", „spaßig", „mutig". Sie orientieren sich damit an einem Opfer-Stereotyp von Weiblichkeit, welches die gesellschaftliche Dimension von Frauendiskriminierung in den Vordergrund stellt.

Die Jungen hingegen geben *ausschließlich* ressourcenorientierte Fähigkeiten an und erweitern damit den Arbeitsauftrag eigenständig von „Jungen sind …" auf „Jungen können …": „locker sein", „cool sein", „Fußballspielen". Bei ihnen findet sich zusätzlich eine gehörige Portion Ironie gegenüber dem Männlichkeitsbild, indem sie es persiflieren: „Wir hören Heavy Metal", „Jungen sind Schweine", „schwul sein" oder „Jungen können Satan anbeten". Des Weiteren finden sich aber auch recht persönliche Zwischentöne wie: „politisch interessiert", „mögen Simpsons", „Pfadfinder". Zusätzlich unterschreiben sie das Plakat und markieren es so als sehr persönlichen Beitrag. Diese Zwischentöne aber fallen dem Lehrer aufgrund der stereotypen- und problemorientierten Sichtweise jedoch nicht auf.

Über das Mädchenplakat finden sich keine weiteren Aussagen. Ihre Beiträge werden von den Lehrkräften nicht beachtet. In einem späteren, von uns durchgeführten Feedbackworkshop an der Schule wird diese Interpretation von den beiden beteiligten Lehrkräften bestätigt. Selbstkritisch merken beide an, dass sie das Mädchenplakat zum Zeitpunkt der Entstehung als positiv gewertet haben, während vom Jungenplakat der Eindruck blieb, dass diese „die Aufgabe nicht erfüllt" haben. Zusätzlich erinnerten sich Herr Hufenbach und Frau Krasnitz bei unserem Feedback, dass sie es kritisch gesehen hätten, dass die Jungen sogar zwei Plakate beschrieben hätten, weil sie sich jungentypisch Raum angeeignet hätten. Als positive Unterrichtshaltung wurde das eifrige Engagement der Jungen nicht gewertet.

Dabei ist schon die Aufgabenstellung an sich problematisch (wenngleich für die Praxis geschlechtsbezogener Pädagogik nicht ungewöhnlich). Durch die Einteilung in zwei geschlechtshomogene Gruppen und vor allem durch die Aufforderung an Jungen und Mädchen zu notieren, wie „Buben- bzw. Mädchen *sind...*", werden geschlechterstereotype Antworten verstärkt, die über die konkrete Interaktionsebene hinausweisen. Denn durch das der Aufgabenstellung innewohnende stabile Differenzkonzept zielt sie auf die Festschreibung von

‚geschlechtstypischen' Eigenschaften und beinhaltet so eine Verstärkung von Stereotypen.
    In der Studie lassen sich weitere ähnliche Konstruktionsmechanismen finden, beispielsweise in dem Jungen qua Geschlecht unterstellt wird, die Klasse zu dominieren oder *den* Mädchen körperliche Unterlegenheit gegenüber *den* Jungen attestiert wird (vgl. Budde et al. 2008: 224ff.). Deutlich wird, dass der Umgang mit der Differenzkategorie Geschlecht binär gehandhabt wird. Somit führt die Wahrnehmung von (Geschlechter-)Heterogenität zu neuen Homogenisierungen.

Positionierung und Bewertung

Welche Bedeutung haben diese Homogenisierungen für die Positionierung und Bewertung? In Interviews, die im Rahmen des Forschungsprojektes mit den Lehrkräften geführt wurden, die in den beobachteten Klassen unterrichteten, sollten diese sich u.a. zu den einzelnen Kindern äußern. Aus den Aussagen der Lehrkräfte lassen sich unterschiedliche Geschlechterpositionen in Form einer Vier-Felder Tafel darstellen, für die in der Schule relevante Variablen herangezogen werden (vgl. Abbildung 1). Auf der x-Achse befinden sich positive bzw. negative Beurteilungen sowohl des sozialen Verhaltens als auch der schulischen Leistungen. Als Kriterien für eine positive schulische Leistung dienen beispielsweise Lob im Unterricht, heraushebende Erwähnung des Arbeitstempos, der Zuverlässigkeit oder des Interesses. Als positives soziales Verhalten werden Zuschreibungen wie „hilfsbereit", „lieb" oder „fröhlich" gewertet. Als Kriterien für negative schulische Leistungen gelten entgegengesetzt mangelndes Engagement oder geringes Arbeitstempo. Negatives soziales Verhalten wird durch Begriffe wie „Unreife", „unruhig", „Aggressivität" u.Ä. angezeigt. Die Größe der Kreise gibt die Nennungen – und damit die Wahrnehmung – durch die Lehrkräfte wieder und nicht die Anzahl von Schüler_innen, die sich einer Gruppe zuordnen lassen. Die y-Achse differenziert, ob die Schüler_innen als auffällig oder unauffällig eingeschätzt werden.

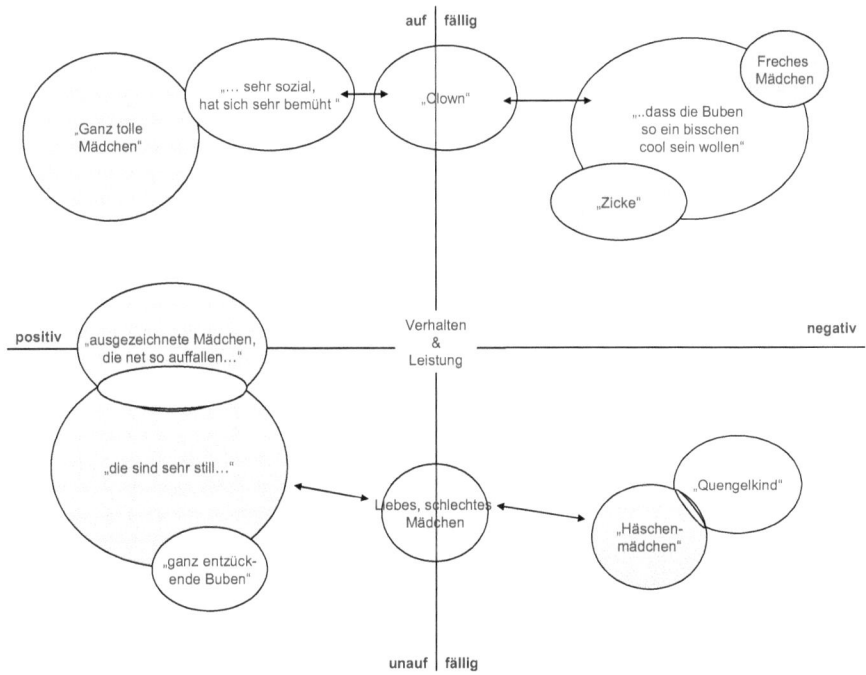

Abbildung 1: Genderpositionen im Feld (dunkel = Mädchen, hell = Jungen).

Im oberen linken Viertel sind demnach Kinder und ihre Verhaltensweisen ange-
ordnet, die in hohem Maße positiv auffällig sind. Insbesondere eine gute Unterrichtshaltung wird bei Jungen wie Mädchen gleichermaßen häufig geschildert.
Besonders günstig werden starke und selbstbewusste Mädchen geschildert, die
auf der Aufmerksamkeitsskala weit oben rangieren. Es gibt ebenfalls eine ganze
Reihe von Jungen, die positiv auffallen. Dabei wird in den meisten Fällen das
soziale Verhalten, Hilfsbereitschaft oder die Beteiligung am Unterricht gelobt.
Allerdings überwiegen in diesem Quadranten in der Wahrnehmung der Lehrkräfte die Mädchen, wie die Größe der Kreise anzeigt. Ein weiterer Unterschied ist
darin zu sehen, dass die hier platzierten Mädchen von den Lehrkräften als Vorbilder geschildert werden, die Jungen hingegen als bemerkenswerte Ausnahmen.
Im oberen rechten Feld befinden sich Beschreibungen von Kindern, die negativ
auffallen, hier dominieren die Jungen deutlich, an denen tradiertes männliches
Verhalten wie „cool sein wollen" kritisiert wird. Des Weiteren werden freche
Sprüche, Aggressivität, Verweigerung der Arbeitsleistung, Egoismus, Mädchen-
ärgern und Rücksichtslosigkeit als störende Verhaltensweisen genannt. Hier

befinden sich auch einige negativ eingeschätzte Mädchen, die als „Zicken" beschrieben werden, sowie eine kleine Gruppe sehr negativ wahrgenommener „frecher Mädchen". Während bei Mädchen hauptsächlich negatives soziales Verhalten gegenüber Lehrkräften (und gegenüber Mitschülerinnen) kritisiert wird, unterliegt bei Jungen auch das schulische Verhalten öfter einer Negativwertung. Zwischen positiver und negativer Einschätzung bei hoher Auffälligkeit sind ambivalente Jungen positioniert, die meist als „Clown" beschrieben werden und positive und negative Züge aus Sicht der Lehrkräfte vereinen.

Dem rechten unteren Quadranten sind Beschreibungen von Kindern zugeordnet, die zwar wenig im Fokus der Aufmerksamkeit stehen, aber negativ gesehen werden; bei Jungen wie Mädchen liegt die Sorge um schlechte schulische Leistungen oben auf. Auffällig ist ebenfalls, dass diese Schüler und Schülerinnen oft als isoliert beschrieben werden. Dies bezieht sich auf eine kleine, inhomogene Gruppe von Jungen, die eine Lehrerin als „Quengelkinder" charakterisiert. Ebenfalls negativ und unauffällig wird eine Gruppe von Mädchen geschildert, die als „Häschenmädchen" gelten und als besonders ängstlich und hilflos wahrgenommen werden. *Zu* ruhige, bzw. *zu* schüchterne Kinder beiderlei Geschlechts werden von den Lehrkräften kritisch gesehen.

Im unteren linken Quadranten befinden sich Jungen wie Mädchen, die positiv, aber unauffällig geschildert werden. Besonders hervorgehoben werden gute Leistungen, gutes Arbeitsverhalten sowie ein positives, rücksichtsvolles und soziales Verhalten. Die Beschreibungen für Jungen und Mädchen gleichen sich in diesem Feld qualitativ, nicht jedoch quantitativ, da hier wesentlich mehr Mädchen eingruppiert werden. Eine weitere große Gruppe der Mädchen wird als „ausgezeichnet" wahrgenommen.

Bei den Mädchen erfolgt die Beurteilung als unauffällig relational, d.h., dass stille Mädchen positiv gesehen werden und lediglich *zu* stille Mädchen als schüchtern gelten. Bei Jungen unterliegt stilles Verhalten schneller einer negativen Beurteilung. Dies hängt bei ihnen damit zusammen, dass sie gegen das Gebot hegemonialer Männlichkeit verstoßen und diesen Mangel auch nicht durch „nettes" oder „soziales" Verhalten, wettmachen können. Sie verhalten sich aufgrund des Mangels an Selbstbewusstsein, Charme oder performanzorientierter Praktiken (also dem Mangel von symbolischem Kapital), unmännlich. Die Lehrkräfte berichten bei den „leisen Jungen" nicht von Strategien, wie sie besser zu integrieren wären, sondern kritisieren deren Hilflosigkeit. Während Jungen vor allem im Quadranten negativ/auffällig beschrieben werden, nehmen die Lehrkräfte Mädchen im vor allem im entgegengesetzten Quadranten positiv/unauffällig wahr.

Zieht man als Außenkriterien die Zeugnisnoten[7] und das Abschneiden der Schüler_innen in ebenfalls durchgeführten Leistungstest heran, dann können Aussagen dazu präzisiert werden, *welche* Jungen von negativerer Bewertung durch die Lehrkräfte betroffen sind. Denn es fällt auf, dass die Zeugniszensuren bei den Mädchen im Feld positiv/unauffällig kaum Zusammenhänge mit den Leistungen im Test aufweisen, unabhängig von ihren Leistungen erhalten sie durchweg gute Noten. Bei den Jungen, die von den Lehrkräften im Feld negativ/auffällig positioniert werden, zeigt sich die gegenläufige Tendenz, sie erhalten schlechtere Zeugnisnoten, als aufgrund ihrer Testleistung zu erwarten wäre.[8] Die Positionierungen im Feld haben einen entscheidenden Einfluss darauf, welche Bewertungen damit einhergehen. Während Jungen für „jungentypisches Verhalten" sanktioniert werden, werden Mädchen für „mädchentypisches Verhalten" prämiert.

5   Fazit

Die Beispiele zeigen Schwierigkeiten in der Bearbeitung von Heterogenität, wenn stabile Kategorien zugrunde gelegt werden. Zwar differenzieren die Lehrkräfte in unterschiedliche Positionen im Feld, dominierend ist bei beiden Geschlechtergruppen jedoch jeweils die Wahrnehmung von Stereotypen. Deutlich wird, dass der Umgang mit der Differenzkategorie Geschlecht binär gehandhabt wird. Analog zur gesellschaftlichen Definition von Geschlecht als dichotome Kategorie unterscheiden die Lehrkräfte vor allem in zwei Gruppen (*die* Jungen und *die* Mädchen) und konzeptualisieren diese als verschieden voneinander. Dies stellt zwar eine Alternative zum traditionellen genderblinden Umgehen dar, die Wahrnehmung von, und der Umgang mit (Geschlechter-)Heterogenität führen jedoch nicht zu einer Aufweichung und Flexibilisierung kategorialen Denkens, sondern lediglich zu einer Ausdifferenzierung des Kategoriensystems. Somit wird binäres Denken gefördert anstatt individueller Vielfalt.

Dies kann insofern als Fortschritt gewertet werden, da die *Wahrnehmung von Unterschieden* am Beginn jeder produktiven Bearbeitung von Heterogenität steht und eine Diagnostik der tatsächlichen Lern- und Lebenslagen ermöglicht. Wenn jedoch eine Reflexion über verdeckte Stereotypisierungen und Kategorisierungen fehlt, droht die Gefahr verdeckter (Re-)Installation von Homogenität, die die Vielfalt innerhalb der (nun ausdifferenzierten) Kategorien und die eige-

---

[7] Für diese Auswertung wurden die Fächer Deutsch und Mathematik herangezogen.

[8] Der gleiche Effekt (nämlich die Sanktionierung von negativ wahrgenommenen Verhalten durch schlechte Noten) zeigt sich noch verstärkt bei einigen „frechen Mädchen", die sowohl aus der schulischen als auch aus der geschlechtlichen Rolle fallen, die Erweiterung des Spektrum bei Mädchen ist somit ebenfalls begrenzt.

nen Beteiligung bei der Homogenisierung wiederum nicht wahrnehmen kann. Als zweiten Schritt bedarf es aus diesem Grund auch der *Wahrnehmung der Abweichungen von den Unterschieden*, seien es Gemeinsamkeiten (beispielsweise zwischen den Geschlechtern) oder uneindeutige Inszenierungen, Haltungen oder Interkationen (wie beispielsweise unter dem Stichwort queer diskutiert wird).

Problematisch ist weiterhin, wenn der Umgang mit Heterogenität lediglich in die Verantwortung der Lehrkräfte delegiert wird. Solange institutionelle Rahmungen darauf abzielen, homogene Lerngruppen herzustellen, müssen die Bemühungen engagierter Lehrkräfte notwendigerweise unvollständig bleiben. Mehr noch, sie erhalten den Auftrag, auf der Interaktionsebene Probleme zu lösen, die sie zum Teil nicht selber geschaffen haben, mit deren Bearbeitung sie nun aber konfrontiert sind. Mit Foucault kann argumentiert werden, dass neben der traditionelle Disziplinarmacht (vgl. Foucault 1976) hier ein neuer Machttypus Einzug hält, nämlich der Machttypus der Gouvernementalität, der in Form der Eigenverantwortung mittels (Selbst-)Wahrnehmung und (Selbst-)Reflexion von Lehrkräfte eine stärkere Eigenverantwortlichkeit erfordert (vgl. Foucault 1995). Dagegen wäre weniger einzuwenden, wenn Lehrkräfte die notwendige Unterstützung und fachliche Qualifikation erhalten würden. Der Umgang mit Heterogenität (hier am Beispiel Gender) ist eine Kompetenz, die nicht „quasi natürlich" vorhanden ist oder sich lediglich aus hoher persönlicher Einsatzbereitschaft speist. Sie braucht als dritten Schritt *Unterstützung*, beispielsweise durch Fortbildungen und Team-Teaching sowie vor allem durch institutionelle Maßnahmen wie Unterrichts- und Schulentwicklung (vgl. z.B. Budde 2009b). Fehlen diese Impulse, bleibt die Bearbeitung von Heterogenität und Homogenität in der Verantwortlichkeit der Selbststeuerung einzelner Lehrer oder Lehrerinnen und wird nicht als Querschnittsaufgabe von Schule etabliert.

Literatur

Ackeren, Isabell van; Block, Rainer (2009): Schulsysteme in der Umstrukturierung. In: Blömeke, Sigrid; Bohl, Thorsten; Haag, Ludwig; Lang-Wojtasik, Gregor; Sacher, Werner (Hrsg.): Handbuch Schule. Bad Heilbrunn: Klinkhardt/UTB, 207-216.
Bacher, Johann (2007): Forschungslage zu Bildungsungleichheiten in Österreich. In: Herzog-Punzenberger, Barbara (Hrsg.): Bildungsbe(nach)teiligung in Österreich und im internationalen Vergleich. KMI Working Paper Series. Wien, 7–26. http://www.oeaw.ac.at/kmi/Bilder/kmi_WP10.pdf.

Beetz, Sibylle (1998): Koedukationsdiskurs zwischen Programmatik und Erfahrungswissen. Von der Notwendigkeit einer Inszenierung entdramatisierter Geschlechterverhältnisse im Bildungswesen. In: Zeitschrift für Pädagogik, H. 2, 253–262.

Beher, Karin; Rauschenbach, Thomas (2006): Die offene Ganztagsschule in Nordrhein-Westfalen. In: Zeitschrift für Erziehungswissenschaft, H. 1, 51–60.

Bohnsack, Ralf; Nentwig-Gesemann, Iris; Nohl, Arnd-Michael (2001): Die dokumentarische Methode und ihre Forschungspraxis. Grundlagen qualitativer Sozialforschung. Opladen: Leske+Budrich.

Boller, Sebastian; Rosowski, Elke; Stroot, Thea (2007): Heterogenität in Schule und Unterricht. Handlungsansätze zum pädagogischen Umgang mit Vielfalt. Weinheim: Beltz.

Budde, Jürgen (2005): Männlichkeit und gymnasialer Alltag. Doing gender im heutigen Bildungssystem. Bielefeld: transcript.

Budde, Jürgen (2008): Geschlechterkonstruktionen im Sozialen Lernen in der Schule. In: Zeitschrift für Frauenforschung und Geschlechterstudien, H. 1, 69–81.

Budde, Jürgen (2009a): Herstellung sozialer Positionierungen. Jungen zwischen Männlichkeit und Schule. In: Pech, Detlef (Hrsg.): Jungen und Jungenarbeit. Eine Bestandsaufnahme des Forschungs- und Diskussionsstandes. 1. Aufl. Baltmannsweiler: Schneider Hohengehren, 153–168.

Budde, Jürgen (2009b): Neue Perspektiven für heterogenitätsorientierten Unterricht. Projektmethode in Lernbereichen in der Sekundarstufe I. In: Hagedorn, Jörg; Schurt, Verena; Steber, Corinna; Waburg Wiebke (Hrsg.): Ethnizität, Geschlecht, Familie und Schule. Heterogenität als erziehungswissenschaftliche Herausforderung. Wiesbaden.

Budde, Jürgen (2010): Inszenierte Mitbestimmung?! – soziale und demokratische Kompetenzen im schulischen Alltag. In: Zeitschrift für Pädagogik. H. 3, 384–402.

Budde, Jürgen; Faulstich-Wieland, Hannelore; Scholand, Barbara (2006): Geschlechtergerechtigkeit in der Schule. Ein Forschungsprojekt. In: Fischer, Dietlind; Elsenblast, Volker (Hrsg.): Zur Gerechtigkeit im Bildungssystem. Münster, 145–150.

Budde, Jürgen; Scholand, Barbara; Faulstich-Wieland, Hannelore (2008): Geschlechtergerechtigkeit in der Schule. Eine Studie zu Chancen, Blockaden und Perspektiven einer gender-sensiblen Schulkultur. Weinheim: Juventa.

Foucault, Michel (1976): Überwachen und Strafen. Die Geburt des Gefängnisses. 1. Aufl. Frankfurt am Main: Suhrkamp.

Foucault, Michel (1995): Die Sorge um sich. Sexualität und Wahrheit, Band 3. 4. Aufl. Frankfurt am Main: Suhrkamp.

Geißler, Rainer (2005): Die Metamorphose der Arbeitertochter zum Migrantensohn. Zum Wandel der Chancenstruktur im Bildungssystem nach Schicht, Geschlecht, Ethnie und deren Verknüpfung. In: Berger, Peter A.; Kahlert, Heike (Hrsg.): Institutionalisierte Ungleichheiten. Wie das Bildungssystem Chancen blockiert. Weinheim und München: Juventa, 71–102.

Helsper, Werner; Böhme, Jeanette; Kramer, Rolf-T; Lingkost, Angelika (1998): Entwürfe zu einer Theorie der Schulkultur und des Schulmythos - strukturtheoretische, mikropolitisch und rekonstruktive Perspektiven. In: Keuffer, Josef; Krüger, Heinz-Hermann; Reinhardt, Sibylle; Wenzel, Hartmut (Hrsg.): Schulkultur als Gestaltungsaufgabe. Partizipation - Management - Lebensweltgestaltung. Weinheim: Deutscher Studien Verlag, 29–75.

Horstkemper, Marianne (Hrsg.; 1999): Koedukation. Erbe und Chancen. Weinheim: Deutscher Studien Verlag.

Huf, Christina (2006): Didaktische Arrangements aus der Perspektive von Schulanfängerlnnen. Eine ethnographische Feldstudie über Alltagspraktiken, Deutungsmuster und Handlungsperspektiven von SchülerInnen der Eingangsstufe der Bielefelder Laborschule. Bad Heilbrunn: Klinkhardt.

Kampshoff, Marita (2009): Heterogenität im Blick der Schul- und Unterrichtsforschung. In: Budde, Jürgen; Willems, Katharina (Hrsg.): Bildung als sozialer Prozess. Heterogenitäten, Interaktionen, Ungleichheiten. Weinheim, München: Juventa Verlag, 35–52.

Katzenbach, Dieter (Hrsg.; 2007): Vielfalt braucht Struktur. Heterogenität als Herausforderung für die Unterrichts- und Schulentwicklung. Frankfurt am Main: Johann-Wolfgang-Goethe-Universität.

Konsortium Bildung (2006): Bildung in Deutschland. Ein indikatorengestützter Bericht mit einer Analyse zu Bildung und Migration. Bielefeld: Bertelsmann.

Kucharz, Diemut; Wagener, Matthea (2007): Jahrgangsübergreifendes Lernen. Eine empirische Studie zu Lernen, Leistung und Interaktion von Kindern in der Schuleingangsphase. Baltmannsweiler: Schneider-Verlag Hohengehren.

Lafranchi, Andrea (2008): Interkulturelle Kompetenz als Element pädagogischer Professionalität - Schlussfolgerungen für die Lehrerausbildung. In: Auernheimer, Georg (Hrsg.): Interkulturelle Kompetenz und pädagogische Professionalität. 2., aktualisierte und erw. Aufl. Wiesbaden: VS Verlag für Sozialwissenschaften, 231–260.

Leiprecht, Rudolf; Lutz, Helma (2005): Intersektionalität im Klassenzimmer: Ethnizität, Klasse, Geschlecht. In: Leiprecht, Rudolf; Kerber, Anne (Hrsg.): Schule in der Einwanderungsgesellschaft. Schwalbach, 218-234.

Prengel, Annedore (2006): Pädagogik der Vielfalt. Verschiedenheit und Gleichberechtigung in Interkultureller, Feministischer und Integrativer Pädagogik. 3. Aufl. Wiesbaden: VS Verlag für Sozialwissenschaften.

Preuss-Lausitz, Ulf (2001): Chance oder Belastung? Heterogenität in der Schule aus der Sicht von Grundschullehrerinnen und -lehrern. In: Die Grundschulzeitschrift, H. 149, 30–33.

Reh, Sabine (2005): Warum fällt es Lehrerinnen und Lehrern so schwer, mit Heterogenität umzugehen? Historische und empirische Deutungen. In: Die deutsche Schule, H. 1, 76–86.

Saldern, Matthias von (2008): Schulstrukturen und Qualitätsentwicklung von Schule in der Bundesrepublik Deutschland. In: Jugendhilfe und Schule, 69–82.

Schroeder, Joachim (2007): Heterogenität – Überlegungen zu einer pädagogischen Leitkategorie. In: Katzenbach, Dieter (Hrsg.): Vielfalt braucht Struktur. Heterogenität als Herausforderung für die Unterrichts- und Schulentwicklung. Frankfurt am Main: Johann-Wolfgang-Goethe-Universität.

Sturm, Tanja (2009a): Heterogenitätskonstruktionen durch Lehrende. In: Müller, Florian; Eichenberger, Astrid; Lüders, Manfred; Mayr, Johannes (Hrsg.): Lehrerinnen und

Lehrer lernen - Konzepte und Befunde zur Lehrerfortbildung. Münster: Waxmann. (im Druck).

Sturm, Tanja (2009b): Reflexionen und Thematisierungen schulischer Widersprüche als Perspektiven für Schulentwicklung. In: Budde, Jürgen; Willems, Katharina (Hrsg.): Bildung als sozialer Prozess. Heterogenitäten, Interaktionen, Ungleichheiten. Weinheim, München: Juventa Verlag.

Ullrich, Heiner; Strunck, Susanne (2009): Zwischen Kontinuität und Innovation: Aktuelle Entwicklungen im deutschen Privatschulwesen. In: Zeitschrift für Pädagogik, H. 3, 228–243.

Vester, Michael; Oertzen, Peter v.; Geiling, Heiko Hermann Thomas; Müller, Dagmar (2001): Soziale Milieus im gesellschaftlichen Strukturwandel. Zwischen Integration und Ausgrenzung. Frankfurt am Main: Suhrkamp.

Weber, Martina (2009): Das Konzept „Intersektionalität" zur Untersuchung von Hierarchisierungsprozessen in schulischen Interaktionen. In: Budde, Jürgen; Willems, Katharina (Hrsg.): Bildung als sozialer Prozess. Heterogenitäten, Interaktionen, Ungleichheiten. Weinheim, München: Juventa Verlag, 53–72.

Wenning, Norbert (2004): Heterogenität als neue Leitidee der Erziehungswissenschaft? Zur Berücksichtigung von Gleichheit und Verschiedenheit. In: Zeitschrift für Pädagogik, H. 4, 565–582.

Lernräume, Geschlechterhierarchien und Fachkulturen – Komplizinnen auf dem Weg zu neuen Lernkulturen?

Katharina Willems

Was haben die drei Themen Raum, Geschlecht und Fachkulturen gemeinsam? Was auf den ersten Blick möglicherweise nur aussieht wie ein weit geschlagener Bogen verschiedener (und verschieden prominenter), aber unverbundener Schulentwicklungsthemen, erweist sich bei näherem Hinsehen als eine enge Verknüpfung: Die drei Komponenten wirken nicht nur jede für sich vehement im schulischen Alltagshandeln, unter einem bestimmten Fokus lässt sich auch erkennen, dass sie sich gegenseitig beeinflussen. Sich an diese Beziehungen heranzuzoomen, indem die Wirkungsbereiche immer kleiner und konkreter gefasst werden, ist das Anliegen dieses Beitrags.

Es soll dabei nicht darum gehen, den bereits großen Topf aktueller Schulentwicklungsaufgaben jetzt zum „Eintopf" zu machen, indem beliebig Themen miteinander verwoben werden. Dadurch würden Handlungsoptionen schulischer Akteur_innen für Veränderungen nur erschwert. Vielmehr bietet der Blick auf die Zusammenhänge aus meiner Sicht die Chance, an verschiedenen Punkten *konkret* anzusetzen und Erkenntnisse aus der Schulentwicklung in den schulischen Alltag zu integrieren – nicht zuletzt um möglichst vielen Lernenden Zugänge zu möglichst vielen Themen, Fächern und letztlich Abschlüssen zu ermöglichen. Dieser Bogen scheint wiederum weit, der Blick auf aktuelle und seit längerem stabile Zahlen der Abschlüsse von Jungen und Mädchen (vgl. z.B. der Beitrag von Jürgen Budde in diesem Band), auf durch das schulischen System unterschiedlich gelingende Grundsteinlegungen für fachkulturelle Domänen (z.B. Physik als wenig Lernende ansprechendes unterrichtliches Interessensgebiet, jedoch als prestigeträchtiges Berufsfeld) sowie auf aktuelle Bemühungen, Lernzugänge und Lernprozesse individualisierter zu gestalten, verdeutlicht, dass alle drei Bereiche notwendigerweise in den Fokus genommen werden müssen, um Schule so zu verändern, dass sie einer ihrer zentralen Aufgaben gerecht werden kann: dem chancengerechten Zugang zu Bildung.

Ich möchte im Folgenden zunächst den Zusammenhang zwischen schulischen Fachkulturen und (schulischen) Geschlechterbildern herausstellen. Beide unterliegen hierarchischen Ordnungen und werden habituell reproduziert. Durch eine wechselseitige Aufeinanderbezogenheit entstehen wirkungsmächtige Prämissen, die für männliche ebenso wie für weibliche Lernende Konsequenzen haben. Wie diese Muster aussehen und welche Konsequenzen dieses sein können, zeige ich in einem ersten Schritt. Die theoretische Folie für diese Überlegungen bildet Pierre Bourdieus' Habitustheorie, speziell der Bezug auf die Illusio, also auf das, was Bourdieu auch als „Sinn für das Spiel" (z.b. 1999: 360ff.) bezeichnet.

Anhand von Ausschnitten aus empirischen Kontexten zeige ich auf, wie die Verschränkungen fachkultureller und gegenderter Zuschreibungen konkret wirksam werden. Zunächst nehme ich dabei die Illusio beider Fächer in den Blick, ich fokussiere dabei v.a. die Bausteine, an denen die Lehrenden unmittelbar mitwirken. In einem weiteren Schritt gehe ich weiter in die Tiefe alltäglicher fachkultureller (Re-)Produktionsprozesse: am Beispiel der Gestaltung und Wirkung von fachkulturellen Raumgestaltungen in den beiden Unterrichtsfächern Deutsch und Physik zeichne ich nach, wie sich fachkulturelle Muster ebenso wie Geschlechterordnungen in räumlichen Anordnungen manifestieren. Gerade über Raum(an)ordnungen zeigt sich, wie selbst-verständlich und zumeist unhinterfragt sich hierarchische und durchaus Lernende ausschließende Praktiken etablieren. Lernende sind hieran ebenso beteiligt wie Lehrende. Dieser Ausschnitt schulischer Fachkulturen scheint mir deshalb ergiebig, weil es auf der einen Seite kaum empirische Studien hierzu gibt, auf der anderen Seite aber Fachunterricht ohne Raumgestaltung nicht stattfinden kann – mit anderen Worten: man kann Raum nicht *nicht* gestalten. Die Erkenntnis, dass Raum also eine Kategorie darstellt, die immer eine Rolle spielt, egal ob reflektiert oder nicht, scheint mir auch für weitere Überlegungen zu alltäglichen Praktiken in der Schule ergiebig.

Abschließend stelle ich konkrete Fragen vor, die sich an Lehr- und Lernprozessen Beteiligte stellen können, um ihren Beitrag zu exkluierenden Lernarrangements zu hinterfragen. Eingangs gehe ich knapp auf die empirische Vorgehensweise und mein Verständnis ethnografischer Forschung ein.

1   Empirische Bausteine und forschungsmethodologische Grundannahmen

Den Aussagen dieses Beitrags speisen sich zentral aus meiner Forschungsarbeit über „Schulische Fachkulturen und Geschlecht. Physik und Deutsch – natürliche Gegenpole?" (vgl. Willems 2007), in der ich die beiden hier dargestellten schulischen Unterrichtsfächer Physik und Deutsch auf fachkulturelle

Mechanismen untersucht habe. Mit den beiden Fächern wurden zunächst zwei 'Stellvertreterfächer' für größere fachkulturelle Domänen ausgewählt: Deutsch steht für den sprachlich-geisteswissenschaftlichen Bereich, Physik für den mathematisch-naturwissenschaftlichen. Darüber hinaus habe ich den bilingualen Physikunterricht – also Physikunterricht, der auf Englisch abgehalten wird – analysiert. Im Fokus meiner Beobachtungen standen *alltägliche* Prozesse im schulischen Geschehen. Die von mir ausgewerteten Daten wurden im Rahmen des DFG-Projektes „Soziale Konstruktion von Geschlecht in der Sek. 1" (1998-2004, Leitung Prof. Dr. Hannelore Faulstich-Wieland) erhoben. In einem dreijährigen Längsschnitt haben wir in drei Gymnasialklassen (Jg. 7-9 bzw. 8-10) nach Inszenierungsformen von Geschlecht in unterschiedlichen Fächern durch schulische Akteurinnen und Akteure gefragt. Hierfür haben wir eine zahlenmäßig jungendominante Klasse, eine zahlenmäßig mädchendominante Klasse und eine zunächst geschlechterhomogen zusammengesetzte, nach Klassenzusammenlegung dann auch mädchendominante Klasse begleitet. Ich habe in meiner Untersuchung mit ca. 150 ethnografischen Protokollen gearbeitet, weiterhin konnte ich u. a. zurückgreifen auf zusätzlich Protokolle anderer Fächer (weitere 250), Videoprotokolle, Audioprotokolle, Sitzpläne, Fotos, Interviews mit Lehrenden und Lernenden und quantitative Erhebungen in allen Klassen der jeweils beteiligten Jahrgänge. Ebenso wie in den Erhebungen diverse Methoden miteinander verschränkt wurden, habe ich auch methodenplural, im Mittelpunkt stand das „Herausarbeiten von Bedeutungsstrukturen" (Geertz 1987: 15) über verschiedene und trangulierbare Wege (z.B., kommunikative Validierung verschiedener Lesarten im Team, Sequenzanalysen, MaxQDA®, SPSS®, Heranziehen von Interaktionsnetzwerken durch Pajek®) ausgewertet. In einem weiteren Projekt, welches hier flankierend für die Beleuchtung des Ausschnitts der Konstruktionsprozesse durch Lehrkräfte herangezogen wird, stand die Frage nach den Gelingensbedingungen von geschlechtergerechtem naturwissenschaftlichem Unterricht im Mittelpunkt (vgl. Faulstich-Wieland/Willlems/Feltz/Freese/Läzer 2008).[1]

Die Studie unterliegt einem ethnografischen Forschungszugang. Aus meiner Sicht bedeutet die ethnografische Beschreibung eines Feldes deutlich mehr, als einfach einige in der Ethnografie üblicherweise eingesetzte Forschungsmethoden anzuwenden. Meines Erachtens gilt es, das eigene Befremden eines (in den vorliegenden Feldausschnitten vermeintlich vertrauten) Feldes *systematisch* herzustellen, um so Bedeutungslogiken nachspüren zu können, welche durch die Feldangehörigen selber vorgegeben werden. Methodisch gilt es (grob gesprochen), durch „dichte Beschreibungen" im Sinne Geertz (vgl. 1987) sowohl Leerstellen

---

[1] Dieser Studie liegt eine aufwändige Methodik sowie durch die beteiligten sieben Forschungsschulen ein großes Forschungsfeld zugrunde. Genauere Informationen finden sich in der ausführlichen Dokumentation des Forschungsprojektes bei Faulstich-Wieland/Willlems et al. (2008).

als auch Gemeinsamkeiten in Bedeutungsstrukturen zu erkennen und zu interpre-
tieren. Hierfür bietet es sich an, verschiedene Sichten aufs Feld (z.B. über verschiedene Erhebungsmethoden) miteinander abzugleichen, die Feldeindrücke
also quasi zu drehen und zu wenden, wie einen Würfel, bei dem alle Seiten einmal obenauf liegen und keine Seite dauerhaft verdeckt bleibt. Hierfür wird weniger ein konkreter Forschungs*stil*, als vielmehr eine besondere Forschungs*haltung*
im Sinne reflexiver Erziehungswissenschaft (vgl. Friebertshäuser/Rieger-
Ladich/Wigger 2006) benötigt. Letztlich müssen sich Forschende die Frage gefallen lassen, was aus der jeweiligen ethnografischen Forschung übertragen werden kann, was also über den jeweiligen Einzelfall hinausgeht. Dieses bedeutet
nicht, dass ethnografische Forschung den Anspruch verfolgen muss, repräsenta-
tiv zu sein. Dennoch gilt es die Ergebnisse und Aussagen wieder auf ein Feld
zurück zu beziehen.

2   Theoretische Ausgangspunkte

Im Rahmen der oben genannten Studie habe ich die fachkulturellen Felder anhand von Habitus, Feld und Illusio beschrieben. Theoretisch wie empirisch werden die Ebenen der Akteurspositionen, der (materialisierten) Strukturen sowie
der Handlungsebenen berührt. Ich habe die habituellen Dispositionen der Feldangehörigen anhand qualitativer und quantitativer Aussagen rekonstruiert. Die
Feldseite wurde über eine Analyse fachkultureller Orte und Räume (Sitzordnungen, Position und Funktion des Pults, Schlüsselmacht etc.) beleuchtet. An dieser
Stelle werde ich die habituellen und feldbezogenen empirischen Eindrücke nicht
ausführlich darstellen können (vgl. dazu Willems 2007), es kommt mir hier vor
allem darauf an, anhand der auszugsweise nachgezeichneten Illusio beider schulischen Unterrichtsfächer deutlich zu machen, welche Bedeutsamkeit einer Berücksichtigung der Kategorie Geschlecht und der Kategorie Raum im Zuge fachkultureller Analysen zukommt.
    Grundlegend scheint mir jedoch nach wie vor das Wissen um die gegensei-
tige Bedingtheit der theoretischen Bausteine Habitus, Feld und Illusio. Mein
Interesse war, dem Zusammenspiel von individuellem Handeln, symbolischer
Ordnung und sozialen Strukturen nachzugehen. Soziales Handeln erscheint so
nicht als Resultat, sondern als *ein* Baustein neben konzeptionellen Positionierungen und materiellen, symbolischen Formen, welche insgesamt kulturelle Konstruktionen hervorbringen.

2.1. Der „Sinn für das Spiel": Fachkulturen als mehrdimensionale Wirkungsgefüge

Angenommen, Sie sollten einem Marsmenschen, der noch nie in einem deutschen Schulgebäude geschweige denn im Unterricht gewesen ist, heute aber gerne genau dort einen Besuch abstatten möchte, erklären, woran er erkennen kann, ob er sich im Physik- oder Deutschunterricht befindet: Sie könnten vermutlich auf Anhieb verschiedene Kriterien nennen, an denen sich das Fach erkennen lässt. Vermutlich würden Sie sogar einige Kriterien nennen, die eine gewisse Übereinstimmung mit von anderen Personen spontan genannten Kriterien genannt werden würden. Entsprechend weisen schulische Fächer offenbar bestimmte Charakteristika auf. Diese lassen sich mit Liebau/Huber (1985) als bestimmte „unterscheidbare, in sich systematisch verbundene Zusammenhänge von Wahrnehmungs-, Denk-, Wertungs- und Handlungs-mustern" (ebd.: 315) fassen. Deutlich wird über diese Definition, dass es sich bei fachkulturellen Feldern um soziale Konstrukte handelt, welche sich aus vielfältigen Bausteinen zusammensetzen. Konzepte, nach denen sich fachkultureller Charakteristika vor allem auf die Ausbildung verschiedener Kompetenzen und Inhalte beziehen, greifen entsprechend deutlich zu kurz. Eben durch die Vielfalt des fachkulturellen Gesamtkonstruktes erweisen sich Fachkulturen auch als besonders stabile Systeme.

Schulische Fachkulturen sind also sozial konstruiert und zugleich mehrdimensionale Gefüge. Mit Bourdieu gesprochen lässt sich sagen, dass sie einer fachkulturellen Illusio unterliegen. Was ist unter der Illusio eines Feldes zu verstehen? Jedes Feld fordert von den Akteurinnen und Akteuren bestimmte Handlungen, indem es spezifische Ziele und Interessen, um diese Ziele zu erreichen, voraussetzt. Diese Interessen werden auch deshalb so überein-stimmend verfolgt, weil jedem Feld der feldspezifische „Sinn für das Spiel", eben das, was Bourdieu auch Illusio nennt, zu Grunde liegt (z.B. Bourdieu 1987: 122). Diese Illusio wird in Auseinandersetzung mit den äußeren Strukturen handelnd erworben. Für eine Teilnahme am ‚Spiel' wird eine gewisse Spielerfahrung der Akteurinnen und Akteure eines Feldes ebenso vorausgesetzt wie deren Identifikation mit dem ‚Spiel' selbst. Die Illusio eines jeweiligen Feldes wird also gleichzeitig vorausgesetzt und produziert. Die Illusio stellt ein theoretisches Konstrukt dar, welches sich Bourdieu zufolge nur empirisch erfassen lässt. Hierfür werden die habituellen und die feldspezifischen Aussagen der Fachkulturen zusammen betrachtet und herangezogen. Die Illusio wird entsprechend nicht wie Habitus und Feld an spezifischem empirischem Material dargestellt werden, sondern sie ‚spricht' aus den beiden anderen Komponenten. Eben über die Beschreibung dieser selten reflektierten (weil doxischen) Kultur-praktiken wird sichtbar, wie tief die fachkulturellen Konstruktionen auf materialisierter und gleichsam auf interaktiver Ebene reproduziert werden.

Durch die Zusammenschau der Aussagen zunächst für das Feld Deutsch, anschließend dann für das Feld Physik wird deutlich, wie die unterschiedlichen fachkulturellen Logiken ineinander greifen und sich gegenseitig stützen.

2.2   Doing discipline und doing gender

Die Herstellung (hoch-)schulischer Fachkulturen basiert also auf aktiven Konstruktionsprozessen. Grundlage fachkultureller Felder sind die Etablierung und Tradierung spezifischer fachinterner Logiken. Zentral bei der aktiven Herstellung ist aber offenbar auch die Abgrenzung zu bzw. die Bezugnahme auf andere fachkulturelle Felder. Grundlegende Systematiken basieren hier, und dieses Muster gilt international für den Kanon der Disziplinen, auf der binären Einteilung in Natur- und Geisteswissenschaften. Diese Einteilung geht auf Charles Percy Snow zurück, der diese Einteilung nicht nur für wissenschaftliche Disziplinen sah, sondern letztlich auch als Grundlage einer Teilung der gesamten Welt in zwei Sphären. Snow stieß mit seiner These der „two cultures" (1969) jedoch überhaupt erst eine Debatte los, weil er eine eindeutige Wertung der beiden fachkulturellen Bereiche zugunsten der Naturwissenschaften als geeignete Kultur zur Auflösung der Teilung in beide fachkulturellen Welten konstatierte.

Die grundlegende Wertung der beiden fachkulturellen Bereiche in die kapitalträchtigere Naturwissenschaftskultur und die weniger kapitalträchtige geisteswissenschaftliche fachkulturelle Seite gilt bis heute. Ebenso die grundlegende und nicht in Frage gestellte Binarität der fachkulturellen Welten: Die beiden Unterrichtsfächer Deutsch und Physik brauchen sich m. E. gegenseitig für ihre eigene Illusio und sind insofern nicht unabhängig voneinander denkbar. Die Besonderheit in diesen Feldern liegt darin, dass sie zwei Pole eines Paares bilden. Die Existenz der Kategorisierung Naturwissenschaften würde etwa ohne die Kategorisierung Geistes-wissenschaften, ihre Notwendigkeit verlieren.

Fachkulturelle Felder stehen immer in Wechselwirkung mit gesellschaftlichen Annahmen, Strukturen und Konzepten. Dabei müssen diese nicht einmal explizit erkennbar für die jeweilige Fachkultur bedeutsam sein. Besonders eindrücklich lässt sich diese verschränkte Bezugnahme am Beispiel eines gendering der fachkulturellen Felder nachzeichnen: In unseren Köpfen existiert ein zutiefst verankertes Konzept einer Zweigeschlechtlichkeit, unsere Gesellschaft unterscheidet in genau zwei binäre Geschlechter: männlich und weiblich. Ebenso teilen wir unsere Welt Goffman zufolge in binäre Oppositionen (hart-weich, rund-eckig, oben-unten, stark-schwach etc.) (vgl. z.B. 2001: 38). Diese Charakterisierungen werden nach dem „ursprünglichen Teilungsprinzip, das die menschlichen Wesen in Männer und Frauen unterteilt" (Bourdieu 1997: 189) in männlich-weiblich zugewiesen. Willkürliche Einteilungen erhalten somit eine geschlechtliche Zuweisung, hierarchische, ‚harte' und theoretische Bereiche werden der männlichen Welt zugewiesen, die weibliche gilt als eher kooperativ, ‚weich' und diskursiv zugänglich. Eben dieses Prinzip greift auch für die fachkulturellen Felder: Durch die Zuweisung von Feldern innerhalb unserer als zweigeteilt entworfenen Welt greift hier jedoch eine untrennbare Zuschreibung als vergeschlechtlichter Bereich. Fachkulturelle Untersuchungen aus dem (fach-) hochschulischen Bereich zeigen deutlich, dass sich die doxischen (also unhinterfragten) fachkulturellen Selbstverständlichkeiten an gegenderten Zuschreibungen der jeweiligen Disziplinen orientieren. Umgekehrt werden disziplinenspezifische Handlungsmuster als männlich oder weiblich interpretiert.

Erst die Zuweisung der binären Klassifikationen als hart vs. weich zu männlich vs. weiblich stabilisiert eine Asymmetrie in der Wertigkeit fachkultureller Felder, die letztlich willkürlich ist.

Die unterschiedlichen Wertigkeiten der Disziplinen entsprechen den gesellschaftlichen „gender status beliefs" (vgl. Ridgeway 2001: 256), welche auch die Assoziationen von unterschiedlichen Fachkompetenzen beinhaltet. Männern wird so entsprechend eher eine naturwissenschaftliche Kompetenz zugeschrieben, bei Frauen wird eben diese dissoziiert. Umgekehrte Zu-schreibungen existieren für die sprachlichen Fächer. Ebenso gelten für Frauen und für Männer unterschiedliche Anforderungen bezogen auf fachspezifische Arbeitsweisen, auf honorierbares Verhalten und fachliche Ordnungen. Dieses ist für den schulischen Bereich deutlich weniger untersucht, es scheinen aber vergleichbare Muster zu greifen. Willems zeigt auf, dass sehr unterschiedliche fachkulturelle Ebenen auf eine Verwobenheit eines doing discipline und eines doing gender verweisen, dieses gilt ebenso für die historische Entwicklung der Fächer wie z.B. auch für die fachspezifischen Inhalte und Vermittlungsformen (ausführlich dazu vgl. Willems 2007)[2]. Im Folgenden werden zunächst die Ausschnitte der Illusio beider Fächer dargestellt, bei denen Zuschreibungs- und Konstruktionspraktiken der Lehrkräfte wirksam werden. Der Blick richtet sich damit auf doppelte Konstruktionsprozesse von Lehrenden, die in ihrer Multiplikator_innenfunktion natürlich bedeutsam für ein Aufrechterhalten und eine Tradierung der fachkulturellen Illusio sind. Danach zoomen wir uns anhand eines weiteren Ausschnitts, nämlich

---

[2] In der Längsschnittuntersuchung war die Frage nach möglichen gendering-Mechanismen der fachkulturellen Felder zunächst hinten an gestellt: zunächst ging es darum, die Unterrichtsfächer als fachkulturelle Felder zu beschreiben. Die Bedeutsamkeit von Geschlecht wurde also nicht von vornherein unterstellt, sondern die Frage so offen gehalten, dass disziplinäre Charakteristika darauf hinterfragt wurden, ob sie Geschlechterdifferenzen aktivieren - oder aber eben auch nicht.

der Frage der Gestaltung von Lern-umgebungen in beiden Fächern, noch detaillierter an schulische Praxis heran. Beide Ausschnitte zeichnen nach, wie ein
Ineinandergreifen der beiden Kategorien im schulischen Alltag funktioniert –
und worüber sich die fachkulturellen Muster (re-)produzieren.

3   Die Rolle von Lehrkräften für die Ausbildung vergeschlechtlichter Fachkulturen

Für beide schulischen Unterrichtsfächer gibt es im gesellschaftlichen Diskurs
recht stereotype Zuschreibungen, welche sich auch durch die PISA-Ergebnisse
und verschiedentlich formulierten Förderbedarf von Jungen im Bereich der Lesekompetenz wie für Mädchen im Bereich Naturwissenschaften, speziell Physik,
nicht wesentlich geändert hat. Möglicherweise haben diese Diskussionen schulischer Inhalte, Methoden und Kompetenzanforderungen die fachkulturellen Stereotype sogar eher verstärkt. Die eigentlichen Fachleute sitzen jedoch in der
Schule selbst: die Lernenden und Lehrenden. Deren Zutritt und ihre Aufenthalts-
dauer in den fachkulturellen Feldern sind nicht spontan, sondern institutionell
geregelt. Welche Konzepte der schulischen Fachkulturen haben sie? Auffällig
ist, dass die Illusio der fachkulturellen Felder für beide untersuchten Unterrichtsfächern von allen Fachangehörigen sehr übereinstimmend entworfen wird. An
dieser Stelle präsentiere ich vor allem die Bausteine, an denen Lehrkräfte über
ihre Positionen und Handlungen entscheidend beteiligt sind.

3.1. Das schulische Unterrichtsfach Deutsch

Folgende Ausschnitte bieten eine Zusammenschau der Illusio des Faches
Deutsch[3]:
*   Deutsch ist heute in allen Schulformen Hauptfach, der Schwierigkeitsgrad
    des Faches Deutsch gilt gemeinhin im Vergleich zu anderen Fächern als
    nicht besonders hoch, die erforderlichen Fähigkeiten sind eher als ‚weich'
    konnotierte Kompetenzen. Mindestens implizit teilen Lehrkräfte diese Auf-
    fassung, bisweilen auch explizit.

Fachkulturelle Realitäten sprechen hier eine deutlich gegenderte Sprache: Studien v. a. im hochschulischen Bereich zeigen, dass in den (prestigeärmeren)
Disziplinen, in denen z. B. eher kritisch-hinterfragende Wissensstrukturen vor-

---

[3] Ausführliche empirische Belege für die hier angeführten Aussagen finden sich bei Willems (2007).

herrschen und die zudem stärker auf Lehre als auf Forschung ausgerichtet sind – und dies sind die geistes- und sozialwissenschaftlich ausgerichteten Fächer –, Frauen zu höheren Anteilen vertreten sind als in den Fächern, in denen sich genau umgekehrte Ausrichtungen zeigen – nämlich in den Natur- und Wirtschaftswissenschaften (vgl. Nissen et al. 2003). Auch hier greifen die genannten Eignungszuschreibungen der Lehrenden. Lehrkräfte sind natürlich auch in ihren Fächern über den so genannten Reproduktionszirkel[4] schulischer und hochschulischer Fachkulturen sozialisiert und tragen dieses Kulturwissen ihrer Fächer wieder in die Schulen.

Inwieweit das Geschlecht der Lehrenden auf eine positive oder negative Prägung des Faches bei den Lernenden hinwirkt, kann über die diesem Aufsatz zugrunde liegende Studie nicht beantwortet werden. Deutlich ist jedoch, dass die Lernenden in Deutsch wahrscheinlicher von einer Frau unterrichtet werden als von einem Mann, dieses gilt für den Primarschulbereich noch extremer als z.B. für den gymnasialen Bildungszweig. Im dreijährigen Beobachtungszeitraum zeigte sich das Verhältnis der Lehrenden fast umgekehrt zu Physik: Das Fachkollegium setzte sich aus 13 Frauen und acht Männern zusammen, in den beobachteten Klassen unterrichteten sieben Frauen und ein Mann.

Die Deutsch-Lehrkräfte entwickeln in ihren Aussagen einen heimlichen Lehrplan, demzufolge als die wichtigste Aufgabe subjektive Positionierungen und Argumente sowie eine entsprechende Heterogenität in den Antwortmöglichkeiten als förderlich erachtet werden. Konkrete Fachinhalte werden für diese Ziele nutzbar gemacht – oder hinten angestellt. Ein besonders geeignetes Medium zum Erreichen dieser Aufgabe ist der Literaturunterricht. Während die Lehrenden für die Mädchen von einem quasi natürlichen Interessens- und Begabungskonzept für das Fach Deutsch ausgehen, wird den Jungen zugeschrieben, dass sie von sich aus wenig interessiert und auch wenig mit geeigneten Fähigkeiten zum Erreichen der Unterrichtsziele ausgestattet seien. Die Mädchen seien diskussionsfreudig, nähmen sich Zeit für ihre Aussagen, entwickelten Bilder im Hinblick auf die Unterrichtsthemen, die Jungen hingegen gelten als ziel- und faktenorientiert und wenig diskussionsfreudig. Unterrichtsinhalte und -methoden werden jedoch auf die den Jungen zugeschriebenen Interessen ausgerichtet. Die Mädchen, so wird geurteilt, würden damit gleichermaßen motiviert und erreicht, notfalls würde ihnen eine Anpassung leichter fallen.

Für den folgenden Punkt richte ich den Blick zunächst auf die Lernenden: Die Mädchen nennen das Fach Deutsch, anders als die Schüler, häufig als „inter-

---

[4] Dem Reproduktionszirkel zufolge werden Lernende in ihrer eigenen Schulzeit fachsozialisiert, im Falle einer Berufsentscheidung für das Lehramt verstärkt sich die fachkulturelle Enkulturation an den Universitäten, mit dem Eintritt der fertig ausgebildeten Lehrkräfte werden die Fachkulturkenntnisse wieder in die Schule getragen, an Lernende weiter gegeben etc.

essantestes Fach", vor allem aber auch als „Lieblingsfach". Hingegen sehen nur
wenige Jungen Deutsch als „interessantestes Fach", bei der Einordnung als
„Lieblingsfach" ordnen sie Deutsch im Mittelfeld an. Sowohl bei den Jungen als
auch bei den Mädchen liegen Fach- und Sachinteresse wie auch Begabungs-
selbstkonzept höher als in Physik. Wenngleich die Mädchen die besseren Noten
haben, zeigen die Jungen ein höheres Selbstkonzept als ihre Klassenkameradin-
nen. Diese Einschätzung widerspricht den Aussagen, die sich über die v. a. nach
PISA 2003 gemessenen Daten ergeben: Hiernach ist entscheidend, dass die Lesekompetenz der weiblichen Lernerinnen deutlich über denen der Jungen liegt,
diese finden sich im Gegensatz dazu in genau diesem Bereich besonders häufig
auf der untersten Kompetenzstufe. (vgl. PISA-Konsortium Deutschland 2004).
An diesem Punkt spiegelt sich die Arbeit der Lehrenden: Offensichtlich gelingt
es in Deutsch nicht, die guten Leistungen der Mädchen in ein positives Fach-
selbstkonzept zu übertragen, bei den Jungen funktioniert dies hingegen – und
auch ohne die entsprechenden Notennachweise – umso besser. Die Lehrenden
entwerfen die Mädchen als die geeigneteren Lernerinnen für Deutsch, weisen
jedoch schulischen Einfluss auf die Interessens- und Begabungslage von sich.

Schülerinnen und Schüler selber sagen aus, dass sie unterschiedliche Faktoren als förderlich wahrnehmen. Entscheidend sind Unterrichtspraktiken der Lehrenden: Dabei zählen u.a. das Feedbackverhalten der Lehrenden und die Klarheit
der Unterrichtsstruktur zu den Faktoren, welche in besonderem Maße von den
Mädchen als wichtig erachtet werden (vgl. z.B. Todt 2000). Eben diese Faktoren
werden im Deutschunterricht im Sinne der Mädchen gestaltet: Die Struktur und
der Anlauf sind recht klar und das Feedback beinhaltet klare Regelanweisungen,
es gibt häufiges Lob für die Lernenden und Kritik erfolgt als fachliches Feedback mit Interpretationsspielräumen und nicht als persönliche Kritik (vgl. Faul-
stich-Wieland/Willems 2002).

Aus den verschiedenen Blickwinkeln verdichtet sich die Illusio des Unterrichtsfaches Deutsch zu einem in sich stimmigen und fachspezifischen Gefüge.
Bedeutsam sind für verschiedene Bereichen der Konstruktion des Feldes die
Grenzen zu anderen Feldern. Die Illusio des Faches Deutsch verweist darauf,
dass vor allem kollektives Aushandeln als selbstverständliches Ziel erachtet
wird. Das Herstellen eines Fachklimas, in dem individuelle Positionen gefördert
und vorschnelle, rein ergebnisorientierte Aussagen reduziert werden sollen, steht
an erster Stelle. Ziel der Fachkultur Deutsch ist es, die Fachressourcen, auch in
materieller Hinsicht, dahingehend einzusetzen, dass jede/r Lernende möglichst
optimal gefördert wird. Die Arbeitsweisen des Faches Deutsch entsprechen diesem Ziel: Die Entwicklung einer eigenen Persönlichkeit und die Kompetenz,
diese auch kundtun zu können, erfordert die Positionierung als eigenständige
Person (z.B. über gemeinsames Lesen und anschließende Diskussionen über

unterschiedliche Interpretationen eines Textes) sowie einen reflektierenden Umgang mit der eigenen Person, dies braucht Zeit und Spielräume. Die als besonders hilfreich erachteten Kompetenzen einer bildhaften Sprache, einer ausgeprägten Diskussionsbereitschaft und das Anliegen, sich nicht vorschnell festzulegen, stützen dies. Kommunikationsbereitschaft und -kompetenz sind notwendige Voraussetzungen für das Erreichen der Fachziele bei sich selbst und bei anderen. Auf den ersten Blick werden diese ‚Spielinhalte' von den Beteiligten auf sehr vielfältigen Ebenen gemeinsam inszeniert und mitgetragen.

Auch anhand der Frage nach der Relevanz der Kategorie Geschlecht innerhalb der fachkulturellen Illusio des Faches Deutsch möchte ich den spezifischen Glauben an das Feld genauer durchleuchten: Die Konstruktion des Faches Deutsch als kommunikativ, kollektiv ausgerichtet und gleichzeitig individuell gestaltbar ist deutlich erkennbar. Hiermit ist zunächst noch keine explizite Aussage gemacht über ein gendering des Faches. Die Zuweisungen, die Deutsch als ‚weiches' Fach charakterisieren, sind jedoch unmittelbar mit unseren alltäglichen Assoziationen zu dem, was als weiblich bzw. als männlich gilt, verknüpft. Zwar handelt es sich (wie beschrieben) zunächst um willkürliche Zuweisungen dieser symbolischen Repräsentationen (vgl. Goffman 2001), die Ordnungen sind jedoch gleichzeitig extrem fest in unseren Genderkonzepten verankert. Bourdieu spricht nicht ohne Grund von „Nötigung durch Systematizität" (vgl. 1997). Die Charakterisierung als ‚weich' wird in unserer Gesellschaft dem weiblichen Bereich zugewiesen. Die Illusio des Faches Deutsch als ‚weiches' Fach beinhaltet also zugleich die Implikationen einer Zuweisung als ‚weibliches' Fach. Zum Maßstab erhoben werden hiermit als ‚weiblich' zugeschriebene Kompetenzen. Wie zeigt sich ein gendering des Faches Deutsch? Zunächst wird das Fachziel für Jungen und Mädchen gleichermaßen formuliert. Die Lehrenden verweisen in ihren Positionen nun aber deutlich auf eine gegenderte Rezeption des Faches als weiblich: Um den fachspezifischen Sinn erfüllen zu können, sind von den Lernenden bestimmte Kompetenzen gefordert: Zuhören können, diskutieren mögen, sich austauschen stehen stellvertretend hierfür. Diese Kompetenzen werden sehr eindeutig den Schülerinnen zugeschrieben, sie unterstellen sogar, dass diese nicht einmal erst im Verlaufe der Deutschsozialisation erworben werden müssen und stattdessen quasi angeboren seien. Im Gegensatz dazu verfügen die Jungen, so die Aussagen der Lehrenden, genau nicht über diese Fähigkeiten, sondern fast über entgegen gesetzte: Zielstrebigkeit und schnörkellose Ergebnisorientierung zählen hierzu. Das Interesse der Jungen muss nun vermeintlich über kleine Umwege geweckt und wach gehalten werden, die Unterrichtskonzepte werden also konsequenterweise auf die männlichen Lernenden ausgerichtet. Dies scheint nur zum Teil erfolgreich, die Einschätzung des Faches Deutsch in den Positionen der Jugendlichen zeugen davon. Mädchen finden – wie von den Lehrkräften vermutet – das Fach wirklich interessanter als Jungen, ihre Begabung schätzen sie jedoch niedriger ein. Möglicherweise spiegelt sich hier das u. a. die Jungen aktiv inkludierende Vorgehen in Deutsch.

In den fachkulturellen Interaktionen ergibt sich nun eine quasi paradoxe Situation: Trotz des allgemein anerkannten Fachsinns als individuell persönlichkeitsfördernd werden die Lernenden eben nicht als Individuen, sondern als Angehörige ihrer Geschlechtergruppe wahrgenommen – als männliche Deutschlerner oder weibliche Deutschlernerinnen. Dabei wird weder gesehen, dass es keine einheitliche Mädchen- oder einheitliche Jungengruppe in Bezug auf Interessen und Begabung gibt, noch, dass das Zusammenspiel zwischen Themeninteresse und eigenen Voraussetzungen, wie z.B. der Begabung, bei allen Personen gleich funktioniert. Die Lehrenden trennen hingegen fachkonzeptionell ‚nur noch‘ zwischen Jungen und Mädchen. Damit wird die Berücksichtigung individueller Interessen und Kompetenzen bereits auf einer vorgeschalteten Ebene beschnitten und gender systematisch als Kategorie eingesetzt, anhand derer sich Fachinhalte, Bewertungen von Interessen und Kompetenzen und unterrichtliche Interaktionen ausrichten.

3.2   Das schulische Unterrichtsfach Physik

Aus verschiedenen fachkulturellen Bausteinen lässt sich die Illusio des Unterrichtsfaches Physik nachzeichnen:

- Physik hat heute den Status eines zu verschiedenen Zeitpunkten abwählbaren Nebenfaches mit vergleichsweise niedrigem Stunden-kontingent, gilt jedoch als Fach mit eher hohem Schwierigkeitsgrad und der Notwendigkeit so genannter ‚harter‘ Kompetenzen. Lehrkräfte empfinden dieses Image vor allem als Problem, welches auch bei den derzeitigen Reformbemühungen vieler Schulen zu fachübergreifenden Natur-wissenschaftscurricula und – fächern eine Rolle spielt (Wie viel Physik muss bzw. darf sein, damit Lernende das Fach attraktiv finden?).

In quantitativer Hinsicht bildet Physik bezogen auf die Lehrenden ein Extrem in männlicher Richtung – deutlich mehr Männer unterrichten Physik, auch dieses gilt für alle Schulformen. Die Zuschreibung des Faches Physik als ‚Jungenfach‘ wird u. a. über die Beliebtheitszahlen des Faches und die damit zusammenhängenden Wahlzahlen bei den Lernenden deutlich. Zunächst gilt Physik bei Jungen wie bei Mädchen als unbeliebtes Unterrichtsfach. Dennoch wählen deutlich mehr Jungen als Mädchen freiwillig z.B. in Oberstufenkursen Physik (vgl.

z.B. Nissen et al. 2003: 26f.). In (fach-)hochschulischen Kontexten setzt sich dieser Trend noch sehr viel zugespitzter fort. Auch das domänenspezifische Selbstkonzept der Lernenden zeigt für die Jungen auch bei schlechteren Schulleistungen in Physik ein besseres Selbstwertgefühl, bei den Mädchen ist dies genau umgekehrt. Es ist zu vermuten, dass Eignungszuweisungen von Lehrkräften hierbei eine Rolle spielen (vgl. Ziegler et al. 1998): Lehrende halten Jungen besonders für naturwissenschaftliche Studienfächer für geeignet, Mädchen werden eher die Studiengänge Grundschullehramt und sprachliche Fächer zugewiesen. Im Bereich der Naturwissenschaften zeigen sich PISA 2003 zufolge jedoch keine signifikanten Leistungsunterschiede zwischen den Geschlechtergruppen, die auf tatsächliche Kompetenzunterschiede verweisen würden (vgl. PISA-Konsortium Deutschland 2004).

Mögliche Ursachen für die Entscheidungsunterschiede für oder gegen Physik können vielmehr in den Strukturen des Faches gesehen werden (vgl. hierzu Faulstich-Wieland/Willems 2002). Die Chronologie des Unterrichts-ablaufs bleibt ebenso wie Erläuterungen, Anweisungen und Feedback eher unklar, zudem lassen sich fachliche Erklärungen für beobachtete Phänomene vermissen. Regeln und auch Disziplinierungen bleiben in Physik ebenfalls eher vage. Für Mädchen stellen diese Strukturen stärker ein Lern- und Motivationshindernis dar als für Jungen. Zudem wird das Feedbackverhalten unterschiedlich gestaltet: während für die Schülerinnen das Desinteresse am Fach Physik eher verstärkt wird durch eine Konzentration auf Zurechtweisungen und durchaus persönliche Kritik, wird den männlichen Lernenden durch ein Anknüpfen an unterrichtsbezogene Aspekte eher die Chance geboten, ihr Desinteresse zu verringern.

Anders als in Deutsch werden die Mädchen nicht als Zielgruppe der Unterrichtsinhalte und -abläufe gesetzt, vielmehr gehen die Lehrkräfte davon aus, dass sich ohnehin wenig Lernende für das Fach interessieren würden und sie selber – möglicherweise sogar die Institution Schule insgesamt – auf diese Haltung auch wenig Einfluss haben, so die Aussagen der Lehrenden. Konsequenterweise werden am untersuchten Gymnasium auch keine Neigungskurse für den Bereich Physik angeboten. Die Motivation für das Fach liegt somit in der Verantwortung der Lernenden. Damit ergibt sich folgende Situation: die Lernenden, die Mädchen noch deutlicher als die Jungen, konstatieren, dass die Zielsetzung und der Sinn des Faches sie tatsächlich nicht erreicht, die Lehrenden bleiben aber bei ihrer Überzeugung, welche fach-kulturellen Konzepte in Physik wie zu vermitteln seien. Dabei Lernende nicht zu erreichen gilt als normal und wird billigend in Kauf genommen.

In diesem Zusammenspiel kann durchaus der fachspezifische Sinn gelesen werden, dass Physik eine exklusive Position im Gefüge des Fächerkanons einnimmt. Die weiteren Aussagen der Fachlehrkräfte stützen dies: Die feststellbare quantitative Verteilung der Geschlechter in wählbaren Physikkursen ist für die Lehrenden eine logische Folge der Interessensunterschiede zwischen Jungen und Mädchen. Die ‚echten' physikalischen Themen werden eher den Jungeninteressen zugeordnet, für die Mädchen werden die thematischen Randbereiche und Schnittmengen zu anderen Fächern als interessant angenommen. Wenngleich die Lehrenden explizit eine gleiche fachliche Ausgangslage für Physik konstatieren, so wird im gleichen Zuge eine Kompetenzzuschreibung vorgenommen, die eindeutig gegendert wird. Dabei gehen die Lehrenden von gleichen Kompetenzen bei Mädchen und Jungen aus wie die Lehrenden in Deutsch: Jungen verfügen demnach über Faktenwissen, Mädchen übcr Diskussionswissen. Für das Fach Physik ist Ersteres nutzbarer, subjektive Positionierungen sind wenig, eben nur in den physikthematischen Randbereichen, gefragt – insofern ist der Ausschluss der weiblichen Lernenden vom Fach Physik nur die logische Folge der mitgebrachten Voraussetzungen. In seinem exklusiven Verständnis richtet sich Physik also nur an wenige Lernende überhaupt, wenn, dann aber vorrangig an Jungen.

In Physik sind sehr klar völlig andere Ausrichtungen und Zielsetzungen erkennbar als in Deutsch. Aus allen unterschiedlichen ausgewerteten Ebenen spricht die Zielsetzung des Faches als exklusives Wissensfeld. Wenngleich der Zugang zu und die Teilnahme an Physik wie für Deutsch über die Vorgaben des Feldes Schule geregelt wird, stellen die Akteure und Akteurinnen ihr Fach immer wieder als besonders heraus.

Die Konzentration auf Physik als Wissen über physikalische Inhalte und Vorgänge, welche völlig anders als in Deutsch außerfachliche und außerschulische Themen und Inhalte deutlich ausgrenzt, wird von Lehrenden und Lernenden gleichermaßen akzeptiert und getragen. Letztlich konsequent wird daher die Annahme der Fachlehrkräfte, das Interesse am Fach sei v. a. durch Einflüsse und Abläufe beeinflussbar, die außerhalb ihres Faches gesehen werden, auch als fachkulturelles Thema nicht weiter berücksichtigt. Den Schülerinnen und Schülern gegenüber wird diese Sicht nicht – zumindest nicht explizit – transparent gemacht. Sie verankern ihre Einschätzung des Faches Physik im Hinblick auf Selbstkonzepte wie auf Fachmotivation genau innerhalb des Feldes selber, deutlich sogar noch auf das Agieren der Lehrenden ausgerichtet. Der Glaube an das Feld wird somit von allen Beteiligten als ein Glaube installiert, der zentral auf Inklusions- und Exklusionsmechanismen ausgerichtet ist. Dabei spielt weniger die Abgrenzung zu anderen Fächern eine Rolle als vielmehr die Abgrenzung nach innen, welche eine Feldzugehörigkeit ermöglicht oder eben nicht.

Auch diese hegemonialen Praktiken verweisen zunächst nicht explizit auf ein gendering der Fachkultur. Hier greift jedoch die Zuweisung von Feldern innerhalb unserer als zweigeteilt entworfenen Welt. Insofern ergibt sich aus der in sich stimmigen Illusio des Faches automatisch auch eine gegenderte Illusio, da

diese untrennbar miteinander verwoben sind. Innerhalb der bis hier nachgezeichneten Illusio zeigt sich Geschlecht als weiteres Inklusions- oder Exklusions-
merkmal anhand verschiedener Fachkulturausschnitte: an der quantitativen Ge-
schlechterverteilungen der Lehrenden oder an den Zahlen (freiwilliger) Beteiligung durch die Lernenden. Entscheidend wirken auch die unsichtbaren Zuschreibungen des heimlichen Lehrplans: Die erfolgreiche Aneignung der physikalischen Fachinhalte als ‚hartes' Wissen mit vermeintlich objektiven Wahrhei-
ten setzt demzufolge besondere Kompetenzen wie v. a. Faktenwissen und wenig
diskursive Auseinandersetzungen – eindeutig als Jungenkompetenzen zugeschriebene Bereiche – voraus. Den Mädchen, welche Diskussionswissens als
Kompetenz zugeschrieben bekommen, eröffnen sich damit im Fach Physik nur
wenige Erfolg versprechende Themenbereiche. Hierin liegt das entscheidende
gendering der Fachkultur Physik. Daraus ergeben sich Konsequenzen, die das
Unterrichtsgeschehen und v. a. dessen Inhalte zu weiten Teilen bestimmen: Unterrichtsinhalte werden nicht diesen Interessenszuschreibungen angepasst, dies
würde die Fachkultur Physik mit ihrem klar abgesteckten Wissensspektrum auf-
weichen. Vielmehr ergeben sich quasi als unveränderlich gedachte Folge Bereiche, welche den Jungen- und Mädcheninteressen anhand der angenommenen
Kompetenzen zugeschrieben werden. Danach werden die ‚wirklich' physikalischen Themen, also die Themen, die im Kern der entworfenen Fachkultur Physik
anzusiedeln sind, den männlichen Lernenden zugewiesen. Den Mädchen werden
Stärken und Interesse für Randbereiche der Physik übereignet. Zugleich liegen in
den Zuweisungen der Bereiche nicht nur quantitative Ungleichheiten – Randbereiche kommen seltener vor als Kernthemen –, vor allem geht damit eine Wertung der (auch letztlich notenrelevanten) Fachkompetenzen einher. Die Illusio
des Faches Physik unterliegt damit einer Vergeschlechtlichung als männliches
Fach.

4   Wirksamkeit von Raum(an-)ordnungen für fachkulturelle Settings

Offensichtlich rekurrieren alle Fachangehörigen immer wieder in sich stimmige Annahmen und Handlungsmuster. In einem weiteren Schritt soll anhand eines noch kleineren fachkulturellen Ausschnittes gezeigt werden, wie „aus einer kulturellen Konstruktion immer wieder soziale Realität werden [kann]?" (Krais 1993: 215f.). Die Bedeutung von Raum und Raumanordnungen für schulisches Alltagshandeln wurde bisher wenig beachtet. Gegen diese Vernachlässigung spricht, dass Raum (einem schwedischen Sprichwort zufolge) als „dritter Pädagoge" durchaus gleichberechtigt neben den Einfluss der Lehrenden und der peers gestellt werden kann. Auch die Konstitution fachkultureller Felder erfolgt über ein enges Zusammenwirken von Akteurinnen und Akteuren und Strukturen des Feldes. Raum bezeichnet hierbei sowohl als materiell-architektonische örtliche Umgebung, aber auch als räumliche Wirkung z.B. auf soziale Positionierungen. Die Sozialität fachkultureller Gemeinschaften lässt sich unter dem Blickwinkel von örtlichen und räumlichen Anordnungen gut fassen. Folgende Ausschnitte (der Fokus auf Sitzordnungen sowie auf die Herstellung von Exklusivität der fachkulturellen Lernorte) verweisen auf die Wirksamkeit für fachkulturelle Settings.

Betrachten wir zunächst die Raum(an)ordnungen für das Fach Deutsch:

• Die Fachkonstruktionen, welche sich über Unterrichtsorte ablesen lassen, widerspiegeln noch erheblich deutlicher als die expliziten Interviewaussagen der Feldangehörigen, dass die Fachgemeinschaft für das Fach Deutsch wenig fachspezifische Ressourcen exklusiv für sich beansprucht – und entsprechend auch gut ohne sie (oder gerade dadurch) ihre Fachinhalte verfolgen kann. Die Verschränkung von fachspezifischen und außerfachlichen Themen zieht sich wie ein roter Faden durch den beobachteten Bereich. Die Bereiche, die nicht eindeutig auch der Allgemeinheit zugewiesen sind, werden von den Lehrkräften individuell – und schon fast symbolisch im Rahmen der Größe ihres Faches im Lehrendenzimmer – gestaltet. Fachspezifische Arbeitsplätze, die exklusiv den Deutschlehrenden (oder auch -lernenden) vorbehalten wären, gibt es nicht, entsprechend für die Fachlehrkräfte auch kaum eine oder keine Rückzugsmöglichkeiten, wo sie nicht als Ansprechpersonen für Deutsch, aber auch darüber hinaus, zur Verfügung stehen.

An den eigentlichen Unterrichtsorten, in den Klassenzimmern, geben die Lernenden das Ambiente vor und greifen dabei oft auf außerschulische Gestaltungselemente zurück. Die kooperative Herstellung zeigt sich auch in der Pultnutzung:

dieses wird eher als Baustein zur Gestaltung gemeinsamer unterrichtlicher Arrangements genutzt, als Privileg jedoch wenig eingesetzt. Umgekehrt nutzen die Lernenden sehr wohl ihr ‚Hausrecht', die Unterrichtsorte in ihrem Sinne zu gestalten. Dies eröffnet ihnen auch auf der interaktionellen Ebene gute Mitbestimmungsmöglichkeiten: Zu spät Kommende haben freien Zugang zum Klassenzimmer und können daher verhältnismäßig leicht noch in den Unterricht einsteigen. Auf der formalen Ebene scheinen die Lehrenden dieser wenig hierarchischen räumlichen Prägung zuzustimmen. Die fachkulturelle Illusio einer gemeinsamen, ggf. sogar die außer-deutschfachkulturelle Gemeinschaft integrierenden Herstellung sozialer Kontexte über Räume und Orte wird hier deutlich. Doing differences werden über Inszenierungen als doing student[5] oder doing discipline relevant, jedoch nicht im Sinne eines doing gender.

Die Sitzarrangements der Lernenden hingegen zeigen im Fach Deutsch eine deutliche Ausrichtung auf die Strukturkategorie Geschlecht: Sitzordnungen werden angewiesen und ausgehandelt in erster Linie unter doing-gender-Aspekten, die Lernenden wählen hierbei von sich aus in unterschiedlich großen Formationen eindeutig gleichgeschlechtliche Sitzpartnerinnen oder Sitzpartner bzw. ganze Sitzgruppen. Die Wünsche der Lernenden bilden zugleich das wichtigste Kriterium für die Entscheidungen bezüglich der Sitzordnung. Wenn die Lehrenden eingreifen, folgen sie disziplinierenden Vorhaben, hierfür ist es eine gängige Praxis, die gewünschten geschlechterhomogenen Anordnungen aufzulösen und die störenden Jungen oder Mädchen in gemischtgeschlechtlichen Konstellationen unterzubringen. Bei Zuordnungen, die Freundschaften oder ein Profitieren von der Kompetenz der Klassenkameraden oder -kameradinnen relevant setzen, folgen die Jugendlichen ebenfalls wann immer möglich zunächst einer geschlechterhomogenen Zusammensetzung, zeitweise wird jedoch hier einem doing student Vorrang gegeben (z.B. bei Klassenarbeiten setzen sich Lernende bevorzugt neben kompetente Mitschüler_innen). Die Lernenden geben diese gegenderten Arrangements explizit vor, die Lehrenden folgen diesem Kriterium übereinstimmend.

Was zeigen diese konkreten Ausschnitte räumlicher Settings im Fach Deutsch? Durch die dichte Beschreibung der Unterrichtskulturen in Deutsch werden die gendering-Mechanismen des Faches Deutsch deutlich. Während Lehrende ihren Umgang mit den Jugendlichen allgemein wenig hierarchisch darstellen und sich sehr weit in den Dienst der fachkulturellen Illusio stellen

---

[5] Als doing student lassen sich die Strategien von Schülerinnen und Schülern bezeichnen, mit denen sie strukturellen Bedingungen von Schule begegnen, welche durch institutionelle Kontrolle der Lernenden gekennzeichnet sind. Diese Strategien können sowohl in Form von Widerstand als auch als Anpassungshandlungen inszeniert werden (ausführlich dazu vgl. Faulstich-Wieland/Weber/ Willems 2009: 197ff.).

(Bsp. Pultnutzung, Feedbackverhalten), greifen über die Inszenierungen der Lernenden soziale Arrangements zum Teil fast eher zufällig für Deutsch. Das zeigt etwa die Gestaltung der Unterrichtsorte als ,Klassenheimat'. Dennoch findet der Deutschunterricht auch nicht zufällig im Klassenraum statt, vielmehr wird eine Eignung des Faches für einen eher unspezifisch gehaltenen Unterrichtsort von allen Entscheidungsträgerinnen und -trägern angenommen.

Auch in dem Ziel des Einbeziehens allgemeiner, auch außerunterrichtlicher Themen in den Deutschunterricht gibt es eine einseitige Bewegung, die von den Lehrkräften ausgeht; umgekehrt werden die Inhalte und Ziele des Deutschunterrichts von Seiten der Jugendlichen als wenig relevant für außerschulische Perspektiven angesehen. Innen und Außen ergeben also keinen Kreislauf, sondern es erfolgen nur Inputs von außen. Für die Illusio des Faches Deutsch fällt auf, dass die Arrangements der Unterrichtsorte, der Umgang mit fachkulturellen Ressourcen und interaktionelle Praktiken sich gegenseitig stützen.

Welche Raumanordnungen zeigen sich für das Fach Physik?

• Auch die anhand fachkultureller Orte und Räume erhobenen Daten entsprechen einem exkludierenden Verständnis. Hierbei ist Geschlecht jedoch nicht als grenzziehendes Kriterium auszumachen, vielmehr spiegeln die Raum- und Ortsinszenierungen die Illusio des Faches als exklusiv und hierarchisch strukturiert. Physik ist eines der wenigen Schulfächer, dem eigene, fachspezifische Unterrichtsorte zugestanden werden. Die fachspezifische Nutzung v. a. auch der Physiksammlung ermöglicht den Lehrenden fachspezifische Vor- und Nachbereitungen und garantiert fachinterne Zusammentreffen an diesen Orten. Zugleich ist dieser Bereich räumlich isoliert und anderen Schulmitgliedern nicht frei zugänglich. Innerhalb dieser Orte liegt die Gestaltung allein bei den Fachlehrenden und wird fast ausschließlich auf physikfachliche Inhalte ausgerichtet. Die Fachattribuierungen von Physik als im weitesten Sinne ,gefährlich' und ,spezifisch' werden hierbei herangezogen.

Die Unterrichtsorte, insbesondere die Hörsäle, sind zudem nicht auf Austausch angelegt, eine Ausnahme bildet das im Physikunterricht fest etablierte Modul der Schüler_innenexperimente. Diese funktionieren in der Regel über einen Zusammenschluss der Jugendlichen zu Arbeitsgruppen. Im Hörsaal funktioniert diese Arbeitsweise nicht, dort kann nur auf Demonstrationsexperimente zurückgegriffen werden, in ,normalen' Physikräumen werden jedoch für dieses Modul die eher von den Lehrenden dirigierten Strukturen wie z.B. Sitzordnungen aufgeweicht und Bewegungsfreiräume für bestimmte Zeitfenster geschaffen – dieses ist sonst nur den Lehrenden vorbehalten.

Die Entscheidung über den Zutritt ist recht hierarchisch geregelt, sie liegt bei den Lehrenden und geht über die reine Schlüsselmacht hinaus (deutlich z.b. im Umgang mit Verspätungen).

Auch in der Herstellung sozialer Räume wie z.b. des Pults spiegelt sich ein eher hegemoniales Verständnis des Faches. Zunächst ist der Unterricht zwangsweise frontal ausgerichtet, weil das Pult an allen Unterrichtsorten fest gemauert ist. Durch die besondere Höhe und die Baumaterialien der Pulte, welche sich vom üblichen Mobiliar deutlich unterscheiden, wird eine klare Grenzziehung zwischen den Klassen und den Lehrkräften inszeniert.

Die unterrichtliche Frontalinszenierung benachteiligt bzw. schließt in der Regel diejenigen vom Unterricht aus, die weiter hinten sitzen. Die Lehrenden reflektieren dies durchaus – so lassen sie die Lernenden immer wieder an relevanten Stellen nach vorne kommen, damit alle sehen können – und haben sich für dieses Problem Abhilfe über die rotierende Sitzordnung erhofft. Dieses Prinzip wird jedoch nicht konsequent eingehalten, so dass die im Hinblick auf Partizipationsmöglichkeiten ‚besseren‘ Sitzplätze meist von den männlichen Lernenden belegt werden. Dies wiederum wird von den Fachlehrkräften nicht bemerkt und reflektiert. Verweise auf explizite geschlechtsspezifische Zuschreibungen in den Inszenierungen der Fachräume und -orte sind – bis auf die Praktiken in den Sitzordnungen – nicht erkennbar. Die Jugendlichen orientieren sich jedoch vor allem – im Sinne eines doing gender – am Prinzip der Geschlechterhomogenität der Sitzbereiche. Den Lernenden ist eine schlechtere Beteiligungsmöglichkeit in den hinteren Reihen durchaus bewusst, so dass an einigen Stellen auch im Sinne eines doing student Plätze im vorderen Bereich angestrebt werden. Diese Wahl akzeptieren die Lehrenden meist und greifen nur ein, wenn disziplinierende Maßnahmen erforderlich scheinen.

Die Exklusivität und Abgeschlossenheit des Faches Physik wird besonders plastisch bei der Sicht auf räumliche und örtliche Inszenierungen: Grenzziehungen finden sich als zentrales Prinzip der fachkulturellen sozialen Praktiken, übereinstimmend sammelt sich das Physikwissen in einem klar abgegrenzten Bereich („die Physik" genannt), Zugänge zu den Fachorten werden räumlich und zeitlich nur über Fachlehrkräfte zugelassen, außerhalb der institutionell festgelegten Fachzeiten wird der persönliche, v. a. aber auch der Wissensaustausch (Nachfragen etc.) zwischen Lehrenden und Lernenden schwer gemacht. Zugleich findet eine Konzentration physikalischer Geräte, der Fachlehrkräfte und deren Anwesenheit an der Schule innerhalb der Fachräumlichkeiten statt. Sowohl Zeit als auch Orte stellen innerhalb der Institution Schule hart umkämpftes Kapital dar, gemessen daran kommt dem Fach Physik hier eine prestigeträchtige Position zu. Die als hegemonial konstruierte Illusio des Feldes wird an dieser Stelle sehr deutlich gleichzeitig vorausgesetzt und reproduziert.

In beiden Fächern sind Räume und Orte sehr deutlich symbolische Produzenten fachkultureller Ordnungen, sie stützen die Illusio des jeweiligen Faches. Indem sie zudem die jeweils ‚weiche' und ‚harte' Symbolik aufgreifen stabilisieren sie das gendering, die vergeschlechtlichende Zuschreibung der beiden Fachkulturen.

5 Reflexionen

Schulen sind dynamische Systeme, in denen sich – durch Auflagen oder Anregungen von ‚außen' oder durch erkannte Bedarfe oder Bedürfnisse von ‚innen' heraus – Perspektiven auf Bildungsprozesse ebenso wie auf die eigentlichen Hauptpersonen, die Lernenden, stetig und verändern. Hierin liegt eine große Chance für die Bildungs- und Schulentwicklungsforschung, da immer neue offene Augen und Ohren entstehen.

Der diesem Beitrag zu Grunde liegende Ansatz verfolgt die Idee, dass bereits vorhandene, weil alltägliche schulische (Aus-)Handlungsfelder ein wenig aus dem Schatten der täglichen Routinen gerückt werden sollten, um die in ihnen steckenden Wirkungen reflektierten zu können. Meines Erachtens stecken hierin vor allem *Chancen* für unterrichtliche Situationen.

Aus den hier dargestellten Ausschnitten können sich z.B. folgende Fragen ergeben, welche sich alle an entsprechenden fachkulturellen Settings Beteiligten stellen können:

- Betrachte ich meine eigene Fachsozialisation eigentlich als typisch für das Fach? Worin liegen ggf. Besonderheiten?
- Welche fachkulturellen Zuschreibungen bezogen auf das Fachimage transportiere ich eigentlich? Welche sind mir wichtig, weil sie in meinen Augen wertvoll sind? Welche würde ich gerne zukünftig weglassen oder ggf. ersetzen?
- Welche Fragen an die eigene Fachkultur kann ich mir stellen? Welche könnten die Lernenden stellen? Wie würde ich meine Fachkultur sehen, wenn ich fachfremd wäre?
- Welche Kompetenzen schätze ich bei meinen Lernenden? Welche sind für mein Fach weniger förderlich? Welche Kompetenzen schätzen die Lernenden bei mir?
- Gibt es Möglichkeiten, Zugänge zu Fachinhalten und -methoden möglichst wenig exkluierend zu gestalten? Wen schließt mein Unterricht ggf. aus und warum?

- Welche Vorstellungen von genderspezifischen Kompetenzen habe ich als Lehrende? Welche ergeben sich bezogen auf mein Fach? Inwieweit sind diese für die Schülerinnen und Schüler transparent? Was weiß ich über die fachkulturellen Geschlechterzuschreibungen meiner Schüler und Schülerinnen bzw. auch des Fachkollegiums?
- Welche Beteiligungsmöglichkeiten biete ich den Lernenden in meinem Fach an (inhaltliche Wahlmöglichkeiten, aber auch z.b. raumgestalterische Möglichkeiten)?

Die Liste der möglichen Fragen ließe sich gut fortsetzen – und sie kann aus meiner Sicht ebenso für fachkollegiale Reflexionen wie auch für fachunterrichtliche Inhalte weiterentwickelt werden.

Abschließend lassen sich folgende Ergebnisse festhalten, welche für die Fortentwicklung eines individuellen Fragekatalogs richtungsführend sein können, je nachdem, an welcher Stelle sich eine einzelne Lehrkraft, ein Fachkollegium, eine Fortbildungsgruppe sieht.

Für beide untersuchten Fächer gilt eindeutig, dass die Fachkulturen gegendert sind, also ein doing gender while doing discipline greift. Das gendering greift über Mechanismen der Verbindung zweier binärer Bereiche: beider Fachkulturen und dem Konzept der Zweigeschlechtlichkeit. Indem diese deckungsgleich gemacht werden, werden ursprünglich willkürlich der männlichen oder weiblichen Welt zugeteilte Bereiche als Konnotationen den Fächern zugefügt. Die von Bourdieu benannte „symbolische Macht" (1987) des gendering liegt in beiden Fachkulturen darin, dass Kategorien in doxischen Konstruktionen entworfen werden und die entstehenden Felder unhinterfragt von allen Beteiligten reproduziert werden – und zwar in habituellen Mustern wie in materiellen Entwürfen. Ein degendering der Fächer müsste m.E. ansetzen bei einem Hinterfragen der fachkulturellen Konstruktionen, weniger bei einem vermeidendem Umgang mit den doing-gender-Prozessen. Denn letztlich bergen die Versuche eines oftmals gut gemeinten reflektierenden Umgangs mit gender-Zuschreibungen in den Fächern das Risiko, die Kategorie Geschlecht eher zu stärken, indem sie in den Vordergrund gerückt, also dramatisiert wird. Gender erscheint zudem derzeit nicht (mehr) unbedingt als ein Thema, mit dem sich gerade Türen für eine Bereitschaft zu Veränderungen öffnen, hier bieten sich meines Erachtens andere Themen eher an. Die hier vorgenommenen Beschreibungen fachkultureller Ausschnitte zeigen zudem deutlich, dass in der Regel mehrere Dimensionen angegangen werden müssen, um fachkulturelle Habitus zu destabilisieren. Gerade weil die zusammenhängenden recht vielfältig sind, erweisen sich fachkulturelle Konstrukte auch als derart stabil. Fachkulturen sind jedoch bei aller Stabilität auch prozessual veränderlich. Eine kleine Irritation, wie sie z.b. durch veränderte Raumordnungen ausgelöst werden kann, kann somit durchaus weitere Perspektiven eröffnen - erfordert aber meines Erachtens mittelfristig ein Nachziehen weiterer Irritationen.

Wenn sich die derzeit anhaltende schulische (Reform-)Bewegungen also darum bemühen, Unterrichtsinhalte, -vermittlungsformen und schulische Strukturen gleichermaßen neu zu arrangieren, ist es sicher Erfolg versprechend, den Grundsatz „Wer einen Teil in einem System verändern will, der muss daran denken, all jene Teile mit zu verändern, die damit zusammenhängen" zu berücksichtigen. In diesem Sinne erweisen sich Lernräume, Fachkulturen und Geschlechterhierarchien durchaus als enge Komplizinnen auf dem Weg zu neuen Lernkulturen.

Literatur

Bourdieu, Pierre (1987): Sozialer Sinn. Kritik der theoretischen Vernunft. Frankfurt am Main: Suhrkamp.

Bourdieu, Pierre (1997): Die männliche Herrschaft. In: Dölling, Irene/Krais, Beate (Hrsg.) Ein alltägliches Spiel. Frankfurt am Main: Suhrkamp, 153-217.

Bourdieu, Pierre (1999): Die Regeln der Kunst. Genese und Struktur des literarischen Feldes. Frankfurt am Main: Suhrkamp.

Faulstich-Wieland, Hannelore/Willems, Katharina (2002): Unterrichtsstrukturen im Vergleich: Deutsch und Physik. In: Breidenstein, Georg et al. (Hrsg.): Forum Qualitative Schulforschung 2. Interpretative Unterrichts- und Schulbegleitforschung. Opladen: Leske+Budrich, 111-132.

Faulstich-Wieland, Hannelore/Willems, Katharina/Feltz, Nina/Freese, Urte/Läzer, Kathrin-Luise (2008): GENUS- Geschlechtergerechter naturwissenschaftlicher Unterricht in der Sekundarstufe 1. Bad Heilbrunn: Klinkhardt-Verlag.

Faulstich-Wieland, Hannelore, Weber, Martina, Willems, Katharina (2009; 2. Auflage): Doing Gender im heutigen Schulalltag. Empirische Studien zur sozialen Konstruktion von Geschlecht in schulischen Interaktionen. Weinheim und München: Juventa Verlag.

Friebertshäuser, Barbara/Rieger-Ladich, Markus/Wigger, Lothar (2006): Reflexive Erziehungswissenschaft. Wiesbaden: VS Verlag für Sozialwissenschaften.

Geertz, Clifford (1987): Dichte Beschreibungen. Frankfurt am Main: Suhrkamp.

Goffman, Erving (2001): Interaktion und Geschlecht. Frankfurt am Main: Suhrkamp.

Krais, Beate (1993): Geschlechterverhältnis und symbolische Gewalt. In: Gebauer, Gunter/Wulf, Christoph (Hrsg.): Praxis und Ästhetik. Neue Perspektiven im Denken Pierre Bourdieus. Frankfurt am Main, 209-250.

Liebau, Ernst/Huber, Ludwig (1985): Die Kulturen der Fächer. In: Neue Sammlung, H. 1/85, 14-339.

Nissen, Ulrike et al. (2003): Berufsfindungsprozesse von Mädchen und jungen Frauen. Erklärungsansätze und empirische Befunde. Opladen: Leske+Budrich.

PISA-Konsortium Deutschland (2004): PISA 2003. Der Bildungsstand der Jugendlichen in Deutschland – Ergebnisse des zweiten internationalen Vergleichs. Münster: Waxmann.

Ridgeway, Cecilia L. (2001): Interaktion und die Hartnäckigkeit in der Arbeitswelt. In: Heintz, Bettina (Hrsg.): Geschlechtersoziologie, 250-275.

Snow, Charles P. (1969): Die zwei Kulturen. In: Kreuzer, Helmut (Hrsg.): Literarische und naturwissenschaftliche Intelligenz. Dialog über die „zwei Kulturen". Stuttgart: Klett, 11-25.

Todt, Eberhard (2000): Geschlechtsspezifische Interessen – Entwicklungen und Möglichkeiten der Modifikation. In: Empirische Pädagogik, H. 3/00, 215-254.

Yudkin, Michael (1969): Die „Rede lecture" von Sir Charles Snow. In: Kreuzer, Helmut (Hrsg.): Literarische und naturwissenschaftliche Intelligenz. Dialog über die „zwei Kulturen". Stuttgart: Klett, 26-33.

Ziegler, Albert et al. (1998): Implizite Theorien von gymnasialen Mathematik- und Physiklehrkräften zu geschlechtsspezifischer Begabung und Motivation. In: Psychologische Beiträge H. 3-4/98, 271-287.

Willems, Katharina (2007): Schulische Fachkulturen und Geschlecht. Physik und Deutsch – natürliche Gegenpole? Bielefeld: transcript.

Schulsport genderkompetent gestalten

Elke Gramespacher

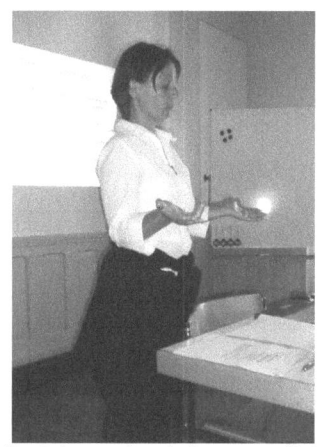

Sport ist in allen Schulformen und -stufen ein ordentliches Unterrichtsfach. Neben dem Sportunterricht gibt es weitere schulsportliche Angebote. Hierzu zählen zum Beispiel Sport-Arbeitsgemeinschaften, Sport- und Wandertage, Schulteams, Jugend trainiert für Olympia, Sport- und Spielfeste, Pausensport und so weiter. Der Sportunterricht und die außerunterrichtlichen sport- und bewegungsbezogenen Angebote zusammen genommen bilden den *Schulsport*. Alle aktuellen Lehrpläne nehmen den Doppelauftrag des Schulsports *Erziehung zum Sport* und *Erziehung durch Sport* explizit oder implizit auf (vgl. Prohl/Krick 2008: 31). Zudem sollen die Bildung und die Erziehung im Schulsport dazu beitragen, dass die jungen Menschen einen sport- und bewegungsaktiven Lebensstil entwickeln. Unterrichtsgegenstände des Schulsports sind *Bewegung, Spiel* und *Sport*. Der Schulsport fokussiert also auf solche Themen, die sich auf Bewegung im weiteren Sinne *und* auf Sport im engeren Sinne beziehen. Die aktuellen Sportlehrpläne sind entweder an Sportarten orientiert und nehmen zum Beispiel das Sportartenkonzept auf (vgl. Söll 2008). Hierbei bilden normierte Sportarten den zentralen Gegenstand des Unterrichts. Andere Sportlehrpläne sind in einem weiteren Sportsinne nach Bewegungsfeldern strukturiert, zum Beispiel das Bewegungsfeld *Laufen, Springen, Werfen* (vgl. Prohl/Krick 2008: 25).

Gleich, welche Ausrichtung der Schulsport hat: Im Schulsport bewegen sich Körper, und/oder Körper bewegen hier Sport- und Spielgeräte, und/oder Körper werden im Schulsport bewegt. Im Schulsport sind Bewegung und Körper aufs engste miteinander verschränkt und stehen gemeinsam im Zentrum des Unterrichts. Körper sind im Schulsport omnipräsent. Durch die Omnipräsenz der Körper werden die sozialen Kategorien *Weiblichkeit* und *Männlichkeit* mit dem Unterrichtsgegenstand des Schulsports direkt verbunden. Diese Konstellation ist unter den ordentlichen Unterrichtsfächern einmalig – und aus dieser Konstellation ergibt sich eine besondere Herausforderung, wenn Schulsport genderkompetent gestaltet werden soll. Der vorliegende Beitrag beschreibt diese Herausforderung. Dazu beginnt er beim Zusammenhang von Sport und Geschlecht und stellt in

Teil 2 anhand des Modells *Schulsportqualität und Gender* eine Option vor, der Herausforderung konstruktiv zu begegnen. Teil 3 erörtert Befunde aus der genderbezogenen Schulsportforschung und Teil 4 skizziert kurz eine erste Idee, inwiefern Genderkompetenz zur Diversity-Kompetenz führt.

1   Sport und Geschlecht

Der Körper bildet das zentrale Medium im Sport: Sport lebt davon, dass sich Körper bewegen, dass Körper bewegt werden und dass Körper Spiel- und Sportgeräte bewegen. So kommt durch die Körperlichkeit im Sport das biologische beziehungsweise das anatomische Geschlecht (Kategorie *sex*) *unmittelbar* zum Tragen. Im Sport werden Weiblichkeit und Männlichkeit im sozialen Sinne – also im Sinne von *gender* – alltagstheoretisch mit der Körperlichkeit – also mit der Kategorie *sex* – direkt verbunden. Eine Verbindung dieser kategorialen Einteilungen koppelt sich im Sport in unterschiedlicher Weise an die sportdisziplinspezifischen Anforderungen. Hierbei spielt die leistungssportlich orientierte Perspektive die primäre Rolle: Gebunden an das biologische Geschlecht werden im Leistungssport unterschiedliche Höchstleistungen differenziert nach Geschlecht bewertet, weil es sonst bei den meisten Sportarten zu einem scheinbar *unfairen* Leistungsvergleich käme.[1] Eine solche geschlechtsbezogene Trennung ist also mit den leistungsorientierten, und für die einzelne Sportart beziehungsweise Sportdisziplin idealisierten Vorstellungen verknüpft. Diese Vorstellungen beschreiben zugleich die für die Sportart beziehungsweise -disziplin gültigen übergeordneten Werte und transportieren so eine angegliederte geschlechtsbezogene Darstellung darüber, wer diese Sportart beziehungsweise -disziplin auf welche Weise und mit welchen Zielen ausübt oder ausüben darf. Unreflektiert verschmelzen somit *gender* und *sex* zu einem Amalgam, das in seiner Konsequenz die Zuschreibungen einzelner Sportarten beziehungsweise -disziplinen zu *gender* mit sich bringt.

Im Sport finden sich unbewusst tradierte Körperideale von Frauen und von Männern, die anhand auf Kraft oder auf Ästhetik ausgerichteter Sportarten beziehungsweise -disziplinen systematisch eingeübt werden können. Die Sportpresse transportiert geschlechtsstereotype Vorstellungen und Normen aus dem Leistungssport in die Gesellschaft, indem sie entsprechende Bilder in bestimmten Sportarten und -disziplinen vermittelt (vgl. Rulofs/Hartmann-Tews

---

[1] Fairness und Chancengleichheit bilden im Sport einen zentralen moralisch-ethischen Code. Dieser aber garantiert im professionellen Sport nicht eine genderbezogene Chancengleichheit. Zudem führt er zur Exklusion derjenigen Menschen, die der Kategorie intersexuell zuzuordnen sind (vgl. hierzu Günther 2009).

2006). Die sozialen Strukturen, die Institutionen und die Individuen nehmen solche geschlechtsstereotyp strukturierten Differenzen auf, die eigentlich ausschließlich im Leistungssport sinnvoll zu sein scheinen.

Das Kernargument für Geschlechterdifferenzierung im Leistungssport lautet: Biologisch und/oder medizinisch bedingte Faktoren, solche also, die der Kategorie *sex* zuzuordnen sind, differenzieren die motorische Leistungsfähigkeit. Allerdings zeigen Untersuchungen zur motorischen Leistungsfähigkeit, dass die Verbindung der Kategorie *sex* mit sportlicher Leistungsfähigkeit erst ab der Pubertät wirksam wird. Jungen und Mädchen unterscheiden sich bis zu dieser Phase in ihrer motorischen Entwicklung nicht; und ab der Pubertät unterscheiden sich Jungen und Mädchen bezüglich der Kategorie *sex* nur bedingt. Diese Erkenntnis hat Alfermann schon 1996 in einer Zusammenfassung der Forschungsergebnisse zu Geschlechterdifferenzen der letzten 20 Jahre vorgelegt: Gleichgewicht, Handgeschicklichkeit, Beweglichkeit, Reaktionszeit, Antizipationsfähigkeit, Auge-Hand-Koordination und Flexibilität – all dies sind Variablen, die auf Unterschiede hin untersucht wurden und D. Alfermann (vgl. 1996: 161) als *no-difference* Ergebnisse auffielen. Bis zur Pubertät scheinen – so das Fazit ihrer Metaanalyse – Leistungsunterschiede zwischen Jungen und Mädchen in motorischen Tests im Allgemeinen sozialisationsbedingt zu sein – allerdings mit einer Ausnahme: Die Wurffähigkeiten und die -fertigkeiten gelten (noch) als geschlechtsdifferenzierend (vgl. Alfermann 1995; Gieß-Stüber et al. 2008: 66). Und so erstaunt es kaum, wenn sich bezüglich des Werfens in der sozialen Praxis der als sexistisch zu wertende Spruch *Werfen wie ein Mädchen* etablieren konnte. Der Ausspruch *Werfen wie ein Mädchen* trägt zur Reproduktion der diesbezüglichen Geschlechterdifferenzierungen bei (vgl. Günter 2009).

Sozialisationsbedingte Unterscheidungsprozesse von Jungen und Mädchen im Sport setzen bereits in frühen Lebensphasen ein. Gieß-Stüber et al. (2003) haben sie im Kinderturnen mit Kindern im Vorschulalter gezeigt. Im Schulsport werden sie dann gefestigt: So geben zum Beispiel Sportlehrer_innen der Sekundarstufen I und II, die im Laufe ihrer eigenen Sportsozialisation häufig auch genderbezogene persönliche Vorlieben für Sportarten entwickelt haben, diese Präferenzen im Schulsport unreflektiert weiter (vgl. Gramespacher 2008).

Jungen und Mädchen unterscheiden sich vor der Pubertät in ihrem sport- und bewegungsbezogenen Verhalten sozialisationsbedingt, und – abgesehen vom *Sonderfall Werfen* – nicht in ihren diesbezüglichen Potentialen. Differenzierungen zwischen Jungen und Mädchen in ihren motorischen Fähigkeiten und Fertigkeiten in und nach der Pubertät sind zudem nur bedingt, das heißt, sie sind gradueller und nicht prinzipieller Art: In und nach der Pubertät sind Jungen *durchschnittlich* kräftiger als Mädchen, es sind also nicht alle Mädchen schwächer als alle Jungen; und Mädchen sind in diesen Lebensphasen zum Beispiel *durchschnittlich* besser in ihren koordinativen Fähigkeiten, es sind also nicht alle Jungen koordinativ weniger fähig als alle Mädchen.

Die dargelegten Erkenntnisse und Überlegungen führen zu der Annahme, dass bezüglich der Entwicklung zum Zusammenhang von Sport und Geschlecht der Stellenwert der auf die Kategorie *sex* bezogenen Argumente, die bisher als entscheidend für die Ausgrenzung der Mädchen und Frauen im Sport galten (vgl. Hartmann-Tews/Rulofs 2004: 564) an Dominanz zu verlieren scheinen. Zugleich gewinnen bezüglich der Ausgrenzung der Mädchen und Frauen im Rahmen des organisierten Sports solche Argumente an Bedeutung, die der Kategorie *gender* zuzuordnen sind. Dies ist vermutlich auch der Entwicklung im organisierten Sport geschuldet, in der die Inklusion der Mädchen und Frauen zügig voranschreitet (vgl. Pfister 2008; Hartmann-Tews 2009): Die Integration der Mädchen und Frauen in den (organisierten Leistungs-)Sport könnte auf als Auflösung der die Geschlechter differenzierenden Prozesse gedeutet werden. Allerdings weisen einige Überlegungen und Befunde darauf hin, dass geschlechtsbezogene Differenzierungsprozesse im (Leistungs-)Sport sich auch – und vielleicht zunehmend – auf die Kategorie *gender* beziehen könnten; und damit gleichsam subtiler werden. Diese These sei im Folgenden am Beispiel der Sportarten Fußball und Baseball kurz illustriert, wenngleich ihr in diesem Beitrag nicht weiter nachgegangen werden kann und soll:

Noch in den Jahren 1955 bis 1970 hat der Deutsche Fußballbund (DFB) den Fußballvereinen explizit verboten, Mädchen und Frauen im Fußball einzubeziehen. Seither partizipieren immer mehr Mädchen und Frauen am organisierten Fußball: Aktuell sind 1.022.824 weibliche Mitglieder im Deutschen Fußballbund registriert (vgl. DFB 2009), und im Frauenfußball finden (inter-)nationale Turniere statt, etwa 2011 die Fußball Weltmeisterschaft in Deutschland. Die bemerkenswerte Entwicklung in der traditionell männlich konnotierten Sportart Fußball weckt die Hoffnung, dass Mädchen und Frauen im professionellen Fußball auf allen Ebenen integriert werden. Die Exklusion der Mädchen und Frauen aufgrund körperlicher, auf die Kategorie *sex* bezogener Merkmale scheint im Fußball überwunden. Allerdings zeigt Weigelt-Schlesinger (2008) in ihrer Studie zu Qualifikationsbarrieren von Frauen in der Fußballtrainerausbildung, dass der DFB diejenigen Frauen, die im Fußball professionell als Trainerinnen tätig sein wollen, nicht systematisch in die Strukturen der Fußballtrainerausbildung einbezieht. Die Exklusion dieser Frauen basiert auf geschlechtsstereotypen Vorstellungen – also auf der Kategorie *gender*. Ein Argument für die Exklusion der Frauen lautet etwa, die Trainings- und Spielzeiten im Fußball seien nicht familienfreundlich und Frauen als Trainerinnen daher nicht geeignet (vgl. Weigelt-Schlesinger 2008: 240-244). Solche sozialen Barrieren können dazu führen, dass

Fußballtrainerinnen ihren Vorsatz aufgeben, professionell als Fußballtrainerin tätig zu sein.

Ein anderes Phänomen, das die Ausgrenzung der Frauen aus dem Sport begünstigt, ist die Konstruktion spezieller Regelwerke eigens für Mädchen und Frauen – für sie gibt es einige *Sondersportarten*. Manche dieser Sondersportarten werden als nicht-sportlich eingestuft und damit im Kontext des organisierten Sports abgewertet. Dies gilt etwa für Softball, der aus dem US-amerikanischen Baseball entstandenen Sondersportart für Frauen: Während Baseball der Männer als *Sport* bezeichnet wird, gilt Softball der Frauen als *Spiel* (vgl. Spille 2006: 39).

Was aber bedeuten die Zusammenhänge zwischen Sport und Geschlecht für den Schulsport, der ja auch eine *Erziehung zum Sport* leisten soll? Auch wenn sich im Schulsport die im Leistungssport verankerten, größtenteils geschlechtsstereotypen Annahmen häufig spiegeln, so ist hier die Übernahme des leistungssportlichen Anforderungsprofils der zu vermittelnden Sportarten prinzipiell nur bedingt vorgesehen. Der Doppelauftrag des Schulsports – *Erziehung zum Sport* und *Erziehung durch Sport* – ist im Kern sportpädagogisch. Das bedeutet für genderkompetent geplanten, durchgeführten und evaluierten Schulsport *nicht*, dass eine *Erziehung zum am (auf subtile Weise die Geschlechter segregierenden) Leistungssport orientierten Sport* stattfinden soll. Eine solche Deutung wäre nicht nur mit Blick auf Gender Mainstreaming bildungspolitisch nicht mehr haltbar (vgl. Hoppe/Nyssen 2004; Gramespacher 2007, 2008a). Vielmehr sind die Schüler_innen darauf vorzubereiten, dass der (organisierte) Sport zunehmend sozial integrativ ist – so hat sich der Deutsche Olympische Sportbund (DOSB) in seiner Satzung auch der Leitlinie Gender Mainstreaming verpflichtet (vgl. DOSB 2006). Daher macht es im Schulsport im Hinblick auf die *Erziehung zum Sport* keinen Sinn, genderbezogen tradierte Werte, Normen und Vorstellungen zu vermitteln. Zudem spielt die Kategorie *sex* im Schulsport aufgrund der Entwicklungsstufen der Schüler_innen und wegen der Leistungsanforderungen eine weit geringere bis gar keine Rolle im Vergleich zum Leistungssport.

Die Überwindung geschlechtsstereotyper Werte, Normen und Vorstellungen, die im (organisierten Leistungs-)Sport mancherorts noch zu Genderdifferenzen führen, ist im Schulsport nicht nur möglich, sondern aus (sport-)pädagogischen Gründen notwendig. Auch wenn Körper im Schulsport visuell omnipräsent sind, besteht doch gerade im Schulsport die Chance, Körper nicht auf deren Funktion als *Bewegungsapparat* zu reduzieren. Vielmehr können und sollten Körper aus sport- und aus genderpädagogischen Gründen als unmittelbare Träger sozialer Bedeutung, Intentionen und Folgen – und damit als Träger der sozialen Bedeutung von Geschlecht (vgl. Pfister 2003) – Mädchen und Jungen bewusst und verfügbar werden. Auf der Basis dieser sportwissenschaftlichen gendertheoretischen Überlegungen präsentiert Teil 2 ein Modell für einen gendergerechten Schulsport.

2   Gendergerechter Schulsport – ein Modell

Wie kann Schulsport angesichts der genderdifferenzierenden Rahmenbedingungen, die das System des (organisierten Leistungs-)Sports dem Schulsport nach wie vor noch bietet, genderkompetent gestaltet werden? Wie kann der Anspruch umgesetzt werden, dass der Schulsport nicht die gendersegregierenden Aspekte aufnimmt, wie sie der (Leistungs-)Sport transportiert? Und wie kann der Schulsport bestenfalls einen anderen Erfahrungsraum dagegen setzen?

Schulsport genderkompetent zu gestalten, das bedeutet im Kern, die Qualität des Schulsports an der Forderung der Gendergerechtigkeit und der Chancengleichheit zu orientieren. Ziel des gendergerechten Schulsports ist dabei, alle genderbezogenen sozialen Ungleichheiten, die der (organisierte Leistungs-)Sport – massenmedial vermittelt – trotz aller neuen Entwicklungen noch an den Schulsport beziehungsweise an die Schüler_innen heranträgt, zu überwinden, um im Schulsport neue beziehungsweise hiervon abweichende Erfahrungen zu ermöglichen, und um sie auf den organisierten Sport der Zukunft, der integrativ und chancengleich zu sein beabsichtigt, vorzubereiten.

Um alle Aspekte, die für eine genderbezogene Qualität des Schulsports wichtig sind, darzulegen, werden die für die Gesamt-Qualität relevanten Input-, Prozess- und Output-Qualitäten im Kontext mit den Anliegen gendergerechter Rahmenbedingungen des Schulsports und des gendergerechten Unterrichtens betrachtet. Dafür wurde das in der Abbildung 1 dargelegte Modell *Schulsportqualität und Gender* in Anlehnung an das Qualitäts-Modell von Fried (vgl. 2003) entwickelt. Die Output-Qualität ist indes weiter zu differenzieren, als dies Fried (vgl. 2003) vorgenommen hat. Hier spielt die Fristigkeit des Outputs eine Rolle, so dass von Output im Sinne einer kurzfristigen und von Outcome im Sinne einer langfristigen Perspektive gesprochen werden kann. In der vorliegenden Version des Modells ist der deutsche Begriff *Geschlecht* durchgängig durch den in diesem Kontext präziseren Begriff *gender* ersetzt worden, denn es geht im Kern um den *genderkompetent gestalteten Schulsport,* der eben auch keine Unterscheidungen der Mädchen und Jungen in Bezug auf die Kategorie *sex* voraussetzt, sondern gleiche Potentiale und verschiedene Interessen und Schwerpunkte, die sich aber gerade in der Kindheit und Jugend erst noch zeigen.

Insgesamt führt das Modell *Schulsportqualität und Gender* die unterschiedlichen und wichtigen Aspekte zusammen, die zu den drei für Unterrichtsqualität relevanten Bereichen der Input-, Prozess-, Output-Qualität zählen. Aus diesen

Aspekten ergeben sich die Indikatoren, die für eine Gesamtbewertung der genderbezogenen Qualität des Schulsports von Bedeutung sind.

Schulsportqualität und Gender (in Anlehnung an Fried 2003)

Input-Qualität

Orientierungs-Qualität
Professionalisierung

Genderkompetenz der Sportlehrkräfte
Wahrnehmung genderbezogener
Belastungssituationen

Struktur-Qualität
Schulexterne Rahmenbedingungen

Genderbezogene Gleichverteilung
der Personalressourcen
Genderbezogener Auftrag
im Bildungsplan
Genderbezogene Gleichverteilung
der Stundenkontingente

Schulinterne Rahmenbedingungen
Genderbezogene Aspekte...
...im internen Sportcurriculum
und / oder
...im Schulsportprogramm
Genderbezogene Gleichverteilung
außerunterrichtlicher Ressourcen

Prozess-Qualität
Ziele gendersensibel formulieren
Inhalte auf gendersensible Ziele abstimmen
Methoden gendersensibel auf Sportgruppe abstimmen
Leistungsbewertung gendersensibel gestalten
Sportdidaktische Konzepte der Reflexiven Koedukation umsetzen
Selektionsfunktion gendersensibel gestalten
Qualifikationsfunktion gendersensibel gestalten
Legitimationsfunktion gendersensibel gestalten

Output-Qualität

Output-Qualität
Interaktionen und Verhalten im Schulsport,
die genderbezogene soziale Ungleichheiten
unter den Schüler_innen vermeiden
Partizipation aller Schüler_innen am Schulsport

Outcome-Qualität
Etablierung eines sport- und
bewegungsaktiven Lebensstils
Lebenslanges Lernen im Sport

Prinzipiell lässt sich die genderbezogene Qualität des Schulsports an der Input-Qualität, die sich aus der Orientierungs-Qualität und der Struktur-Qualität zusammensetzt, an der Prozess-Qualität, und an der Output-Qualität des Schulsports messen. Die kurzfristig messbaren Indikatoren der Output-Qualität bilden hier auch die Basis für die Analyse der genderbezogenen Belastungsfaktoren im Schulsport. Die langfristigen Indikatoren der Output-Qualität (hier: Outcome) kommen in Bezug auf den Schulsport nicht in den Blick – sie betreffen vor allem die auf den Lebensverlauf bezogene Zielstellung, einen sport- und bewegungsbezogenen Lebensstil zu entfalten.

Die Indikatoren im Modell, die anzeigen, ob und inwiefern Schulsport gendergerecht und chancengleich umgesetzt wird, wurde in der empirischen Studie *Gender Mainstreaming in der Schul(sport)entwicklung* (vgl. Gramespacher 2008a) untersucht.[2] Ein Ziel der Studie bestand darin, die empirisch nachweisbaren geschlechtsbezogenen sozialen Ungleichheiten im Schulsport systematisch aufzuzeigen. Es wurden also solche Stellen benannt, die geschlechtsbezogene soziale Ungleichheiten im Schulsport begünstigen. Um dieses Ziel zu erreichen, sind diejenigen Sportlehrkräfte der Haupt-, Realschulen und Gymnasien in Baden-Württemberg, die zugleich in der Funktion der Fachbereichsleitung Sport tätig sind, schriftlich befragt worden (zum gesamten Forschungsdesign vgl. Gramespacher 2008a, 79-86).[3] In ihrer Doppelfunktion als OrganisatorIn des Fachbereichs Sport und als SportlehrerIn konnten die befragten Sportlehrer_innen sowohl über die Ebene der Organisation des Schulsports als auch über sportpädagogische sowie über fachdidaktische Aspekte des Schulsports beziehungsweise des Sportunterrichts Aussagen treffen.

Insgesamt lagen zur Auswertung N=317 Fragebögen vor (Sportlehrerinnen: n=114; Sportlehrer: n=203). Die befragten Sportlehrkräfte sind im Schnitt 48,8 Jahre alt (SD 8,1), und sie haben alle ein sportwissenschaftliches Studium absolviert. In der Funktion der Fachbereichsleitung Sport sind sie durchschnittlich seit 11,5 Jahren tätig (SD 9,7).

Die gesammelten Befunde zum Schulsport finden sich bei Gramespacher (2008a: 181-203). Der vorliegende Beitrag gibt im folgenden Teil 3 einige ausgesuchte Befunde zur geschlechtsbezogenen Input-, Prozess- und Output-Qualität im Schulsport und diskutiert diese hier im Kontext der Frage, was es bedeutet, Schulsport genderkompetent zu gestalten.

---

[2] Die Studie hat angeknüpft an das Forschungsprojekt Geschlecht als Kategorie sozialer Ordnung an Schulen – Eine empirische Analyse als Grundlage für die Umsetzung von Gender Mainstreaming (vgl. Gieß-Stüber/Gramespacher 2006). Das Forschungsprojekt wurde vom Sozialministerium Baden-Württemberg im Förderprogramm Frauenforschung gefördert und Prof. Dr. Gieß-Stüber hat das Forschungsprojekt geleitet.
[3] Die Befragung fand im Schuljahr 2003/04, genauer: im Januar 2004 statt.

3   Genderkompetenz der Sportlehrer_innen

Palzkill und Scheffel (2008) stellen fest, dass Sportlehrer_innen genderkompetent sind, wenn sie allgemeines und fachbezogenes Genderwissen haben. Genderkompetente Sportlehrer_innen also wissen etwas über die Bedeutung der Kategorien *sex* und *gender* im Schulsport und im Sport, über genderpädagogische Konzepte sowie über geschlechterpolitische Programme (siehe Teil 3.1). Zudem sind genderkompetente Sportlehrer_innen sensibel für genderbezogene Aspekte im Schulsport. Hierzu zählt zum Beispiel, dass sie genderbezogene Belastungssituationen im Schulsport auch als solche wahrnehmen (siehe Teil 3.2). Genderkompetente Sportlehrer_innen setzen ihr Genderwissen in fachdidaktisches Handeln um. Das bedeutet auch, dass sie die schulinternen Rahmenbedingungen genderkompetent gestalten (siehe Teil 3.3). Bezüglich der fachdidaktischen Aspekte spielt für Genderkompetenz im Schulsport auch ein kritischer Umgang mit der Koedukation im Schulsport eine große Rolle (siehe Teil 3.4).

3.1   *Was wissen Sportlehrer_innen über genderbezogene Aspekte des Schulsports?*

Zum Zusammenhang von Gender Mainstreaming und Sport/Schulsport sind die Sportlehrer_innen kaum informiert, wenngleich sich 76,9% nach eigenen Aussagen für diesen Zusammenhang interessieren. Hierbei ist das Interesse bei den Sportlehrerinnen signifikant stärker ausgeprägt als das Interesse ihrer Kollegen.[4] Das allgemeine Interesse am fachlichen Zusammenhang von genderbezogenen Fragen und (Schul-)Sport spiegelt auch ihr Interesse an Fachdiskussionen darüber, wie geschlechtsbezogene Ziele im Schulsport umgesetzt werden können. Solche Diskussionen finden in etwas mehr als der Hälfte aller Sportkollegien an den Schulen der Sekundarstufen I und II in Baden-Württemberg statt. Allerdings zeigt sich bezüglich dieser Fachdiskussionen ein auf die Schulform bezogener signifikanter Unterschied: An 44,3% der Haupt-, 47,3% der Realschulen und an 67,7% Gymnasien finden fachliche Diskussionen darüber statt, wie geschlechtsbezogene Ziele im Schulsport umgesetzt werden können.[5] Diese schulformbezogene Unterscheidung bezüglich der fachlichen Diskussionen über die Umsetzung geschlechtsbezogener Ziele, wie sie sich zwischen Sportlehrer_innen der Gymnasien, Real- und Hauptschulen zeigt, ergibt sich auf der Basis ihrer Ausbildung: Im schulformbezogenen Vergleich zeigt sich, dass sich die Sportlehrer_innen der

---

4   n=317; p<.01, Phi=.164, Chi-Quadrat=8,5, df=1.
5   n=305; p<.01, Chi-Quadrat=14,39, df=2.

Gymnasien im Referendariat mit genderbezogenen Fragen des Schulsports signifikant häufiger beschäftigt haben (38%) als ihre Kolleg_innen von der Realschule (16%) und von der Hauptschule (9%).[6] Fried (vgl. 2003: 19-20) verdeutlicht
unter Bezugnahme auf die Befunde aus der Einstellungsforschung, dass während
der beiden ersten Ausbildungsphasen der Lehrer_innenbildung die Einstellungen
der Lehramtsanwärter_innen mit nachhaltiger Wirkung verändert werden können. Daher ist es gerade während der beiden ersten (Aus-)Bildungsphasen der
angehenden Sportlehrer_innen – sportwissenschaftliches Studium *und* Referendariat im Fach Sport – sinnvoll und wichtig, fachbezogenes Wissen zu genderbezogenen Themen systematisch zu erarbeiten. In diesen Phasen der Leh-
rer_innenbildung können und sollten sich die angehenden Sportlehrer_innen
Genderwissen aneignen, um eine gesicherte Basis für ihre Genderkompetenz und
für ihre entsprechenden Fachdiskussionen zu bilden.

   In Bezug auf den Schulsport reicht das Genderwissen der Sportleh-
rer_innen, das zentral ist für eine genderkompetente Gestaltung der Input-
Qualität des Schulsports, bislang nur bedingt hin. Allerdings ist die Frage, ob die
Sportlehrer_innen gendersensibel sind und deshalb Belastungen des Schulsports
als genderbezogene Belastungen deuten, damit nicht beantwortet.

3.2   *Deuten Sportlehrer_innen fachliche Belastungen als genderbezogen?*

Genderbezogene Belastungsmuster ergeben sich durch die Verhaltensweisen der
Jungen und Mädchen im Schulsport. Die Befunde einer an der Laborschule Bielefeld durchgeführten Interaktionsstudie im Schulsport zeigen, dass Schülerinnen
eher als Schüler zu Desinteresse und Rückzug neigen, und dass sich Schüler –
vor allem im koedukativen Schulsport – tendenziell aggressiver als Mädchen
verhalten (vgl. Schmerbitz et al. 1997). Vom Rückzugsverhalten der Schülerinnen berichten auch Sportlehrer_innen aus Hauptschulen und aus Förderschulen
(vgl. zum Beispiel G. Wehner 2005; J. Frohn 2007). Verhaltensweisen, die Desinteresse am Schulsport anzeigen und solche, die auf aggressives Verhalten im
Schulsport weisen, belasten die Sportlehrer_innen im Unterrichtsprozess – aber
deuten Sportlehrer_innen diese Belastungen als genderbezogen?

   Um die Deutungen und genderbezogenen Zuordnungen dieser Belastungen
zu untersuchen, wurden die Sportlehrer_innen an baden-württembergischen
Schulen der Sekundarstufen I und II gefragt, ob sich vorwiegend Schülerinnen
oder Schüler im Schulsport desinteressiert oder aggressiv zeigen. Bewusst wurde

---

6   n=305; p<.01; C=.292; Chi-Quadrat=28,37; df=2.

hierbei die Antwortoption *kein Unterschied* aufgenommen, um alle Deutungsmöglichkeiten anzubieten.

Nach diesen beiden Verhaltensmustern gefragt, geben die Sportlehrer_innen an, dass sich vorwiegend Mädchen desinteressiert zeigen, wobei allerdings ein gutes Drittel der Sportlehrer_innen diesbezüglich keine genderbezogenen Unterschiede angibt beziehungsweise das Verhalten nicht genderbezogen deutet. Desinteresse am Schulsport scheint also nicht eindeutig genderbezogen gedeutet zu werden. Aggressives Verhalten im Schulsport hingegen wird recht eindeutig als genderbezogen eingeordnet, es wird vorwiegend den Jungen zugeschrieben. Die folgende Tabelle 1 zeigt die Befunde zu diesen Aspekten.

Tabelle 1: Verhalten der Schüler_innen im Schulsport berichtet von Sportlehrer_innen der Sekundarstufen I und II Schulen in Baden-Württemberg (N=317)

	vorwiegend Schülerinnen	vorwiegend Schüler	kein Unterschied
Desinteressiert zeigen sich...	n=198 61,9%	n=7 2,2%	n=115 35,9%
Aggressiv zeigen sich...	n=1 0,3%	n=274 85,6%	n=45 14,1%

Die genderbezogene Deutung der Verhaltensweisen Desinteresse und Aggression der Schüler_innen im Schulsport kristallisiert sich noch klarer heraus, wenn die Sportlehrer_innen danach gefragt werden, wer sich wie im *koedukativen Schulsport beim Unterrichten unbeliebter Sportarten* verhält. Hierbei ist zum einen die Annahme leitend, dass in einer geschlechtsbezogen vergleichenden Situation die Beurteilung über die Ausprägung des Verhaltens der Mädchen und des Verhaltens der Jungen eindeutiger ausfallen könnte. Bezüge zum koedukativen Schulsport werden in Teil 3.4 dieses Beitrages weiterführend erörtert. Zum anderen verweist das Unterrichten unbeliebter Sportarten auf den Kernprozess des Sportunterrichts – auf das (Er-)Lernen neuen Sports, neuen Spiels und/oder neuer Bewegung. Lernprozesse sind potenziell solche Prozesse, die bei den Schüler_innen auch widerständiges Verhalten auslösen können.

Die Daten (siehe Tabelle 2) zeigen, dass das Rückzugsverhalten in einem solchen Unterrichtskontext signifikant eher bei den Mädchen zutrifft ist als bei den Jungen. Störungen durch aggressives Verhalten hingegen treten hierbei signifikant eher bei den Jungen auf.

Tabelle 2:   Auftreten von Rückzugsverhalten bzw. Disziplinproblemen bei
Schüler_innen in koedukativen Sportgruppen, wenn unbeliebte
Sportarten unterrichtet werden
(1= trifft zu; 2=trifft eher zu; 3=trifft eher nicht zu; 4= trifft nicht zu)

	bei Schülerinnen		bei Schülern		
	MW	SD	MW	SD	
Das Unterrichten unbeliebter Sportarten in koedukativen Gruppen führt zu Rückzug (Nicht-Teilnahme, Ausweichen)	2,0	0,8	2,4	0,8	df=285 p<.001 t=7,454
Das Unterrichten unbeliebter Sportarten in koedukativen Gruppen führt zu Disziplinproblemen (Störungen, Protest)	2,7	0,8	2,2	0,9	df=286 p<.001 t=10,345

Das Ergebnis bezüglich des geringen Rückzugsverhaltens der Jungen im Schulsport spiegelt im Übrigen auch das Interesse der Jungen am Leistungssport. Danach gefragt, ob sich vorrangig Jungen oder vorwiegend Mädchen am Leistungssport interessiert zeigen oder ob diesbezüglich kein Unterschied bestehe, geben 51,9% (n=163) der befragten Sportlehrer_innen an, dass sich primär Jungen am Leistungssport interessiert zeigen, 2,9% (n=9) geben dies für Mädchen an, allerdings sehen hier 45,2% (n=142) keinen Unterschied.

Neben den genannten genderbezogenen Belastungsmustern weisen Praxisberichte (vgl. etwa Firley-Lorenz 1994, 2001; Palzkill/Scheffel 1997) auf eine genderbezogene Belastung im Schulsport hin, die die *Sportlehrerinnen* betrifft. Den Berichten ist zu entnehmen, dass männliche Schüler die Fachkompetenz ihrer Sportlehrerinnen offensiv in Frage stellen, und zwar insbesondere bei der Vermittlung eher männlich konnotierter Sportarten. Was aber geschieht in solchen Interaktionsprozessen? Die männlichen Schüler unterlaufen in solchen Interaktionen die schulisch bedingten hierarchischen Verhältnisse, die den Sportlehrerinnen eindeutig die übergeordnete Position zuordnen, und ersetzen sie mit hierarchischen Geschlechterverhältnissen, in denen sie als männliche Interaktionspartner dominieren. Die Umkehr der Dominanzverhältnisse legitimieren die Schüler in solchen Situationen anhand tradierter Vorstellungen, Werte und Normen im Sport, in der Männer bestimmen, was Sport ist und was nicht (vgl. Pfister 1997: 39). Solche Interaktionen verdeutlichen, dass sich die Genderaspekte im Schulsport nicht lösen lassen von Einflüssen aus dem (organisierten) Sport beziehungsweise von gesamtgesellschaftlichen Einschätzungen über das (tradierte) Verhältnis von Sport und Geschlecht (siehe Teil 1). Sie verdeutlichen darüber hinaus, dass eine explizite Abkoppelung des Schulsports von tradierten Vorstellungen, Werten und Normen des organisierten Sports beziehungsweise eine Hinwendung zu neuen Werten des organisierten Sports notwendig erscheint. Es ist jedoch ein Desiderat, die Rahmenbedingungen systematisch zu untersuchen, die solch verquere Interaktionen zwischen Schülern und Sportlehrerinnen begünstigen oder verhindern, zu zeigen, inwiefern Sportlehrerinnen solche Interaktionen, die zur Belastung werden können, als genderbezogen deuten, und vor allem zu zeigen, wie solchen Situationen genderkompetent, einfühlsam und konstruktiv – gleichsam ohne Abwertung des Männlichen an sich beziehungsweise des männlichen Schülers – begegnet werden könnte.

3.3   Gestalten Sportlehrer_innen Schulsportprogramme genderkompetent?

Die genderbezogene Gestaltung der schulinternen Rahmenbedingungen des Schulsports, die sich etwa in Schulsportprogrammen niederschlägt, hängt von der Genderkompetenz der Sportlehrer_innen ab. Sportlehrer_innen gestalten Schulsportprogramme in der Regel im kollegialen Miteinander. Die bisher berichteten Befunde (siehe Teile 3.1 und 3.2) legen die folgende Annahme nahe: Das Genderwissen der Sportlehrer_innen reicht zwar nur bedingt hin für eine genderkompetente Gestaltung der Schulsportprogramme. Aber die Wahrnehmung der Sportlehrer_innen bezüglich genderbezogener Belastungsfaktoren im Schulsport könnte die Sportlehrer_innen dazu veranlassen, die schulinternen Rahmenbedingungen gendersensibel – bestenfalls: genderkompetent – zu gestalten.

Im Schuljahr 2003/04 verfügen etwa 22% aller befragten Schulen (Sekundarstufen I und II) in Baden-Württemberg über ein Schulsportprogramm. Die Entwicklung eines Schulsportprogramms ist zu diesem Zeitpunkt bereits an ca. 40% dieser Schulen geplant.[7] Die Bildungs- und Erziehungspläne, die in Baden-Württemberg zum Schuljahr 2004/05, (also einige Monate nach der schriftlichen Befragung) eingeführt wurden, verlangen explizit schulinterne Curricula; insofern sind diese Daten aus bildungspolitischen Gründen heute nur noch bedingt relevant. Interessant bleibt, inwiefern in den 2004 bestehenden Schulsportprogrammen genderpädagogische Aspekte im Schulsport aufgenommen wurden.

In schulinternen programmatischen Schriften ist die Integration der Konzepte Mädchen- oder Jungenparteilichkeit wenig wichtig, wobei die jungenpädagogischen Anliegen am schlechtesten abschneiden. Die Integration des abstrakt formulierten Zieles Chancengleichheit der Geschlechter hingegen ist hier eher

---

[7] Hierzu wurden – parallel zu den SportlehrerInnen – die SchulleiterInnen der baden-württembergischen Schulen der Sekundarstufen I und II schriftlich befragt (N=219) (vgl. Gramespacher 2008a: 79-86).

wichtig. Durch die Fokussierung auf die eher abstrakte Leitidee Chancengleichheit der Geschlechter im Schulsport entsteht die Gefahr, dass genderbezogene
Chancengleichheit oder genderkompetentes Unterrichten im Schulsport zu einer
abstrakt formulierten Absichtserklärung wird – und eine solche bleibt. Im Kern
entsteht das Bild, dass die 2004 bestehenden Schulsportprogramme in Baden-
Württemberg zwar gendersensibel, aber (noch) nicht hinreichend genderkompetent gestaltet waren. Eine Prüfung der aktuellen Situation steht zwar noch aus, es
ist aber anzunehmen, dass sich nicht viel gewandelt hat: Jüngst weist Heidi
Scheffel in einem Interview darauf hin, dass „[...] die konsequente Umsetzung
des Gender Mainstreamings gerade im Bereich der inhaltlichen Ausgestaltung
von Programmen und Maßnahmen [im Schulsport, Anm. EG] dringend erforderlich [ist]" (Gramespacher/Feltz 2009a: 135-136).

3.4   Koedukativer Schulsport

Koedukation bedeutet eigentlich *Schüler_innen zusammen erziehen.*[8] Mit der
Koedukation verband sich ursprünglich die Hoffnung, dass sie Chancengleichheit von Jungen und Mädchen mit sich bringt. In der Bundesrepublik Deutschland fiel die Entscheidung für die Koedukation im Zuge der Realistischen Wende
in den 1960er-Jahren. Seither wird an den öffentlichen Schulen koedukativ unterrichtet – mit einer Ausnahme: Im Schulsport setzt die Koedukation erst Mitte
der 1970er-Jahre und nur in einigen Bundesländern in Deutschland ein (vgl. D.
Alfermann 1992: 327),[9] und bis heute wird Koedukation im Schulsport nicht
durchgängig umgesetzt.
    Die Probleme bei der Umsetzung der Koedukation im Schulsport deuten auf
hartnäckige Widerstände gegen die Koedukation im Schulsport hin; und so ist es
konsequent, dass die sportwissenschaftliche Koedukationsdebatte anhält (vgl.
dazu etwa Alfermann 1992; Kugelmann 1997; Gieß-Stüber 1993, 2001; Wolters
2002; Frohn 2002, 2004; Kugelmann et al. 2006; Gramespacher 2007). Die
sportwissenschaftliche Koedukationsdebatte erörtert zwei Ansätze: Ge-
gner_innen der Koedukation im Schulsport betonen Argumente der Leistungsförderung und optimalen Entfaltung, Befürworter_innen fokussieren auf die
Relevanz der gemischtgeschlechtlichen Interaktion, der Auflösung der Geschlechtergrenzen und der Umsetzung sozialer Ziele (vgl. Alfermann 1992). Die
Gegner_innen argumentieren also differenztheoretisch, und sie beziehen sich
damit auf die im (leistungs-)sportlichen Kontext relevant gemachte Kategorie

---

[8] co-educare (lat.): zusammen erziehen.
[9] Relativierend sei angemerkt, dass Schulsport auch schon vor der Realistischen Wende und auch vor
dem Dritten Reich teilweise koedukativ durchgeführt wurde (vgl. Gramespacher 2006).

sex; die Befürworter_innen sprechen sich für soziales Lernen im Schulsport aus und begründen die Koedukation mit der Kategorie *gender*. Allerdings ist längst klar, dass *Koedukation per se* – auch *Koinstruktion* genannt (vgl. Gieß-Stüber 2001) – zu kurz greift, um für Jungen und Mädchen chancengleiche Rahmenbedingungen zu schaffen, um also soziale und genderpädagogische Erziehung und Bildung auch im Schulsport umzusetzen. Um die sportwissenschaftliche Koedukationsdebatte differenziert zu führen, ist daher das auf dieser Erkenntnis beruhende Konzept *Reflexive Koedukation* (vgl. Faulstich-Wieland 1991) einzubeziehen.

Reflexive Koedukation nimmt Abschied von der Hoffnung, das Unterrichten gemischtgeschlechtlicher Gruppen per se trage zur Chancengleichheit der Geschlechter bei. Hierdurch eröffnet die Reflexive Koedukation die Perspektive auf genderkompetentes Unterrichten im eigentlichen Sinne: Reflexive Koedukation bedeutet, den Unterricht (fach-)didaktisch so zu *gestalten*, dass keine genderbezogenen sozialen Benachteiligungen für Schüler_innen entstehen. Gendersensibilität und Genderkompetenz leiten alle pädagogischen, methodisch-didaktischen und inhaltlichen Entscheidungen bei der Planung, Durchführung und Evaluation des Unterrichts – diesen Aspekt nimmt das Modell *Schulsportqualität und Gender* (siehe Teil 2) bei der Prozess-Qualität differenziert auf.

Reflexive Koedukation basiert auf der Annahme, dass alle Schüler_innen dieselben Entwicklungspotentiale haben. Die Anerkennung individueller Interessens- und Schwerpunktbildung sowie eine möglichst umfassende Förderung aller Potenziale erschließen den Schüler_innen Erfahrungs- und Handlungsräume, die keine Identitätskonflikte für Schüler_innen provozieren (sollen). Identitätskonflikte können bei Schüler_innen entstehen, wenn ihnen genderpädagogische Konzepte aufgedrängt werden – und dies erleben Schüler_innen potentiell in allen geschlechtsbezogenen Konstellationen: Faulstich-Wieland und Horstkemper (1995) haben gezeigt, dass Schüler_innen auch die Trennung der Geschlechter, die ein Element genderpädagogischer Konzepte bildet, bisweilen als Verstärkung der Unterscheidung der Geschlechter deuten. Dies könnte indes vermieden werden, wenn nach Geschlecht getrennte Unterrichtseinheiten genderkompetent gestaltet werden – und dies bedeutet, dass die Balance zwischen Dramatisierung und Entdramatisierung von Geschlecht herzustellen ist (vgl. Faulstich-Wieland 2000). Um diese Balance zu erreichen, wirken die Veränderung der Interaktionskultur in Richtung Individualisierung, die Veränderung der schulinternen und -externen curricularen Vorgaben hin zur methodisch-didaktischen Differenzierung und die Aufnahme der Reflexiven Koedukation in der Schulentwicklung (vgl. hierzu auch Kraul/Horstkemper 1999).

Gieß-Stüber (vgl. 1993) hat in einem Schulsportversuch gezeigt, dass die Balance der Entdramatisierung und Dramatisierung von Geschlecht auch durch

Teilzeit-Trennung im Schulsport gefördert werden kann. Werden Mädchen und Jungen alternierend miteinander *und* ohneeinander im Schulsport unterrichtet, lernen die Schüler_innen nicht nur fachlich hinzu, sondern der Schulsport kann auf diese Weise auch den Wünschen der Schüler_innen bezüglich der sozialen Konstellationen gerecht werden. Die Vorstellungen der Schüler_innen in Bezug auf die Koedukation im Schulsport haben auch Faulstich-Wieland und Horstkemper (vgl. 1995: 220) aufgenommen. Die Befunde ihrer Studie zeigen, dass Schüler_innen zwar prinzipiell die Tendenz haben, im Sportunterricht getrennt geschlechtlich unterrichtet werden zu wollen, dass die Wünsche der Schüler_innen diesbezüglich aber differenziert sind. Entscheidend dafür, ob sich Schüler_innen für oder gegen Koedukation im Sportunterricht aussprechen, ist deren persönlicher Bezug zum Sport: Solche Schüler_innen, die persönlich im Sport geschlechterstereotype Vorstellungen überschreiten, wollen eher koedukativ unterrichtet werden; und solche Schüler_innen, die Geschlechterstereotype – im Allgemeinen und im Sport – befürworten und sich an Geschlechterrollen orientieren, sprechen sich eher für einen geschlechtergetrennten Sportunterricht aus. Diese Befunde deuten darauf hin, dass Schüler_innen ihre eigenen Vorstellungen darüber, wie Geschlecht und Sport zusammenhängen, mit ihrer Einstellungen zur Koedukation im Schulsport verbinden.

Was aber bewegt Sportlehrer_innen dazu, sich für oder gegen Koedukation im Schulsport zu entscheiden? Um dieser Frage nachzugehen, sollten die befragten Sportlehrer_innen nicht nur angeben, in welchen Jahrgangsstufen sie Sportunterricht koedukativ unterrichten, sondern auch, ob organisatorische und/oder formale (Bildungsplan) und/oder pädagogische (die Förderung sozialen Lernens) und/oder fachliche Gründe (um die Bewegungskompetenz von Mädchen beziehungsweise von Jungen zu fördern) für die Entscheidung, die zur Koedukation im Schulsport ihrer Schule führt, relevant sind.[10]

Die Mehrheit (74,8%) der befragten Sportlehrer_innen in Baden-Württemberg gibt organisatorische Gründe für Koedukation im Sportunterricht an und fast ein Viertel (23,3%) begründet Koedukation mit dem Erziehungs- und Bildungsplan (vgl. Ministerium für Kultus und Sport Baden-Württemberg 1994, a, b), der die Koedukation auf vier Jahrgangsstufen beschränkt. In Baden-Württemberg wurde im Schulsport der Sekundarstufen I und II also nur in vier Jahrgangsstufen koedukativ unterrichtet – dies jedoch nicht zu 100% (siehe Tabelle 3): Während in der Jahrgangsstufe 5 ca. 85% der Schüler_innen im Sport gemischtgeschlechtlich unterrichtet wurden, zeichnete sich in Jahrgangsstufe 6 diesbezüglich eine vergleichsweise deutliche Reduktion um etwa 30% ab – und zwar in allen Schulformen. Diese Reduktion wäre aus formalen Gründen nicht erforder-

---

[10] Für die Begründungen pro Koedukation waren Mehrfachantworten möglich (N=263).

lich gewesen,[11] was verdeutlicht, dass in Baden-Württemberg dem getrennt geschlechtlichen Sportunterricht der Vorzug gegeben wurde – und diese Präferenz führen die aktuellen Erziehungs- und Bildungspläne Baden-Württemberg fort (vgl. Gramespacher 2008b: 78-80). In den Jahrgangsstufen 7 bis 11 kommt die Koedukation im Sportunterricht vereinzelt vor, was aufgrund der Vorgaben der Erziehungs- und Bildungspläne (1994) erwartbar ist. Dennoch werden – vor allem an Hauptschulen – die Jahrgangsstufen 7 bis 9 trotz der formalen Vorgaben des Erziehungs- und Bildungsplanes (1994) koedukativ unterrichtet. In den Jahrgangsstufen 12/13 ist Koedukation im Sport wieder eher üblich.

Tabelle 3: Anteil des koedukativ erteilten Sportunterrichts an Schulen der Sekundarstufen I und II in Baden-Württemberg (Schuljahr: 2003/04)

Jahrgangsstufe	5	6	7	8	9	10	11	12	13
Schulform									
Hauptschule	84,5%	54,9%	14,1%	9,9%	7,0%	--	--	--	--
Realschule	88,5%	58,0%	4,5%	3,4%	2,3%	5,7%	--	--	--
Gymnasium	80,7%	54,4%	2,6%	1,8%	0,9%	2,6%	3,5%	73,9%	73,9%

Der starke Bezug zu den formalen Gründen der Sportlehrer_innen, die sie für ihre Entscheidung pro Koedukation heranziehen, darf allerdings nicht dahingehend gedeutet werden, dass genderbezogene Aspekte bezüglich der Koedukation im Schulsport irrelevant sind. 66,4% der befragten Sportlehrer_innen geben an, im koedukativen Sportunterricht das soziale Lernen fördern zu wollen. Allerdings mangelt es an einer fachbezogenen Genderkompetenz: In der Erweiterung der Bewegungskompetenzen der Mädchen sehen nur 14,1% der Sportlehrer_innen einen Grund für Koedukation, in derjenigen der Jungen nur 17,6%. Das fachliche Ziel der Erweiterung von Bewegungskompetenzen wird also eher marginal mit Koedukation verknüpft – oder anders formuliert: Das allgemein formulierte pädagogische Ziel – soziales Lernen – ist im Kontext der Koedukationsfrage im Schulsport bedeutsamer als das fachlich begründete Ziel, die Bewegungskompetenzen zu erweitern. Dieser Vorzug abstrakter Formulierungen spiegelt die Wahl der genderbezogenen Ziele, die in Bezug auf die schulintern erarbeiteten Schulsportprogramme bereits gezeigt werden konnte (siehe Teil 3.3).

Die Frage, die sich auf der Basis der bisher dargestellten Befunde weiterführend stellt, lautet: Welche Erfahrungen haben Sportlehrer_innen mit ge-

---

[11] In Baden-Württemberg war bis 2004 das Fach Sport in den Jahrgangsstufen 5/6 und 12/13 *fakultativ* koedukativ, in den Jahrgangsstufen 7 bis 11 *obligatorisch* getrennt nach Geschlecht zu unterrichten (vgl. Ministerium für Kultus und Sport 1994, a, b).

schlechtshomogenen Gruppen im Schulsport? Was also ist bezüglich des fachlichen Lernens in geschlechtshomogenen Gruppen im Schulsport möglich? Es liegt nahe, im geschlechtshomogenen Schulsport parteiliche Mädchenarbeit und reflektierte Jungenarbeit (vgl. Combrink/Marienfeld 2006) umzusetzen. Mit diesem Anliegen kann auch die Vermittlung unbeliebter oder fremder Sportarten verbunden werden, da geschlechtshomogene Sportgruppen Schüler_innen solche *geschützten* Erfahrungsräume bieten, die durch die Abwesenheit des anderen Geschlechts gekennzeichnet sind und die Entfaltungsmöglichkeiten erweitern.[12] Ein Indikator dafür, ob die Schüler_innen einen Nutzen aus geschlechtshomogenen Sportgruppen ziehen, bildet die Frage, ob der Unterricht in geschlechtshomogenen Gruppen zur Einstellungsänderung gegenüber unbeliebten Sportarten führt, also ob Schüler_innen in solchen Unterrichtskonstellationen fachlich (dazu-)lernen. Die folgende Tabelle 4 gibt einen Einblick in Erfahrungen der Sportlehrer_innen beim Unterrichten unbeliebter Sportarten in geschlechtshomogenen Sportgruppen.

Tabelle 4: Einschätzungen der Verhaltensweisen der Mädchen und Jungen beim Unterricht mit unbeliebten Sportarten in geschlechtshomogenen Sportgruppen
(1=trifft zu; 2=trifft eher zu; 3=trifft eher nicht zu; 4=trifft nicht zu)

	MW	SD	
Mädchen trauen sich nicht an ungewohnte Bewegungsformen heran, wenn Jungen dabei sind	1,9	0,7	n=263 t=8,238
Jungen trauen sich nicht an ungewohnte Bewegungsformen heran, wenn Mädchen dabei sind	2,3	0,8	p<.001 df=292
Die bei Mädchen unbeliebten Sportarten werden in Mädchen-Sportklassen unterrichtet, um neue Erfahrungen im *geschützten* Raum machen zu können	2,4	0,9	n=269 t=8,022
Die bei Jungen unbeliebten Sportarten werden in Jungen-Sportklassen unterrichtet, um neue Erfahrungen im *geschützten* Raum machen zu können	2,7	0,9	p<.001 df=268
Der Unterricht in den unbeliebten Sportarten führt bei Mädchen zur Einstellungsänderung gegenüber unbeliebten Sportarten	2,5	0,8	n=268 t=5,831
Der Unterricht in den unbeliebten Sportarten führt bei Jungen zur Einstellungsänderung gegenüber unbeliebten Sportarten	2,8	0,7	p<.001 df=267

---

[12] Siehe hierzu das *Prinzip des geschützten Raumes* in der Jungenarbeit (vgl. Boldt 2001: 26-27).

Mädchen haben der Einschätzung der Sportlehrer_innen nach signifikant deutlicher Hemmungen, sich im koedukativen Sportunterricht an ungewohnte Bewegungsformen heranzuwagen als Jungen. Dieser Befund entspricht der Tatsache, dass Mädchen signifikant eher als Jungen mit unbeliebten Sportarten im geschlechtshomogenen und damit *geschützten* Raum unterrichtet werden, um neue Erfahrungen machen zu können. Aus Sicht der Sportlehrer_innen führt der Unterricht mit unbeliebten Sportarten auch signifikant eher bei Mädchen als bei Jungen zur Einstellungsänderung gegenüber den unbeliebten Sportarten.

Die in Tabelle 4 dargelegten Befunde legen nahe, dass das Unterrichten geschlechtsstereotyp unbeliebter Sportarten eher in geschlechtshomogenen Sportgruppen stattfinden sollte, um (Bewegungs-)Hemmungen der Schüler_innen zu vermeiden. Allerdings scheinen Mädchen von geschlechtshomogenen Sportgruppen mehr als Jungen zu profitieren. Um Jungen im Schulsport diesbezüglich gezielt zu fördern, bedarf es weiterer methodisch-didaktischer jungenpädagogischer Ansätze, die auch in den schulintern formulierten Schulsportprogrammen aufgenommen werden sollten (siehe Teil 3.3). Angeregt werden können solche jungenpädagogischen Konzepte durch erprobte Materialien zur Jungenarbeit (vgl. etwa Boldt 2001) und durch sportpädagogische Konzepte für Jungenförderung durch Bewegung (vgl. Neuber 2009).

Summa summarum zeigen die dargelegten Befunde und Überlegungen zur Koedukation im Schulsport, dass bei der Entscheidung, ob Schüler_innen im Sportunterricht gemischtgeschlechtlich oder geschlechtshomogen unterrichtet werden sollen, nicht einfach von der Hoffnung geleitet werden kann, dass das auf die Kategorie *gender* bezogene Setting alleine im Sinne von Chancengleichheit oder Geschlechtergerechtigkeit wirksam wird. Vielmehr hängt diese Entscheidung zusammen mit allgemeinen sozialen sowie mit den fachlichen Zielen, mit den methodisch-didaktischen Alternativen, mit den zu unterrichtenden Inhalten sowie mit der Leistungsmessung, die wiederum mit der Unterrichtsgestaltung abzustimmen ist (siehe Teil 2, Modell *Schulsportqualität und Gender*).

Schließlich sei noch darauf hingewiesen, dass Entscheidungen, die die Koedukation – mithin genderbezogene Prozesse unter Schüler_innen – betreffen, nicht ausschließlich *vor* dem Sportunterricht zu fällen sind, sondern auch *während* und *nach* dem Sportunterricht. Nicht nur die in Teil 3.2 beschriebenen genderbezogenen Belastungssituationen im Schulsport erfordern dies. Auch Interaktionen unter den Schüler_innen führen im Unterrichtsprozess immer wieder dazu, dass solche Entscheidungen erforderlich werden. So neigen Schüler_innen im koedukativen Schulsport zum Beispiel zur Bildung geschlechtshomogener Sportteams (vgl. Alfermann 1992, 1995). Den genderbezogenen Prozessen unter den Schüler_innen können Sportlehrer_innen beispielsweise mit *binnendifferenziert* gestaltetem Unterricht konstruktiv begegnen. Der Umgang mit solchen Unterrichtsprozessen jedoch verlangt von den Sportlehrer_innen eine besonders hohe Genderkompetenz, da sie in der Regel sehr schnell ablaufen. Angesichts solcher Unterrichtsprozesse wird es auch obsolet, den Zusammenhang der Frage der Koedukation im Schulsport allein mit schulorganisatorischen Aspekten zu verbinden. Die Frage der Organisation des Sportunterrichts beziehungsweise des Schulsports ist letztlich nachrangig und nur in Abhängigkeit von genderpädagogischen Zielen und Anliegen zu bearbeiten. Vielmehr erfordern die komplexen genderbezogenen Prozesse vor, während und nach dem Schulsport die weiterführende Überlegung, die bei der Frage anknüpft, ob die Kategorie *gender* alleine hinreicht, um die vielfältigen sozialen Interaktionen und die damit zusammenhängenden Problemstellungen im Schulsport hinreichend zu verstehen und zu erklären. Im Folgenden wird daher vorgeschlagen, dass die Genderkompetenz im Schulsport künftig erweitert werden könnte um solche Dimensionen sozialer Ungleichheit, die auf ein Modell der Diversity-Kompetenz führen könnten.

4   Genderkompetenz führt zur Diversity-Kompetenz

Schulsport genderkompetent zu gestalten – das bedeutet eigentlich mehr als soziale Ungleichheiten, die sich aufgrund der Kategorie *gender* ergeben, zu überwinden. Genderkompetenz ist eng verwoben mit der Kompetenz, weitere im Schulsport relevante soziale Ungleichheiten mit zu berücksichtigen, deren Verwobenheiten zu erkennen und sie im Schulsport produktiv zu bearbeiten. Genderkompetenz im Sinne von Gender Mainstreaming betrachtet bietet einen Ansatz für die Entwicklung eines Konzepts, das Diversity-Kompetenz für den Schulsport aufnimmt: Genderkompetenz im Schulsport entwickeln, das ist im Lichte von Gender Mainstreaming nämlich nur als Lernende Organisation möglich: Die Akteure eignen sich Genderkompetenz an *und* sie verändern hierbei ihre persönlichen Einstellungen; und als Folge dieses Lernens wandeln sich Organisationsstrukturen und die Organisationskultur im Schulsport hin zur Gendergerechtigkeit (vgl. Gramespacher 2008a). Das Diversity-Konzept ist analog:
   Das Diversity-Konzept verändert die Perspektive auf potenzielle Benachteiligungsgründe der Schüler_innen im Schulsport. Eine mögliche Benachteiligung aufgrund der sozialen Ungleichheitskategorien *gender* und/oder *body* und/oder *class* und/oder *race*[13] wird im Diversity-Konzept nicht als Defizit Einzelner begriffen, sondern als Problem der Organisation, hier: des Schulsports. Das Problem kann behoben werden, wenn die Akteure mit den verschiedenen Differen-

---

[13]   Diese Wahl der sozialen Ungleichheitskategorien gender, body, class und race fußt auf dem Konzept zur Mehrebenenanalyse in der Intersektionalitätsforschung (vgl. Winker/Degele 2009). Dieses Konzept erscheint im Kontext der empirischen Schulsportforschung sehr sinnvoll.

kompetent umgehen und ihre Einstellungen dahingehend verändern, dass sie die Merkmale der Individuen im Sinne des Diversity-Konzepts als deren Kompetenz begreifen. Zugleich sollen die die Gruppe benachteiligenden Aspekte der Einzelnen zugunsten der Gruppe minimiert werden – dieser Aspekt ist dem ökonomischen Ansatz des Diversity-Konzeptes geschuldet (vgl. Aretz 2006) und im sportpädagogischen Kontext an anderer Stelle noch kritisch zu reflektieren.

Der Kompetenz-Ansatz des Diversity-Konzepts gibt im Schulsport Anlass dazu, alle Kompetenzen aller Akteure zu erkennen, sie zu nutzen und deren Potenziale zu entwickeln. Daher müssen zusätzlich zum Ziel, den Schulsport genderkompetent zu gestalten, Aspekte der präventiven Verhinderung von körper- und milieubezogener und ethnischer Benachteiligung Bestandteil von Schulsportentwicklungskonzepten, -zielen und -strategien sein und in deren Qualitätsmanagement einfließen.

Literatur

Alfermann, Dorothee (1992): Koedukation im Sportunterricht. In: Sportwissenschaft H. 3, 323-343.

Alfermann, Dorothee (1995): Geschlechterunterschiede in Bewegung und Sport: Ergebnisse und Ursachen. In: psychologie und sport H. 1, 2-14.

Alfermann, Dorothee (1996): Geschlechterrollen und geschlechtstypisches Verhalten. Stuttgart: Kohlhammer.

Aretz, Hans-Jürgen (2006): Strukturwandel in der Weltgesellschaft und Diversity Management in Unternehmen. In: Becker/Seidel (2006): 52-74.

Balz, Eckart/Kuhlmann, Detlef (Hrsg.; 2009): Sportentwicklung. Grundlagen und Facetten. Aachen: Meyer & Meyer Verlag.

Becker, Manfred/Seidel, Alina (Hrsg.; 2006): Diversity Management. Unternehmens- und Personalpolitik der Vielfalt. Stuttgart: Schäffer-Poeschel Verlag.

Becker, Ruth/Kortendiek, Beate (Hrsg.; 2004): Handbuch Frauen- und Geschlechterforschung. Wiesbaden: VS Verlag für Sozialwissenschaften.

Boldt, Uli (2001): Ich bin froh, dass ich ein Junge bin. Materialien zur Jungenarbeit in der Schule. Baltmannsweiler: Schneider.

Combrink, Claudia/Marienfeld, Uli (2006): Parteiliche Mädchenarbeit und reflektierte Jungenarbeit im Sport. In: Hartmann-Tews/Rulofs (2006): 275-286.

Deutscher Fußballbund (DFB) (2009): Mitglieder-Statistik. http://www.dfb.de/index. php?id=11015 [Zugriff: 9.11.2009].

Deutscher Sportbund (Hrsg.; 2008): DSB-SPRINT-Studie. Eine Untersuchung zur Situation des Schulsports in Deutschland. Aachen: Meyer & Meyer Verlag.

Deutscher Olympischer Sportbund (DOSB) (2006): Eine Übersicht über die gleichstellungspolitisch relevanten Paragraphen der DOSB-Satzung. http://www.dosb.de/de/ sportentwicklung/frauen-im-sport/satzung [Zugriff: 6.10.2009].

Faulstich-Wieland, Hannelore (1991): Koedukation – enttäuschte Hoffnungen? Darmstadt: Wiss. Buchgesellschaft.

Faulstich-Wieland, Hannelore (2000): Dramatisierung vs. Entdramatisierung von Geschlecht im Kontext von Koedukation und Monoedukation. In: Metz-Göckel et al. (2000): 196-206.

Faulstich-Wieland, Hannelore/Horstkemper, Marianne (1995): „Trennt uns bitte, bitte nicht!" Koedukation aus Mädchen- und Jungensicht. Opladen: Leske+Budrich.

Firley-Lorenz, Michaela (1994): Sportlehrerinnen in der Schule – ein kritischer Beitrag zu einem vernachlässigten Thema. In: sportunterricht 43. 148-157.

Firley-Lorenz, Michaela (2001): „Wie wollen Sie denn eine Fußballstunde bewerten?" Beruflicher Alltag und Orientierungen von Sportlehrerinnen in der Schule. In: Glumpler/Fock (2001): 125-138.

frabene e.V. (Hrsg.; 2006): Bewegungslust. Beiträge zur Bewegungskultur von Mädchen und Frauen. Hamburg: Kovač.

Fried, Lilian (2003): Dimensionen pädagogischer Professionalität [Themenheft]. In: Die Deutsche Schule 95. Beiheft 7, 7-31.

Frohn, Judith (2002): Koedukation im Sportunterricht an Hauptschulen? In: Kugelmann/Zipprich (2002): 21-30.

Frohn, Judith (2004): Reflexive Koedukation auch im Sportunterricht der Grundschule? In: sportunterricht, H. 6, 163-168.

Frohn, Judith (2007): Mädchen und Sport an der Hauptschule. Sportsozialisation und Schulsport von Mädchen mit niedrigem Bildungsniveau. Baltmannsweiler: Schneider.

Gieß-Stüber, Petra (1993): „Teilzeit-Trennung" als Mädchenparteiliche Maßnahme. Bericht über einen Unterrichtsversuch in einer Gesamtschule. In: Brennpunkte der Sportwissenschaft H. 2, 166-187.

Gieß-Stüber, Petra (2001): Koedukation. In: Haag/Hummel (2001): 307-313.

Gieß-Stüber, Petra/Gramespacher, Elke (2006): Geschlecht als Kategorie sozialer Ordnung an Schulen – Eine empirische Analyse als Grundlage für die Umsetzung von Gender Mainstreaming. Forschungsprojekt gefördert vom Sozialministerium Baden-Württemberg. Unveröffentlichter Abschlussbericht. Freiburg.

Gieß-Stüber, Petra/Voss, Anja/Petry, Karen (2003): GenderKids – Geschlechteralltag in der frühkindlichen Bewegungsförderung. In: Hartmann-Tews et al. (2003): 69-108

Gieß-Stüber, Petra/Neuber, Nils/Gramespacher, Elke/Salomon, Sebastian (2008): Mädchen und Jungen im Sport. In: Schmidt (2008): 63-83.

Glumpler, Edith/Fock, Carsten (Hrsg.; 2001): Frauen in pädagogischen Berufen. Band 2: Lehrerinnen. Bad Heilbrunn: Klinkhardt.

Gramespacher, Elke (2006): Schule, Geschlecht und Schulsport. In: Hartmann-Tews/Rulofs (2006): 190-199.

Gramespacher, Elke (2007): Das Verhältnis zwischen Gender und Gender Mainstreaming – ein Impuls für die Koedukationsdebatte im Schulsport. In: Hartmann-Tews/Dahmen (2007): 87-96.

Gramespacher, Elke (2008): Die Tradierung geschlechtsstereotyper Wertvorstellungen im Schulsport. In: Sportwissenschaft H. 1, 51-64.

Gramespacher, Elke (2008a): Gender Mainstreaming in der Schul(sport)entwicklung. Eine Genderanalyse an Schulen. Saarbrücken: VDM.

Gramespacher, Elke (2008b): Doing Gender im Schulsport. In: beiträge zur feministischen theorie und praxis H. 69, 73-84.

Gramespacher, Elke/Feltz, Nina (Hrsg.; 2009): Bewegungskulturen von Mädchen – Bewegungsarbeit mit Mädchen. Immenhausen: Prolog Verlag.

Gramespacher, Elke/Feltz, Nina (2009a): Heidi Scheffel bezieht Position(en) – ein Interview. In: Gramespacher/Feltz (2009): 133-139.

Günter, Sandra (2009): The Performative Act – Werfen wie ein Mädchen. In: Gramespacher/Feltz (2009): 124-132.

Günther, Caroline (2009): Diskriminierung unter dem Deckmantel von Chancengleichheit und fair play. Beispiele und Überlegungen zum Ausschluss von als ‚intersexuell' kategorisierbaren Menschen aus dem Hochleistungs- und Berufssport – spielerisch *ver*spielt inszeniert. In: Freiburger GeschlechterStudien H. 23, 205-225.

Haag, Herbert/Hummel, Alfred (Hrsg.; 2001): Handbuch Sportpädagogik. Schorndorf: Hofmann.

Hartmann-Tews, Ilse (2009): Sportentwicklung und Inklusion aus Geschlechterperspektive. In: Balz/Kuhlmann (2009): 65-75.

Hartmann-Tews, Ilse/Gieß-Stüber, Petra/Klein, Marie-Luise/Kleindienst-Cachay, Christa/Petry Karen (Hrsg.; 2003): Soziale Konstruktion von Geschlecht im Sport. Opladen: Leske+Budrich.

Hartmann-Tews, Ilse/Rulofs, Bettina (2004): Sport: Analyse der Mikro- und Makrostrukturen sozialer Ungleichheit. In: Becker/Kortendiek (2004): 564-569.

Hartmann-Tews, Ilse/Rulofs, Bettina (Hrsg.; 2006): Handbuch Sport und Geschlecht. Schorndorf: Hofmann.

Hartmann-Tews, Ilse/Dahmen, Britt (Hrsg.; 2007): Sportwissenschaftliche Geschlechterforschung zwischen Theorie, Politik und Praxis. Hamburg: Czwalina.

Henkel, Ulrike/Kröner, Sabine (Hrsg.; 1997): Und sie bewegt sich doch! Sportwissenschaftliche Frauenforschung – Bilanz und Perspektiven. Pfaffenweiler: Centaurus.

Hoppe, Heidrun/Nyssen, Elke (2004): Gender Mainstreaming: Neue Gleichstellungsimpulse für die Schule? Begründungen und Ansatzpunkte. In: Meuser/Neusüß (2004): 232-243.

Kraul, Margret/Horstkemper, Marianne (1999): Reflexive Koedukation in der Schule: Evaluation eines Modellversuchs zur Veränderung von Unterricht und Schulkultur. Mainz: v. Hase & Koehler.

Krüger, Michael (Hrsg.; 2003): Menschenbilder im Sport. Schorndorf: Hofmann.

Kugelmann, Claudia (1997): Koedukation im Sportunterricht – 20 Jahre Diskussion und kein Ende abzusehen. In: Henkel/Kröner (1997): 179-212.

Kugelmann, Claudia/Zipprich, Christa (Hrsg.; 2002): Mädchen und Jungen im Sportunterricht. Beispiele zum geschlechtssensiblen Unterrichten. Hamburg: Czwalina.

Kugelmann, Claudia/Röger, Ulrike/Weigelt, Yvonne (2006): Zur Koedukationsdebatte: Gemeinsames oder getrenntes Sporttreiben von Jungen und Mädchen. In: Hartmann-Tews/Rulofs (2006): 260-274.

Metz-Göckel, Sigrid/Schmalharf-Larsen, Christa/Belinski, Eszter (Hrsg.; 2000): Hochschulreform und Geschlecht. Neue Bündnisse und Dialoge. Opladen: Leske+Budrich.

Meuser, Michael/Neusüß, Claudia (Hrsg.; 2004): Gender Mainstreaming. Konzepte – Handlungsfelder – Instrumente. Schriftenreihe der Bundeszentrale für politische Bildung. Band 418, Bonn.

Miethling, Wolf-Dietrich/Gieß-Stüber, Petra (Hrsg.; 2008): Beruf: Sportlehrer/in. Hohengehren: Schneider.

Ministerium für Kultus und Sport Baden-Württemberg (Hrsg.; 1994): Erziehungs- und Bildungspläne für die Hauptschule Baden-Württemberg. Villingen-Schwenningen: Neckar Verlag.

Ministerium für Kultus und Sport Baden-Württemberg (Hrsg.; 1994a): Erziehungs- und Bildungspläne für die Realschule Baden-Württemberg. Villingen-Schwenningen: Neckar Verlag.

Ministerium für Kultus und Sport Baden-Württemberg (Hrsg.; 1994b): Erziehungs- und Bildungspläne für das Gymnasium Baden-Württemberg. Villingen-Schwenningen: Neckar Verlag.

Neuber, Nils (2009): Supermann kann Seilchen springen. Bewegung, Spiel und Sport mit Jungen. Dortmund: Borgmann Verlag.

Palzkill, Birgit/Scheffel, Heidi (1997): Sportlehrerinnen unterrichten Jungen [Themenheft Jungen]. In: Sportpädagogik H. 6, 18-22.

Palzkill, Birgit/Scheffel, Heidi (2008): Train the teacher – Geschlechterkompetenz im Sportunterricht. In: Miethling/Gieß-Stüber (2008): 163-178.

Pfister, Gertrud (1997): Integration oder Segregation – Gleichheit oder Differenz. Kontroversen im Diskurs über Frauen im Sport. In: Henkel/Kröner (1997): 39-68.

Pfister, Gertrud (2003): Die Balance der Differenz – Inszenierungen von Körper und Geschlecht im Sport (1900 bis 2000). In: Krüger (2003): 197-234.

Pfister, Gertrud (2008): Doing Sport ist Doing Gender. In: beiträge zur feministischen theorie und praxis H. 69, 13-29.

Prohl, Robert/Krick, Florian (2008): Lehrplan und Lehrplanentwicklung – Programmatische Grundlagen des Schulsports. In: Deutscher Sportbund (2008): 19-52.

Rulofs, Bettina/Hartmann-Tews Ilse (2006): Zur sozialen Konstruktion von Geschlecht in der medialen Vermittlung. In: Hartmann-Tews/Rulofs (2006): 230-242.

Schmerbitz, Helmut/Seidensticker, Wolfgang/Schulz, Gerhild (1997): Mädchen und Jungen im Sportunterricht. Interaktionsanalyse und Curriculumsentwurf. Impuls 23. (2. Auflage). Bielefeld.

Schmidt, Werner (Hrsg.; 2008): Zweiter Deutscher Kinder- und Jugendsportbericht. Schwerpunkt: Kindheit. Schorndorf: Hofmann.

Spille, Petra (2006): „Hauptsache, ja Hauptsache ich mache alles richtig!" Das Spannungsfeld von Spaß, Genuss, Gelassenheit und psychischer Anspannung. In: frabene e.V. (2006): 27-98.

Söll, Wolfgang (2008): Sportunterricht – Sport unterrichten: ein Handbuch für Sportlehrer. (7. überarbeitete Auflage). Schorndorf : Hofmann.

Wehner, Gudrun (2005): Wenn Mädchen sich verweigern. Sport für Hauptschülerinnen als Wahlpflichtkurs. In: Sportpädagogik H. 2, 32-35.

Weigelt-Schlesinger, Yvonne (2008): Geschlechterstereotype. Qualifikationsbarrieren von Frauen in der Fußballtrainerausbildung? Hamburg: Czwalina.

Winker, Gabriele/Degele, Nina (2009): Intersektionalität. Zur Analyse sozialer Ungleichheiten. Bielefeld: transcript.

Wolters, Petra (2002): Koedukation im Sportunterricht – Zwischen Gleichheit und Differenz. In: sportunterricht H. 51, 178- 183.

3 Genderkompetenz:
Bau- und Stolpersteine zur Entwicklung
einer gendergerechten Kultur

Der „steinige" Weg – Ein Beitrag zur Institutionalisierung gendergerechter Konzepte an bundesdeutschen Schulen

Uli Boldt

Die Frage der Schulentwicklung hat in der Bundesrepublik an Bedeutung gewonnen. In den Blickpunkt gerät dabei neben bundesweiten Veränderungen besonders die Einzelschule.

Auch Geschlechterfragen prägen zunehmend den Schulentwicklungsprozess einzelner Schulen. Diese neuen Entwicklungen basieren auf einem Wechselspiel zwischen neuen bildungspolitischen Initiativen und der Entwicklung von konkreten schulischen Maßnahmen durch einzelne Lehrkräfte. Das pädagogische Konzept der „Reflexiven Koedukation"[1] bietet dabei den Bezugsrahmen für die Arbeit der Pädagog_innen. Der politische Handlungsrahmen ist durch das Konzept des „Gender Mainstreaming"[2] gegeben.

Welchen Stellenwert nimmt die Geschlechterfrage mittlerweile in den Schulen ein? Was können einzelne Schulen von anderen Schulen lernen? Wie erreichen neue pädagogische Ideen grundsätzlich die Einzelschulen? Welche institutionellen, organisatorischen und personellen Veränderungen sind notwendig, damit geschlechterbewusste und gendergerechte Konzepte in den Schulprogrammen der einzelnen Schulen verankert werden können?

Auf diese Fragen wird der Beitrag versuchen einzelne Antworten zu geben. Grundsätzlich ist aber sicher auch für die Aufnahme von Geschlechterfragen in Schulprogramme die Aussage richtig, dass dieser Prozess als ein „steiniger" Weg bezeichnet werden kann.

---

[1] Faulstich-Wieland und Horstkemper haben das Konzept der Reflexiven Koedukation als Gestaltungsprinzip für die koedukative Schule entwickelt: „Reflexive Koedukation heißt für uns, dass wir alle pädagogischen Gestaltungen daraufhin untersuchen wollen, ob sie die bestehenden Geschlechterverhältnisse eher stabilisieren, oder ob sie eine kritische Auseinandersetzung und damit Veränderung fördern" (Faulstich-Wieland/Horstkemper 1996: 583).

[2] Gender Mainstreaming bezeichnet den Gestaltungsprozess, bei allen gesellschaftlichen, politischen und wirtschaftlichen Entscheidungsprozessen die Geschlechterperspektive, d.h. die unterschiedlichen Lebenssituationen und Interessen von Frauen und Männern grundsätzlich zu berücksichtigen.

1   Bildungspolitische Initiativen

Ministerien verschiedener Bundesländer haben Programme aufgelegt, die die
Schulen dazu ermuntern sollen, sich stärker als bisher mit Geschlechterfragen zu
beschäftigen. Schulen können ein Gütesiegel für die individuelle Förderung ihrer
Schüler_innen beantragen. Sie erhalten dies aber nur, wenn sie u.a. deutlich
machen können, dass sie für die Gestaltung ihrer Arbeit Konzepte entwickelt
haben, die die spezielle Förderung von Mädchen und Jungen berücksichtigen.
Weiterführende Schulen können ein Gütesiegel für den Bereich der Berufsorientierung und Lebensplanung erhalten. Auch diese Auszeichnung wird nur für den
Fall vergeben, dass die Schulen geschlechterbewusste inhaltliche Konzepte für
dieses Aufgabenfeld entwickelt haben. Auch bei der Durchführung von Schulin-
spektionen im Rahmen des Qualitätsmanagements der Einzelschulen werden die
Schulen einzelner Bundesländer zunehmend dazu aufgefordert, Aussagen zur
geschlechterspezifischen Förderung beider Geschlechter zu machen. Hinzu sind
immer wieder programmatische Initiativen einzelner Landesregierungen zu beobachten, die – ausgehend von dem Konzept der „Reflexiven Koedukation" –
Schulen ermuntern, im Bereich der Unterrichtsinhalte, im Bereich der methodi-
schen Arbeit, im Bereich der Pausengestaltung und bei der Entwicklung des
Ganztagsangebotes auf die Interessen der Mädchen und Jungen zu achten.
    Die in Nordrhein-Westfalen seit Jahren durchgeführte Schulinspektion ver-
deutlicht in besonderer Weise, dass die Schulen sich mit der Gestaltung des
Schullebens unter dem Genderaspekt beschäftigen sollen. Im Rahmen ihrer Vor-
bereitungen auf die Qualitätsanalyse sind die Schulen aufgefordert, zu verschiedenen Themenfeldern Aussagen über ihre Arbeit und den Entwicklungsstand der
Schule zu formulieren. Hierzu gehört auch das Themengebiet „Geschlechtersensible individuelle Förderung".

> Die Chancengleichheit der Geschlechter als Ziel und Ergebnis schulischer Arbeit
> soll sich in den Anforderungen der Qualitätsanalyse spiegeln; eine diesbezüglich er-
> gänzte Fassung des Qualitätstableaus ist entwickelt und veröffentlicht. Der Unter-
> richtsbeobachtungsbogen wird im Rahmen der laufenden Überarbeitung um entspre-
> chende Indikatoren ergänzt. Die Qualitätsprüferinnen und -prüfer werden im Rah-
> men ihrer Qualifizierung sensibilisiert für die Geschlechteraspekte in den schuli-
> schen Strukturen und Handlungsfeldern (Ministerium für Schule und Weiterbildung
> des Landes Nordrhein-Westfalen 2009: 19ff).

Deutlich ist, dass aufgrund des in Nordrhein-Westfalen existierenden Schulge-
setzes („Die Schule ... achtet den Grundsatz der Gleichberechtigung der Geschlechter und wirkt auf die Beseitigung bestehender Nachteile hin."; aus dem
Schulgesetz des Landes NRW 2006 §2 Absatz 6) von Seiten der nordrhein-

westfälischen Landesregierung Leitvorstellungen formuliert werden, die Lehrerinnen und Lehrer auffordern, eine geschlechtersensible individuelle Förderung der Geschlechter als Bestandteil des Bildungsauftrages von Schule zu verstehen. Das von der Landesregierung entwickelte „Maßnahmenbündel zur individuellen und gezielten Förderung in der Grundschule sowie in den weiterführenden Schulen" verfolgt das Ziel, „Jungen und Mädchen auch unter dem Gesichtspunkt ihres Geschlechts stärker differenziert" zu fördern und „so die Grundlage für eine Verbesserung der schulischen Leistungen und persönlichen Entwicklungen" (Ministerium für Schule und Weiterbildung des Landes Nordrhein-Westfalen (2009: 4) zu legen.

Auch die bayerische Landeshauptstadt München ergreift Initiativen zur geschlechterbewussten Bildungsarbeit. Jede Realschule der Stadt beschäftigt einen männlichen Lehrer, der die Aufgabe des so genannten „Jungenbeauftragten" übernimmt. Mit Entlastungsstunden ausgestattet, versuchen diese Lehrer in Zusammenarbeit mit dem Kollegium auf der Grundlage des Konzepts der „Reflexiven Koedukation" die Diskussion in den Schulen bezüglich der Frage Geschlechtergerechtigkeit zu intensivieren und geschlechterbewusste Konzepte in den Schulen zu entwickeln, die den Interessen beider Geschlechter (Schülerinnen und Schüler, Lehrerinnen und Lehrer) zu Gute kommen.

Von Seiten der Ministerien und auch von Seiten der Kommunen scheinen sich die Rahmenbedingungen für eine geschlechterbewusste Schulentwicklung verbessert zu haben. Erreichen diese Ideen, die vorgeschlagenen Programme, aber auch die Lehrkräfte? Welche Entwicklungen sind in den Schulen zu beobachten? Welche Bedingungen müssen erfüllt sein, damit Schulentwicklungsprozesse erfolgreich in den einzelnen Schulen gestaltet werden können? Findet die Geschlechterfrage auch zunehmend Einzug in die Programme der Bildungsarbeit und der -angebote der Schulen?

2   Schulinterne Bedingungen für eine förderliche Schulentwicklung

Koch-Priewe (2002) hat die Schulprogramme verschiedener Schulformen auf Aussagen zur Mädchen- und Jungenförderung hin untersucht. Ein Blick in die Schulkonzepte einzelner Haupt-, Real-, Gesamtschulen und Gymnasien verdeutlicht, dass sich bundesweit zahlreiche Kolleginnen und Kollegen für die geschlechterbewusste Arbeit mit Jungen interessieren zeigen. Die von Koch-Priewe durchgeführte Recherche zeigte,

[…] dass aus der anfänglichen Parteinahme für die Mädchen sukzessive ein Konzept, ʻreflexiver Koedukationʻ oder eine ʻgender-orientierteʻ Pädagogik entstehen kann, das über den geschlechtskomepensatorischen Ansatz hinausgeht und in ein neues Verständnis von Erziehung und Allgemeinbildung für beide Geschlechter mündet (Koch-Priewe 2002: 28).

So ist an einigen Schulen nach jahrelanger Arbeit ein „profilbildender Prozess" zu beobachten. In diesen Fällen wurden die durchgeführten Aktivitäten „in das Schulprogramm aufgenommen und ein Leitbild einer geschlechtergerechten Schule formuliert" (Koch-Priewe 2002: 28).
Die Analyse der Schulentwicklungsprozesse macht zugleich deutlich, dass

- dieser Prozess eher von Frauen als von Männern initiiert worden ist,
- die Bildung von kleinen Arbeitsgruppen für die Diskussion von Genderfragen förderlich war,
- die Arbeit dieser Arbeitsgruppen im Kollegium auf Zustimmung, aber zugleich auch auf Ablehnung gestoßen ist,
- die Durchführung von schulinternen Fortbildungen unter Beteiligung außerschulischer Referentinnen und Referenten den Diskussionsprozess positiv befördert hat,
- die Eltern (in erster Linie die Mütter) Aktivitäten im Bereich der geschlechterbewussten Pädagogik befürworten und
- die Verankerung von Leitvorstellungen und konkreten Projekten im Schulprogramm der Einzelschule zu einer verbindlichen Arbeit führt.

Darüber hinaus fällt auf, dass – unabhängig von der Frage, ob geschlechterbewusste Aktivitäten im Schulprogramm verankert worden sind – eine Evaluation oder Überprüfung der Maßnahmen hinsichtlich der Erreichung der formulierten Zielsetzungen in der Regel nicht erfolgen. Die Akzeptanz der Arbeit auf der Seite der Kinder und Jugendlichen, der Lehrkräfte und der Eltern wird häufig erwähnt. Effekte und konkrete Ergebnisse der Projekte zur Sexualerziehung, zur Berufs- und Lebensplanung, zur Gewaltprävention und zur Förderung der sozialen Kompetenzen werden bisher nicht untersucht.

Auch Biermann (2007) geht in ihrer Untersuchung der Frage nach, welche schulinternen Bedingungen für Schulentwicklungsprozesse förderlich sind. Für ihre Untersuchung mit dem Titel „Wie kommt Neues in die Schule?" geht sie von der Alltagsbeobachtung aus, dass sich immer wieder einzelne Lehrerinnen und Lehrer für die geschlechterbewusste Arbeit interessieren, sich fortbilden lassen und versuchen, das Thema in der Schule zu verbreitern.

Einigen LehrerInnen gelang dies im Laufe der Jahre, andere stießen auf Gleichgültigkeit bei den KollegInnen und Schulleitungen, manchmal auch auf Ablehnung. Einige zogen sich für weitere Experimente in ihren Klassenraum zurück, andere gaben den Versuch der Innovation auf. Weitere fanden zwar Wohlwollen, aber keine Unterstützung in ihren Schulen, engagieren sich über viele Jahre bis an den Rand der Erschöpfung. Ließ ihr Engagement nach und verließen sie die Schule, gingen auch ihre Ideen verloren (Biermann 2007: 12).

Diese Wahrnehmung des schulischen Alltags ist sicherlich auf unterschiedliche inhaltliche Felder übertragbar. Neue Aufgabenfelder werden nicht immer freudig von den Lehrerinnen und Lehrern übernommen. Im Zusammenhang mit der Frage der Schulentwicklung sind folglich die von Biermann aufgeworfenen Forschungsfragen von Bedeutung für diverse inhaltliche Felder von schulischen Arbeit.

Welche Unterschiede gibt es zwischen den Schulen, in denen die Wege neuer Themen so unterschiedlich verlaufen? Liegt es daran, wie kooperations- oder innovationserprobt die KollegInnen sich zeigen? Liegt es daran, wie unterstützend und inhaltlich interessiert sich die Schulleitung verhält? Liegt es daran, wie attraktiv oder bedeutend ein Thema ist, wie beliebt es bei den SchülerInnen ist? Liegt es daran, wie beliebt und engagiert einzelne LehrerInnen sind, wie kompetent oder anerkannt sie auftreten? Oder ist eher ein Zusammenspiel zwischen diesen Faktoren ausschlaggebend? (Biermann 2007: 12ff.).

Zur Beantwortung dieser Forschungsfragen entwickelt Biermann zwei Perspektiven. Im Mittelpunkt ihrer Untersuchung steht die Frage, „welche förderlichen und hinderlichen Faktoren [...] das Handeln einzelner aktiver Lehrer_innen in ihren Institutionen" (Biermann 2007: 15) beeinflussen? Die Durchführung von zwei Fallstudien an zwei Gesamtschulen (Dokumentenanalyse, Expert_inneninterviews, Schulleitungsinterviews, Sichtung persönlicher Dokumente der Lehrkräfte und Schulleitungsmitglieder) erbrachte unter dem Aspekt einer gelingenden Schulentwicklung die folgende Erkenntnis:

Knapp formuliert könnte die Antwort auf die Frage, wie Neues in die Schule kommt, lauten: Durch das Handeln innovativer, kompetenter Akteur_innen in verlässlichen, zielorientierten und damit förderlichen Organisationsstrukturen (Biermann 2007: 307).

Wodurch zeichnet sich nun innovatives und kompetentes Handeln von Lehrerinnen und Lehrern aus? Wie müssen Organisationsstrukturen gestaltet sein, damit sie als zielorientiert bezeichnet werden können. Biermann (2007: 308 ff.) kommt zu den folgenden Befunden:

Innovatives Lehrerhandeln ...

... zeichnet sich aus durch:	... zeigt sich in:
Genderkompetenz	• Alltagsbeobachtungen • Kenntnis von Forschungsergebnissen • Kennen von Konzepten
Autonomes und selbstverantwortliches Handeln in den schulischen Strukturen	• Übernahme von Eigenaktivitäten • Vermeidung ungesteuerter Prozesse • Einbringen von Themen in die schulischen Gremien
Kooperatives Handeln	• Zusammenarbeit mit den Kolleg_innen als freiwillige Option • Entwicklung eines Diskussionskultur • Entwicklung einer Feedbackkultur
Reflexives Lehrer_innenhandeln	• Nachdenken über durchgeführte Projekte und Aktivitäten • Weiterentwicklung von Projekten mit neuen Zielperspektiven • Rückmeldungen einholen von anderen Lehrkräften, Schüler_innen und Eltern

Das Einhalten von Absprachen und Verabredungen innerhalb eines Kollegiums, das „Sich Zeitnehmen" für Austausch und Kommunikation und die Durchführung von regelmäßigen Arbeitstreffen scheinen Ausdruck von förderlichen Organisationstrukturen zu sein (Biermann 2007: 311ff.). Hinzu kommen noch die folgenden Aspekte, die in erster Linie von den Mitgliedern der Schulleitung beachtet werden sollten:

Zielorientierte Organisationsstrukturen ...

... zeichnen sich aus durch:	... zeigen sich in:
Achtung auf verlässliche Konferenzstrukturen	• Jahrgängen • Fachkonferenzen • Lehrer_innenkonferenz • thematische Arbeitsgruppen
Schulentwicklungsprozesse im Blick haben	• Unterstützung von Initiativen • Blick behalten für die gesamte Entwicklung • Autonomes Handeln ermöglichen
Anerkennung der Arbeit von Kolleg_innen	• Ressourcen für die Kolleg_innen zur Verfügung stellen • Beförderungsstellen mit inhaltlichen Ausgabenfeldern verbinden

Arbeiten an einer Schule folglich engagierte Lehrkräfte, die neue Ideen in die Institution tragen wollen, dann wird diese Arbeit eher „verpuffen", wenn die Organisationstrukturen der Schule nicht auf die Weiterentwicklung der progammatischen Arbeit ausgerichtet sind. Oder anders herum: Arbeitet an einer Schule eine Schulleitung, die neue schulische Projekte im Programm der Schule verankern möchte, dann wird diese Arbeit eher „im Sande verlaufen", wenn sich der größte Teil der Lehrkräfte innovativen Dingen gegenüber verschließen.

Im Bereich der geschlechterbewussten Schulentwicklung können Lehrkräfte auf „Bewährtes" zurückgreifen (vgl. hierzu auch den Beitrag von Heidi Schrodt in diesem Band). Lehrerinnen und Lehrer können aus der Praxis andere Schulen lernen. Zu verschiedenen Projekten, die an bundesdeutschen Schulen durchgeführt werden, liegen grobe Erfahrungsberichte vor. Die Erfahrungen, die

- mit Programmen wie „Lions Quest – Erwachsenwerden" oder „Faustlos" gemacht worden sind,
- die Akzeptanz und die Ergebnisse einer zeitweisen und partiellen Trennung im naturwissenschaftlichen Unterricht oder auch im Fremdsprachenunterricht zum Inhalt haben,
- aus der Durchführung von Projekten zur Sexualerziehung, zur Berufsorientierung und Lebensplanung von Mädchen und Jungen (u.a. auch Aktivitäten am Girls' Day mit Angeboten für Mädchen und Jungen) vorliegen,
- bezüglich der Unterrichtsmethoden und -inhalten (u.a. Leseförderung) gemacht worden sind,

können aufgegriffen und genutzt werden. Beschreibungen der Arbeit dieser Schulen, denen auch Hinweise auf den von ihnen durchlaufenen Schulentwicklungsprozess enthalten, liegen mittlerweile zahlreich vor (u.a. Koch-Priewe 2002, Ministerium für Schule und Weiterbildung NRW 2009, Cwik 2009).

Soll das Ziel erreicht werden, ein „Mehr" an Geschlechtergerechtigkeit in den Schulen zu verwirklichen, dann sollten die Konzepte immer beide Geschlechter erreichen. Wird an den Schulen mit Mädchen gearbeitet, dann darf die Arbeit mit den Jungen nicht vergessen werden. Werden Projekte für die Jungen angeboten, müssen zugleich Angebote für die Mädchen bereit gehalten werden.

3   Veränderungen in den „Köpfen" sind notwendig

Will man Innovationen in den Schulen vorantreiben, so stellt sich auch die Frage nach der Belastung der Lehrkräfte. Über das „Kerngeschäft" des Unterrichtens hinaus klagen viele Lehrerinnen und Lehrer darüber, dass die formalen Belastungen in den letzten Jahren zugenommen haben. Hinzu kommt, dass die Konfrontation der Lehrkräfte mit Vergleichsarbeiten und zentralem Abschlussprüfungen einiges an Zeit beanspruchen, die den Raum für die pädagogische Arbeit mit den Kindern und Jugendlichen hat schrumpfen lassen. An den Gymnasien ist darüber hinaus zu beobachten, dass die Reduzierung der Schulzeit (G8) dazu geführt hat, dass in der verkürzten Sekundarstufe I wenig zeitliche Ressourcen für die so genannte Beziehungspädagogik zur Verfügung steht.

Innovationen im Bereich der Geschlechterpädagogik erfordern darüber hinaus, dass sich sowohl Frauen wie auch Männer für die geschlechterbewusste Gestaltung der Schule einsetzen. Dies gilt für die Gestaltung des Unterrichts (in erster Linie hier die Ebene der Interaktion) wie auch für die Übernahme bestimmter Aufgaben (z.B. Projekte im Bereich der Sexualerziehung).

Für alle Schulformen gilt, dass der Anteil der Männer in den letzten Jahren deutlich abgenommen hat.

Anteil der weiblichen Lehrkräfte in verschiedenen
Schulformen (Zeitraum 1960 – 2004)

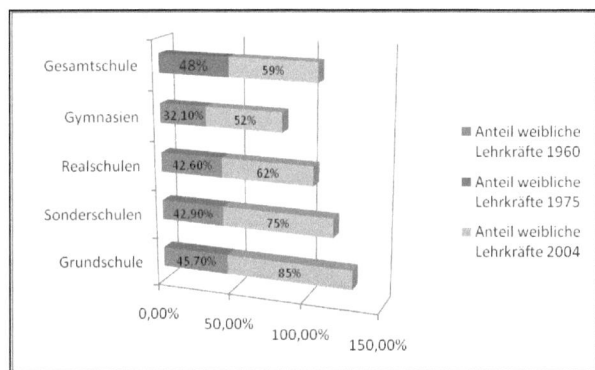

(Quelle: Statistisches Bundesamt 2002; Statistisches
Bundesamt 2004/05; eigene Zusammenstellung und Darstellung)

Wenn auch grundsätzlich nicht bewiesen ist, dass eine Erhöhung des Männeranteils in den Schulen automatisch eine Verbesserung der Schulleistungen mit sich bringt, so scheint es für die Identitätsentwicklung der Jungen doch positiv zu sein, wenn sich mehr Männer für die erzieherischen Berufe interessieren würden. Zu dieser Einschätzung gelangt auch der Aktionsrat Bildung in seinem im Jahr 2009 veröffentlichten Jahresgutachten (Vereinigung der bayerischen Wirtschaft e.V. 2009).

> Es wird empfohlen, das Berufswahlverhalten für pädagogische Berufe so zu beeinflussen, dass quantitativ ein ausgeglichenes Verhältnis der Repräsentanz beider Geschlechter bei der Wahrnehmung pädagogischer Berufsrollen besteht. Eine Erhöhung des männlichen Anteils an pädagogischen Personal muss mit der Selbstreflexion aller Erzieher bezüglich eigener Rollenstereotype und einer Umstellung des Managements auf gemischtgeschlechtliche Teams einhergehen (Vereinigung der bayerischen Wirtschaft e.V.: 2009: 158).

Auch Koch-Priewe unterstreicht die Bedeutung, die männliche Pädagogen für die Entwicklung der Jungen haben:

Vieles weist also dafür, dass Jungen reifere Persönlichkeiten werden und ggf. auch bessere Leistungsergebnisse erzielen, wenn sie von (in gewissem Maße erfolgreichen) Männern erzogen und unterrichtet werden – allerdings nur, wenn diese Männer ein Mindestmaß an Selbstreflexion erworben haben (Koch-Priewe 2000: 24).

Grundsätzlich muss trotz aller Bemühungen daran gezweifelt werden, ob in den nächsten Jahren das Interesse der jungen Männer für den Lehrberuf spürbar zunehmen wird. Erfahrungen anderer Länder unterstützen diese Behauptung, wie der Blick nach Skandinavien zeigt.

Trotz akademischen Studiums, attraktiven Arbeitsbedingungen, hoher gesellschaftlicher Wertschätzung und einer seit langem fest verankerten Kultur der Gleichberechtigung der Geschlechter, sind (auch; d. Verf.) erst sehr wenige Männer in diesen auch in Schweden immer noch weiblich konnotierten Bereich gewechselt (Rabe-Kleberg 2007: 158).

Eine Trendwende ist in der Bundesrepublik tatsächlich nicht in Sicht. Der Anteil der weiblichen Studentinnen, die sich für ein Studium der verschiedenen Lehrämter eingeschrieben haben, übersteigt deutlich den Anteil der männlichen Studenten. Die männlichen Lehrkräfte sollten durch inner- und außerschulische Fortbildungsangebote ihre Sichtweisen bezüglich der Geschlechterfrage schärfen und befähigt werden, gerade den Jungen mit einer emphatischen Haltung gegenüber zu treten. Zu hoffen ist, dass durch diese Form der Personalentwicklung noch mehr Schulen eine geschlechterbewusste Einstellung voran treiben werden.

Jungen zu fördern und dabei die Arbeit mit den Mädchen nicht zu vergessen, scheint sowohl auf Seiten der Kinder und Jugendlichen wie auch auf Seiten der Eltern auf Akzeptanz zu stoßen.

Literatur

Biermann, Christine/Koch-Priewe, Barbara (2004): Gender in der LehrerInnenbildung und Schulentwicklung Forschungsergebnisse und Handlungsbedarf. In: Prengel, A., Klika, Dorle, Glaser, Edith (Hrsg.; 2004): Gender und Erziehungswissenschaft. Bad Heilbrunn: Julius Klinkhardt Verlag, 523 – 537.
Biermann, Christine (2007): Wie kommt Neues in die Schule? Individuelle und organisatorische Bedingungen nachhaltiger Schulentwicklung am Beispiel Geschlecht. Weinheim und München: Juventa Verlag.
Cwik, Günter (Hrsg.; 2009): Jungen besser fördern. Berlin: Cornelsen Scriptor Verlag.
Grohn-Menard, Christin (Hrsg.; 2007): Bildung neu denken. Balancen finden. Bielefeld: Kleine Verlag.

Faulstich-Wieland, Hannelore/Horstkemper, Marianne (1996): 100 Jahre Koedukations-
debatte – und kein Ende. In: Ethik und Sozialwissenschaften 4, 509–520.
Jansen, Mechthild/Röming, Angelika (Hrsg.; 2006): K(l)eine Helden. Förderung von
Jungen in Schule und außerschulische Pädagogik. Wiesbaden: VS Verlag für Sozi-
alwissenschaften.
Koch-Priewe, Barbara (2000): Jungen in der Schule – vor allem ein Problemfall der
Sekundarstufe I. In: Jansen, Mechthild/ Röming, Angelika (Hrsg.; 2006): K(l)eine
Helden. Förderung von Jungen in Schule und außerschulische Pädagogik. Wiesba-
den: VS Verlag für Sozialwissenschaften, 17 -33
Koch-Priewe, B. (Hrsg.; 2002): Schulprogramme zur Mädchen- und Jungenförderung.
Die geschlechterbewusste Schule. Weinheim und Basel: Beltz.
Ministerium für Schule und Weiterbildung, Wissenschaft und Forschung des Landes
Nordrhein-Westfalen (Hrsg.; 2009): Jungen fördern – ohne Mädchen zu benachteili-
gen. Zusammenstellung der Fördermaßnahmen zur Jungenförderung in Nordrhein-
Westfalen. Düsseldorf.
Prengel, Annedore, Klika, Dorle, Glaser, Edith (Hrsg.; 2004): Gender und Erziehungswis-
senschaft.. Bad Heilbrunn: Julius Klinkhardt Verlag.
Rabe-Kleberg, Ursula (2007). Die Bildungsarmut der Jungen – oder: Was tun für gleiche
Chancen? In: Grohn-Menard, Christin (Hrsg.; 2007): Bildung neu denken. Balancen
finden. Bielefeld. Kleine Verlag, S. 149-165
Statistisches Bundesamt (Hrsg.; 2002): Bildung im Zahlenspiegel. Stuttgart.
Statistisches Bundesamt (Hrsg.): Allgemeinbildende Schulen – Schuljahr 2004/05 (Fach-
serie 11 – Reihe 1 2004/05. Stuttgart.

Entwicklungslinien genderkompetenter Schulprozesse: ein Pionierbericht aus Österreich

Heidi Schrodt

1 Einleitung

Die Schule, die ich 1992 als Leiterin übernahm, nimmt in der Geschichte der höheren Mädchenbildung in Österreich eine zentrale Stelle ein. Sie wurde nämlich 1892, nach 22-jährigem Kampf, von bürgerlichen Frauenrechtlerinnen als erstes Gymnasium für Mädchen in Österreich gegründet, war also die erste Schule, deren Abschluss (Matura) mit einer Hochschulberechtigung verbunden war. Die Schulgründerin, Marianne Hainisch, und ihre Mitkämpferinnen mussten unvorstellbare Hürden überwinden und Demütigungen hinnehmen, bevor sie ihr Ziel erreichen konnten. Die Gründungsgeschichte der Schule hatte zur Folge, dass von Anfang an der Mädchenbildung ein hoher Stellenwert zukam. So war etwa die jüdische Direktorin, selbst Schülerin und Lehrerin des Gymnasiums Rahlgasse, die erste habilitierte Altphilologin Österreichs. Diese akademische und intellektuelle Tradition wurde eigentlich nur unterbrochen durch die Jahre des Nationalsozialismus, als der aufklärerische Gedanke einer Gymnasialbildung für Mädchen umgedeutet und ins Gegenteil gekehrt wurde. Doch schon nach 1945 wurde mit der Übernahme der Direktion durch meine Vorvorgängerin, Maria Jacot, der Geist der Gründerinnen wieder neu belebt. Die Schule blieb relativ lange eine reine Mädchenschule, erst seit 1979 wird sie koedukativ geführt. Im Jahr 1992 übernahm ich die Direktion.

Die Schule ist also eine Traditionsschule, gelegen in der Wiener Innenstadt. Einzugsgebiet sind vor allem Bezirke mit bürgerlich-alternativem Publikum. Wir haben 800 Schülerinnen und Schüler, 90 Lehrerinnen und Lehrer. Der Migranten- und Migrantinnenanteil unter den Schüler_innen ist mit ca. 15% für Wiener Verhältnisse niedrig. Die Schule bietet 2 Schultypen an: Gymnasium (humanistischer Zweig) und Realgymnasium (naturwissenschaftlicher Zweig). Unsere Schulschwerpunkte sind Gender, Sozialkompetenz und Umwelt.

2   Die Etappen in unserer Schulentwicklungsgeschichte

Anfang der 90er-Jahre setzte in unserer Schule ein intensiver Schulent-
wicklungprozess ein, in dessen Folge sich die heutigen Schulschwerpunkte Gender, Sozialkompetenz und Umwelt entwickelten. Im Zentrum der Schulentwicklung in den 90er-Jahren stand die Neubestimmung der Koedukation, und auch
heute noch ist diese Thematik für uns von zentraler Bedeutung. Rückblickend
gesehen ist erstaunlich, dass die Etappen, die wir in diesem Prozess beschritten,
verblüffende Parallelen zur wissenschaftlichen Diskussion in der Koedukationsdebatte aufweisen.

Wir haben in unserem Schulentwicklungsprozess der letzten zwei Jahrzehnte die wichtigsten Phasen der theoretischen Positionen durchlaufen, ohne dass
wir dies allerdings so geplant gehabt hätten. Begonnen hatten wir mit feministisch ausgerichteter Mädchenförderung, sehr bald kam die so genannte Jungenarbeit dazu. In der zweiten Hälfte der 90er-Jahre war diese Jungenarbeit ein sehr
wichtiges Thema, wenngleich wir nur recht langsam vorankamen. In dieser Phase war unsere Arbeit stark geprägt vom Differenzansatz, was unter anderem in
zwei bewusst geführten Mädchenklassen seinen Ausdruck fand.

Aus einer Initiative von unzufriedenen Jungeneltern entstand schließlich unser großer Mediationsschwerpunkt. Schon damals, 1995, war es für uns übrigens
selbstverständlich, dass wir neue Schulentwicklungsprojekte immer unter dem
Genderaspekt angingen. Im Fall des „Peer-Mediations-Projektes" bedeutete das
etwa, dass wir den Aspekt des Geschlechts in Zusammenhang mit Konflikt und
Konfliktlösung von Beginn der Projektentwicklung an ins Zentrum stellten. Konflikte und Konfliktlösung sind nicht geschlechtsneutral. Die „Streithelfer_innen"
genannten Peer-Mediator_innen sollten Mädchen *und* Jungen gerecht werden.
Ende der 90er Jahre versuchten wir, unsere bisherigen Ansätze unter dem Leit-
begriff der bewussten Koedukation zusammenzuführen. Wir versuchten also,
den gemeinsamen Unterricht von Mädchen und Jungen sowohl auf der Unter-
richts- als auch auf der Erziehungsebene kritisch zu betrachten und neu zu defi-
nieren.

In den letzten Jahren ist der Ansatz des Doing-Gender immer öfter in unsere Konzepte eingeflossen. Wir bemühen uns heute in unseren Programmen um
eine Ausgewogenheit der Maßnahmen, die wir im Lauf der Jahre aus den verschiedensten Ansätzen entwickelt haben und verstehen unseren Schwerpunkt als
„Gender und Diversität", den wir zusammen mit den Schulschwerpunkten Umwelt und Sozialkompetenz unter dem Gesamtblickwinkel der Nachhaltigkeit
weiterentwickeln wollen.

3   Von den Mühen die Mädchen zu stärken – die Anfänge unseres Genderschwerpunkts

Fast genau 100 Jahre nach der Gründung der Schule, im September 1992, übernahm ich die Leitung der Schule. Ich nahm diesen Zufall als Auftrag, zum Gründungsgedanken zurückzukehren und die Mädchen an der Schule wieder ins Zentrum zu rücken. Die Schule war sehr spät zur Koeduaktion übergegangen, nämlich 1979, und dennoch prägten nur etwas mehr als 10 Jahre später die Jungen das schulische Alltagsgeschehen. Die hundertjährige Tradition als Mädchenschule war meiner damaligen Wahrnehmung nach nicht mehr auszumachen. Ich war geradezu überwältigt von der überall spürbaren Dominanz der Jungen – sie dominierten die Korridore, ja, das gesamte Pausengeschehen, störten den Unterricht und beschäftigten mich fast täglich mit disziplinären Vorfällen. Ich wollte die Mädchen wieder ins Zentrum rücken, ihnen die Bedeutung zurückgeben, die sie in der Schule traditionellerweise innehatten. Rückblickend gesehen: ein recht parteiisches Unterfangen. Ich würde mit der Erfahrung von 17 Jahren einschlägiger Schwerpunktarbeit mit Sicherheit anders vorgehen als damals. Dennoch haben wir noch immer keine zufrieden stellende Antwort darauf gefunden, wie im konkreten schulischen Alltag der latenten Dominanz von Jungen effizient entgegnet werden kann.

In meinem ersten Jahr als Direktorin des Gymnasiums Rahlgasse jedenfalls hatte ich die Mädchen im Nu zum gesamtschulischen Thema gemacht. Ich sah das ganze Alltagsgeschehen ganz bewusst unter dem Geschlechteraspekt, und zwar durchaus mit einer gewissen Parteilichkeit für Mädchen, wie ich rückblickend selbstkritisch vermerken muss. Jedenfalls führte ich zu jener Zeit (in der ersten Hälfte der neunziger Jahre) zwei Jahre lang Tagebuch über alle disziplinären Vorfälle, die mir berichtet wurden und auf die ich reagieren musste, und musste sehr schnell feststellen, dass eine erhebliche Mehrzahl davon Jungen betraf. Disziplinverstöße, die mit körperlicher Gewalt verbunden waren, bezogen sich ausschließlich auf Jungen. Ich war selbst sehr überrascht von einem derartig eindeutigen Befund. Zur selben Zeit machte ich es mir zur Gewohnheit, auf meinen täglichen Rundgängen durch das Schulhaus alltägliche Vorkommnisse unter dem Geschlechteraspekt zu kommentieren, also beispielsweise Mädchen darauf aufmerksam zu machen, dass sie sich einen besseren Ort zum Plaudern suchen könnten als den Vorraum zum WC, zumal die Korridore zur gleichen Zeit von Jungen bevölkert waren. Bald erhielt ich zahllose Beschwerden von Mädchen, die mir von Übergriffen durch Jungen erzählten – verbale, körperliche, und sexuelle Übergriffe. Was damals stattfand, war eine Schärfung der Wahrnehmung auf verschiedensten Ebenen: Lehrer_innen, Schüler_innen sowie auch Eltern. Mein Ansatz der Mädchenförderung wurde noch durch eine Gruppe von – feministischen - Lehrerinnen verstärkt, die sich schon einige Jahre vor meiner Übernahme der Schulleitung gefunden hatten mit dem deklarierten Ziel, eine frauenfreundliche Schule zu entwickeln. Sie hatten in einzelnen Klassen kleine Interaktionsstudien über Mädchen- und Jungenverhalten durchgeführt, Selbstverteidigungskurse für Mädchen organisiert und traten bei den Personalvertretungswahlen als Frauenliste an. Diese Gruppe organisierte 1993 einen so genannten „Mädchentag" – einen Projekttag, an dem in der ganzen Schule der Unterricht nach Geschlechtern getrennt stattfand. Dieser Tag war der eigentliche Auslöser für unseren großen Schulentwicklungsprozess. In Gesprächen mit dieser Gruppe entstand erstmals die Idee, ein reine Mädchenklasse anzubieten und diese bewusst zu führen. Was wir als kleines, informelles Experiment gedacht hatten, brachte eine Lawine ins Rollen. Plötzlich standen wir wienweit, bald auch österreichweit medial im Rampenlicht, was unserer Entwicklungsarbeit zeitweise sehr abträglich war.

3.1 Die Mädchenklasse – eine Erregung

Diese erste Mädchenklasse, die wir ab dem Schuljahr 1994/1995 zwei Jahre lang führten, war unter einem bewusst feministischen Anspruch konzipiert worden. Rückblickend kann gesagt werden, dass es genau der feministische Ansatz war, der die heftigen Reaktionen und Widerstände auslöste. Zum besseren Verständnis: Sowohl damals als auch heute sind monoedukativ geführte Klassen an Wiener Gymnasien keine Ausnahmefälle, sondern werden dort konstituiert, wo es aus organisatorischen Gründen notwendig erscheint, etwa, wenn es für einen bestimmten Schulzweig nur Anmeldungen von Mädchen oder Jungen gibt, oder wenn andere organisatorische Gründe für die Einrichtung einer geschlechtshomogenen Klasse sprechen.

Hätten wir also eine Mädchenklasse geführt, ohne den Anspruch der Mädchenförderung damit zu verbinden, so hätte diese Klasse nicht einmal in der eigenen Schule spezielle Beachtung gefunden. Dass wir aber mit dieser Klasse ein feministisch orientiertes Programm umsetzen und gezielte Mädchenförderung betreiben wollten, irritierte, verstörte und rief Empörung und Ablehnung hervor. Im Grunde stellten wir damit die damals als sakrosankt geltende Institution der Koedukation in Frage, bzw. genauer gesagt, die damals sowie auch heute noch praktizierte unreflektierte Form der Koeduktion, die bekannterweise traditionelle Rollenzuschreibungen eher verfestigt und perpetuiert als dass sie zu deren Überwindung verhilft. Jedenfalls: Die ersten Widerstände kamen von außen, dann, mit zeitlicher Verzögerung, folgte Abwehr von innen. Die oberste Wiener Schulbehörde klassifizierte das Projekt als „reaktionär", es handle sich um „einen Unfug, dem man niemals zustimmen" werde. Nun, wir erhielten im letzten Augenblick die Genehmigung (von der im Übrigen bis dahin niemand wusste, dass sie erforderlich war), doch mussten wir uns noch lange mit ablehnenden Einstellungen seitens der Wiener Schulbehörde zu unserem Genderschwerpunkt auseinandersetzen. Innerhalb der Schule kamen die Widerstände erst ein Jahr später. Die Mädchen der Klasse wurden von Mitschülerinnen und Mitschülern vorwiegend der Parallelklassen als Streberinnen diffamiert, ja, sogar als „Lesben- und Hurenklasse" beschimpft. Einige Lehrerinnen und Lehrer der Schule reagierten ebenfalls ablehnend und abwertend, indem sie die Mädchen entweder als Streberinnen bezeichnete oder als verhaltensauffällig, jedenfalls das Lehrerinnenteam als privilegiert betrachteten. Über diese unsere erste Mädchenklasse ließe sich noch viel berichten. Für die weitere Schulentwicklung unseres Genderschwerpunkts waren die Erfahrungen, die wir in diesem zwei Jahren machten, eine unschätzbare, wertvolle Grundlage. Man darf nicht vergessen, wir beschritten Neuland, hatten keine Vorbilder oder Vergleiche, und so verwundert es nicht, dass uns Fehler und Fehleinschätzungen unterliefen, die wir heute in dieser Form sicher nicht mehr machen würden (vgl. dazu auch Parnigoni/Schrittesser 1997; Schrittesser 1997; Schrittesser 1998).

Interessant ist, rückblickend, auch, dass das Muster an Widerständen, denen wir im Kontext dieser Klasse begegnet sind, sich im Lauf der Jahre ständig wiederholt hat: Abwehr, Lächerlichmachen, Drohen, Abwerten sind einige der häufigsten dieser Abwehrreaktionen. Leider ist es noch immer so, dass die Arbeit an Geschlechterfragen in institutionellen Zusammenhängen – und dabei besonders in der Schule – sehr häufig nicht ernst genommen, im schlechtesten Fall sogar verhindert wird. Daran hat sich auch im Jahr 2009 nicht viel geändert. Umso wichtiger erscheint es mir, diese Widerstände zu erkennen, benennen zu können und damit die Voraussetzungen zu haben, adäquat auf sie zu reagieren. Was wir auch im Lauf der Jahre gelernt haben: Die ausschließliche Betonung der Kategorie Geschlecht, wie sie im Projekt „Mädchenklasse" erfolgte, ruft Abwehrhaltungen hervor. Heute setzen wir daher auf einen Mix an Maßnahmen in unserer Arbeit an der Verbesserung der Koedukation, solche, die die Kategorie Geschlecht nicht im Zentrum haben, sowie andere, die diese hervorheben.

Insgesamt betrachtet war die Mädchenklasse in vielerlei Hinsicht ein Erfolg. Da aber die Mädchen im zweiten Jahr derart heftigen Abwehrreaktionen ausgesetzt waren, würde ich ein solches Projekt in der ursprünglichen Form nicht noch einmal durchführen.

3.2   Die Jungen am Gymnasium Rahlgasse

Wie die Mädchenklasse waren die so genannten Mädchen- und Bubentage Kata-
lysatoren in unserem Schulentwicklungsprozess. Am Anfang stand 1994 ein
„Mädchentag", ein gesamtschulischer Projekttag, an dem der Unterricht nach
Geschlechtern getrennt stattfand. Das Programm für die Mädchen war schon
lange fertig, als wir uns erst mit einem Parallelprogramm für die Jungen zu beschäftigen begannen. Für sie hatte sich das weibliche Planungsteam lange nichts
überlegt – in der Annahme, die männlichen Lehrer der Schule würden das übernehmen, was sich leider als Irrtum herausstellte.

Aus dem damaligen Ansatz der feministischen Mädchenarbeit eine logische
Vorgangsweise, aus heutiger Sicht keine zielführende Strategie. Diese Jahre
waren geprägt von dem, was wir heute mit Hannelore Faulstich-Wieland als
„Dramatisierung" der Kategorie Geschlecht bezeichnen würden mitsamt der
Fülle an Abwehrreaktionen, die unsere Arbeit damals begleiteten. Die Reaktionen auf die Mädchenarbeit waren vor allem von Seiten der Jungen der Schule
heftig – die Provokationen und Übergriffe nahmen zu statt ab, obwohl (oder
weil?) sie immer mehr zum schulischen Thema wurden. Dazu kamen Stimmen
von Lehrer_innen unserer Schule und vermehrt von Jungeneltern, die uns eine
Benachteiligung der Jungen vorwarfen. So begannen wir 1995 mit ersten Überlegungen zur Jungenarbeit und errichteten als ersten Schritt so genannte Jungen-
beauftragte. Zwei Jahre lang gab es den Versuch einer bewusst geführten Jungenklasse – ein Experiment, das leider nicht von Erfolg gekrönt war. Die Jungen
erhielten viel Lehrerzuwendung, doch all das konnte nicht verhindern, dass disziplinäre Schwierigkeiten sich gerade in dieser Klasse häuften – ein zunächst
enttäuschender Befund. Heute wissen wir, dass sich diese Jungen mit der Betonung auf das Spezielle ihrer geschlechtshomogenen Klasse geradezu aufgefordert fühlten, auf sich aufmerksam zu machen, sich in Szene setzten und sich als
besonders „männlich" inszenierten. Auf Seiten der Lehrer_innen fehlte uns jegli-
ches Knowhow, wie wir mit diesen Verhaltensweisen umgehen sollten. Und:
Externe Beratung dazu gab es keine. Wir mussten mit unserer Jungenklasse alleine zurecht kommen.

In Folge solcher Erfahrungen gingen wir in der zweiten Hälfte der 90er-
Jahre dazu über, Maßnahmen und Fächer zu entwickeln, in denen die Kategorie
Geschlecht nicht betont wurde, die aber sehr wohl die Koedukation verbessern
sollten. Jungeneltern, die das mangelnde Angebot für die männlichen Schüler am
Gymnasium Rahlgasse kritisierten, standen Mitte der 90er-Jahre am Anfang der
Entwicklung unseres großen Peer-Mediationsschwerpunktes. Obwohl die Kate-
gorie Geschlecht im Zentrum der Überlegungen bei der Entwicklung des
Schwerpunkts stand, wird im Konzept der so genannten „Streithelfer_innen" der

Faktor männlich oder weiblich nicht speziell erwähnt. Vielleicht ist uns gerade deshalb mit der Einrichtung unserer Peer-Mediator_innen ein wichtiger Schritt in Richtung Jungenarbeit gelungen. Es ist nämlich sehr ehrenvoll, die Ausbildung als „Streithelfer" machen zu dürfen – die sonst von Jungen eher als minderwertig angesehene Tätigkeit in einem Bereich der Sozialarbeit ist zur prestigeträchtigen Angelegenheit geworden. In diesem Zusammenhang zu nennen wäre auch die Profilierung des Werkunterrichts, der seit 1995 an unserer Schule sowohl das textile als auch das technische Werken verpflichtend vorsieht und der erfolgreich die geschlechtsspezifische Zuschreibung bestimmter Tätigkeiten innerhalb des Werkunterrichts durchbrochen hat. So viel kann heute mit Sicherheit gesagt werden: Es ist einfach kein Thema, ob ein Junge strickt, häkelt oder sägt, und umgekehrt. Sowohl der textile Werkunterricht als der technische sind bei Mädchen und Jungen gleich beliebt.

Fazit: Die Jungenarbeit als Pendant zur Mädchenarbeit erlebte Mitte der 90er-Jahre nur eine kurze Phase, in der wir analog zum so genannten Differenzansatz arbeiteten. Sehr bald gingen wir dazu über, uns für die Jungen Formen der Förderung zu überlegen, die die Tatsache der Förderung nicht explizit benannten (wie die Peer-Mediation oder das koedukativ geführte Werken) und vielleicht gerade deshalb Wirkung zeigten.

4 Unser Genderschwerpunkt heute

Allmählich wurde aus der Mädchenförderung eine Mädchen- *und* Bubenförderung, in der das Prinzip des Gender-Mainstreaming fast von selbst, aus innerer Notwendigkeit vom Schulentwicklungsprozess her gesehen, Eingang gefunden hat. Unser Schwerpunkt umfasst inzwischen viele fest in der Schule verankerte Maßnahmen, Fächer, Programme, die sich unter anderem dadurch unterscheiden, ob die Kategorie Geschlecht hervorgehoben ist oder ob diese nicht betont wird, auch wenn die Maßnahme dazu dient, herkömmliche Sichtweisen zu durchbrechen. (Begleit)-Forschungen an unserer Schule haben unseren Blick in dieser Hinsicht geschärft, und die Sichtweise des Doing Gender fließt verstärkt in die weitere Entwicklungsarbeit ein. Ich bin aber gleichzeitig überzeugt davon, dass es für die Implementierung eines Genderschwerpunkts im Schulprogramm nützlich und wichtig ist, wenn verschiedene Zugänge nebeneinander bestehen können.

Im Folgenden ein Überblick:

Maßnahmen, die die Kategorie „Geschlecht" hervorheben, sind:

- zwei Mädchenklassen, die wir jeweils zwei Jahre lang führten
- eine Jungenklasse, die wir zwei Jahre lang (Mitte der 90er-Jahre) bewusst zu führen versuchten und woran wir leider scheiterten
- die so genannten „Mädchen und Bubentage" - drei Projekttage, an denen der Unterricht in der ganzen Schule nach Geschlechtern getrennt stattfand
- phasenweise getrennter Unterricht im schulautonomen Pflichtfach KOKO-KO in der 5. Schulstufe („Kommunikation, Kooperation, Konfliktlösung")
- phasenweise getrennter Unterricht in anderen Fächern, meist im Zusammenhang mit Konfliktlösung und im Sexualkundeunterricht
- Teilnahme von Mädchen an Veranstaltungen nur für Mädchen, vor allem im Zusammenhang mit der Berufsorientierung und am jährlichen Frauenlauf (im Rahmen des Turnunterrichts)
- Fußballteam von Unterstufenjungen („Schülerliga")
- Selbstverteidigungskurse für Mädchen
- Mädchenfußball
- „Mädchen in Bewegung" – Selbstbewusstseinstraining für Mädchen von 10 bis 14
- „Jungen in Bewegung" – seit dem Schuljahr 2008/09
- Gendertraining für Mädchen und Jungen, meist nach Geschlechtern getrennt
- Mädchensprechstunden
- Jungensprechstunden
- Gendertraining für Lehrer_innen
- Boys Day – Pilotversuch in Kooperation mit der Soziologin Schlaffer im Frühjahr 2007

Maßnahmen, die die Kategorie Geschlecht nicht hervorheben:

- Die Organisation des Werkunterrichts – schüler_innenzentriert, partizipativ, lösungsorientiert. Auch wenn er in geschlechtshomogenen Gruppen organisiert ist (bei ausgewogenem Mädchen-/Jungenanteil eines Jahrgangs), was öfter vorkommt als das Gegenteil, ist dieser Aspekt kein Thema.
- Die Organisation des Unterrichts in der „Lernwerkstatt", einem schulautonomen Pflichtgegenstand in der 3.und 4.Klasse des Realgymnasiums, der fächerübergreifend Gebiete aus Mathematik, Physik, Biologie, Chemie und Werken verbindet und das Erlernen individuellen Forschens und naturwis-

senschaftlicher Arbeitsmethoden zum Ziel hat. Der Unterricht findet seit vier Jahren in geschlechtshomogenen Gruppen statt, doch ist diese Tatsache eigentlich kein Thema, offensichtlich wird die „Trennung" als einfach zum Fach gehörend wahrgenommen und somit akzeptiert. Heute wählen gleich viele Mädchen wie Jungen diesen naturwissenschaftlichen Zweig – vor 15 Jahren waren es fast nur Jungen.

• Der Schulschwerpunkt Peer Mediation, der durch die organisatorischen Rahmenbedingungen ein ausgewogenes Verhältnis von Mädchen und Jungen in der Tätigkeit als so genannte „Streithelfer_innen" herstellt, ohne dass der Geschlechteraspekt, dem natürlich eine zentrale Rolle zukommt, explizit hervorgehoben wird. Die Tätigkeit der Streithelfer_innen ist inzwischen in der Schule fest verankert. Es gibt gleich viele Mädchen wie Jungen, und die Funktion ist hoch angesehen. Auf diese Weise wird – indirekt, aber äußerst effizient, Konfliktlösung und sich um Beziehungen kümmern auf gleiche Weise zu einem weiblichen wie einem männlichen Anliegen.

• Die Organisation des KOKOKO-Unterrichts („Kommunikation, Kooperation, Konfliktlösung"), wenn nicht in geschlechtshomogenen Gruppen unterrichtet wird.

• „Gendertage" – Projekttage außerhalb der Schule – Mädchen und Jungen gemeinsam

• Gleichberechtigungsbeauftragte in allen Klassen

• Im Schuljahr 2009/10 gibt es erstmals zu jedem Schulschwerpunkt (Gender, Soziales, Umwelt) zwei Schwerpunkttage, an denen in der ganzen Schule, unter Auflösung des normalen Stundenplanes inhaltlich an den Schulschwerpunkten gearbeitet wird. Wenn sich dieser Versuch als erfolgreich herausstellt, soll er ab dem Schuljahr 2010/11 fix verankert werden.

• Beginnend mit dem Schuljahr 2009/10 wird eine so genannte Lernwerkstattklasse ab dem 9.Schuljahr 4 Jahre lang als naturwissenschaftliche Schwerpunktklasse geführt. Ziel ist, einerseits Mädchen für technische und naturwissenschaftliche Berufe zu gewinnen, gleichzeitig aber auch, diese für Jungen attraktiv zu machen. Durch zahlreiche begleitende Maßnahmen soll Bewusstsein geschaffen werden für zeitgemäßes Verständnis von Naturwissenschaft und Technik. Es gibt beispielsweise jede Woche einen „Nawi"-Tag, an dem nur naturwissenschaftliche Fächer unterrichtet werden. Das Projekt findet in Kooperation mit der Technischen Universität Wien und einer technischen Fachhochschule statt und wird selbstverständlich evaluiert. Wenn es so läuft, wie wir es uns erhoffen, werden sowohl Mädchen als auch Jungen in Hinblick auf Naturwissenschaft und Technik gefördert und treffen in vier Jahren völlig unabhängig von ihrer geschlechtlichen Zugehörigkeit eine Berufslaufbahnentscheidung, die für sie richtig ist.

Ziel ist es, eine Ausgewogenheit zwischen den beiden Zugangsweisen herzustellen, da ich immer mehr zu der Überzeugung gelangt bin, dass die „Dramatisierung" der Kategorie Geschlecht, wie die Koedukationsforscherin Hannelore Faulstich-Wieland das Phänomen bezeichnet, eine Verschärfung und Zuspitzung der Abwehrhaltungen bewirkt.

Weitere Fixpunkte im Schulprogramm:

Seit drei Jahren gibt es – wieder – das Genderteam, dem neben Lehrer_innen auch Vertreter_innen von Eltern und Schüler_innen angehören. Dieses Team ist für die Entwicklung des Schwerpunkts zuständig und soll die Vernetzung mit den beiden anderen Schulschwerpunkten vorantreiben.

- Wir haben verpflichtende Richtlinien für einen geschlechtergerechten Sprachgebrauch, die auch in allen schulischen Gremien und Schriften zur Anwendung kommen müssen.
- Unsere Klassensprecher_innen werden abweichend von der im österreichischen Schulunterrichtsgesetz vorgesehenen Vorgabe gewählt: Es gibt nämlich pro Klasse eine Klassensprecherin und einen Klassensprecher sowie eine Stellvertreterin und einen Stellvertreter. Auf diese Weise garantieren wir, dass Mädchen in den Gremien vorkommen. Dieselbe Vorgangsweise gibt es für die Vertreter_innen der Unterstufe (5. bis 8. Schulstufe).
- Seit etwa drei Jahren arbeiten wir daran, dass Gender-Inhalte in alle Fächer Eingang finden. Im Wahlpflichtfachbereich haben wir inzwischen eine Reihe von Kursen, die sich spezifisch mit Genderthemen befassen.
- Wir sind, unter anderem in Comenius-Projekten, seit nunmehr mehr als 15 Jahren gesamteuropäisch mit Schulen vernetzt, die ebenfalls Genderschwerpunkte haben. Mit diesen Schulen machen wir auch gemeinsame Entwicklungsarbeit.
- Genderkompetenz wird auf allen Ebenen der Schule angestrebt: auf der Ebene des Unterrichts, im sozialen Miteinander und den Interaktionen im schulischen Alltag, auf der Ebene der Lehrerinnen und Lehrer. Schwerpunktmäßig gibt es dazu schulinterne Lehrer_innenfortbildung.

5   Die Gleichberechtigungsbeauftragten

Die Aufgabenbeschreibung unserer Gleichberechtigungsbeauftragten spiegelt sehr schön wider, wie wir gerade dabei sind, unsere Zugänge zum Kernthema neu zu positionieren und wie sehr sich das auch am Ringen um Begrifflichkeiten veranschaulichen lässt. Um das zu illustrieren, möchte ich das Papier, das ein Anforderungsprofil für die seit einem Jahr in jeder Klasse tätigen „Gleichberech-tigungsbeauftragten" darstellt, hier vorstellen. Es ist klar geprägt vom „Gender und Diversity"-Ansatz. Gleichzeitig wird deutlich, wie schwierig es noch fällt, eine stringente Sprache dafür zu finden. Das Papier wurde vom „Genderteam" entwickelt, das zum Zeitpunkt der Konzeption nur aus Lehrer_innen bestand; inzwischen sind auch Eltern- und Schülervertreter_innen dazugestoßen.

Aufgaben der Gleichberechtigungsbeauftragten

„Gleichberechtigungsbeauftragte®

Du willst Gleichberechtigungsbeauftragte® werden?

Hier stehen alle wichtigen Informationen für dich.

Hast du Fragen oder gibt es Schwierigkeiten kannst du die Mädchen- bzw. Bu-benberater_innen zu Rate ziehen.

In der Klasse:

* Achte darauf, dass es zu keinerlei Benachteiligungen oder Verletzungen von Mitschüler_innen kommt auf Grund unterschiedlicher Herkunft, unter-schiedlichem Aussehen, unterschiedlichen Geschlechts, ... usw.

* Achte darauf, dass Gleichbehandlung und Gleichberechtigung als Themen im Unterricht vorkommen und erinnere deine Lehrerinnen daran.

* Achte darauf, dass gendergerechte Sprache im Unterricht und bei den Ar-beitunterlagen verwendet wird.

- Achte darauf, dass unterschiedliche Unterrichtsformen verwendet werden, damit möglichst vielfältiger Unterricht stattfindet, der den vielfältigen Persönlichkeiten in der Klasse Raum gibt.

- Du sollst ExpertIn für Genderthemen sein, oder du sollst ExpertIn werden. Dafür werden dir Ausbildungen angeboten. Wenn diese Ausbildungen während der Unterrichtszeit stattfinden, bist du vom Unterricht freigestellt.

- Die Gleichberechtigungsbeauftragten aller Klassen bilden das Gender-Schüler_innen-Team, das gemeinsam mit dem Lehrer_innen-Team Ideen zur Umsetzung von Gender-Mainstreaming in unserer Schule entwickelt.

- Du erhältst einen „Genderbrille" – Button. So erkennt jede Person im Schulhaus, dass du Gleichberechtigungsbeauftragte® bist und damit besondere Rechte hast.

- Am Ende des Schuljahres erhältst du ein Zertifikat als Bestätigung für dein Engagement.

Viel Spaß in deiner Tätigkeit als Gleichberechtigungsbeauftragte®!"

6 Resümee und Ausblick

Als wir mit unserer Arbeit an der Verbesserung der Koedukation begannen, beschritten wir Neuland. Wir hatten keine oder zumindest kaum Vorbilder, mussten uns immer wieder Angriffen und Anfeindungen aussetzen, und nicht selten wurde unsere Arbeit lächerlich gemacht. Das hat uns nicht davon abgehalten, unseren Weg konsequent weiterzugehen. Einerseits, weil wir von der Koedukation überzeugt sind, andererseits aber auch wissen, dass die gelebte Praxis nach wie vor weder den Mädchen noch den Jungen gerecht wird. Mit unserem Schulprogramm wollen wir der Vision von einer Schule, die Mädchen und Jungen, Männern und Frauen gerecht wird, ein Stück näher kommen. Wir haben aber nicht nur Abwertung unserer Arbeit erlebt, sondern auch viel Anerkennung erfahren. Gerade weil wir uns als Pionier_innen in der Umsetzung eines Genderschwerpunkts auf der Ebene einer ganzen Schule verstehen, wollen wir auch die Irrwege und Stolpersteine benennen, um so anderen Schulen, die sich auf den Weg zu einer geschlechtergerechten Schule machen, unsere Erfahrungen zur Verfügung zu stellen.

Dass wir fast parallel die Wege beschritten, die auch die theoretische Diskussion der letzten 2 Jahrzehnte geprägt hat, war zunächst wohl ein Zufallsprodukt. In den letzten Jahren fühlten wir uns aber zunehmend dem Gender-und-Diversity-Ansatz verpflichtet. Das hat verschiedene Gründe, die teils damit zu tun haben, dass wir mit dem Ansatz der Betonung der Kategorie Geschlecht bald an unsere Grenzen stießen (vgl. das Experiment mit der Mädchenklasse), teils aber auch in der Überzeugung fußt, dass das Konzept der Zweigeschlechtlichkeit zu kurz greift und Schülerinnen und Schülern in der Vielfalt, wie sie in einer Schule vertreten sind, nicht gerecht wird. Genauso wenig wird diese Sichtweise den jeweiligen Schülerpersönlichkeiten gerecht, indem sie die Zuschreibungen „männlich" oder „weiblich" in den Vordergrund rückt. Ausdruck dieses Zugangs ist etwa unser Konzept der „Gleichberechtigungsbeauftragten" oder das NAWI-Projekt, das wir heuer (dieses Jahr) in einer 9.Schulstufe begonnen haben (siehe dazu weiter oben). Der Ansatz des „Gender-und-Diversity" schließt keineswegs aus, phasenweise getrennten Unterricht anzubieten, wenn dieser zu einer be-stimmten Zeit und unter bestimmten Bedingungen Sinn macht (vgl. dazu unsere „Lernwerkstatt" oder den Werkunterricht). Wenn allerdings die Trennung in männlich und weiblich im Vordergrund steht, besteht die Gefahr, dass Rollenzu-schreibungen nicht überwunden, sondern verfestigt werden. Eine Gefahr sehe ich allerdings auch im Diversity-Ansatz: Die verstärkte Zuwendung, die die Mäd-chen durch verschiedene Fördermaßnahmen erhalten haben, könnte schnell wie-der von ihnen abgezogen werden, wenn nicht sehr genau darauf geachtet wird.

Auf der Ebene der Lehrer_innen haben wir die letzten zwei Jahre schwerpunkt-mäßig der nachhaltigen Verankerung unserer Schulschwerpunkte gewidmet. Drei ganztägige Fortbildungsveranstaltungen für das gesamte Lehrerkollegium sollten sicherstellen, dass die im Schulleitbild festgelegten Grundsätze auch in der Schulpraxis umgesetzt werden. Diese Maßnahme war auch insbesondere durch die Tatsache erforderlich geworden, dass ein Drittel des Kollegiums vor fünf Jahren noch nicht an der Schule war. Es kann schon jetzt gesagt werden, dass wir mit diesen Schulentwicklungstagen unsere mittelfristigen Ziele erreicht haben. Dennoch stoßen wir immer wieder an unsere Grenzen, wenn es darum geht, die konkrete Unterrichts- und Erziehungsarbeit unter dem Genderaspekt neu zu gestalten. Besonders in Hinblick auf Fördermaßnahmen für Jungen beschreiten wir häufig immer noch Neuland. Was uns noch fehlt, sind konkrete pädagogi-sche, didaktische und methodische Maßnahmen, mit denen die Einsichten, die wir aus den neuesten wissenschaftlichen Untersuchungen zu Doing Gender er-halten haben, in der Praxis umgesetzt werden könnten. Hier würden wir uns Unterstützung von Seiten der Pädagogischen Hochschulen, der Universitäten und der Lehrerausbilder_innen wünschen – der Bedarf ist groß. Eine Schule allein kann diese Entwicklungsarbeit nicht leisten.

Wie auch immer: Derzeit befinden wir uns in einem intensiven Prozess der Vertiefung unserer Schulschwerpunkte insgesamt und hoffen, durch die nachhaltige
Zusammenführung aller drei Schwerpunkte gerade auch dem Ziel einer geschlechtergerechten Schule ein wesentliches Stück näher zu kommen.

Ausgewählte Literatur zum Genderschwerpunkt des Gymnasiums Rahlgasse

Listabarth, Bernhard/Millner, Alexandra/Schrittesser, Ilse/Waschulin, Susanne: Bewusste
  Koedukation: Organisierter Widerspruch? In: Schulheft, H. 104, 105-115.
Parnigoni, Brigitte/Schrittesser, Ilse (1997): Geschlechterdifferenzierender Unterricht und
  Koedukation. Gymnasium Rahlgasse Wien VI. Bundesministerium für Unterricht
  und kulturelle Angelegenheiten.
Schrittesser, Ilse (1998): Eine Mädchenklasse als Schulversuchsprojekt? In: Journal für
  Schulentwicklung, H. 3, 53-57.
Schrittesser, Ilse (1997): Schulversuch "Mädchenklasse". Ein Resümee. In: Erziehung
  heute, H. 2, 41-44.
Schrittesser, Ilse/Schrodt, Heidi/Tschenett, Roswitha (2002): Von der Mädchenförderung
  zur geschlechtergerechten Schule – Das Gymnasium Rahlgasse in Wien. In: Koch-
  Priewe, Barbara (Hg): Schulprogramme zur Mädchen- und Jungenförderung. Die
  geschlechterbewusste Schule. Weinheim und Basel: Beltz, 152 – 169.
Schrodt, Heidi (1997): Mädchen-Räume: Neue Wege der Koedukation am Gymnasium
  Rahlgasse in Wien. In: Lassnig, Lorenz / Paseka, Angelika (Hg): Schule weiblich –
  Schule männlich. Zum Geschlechterverhältnis im Bildungswesen. Innsbruck / Wien:
  Studien Verlag.
Seeger, Susanne (2002): Werken für Mädchen und Buben im GRg Rahlgasse. In: Schul-
  heft 104, Wien.
Tanzberger, Renate/Besenbäck, Irene (1997): Die Lernwerkstatt. Evaluation eines Schul-
  projekts. Gymnasium Rahlgasse. Wien VI.

Schüler und Schülerinnen als Genderbeauftragte an Schulen: Ein Modellprojekt

Nora Schulze und Manuela Westphal

1 Einleitung

Im Zuge von Gender Main-
streaming hat sich ein breites
Angebot an Genderquali-
fizierungen bzw. -trainings
etabliert. In der Schule setzen
die meisten Ansätze im Rahmen von Schulentwicklung bei
der Sensibilisierung der Lehrkräfte und den Veränderungen der Unterrichtsformen, -inhalte sowie -methoden an (vgl. Koch-Priewe 2002; Thies/Röhner 2000).
Die Schüler und Schülerinnen sind bislang kaum adressiert worden. Im Vordergrund der Gender Mainstreaming-Perspektive stehen die für die Gestaltung der
pädagogischen Prozesse verantwortlichen Erwachsenen. Das in diesem Beitrag
vorgestellte Projekt „Genderbeauftragte für die Schule" kann als besonders inno-
vativ eingestuft werden, da es auf die Ausbildung von Genderkompetenz bei
Schülern und Schülerinnen abzielt. In Anlehnung an Streitschlichterprogramme
sollten Jungen und Mädchen einer Schule zu Genderbeauftragten in ihren Schulklassen ausgebildet werden. Die Bildungsmaßnahme verfolgte damit das Ziel,
einige Mädchen und Jungen in ihren Entwicklungen so zu begleiten und zu stützen, dass sie Geschlechterstereotypen in Schule und Unterricht durchschauen
und reflektieren lernen sowie daraus entstehende Benachteiligungen erkennen
und zu ihrem Abbau beitragen können. Das Projekt ist von uns wissenschaftlich
begleitet und evaluiert worden. Der Fokus lag dabei auf den Veränderungen der
Geschlechterbilder der teilnehmenden Jugendlichen im Verlauf der Bildungsmaßnahme. Einführend werden im Folgenden zunächst Konzeption und Verlauf
des Modellprojektes skizziert. Der Hauptteil widmet sich der Darstellung einiger
Ergebnisse der wissenschaftlichen Begleitung. Die Ergebnisse beruhen auf
Gruppendiskussionen, die zu Beginn, während und zum Ende der Bildungsmaßnahme durchgeführt wurden sowie auf Ergebnisse der Beantwortung eines Fragebogens zum Selbstwert und zur normativen Geschlechtsrollenorientierung.
Abschließend wird der Ertrag des Projektes bilanziert.

2   Konzeption des Modellprojektes „Schüler und Schülerinnen als Genderbeauftragte"

Das Projekt[1] ist konzeptionell von einer evangelischen Jugendbildungsstätte initiiert und in Kooperation mit einer örtlichen Gesamtschule in einer nordrhein-westfälischen Kleinstadt durchgeführt worden. Die Projektleitung lag in den Händen der Bildungsreferentin und hauptamtlichen Mitarbeiterin, die über 20 Jahre im Bereich der Jugendbildung und der Mädchenförderung tätig war, bevor sie die Idee des Modellprojektes umsetzte.[2]

Projektziel ist es, mittels einer außerschulischen Bildungsmaßnahme (im Projekt auch Gendertraining genannt) die Genderkompetenz bei ausgewählten Schülern und Schülerinnen zu entwickeln bzw. zu erhöhen, um diese in der kooperierenden Schule für die Unterstützung ihrer Mitschüler und -schülerinnen anwenden zu können. Die Teilnehmenden entwickeln gemäß Projektbeschreibung folgende Kompetenzen:

- Bewusstsein über eigenes rollenspezifisches Fühlen, Denken und Handeln und dessen gesellschaftlicher, kultureller, sozialer, familiärer und biographischer Bedingtheit
- Erweiterung des eigenen geschlechtsspezifischen Rollenrepertoires
- Kenntnis von gesellschaftlichen Rollenzuschreibungen und strukturellen Benachteiligungen und Diskriminierungen sowie deren Auswirkungen auf Mädchen/Jungen und Männer/Frauen
- Sensibilität für offene und verdeckte Benachteiligungen
- Strategien angemessenen und sicheren Eingreifens
- Gesprächskompetenz in der Auseinandersetzung mit den jeweils Beteiligten.

Das Curriculum enthält die Erarbeitung und Reflexion folgender Oberthemen: gesellschaftliche und eigene Geschlechterbilder, Geschlecht im Schulalltag und Ausgestaltung der zukünftigen Rolle eines/r Genderbeauftragten. Methodisch wird mit Theater- und Rollenspielen, Videoproduktionen, Fotostorys und weiteren kreativen Methoden gearbeitet.

Die Projektdauer ist auf 1,5-2 Schuljahre konzipiert. Im ersten Jahr nehmen die Schüler und Schülerinnen an drei mehrtägigen Freizeiten in der Jugendbildungsstätte während der Schulferien teil. In den so genannten Bildungswochen wird die Ausbildung zu Genderbeauftragten von einem gemischtgeschlechtlichen

---

[1] Eine finanzielle Förderung erhielt das Projekt durch die „Aktion Mensch".
[2] An dieser Stelle möchten wir an Jutta Menke gedenken, die die Idee zu diesem Projekt hatte und viel Engagement, Freude und Kraft in die Entwicklung und Durchführung des Projektes investierte. Sie ist leider einige Wochen nach dem Ende der Bildungsmaßnahme verstorben.

in der Jugendbildung erfahrenen Referentenpaar[3] durchgeführt. Am Ende erhalten sie im Rahmen einer Abschlussveranstaltung ein Zertifikat als „Genderbeauftragte/r". Ihnen wird „ihr Amt" in der Schule übertragen und dabei werden sie weiterhin durch regelmäßige außerhalb der Schule stattfindende ‚Supervisionen' (Bildungswochenenden) pädagogisch begleitet. Diese letzte Phase ist allerdings nicht mehr Bestandteil der hier beschriebenen Begleitung.

Für die Teilnahme am Projekt konnten 15 Schüler und 15 Schülerinnen gewonnen werden, die sich freiwillig, zum Teil durch ihre Eltern ermutigt, anmeldeten. Sie bringen unterschiedliche soziale Herkunftslagen und schulische Leistungsniveaus mit. Die Mädchen und Jungen sind bei Projektstart im Alter zwischen 11 und 14 Jahren und befinden sich damit zum Teil am Beginn ihrer adoleszenten Entwicklung.

2.1 Anlage der Evaluation

Die wissenschaftliche Begleitung war als eine prozessorientierte Evaluation des Modellprojektes angelegt. An drei verschiedenen Zeitpunkten wurden verschiedene Daten[4] erhoben und erste Erkenntnisse hieraus wurden jeweils zeitnah an das pädagogische Team rückgekoppelt. Folgende Fragestellungen wurden von uns als zentral erachtet: Wie verändert bzw. erweitert sich das geschlechtsbezogene Selbstbild der teilnehmenden Jugendlichen? Welche Themen und Veränderungen artikulieren die Jungen und Mädchen? Wie gelingt die Integration der Mädchen und Jungen als Genderbeauftragte in der Schule?

Gemäß Projektidee und -konzeption ist anzunehmen, dass die beteiligten Mädchen und Jungen einen Wissenszuwachs hinsichtlich ihres Verständnisses von Geschlechtergerechtigkeit erlangen, sie in ihrer Selbstsicherheit und sozialen Handlungskompetenz gestärkt werden sowie konkrete Maßnahmen in der Schulpraxis entwickeln werden. Um diesen Fragen nachgehen zu können, wurden folgende methodische Verfahren eingesetzt:

- Befragung zur normativen Geschlechtsrollenorientierung und zum Selbstwert

---

[3] Wir danken an dieser Stelle den Referenten Knut und Dorthe Leschnikowski.

[4] Neben den hier dargelegten Datenerhebungen sind im Rahmen einer studentischen Abschlussarbeit mit der Schulleitung, der Projektleitung sowie mit den Lehrkräften und ferner mit den Eltern Telefoninterviews durchgeführt worden (vgl.Westphal/Schulze 2009, kann bei den Autorinnen angefordert werden).

- Durchführung von Gruppendiskussionen zur Erfassung subjektiver und kollektiver Bewertungen und Einstellungen gegenüber dem Gendertraining und dessen Auswirkungen auf weitere Lebensbereiche der Mädchen und Jungen.

Anhand ausgewählter Ergebnisse wollen wir den Verlauf der Entwicklung und Veränderung der Genderthematik über die Zeit von 1,5 Jahren bei den Mädchen und Jungen darlegen.

2.2   Veränderung von Selbstwert und normativer Geschlechtsrollenorientierung

Mit der Befragung mittels eines standardisierten Instruments sollte erfasst werden, ob sich durch die Bildungsmaßnahme die normative Geschlechtsrollenorientierung und der Selbstwert der Jungen und Mädchen verändern. In der Befragung kamen die Skala zur Messung normativer Geschlechtsrollenorientierung (NGRO) von Athenstaedt (2000) sowie die Fragen zum Selbstwert in Anlehnung an die Studie von Faulstich-Wieland u.a. (2004) zum Einsatz. Die NGRO-Skala misst anhand von 29 Items und einer 7er Antwortskalierung (trifft zu bis trifft nicht zu) die Ausprägung persönlicher, internalisierter Normen, welche in Zusammenhang mit der Geschlechtsrolle stehen. Athenstaedt führt an, dass sich gesellschaftlich normierte Konstrukte von Geschlechtsrollen untersuchen lassen, an denen sich Menschen in unserer heutigen Gesellschaft orientieren können (vgl. Athenstaedt 2000: 93). Diese Orientierung, die sich zwischen den Polen egalitär und traditionell bewegen kann, bestimmt Verhaltensmuster und Einstellungen des Einzelnen und der Gemeinschaft. Die Aufteilung traditionell versus egalitär ergibt sich aus dem Verständnis von gesellschaftlicher Arbeitsteilung. Eine traditionelle Vorstellung sieht biologische Unterschiede zwischen Männern und Frauen als Grund für eine notwendige gesellschaftliche Arbeitsteilung (Mann als Ernährer, Frau als Hausfrau). Eine egalitäre Einstellung strebt die Gleichstellung von Mann und Frau in der Arbeitsteilung an (vgl. ebd.: 92).
    Diese Erhebung ist zu zwei Messzeitpunkten durchgeführt worden, zu Beginn und zum Abschluss der Bildungsmaßnahme. Die erste Erhebung fand direkt am Anreisetag zur ersten Bildungswoche in der Mittagspause statt (Oktober 2005, T1). Die zweite Erhebung erfolgte während der Abschlussveranstaltung des Projektes (Mai 2007, T2). Insgesamt können die Daten von 20 Jugendlichen, die auch zu beiden Zeitpunkten teilgenommen und den Fragebogen ausgefüllt haben, sinnvollerweise betrachtet werden. Die Jugendlichen sind zur Hälfte

Mädchen und zur Hälfte Jungen. Gemittelt sind die Kinder dieser Gruppe 11,74 Jahre (s=1,228) alt bzw. zu T2 entsprechend 1,5 Jahre älter.[5]

Die Ergebnisse zum Selbstwert (10 Items, 5er Skalierung, sehr richtig bis sehr falsch) zeigen in der Tendenz eine allgemeine Steigerung. Der Durchschnitt der Jugendlichen hatte zu Beginn einen Selbstwert von 3,44. Zum Abschluss der Bildungsmaßnahme war dieser auf 4,06 gestiegen (s=,007). Dabei ist erkennbar, dass der Selbstwert der Jungen zu T1 bereits geringfügig höher ist, als der der Mädchen. Zu T2 ist dieser im Vergleich zu den Mädchen stärker angestiegen (Mädchen von 3,4 auf 3,8; Jungen von 3,6 auf 4,2).

Der Vergleich der Mittelwerte der NGRO-Skala zu den beiden Messzeitpunkten zeigt eine deutliche Entwicklung hin zu einer egalitären Geschlechtsrollenorientierung. War der Mittelwert des Konstrukts NGRO zu T1 bei 4,51, so liegt dieser später bei 5,34. Es ist also eine Entwicklung um 0,83 (s=0,000) zu verzeichnen. Dabei verändern sich die Mittelwerte der befragten Jungen deutlicher: Während ihr Mittelwert von 4,39 auf 5,57 um 1,18 (s=,001) gestiegen ist, verändert sich der Mittelwert bei den Mädchen um 0,59 (s=,008, von 4,51 auf 5,11).

Es zeigt sich in der Tendenz bei allen Teilnehmenden, insbesondere aber bei den Jungen eine bemerkenswerte Entwicklung im Selbstwert und der Geschlechtsrollenorientierung zwischen den beiden Befragungszeitpunkten. Dadurch wird der Eindruck erweckt, dass die Jungen deutlich von der Bildungsmaßnahme profitiert haben. Hinsichtlich der NGRO-Skala kann vermutet werden, dass sie aufholen bzw. die Mädchen einholen, schließlich beginnen sie mit eher ‚niedrigeren' Werten. Dieses Aufholen gelingt den Mädchen hinsichtlich des Selbstwertes nicht, obwohl sie mit einem etwas kleineren Wert starteten. Es ist nicht auszuschließen, dass das fortgeschrittene Alter und die schulischen und außerschulischen Lebensumstände der Kinder einen entscheidenden Einfluss auf das veränderte Antwortverhalten haben. Durch die Betrachtung und Diskussion ausgewählter Ergebnisse der Gruppendiskussionen soll der erste Eindruck nun weiter verdichtet werden.

---

[5] Der Vergleich mit einer Kontrollgruppe war geplant. Schulklassen, in denen keine Schüler und Schülerinnen an der Ausbildung zur „Genderbeauftragten" teilnahmen, sollten mit dem gleichen Fragebogen untersucht werden. Allerdings konnte nur eine Schulklasse gefunden werden, die sich beteiligte. Von den ursprünglich 26 Kindern nahmen nur 12 an den zwei Erhebungen teil. Damit wurde die Vergleichsgruppe so klein, dass die Berechnung nicht mehr aussagekräftig ist.

3   Geschlechterbildung und Geschlechterordnung im Verlauf der Bildungsmaßnahme

Es wurden Gruppendiskussionen mit Jungen und mit Mädchen sowie geschlechtergemischte Diskussionen zu drei Zeitpunkten (Beginn, Mitte und Abschluss) durchgeführt. Wir orientierten uns methodisch bei der Durchführung und Auswertung der Gruppendiskussionen am Verfahren der dokumentarischen Methode nach Bohnsack (Bohnsack 2008; vgl. auch Michalek 2006: 80ff.). Zu jedem Zeitpunkt setzten sich die Gruppen unterschiedlich zusammen, da die Jugendlichen sich jeweils freiwillig für die Teilnahme an der Gruppendiskussion meldeten und wählen konnten, ob sie an einer geschlechterhomogenen oder -heterogenen Gruppe teilnehmen. In der Regel setzten sich die Gruppen aus drei bis vier Jugendlichen zusammen. Lediglich die erste Mädchen- und gemischte Gruppe waren mit sechs bzw. sieben Teilnehmenden größer. Die Diskussionen wurden durch einen Gesprächsimpuls der Interviewerin eingeleitet. Der gesetzte Impuls war einfach, prägnant und offen, jedoch mit Bezug auf die Bildungsmaßnahme formuliert. Sie fanden in den bekannten Räumen der Jugendbildungsstätte statt und dauerten in der Regel eine Stunde.

Ausgangspunkt unserer Überlegungen zur Analyse von Inhalt und Verlauf der Gruppendiskussionen ist die mehrfache Betonung und Aufladung von Geschlecht sowohl durch die Gender-Bildungsmaßnahme als auch durch die adoleszente Entwicklungsdynamik. Die Auseinandersetzung mit Geschlechterdifferenzen in der Phase der Adoleszenz besitzt eine eigene, besondere Dynamik, insofern die Annäherung an sexuelle Beziehungen, die Suche nach adäquaten Weiblichkeits- und Männlichkeitsinszenierungen u.a.m. im Zentrum stehen (vgl. Flaake et al. 1992; King et al. 2005). Die alltägliche Erarbeitung der Geschlechterkompetenz, das doing gender, findet allerdings kontextabhängig statt. Forschungserkenntnisse deuten auf starke Normierungsprozesse in der Schule (vgl. Breidenstein/Kelle 1998) und Transformationsprozesse von Kindern außerhalb von Schulklasse und Unterricht (vgl. Tervooren 2006) hin. Wie Tervooren in ihrer ethnographischen Studie aufzeigt, sind Geschlechterdifferenzen in der ausgehenden Kindheit einerseits statisch und andererseits flexibler als in späteren Lebensjahren (ebd.: 209). Sie fordert, besonders die Spielräume bzw. die Möglichkeiten der Überwindung der Geschlechtergrenzen, auch wenn sie noch so gering sind, wesentlich stärker zu fokussieren, „auch die Ansätze des ‚doing gender' nehmen die Alltäglichkeit von kleinsten Überschreitungen der Grenzen zwischen den Geschlechtern nicht in den Blick" (dies. ebd.). Wie Faulstich-Wieland u.a. aufzeigen, scheinen Kinder und Jugendliche in schulischen Interaktionen auch eine Art „undoing gender" (Faulstich-Wieland 2004: 213ff.; vgl. auch Hirschauer 1994: 278) zu nutzen, insofern Geschlecht bzw. die In-

szenierung von Geschlecht in den Hintergrund tritt und als Ressource ruht. Stattdessen zeigen sich Praktiken des "doing differences", insofern das Erwachsen-
sein (doing adult), Schüler_innensein (doing student) in den Vordergrund treten
bzw. die Geschlechtskonstruktionen überlagern. Je nach Beschaffenheit des
Kontextes ist Geschlecht mehr oder weniger bedeutsam.

Entsprechend überrascht es nicht, dass in den Gruppendiskussionen zu der
Bildungsmaßnahme, die im Titel bereits fragend das Geschlecht bzw. Geschlechterstereotype inhaltlich aufruft als „Typisch Junge – Typisch Mädchen? Qualifi-
zierungsprojekt für Schüler und Schülerinnen", die Jugendlichen sich dazu verhalten. Besonders zu Beginn der Bildungsmaßnahme formulieren die Beteiligten
in den Mädchen- und Jungendiskussionsgruppen viele und starke Geschlechterstereotype. In den gemischten Gruppen werden zwar auch stereotype Bilder über
Jungensein und Mädchensein gezeichnet, jedoch weniger einheitlich und diese
werden von den Beteiligten selbst immer wieder in Frage gestellt und von ihnen
kritisch diskutiert. Offensichtlich führt die Bildung geschlechtshomogener Gruppen neben der thematischen Fokussierung zu einer zusätzlichen Aufrufung des
Geschlechts durch den sozialen Kontext, sodass hier sicher von einer Dramatisierung der Differenzkategorie Geschlecht gesprochen werden kann (vgl. Budde et
al. 2008). Dies konnte bei der Mädchen- und bei der Jungendiskussion gleichermaßen beobachtet werden.

3.1   Stereotypisieren ohne Ende

Die in den Mädchen- und Jungengruppen gebildeten Stereotype dienen der Abgrenzung von der jeweils anderen Geschlechtsgruppe mittels Differenzerzeu-
gung. Die unterstellten unterschiedlichen Interessen und Verhaltensweisen des
anderen Geschlechts werden jeweils als dem eigenen Geschlecht fremd, unver-
ständlich und unsinnig dargestellt. Diese starke geschlechtsspezifische Selbst-
und Gruppenbeschreibung ermöglicht und stabilisiert die Bildung einer „Wir-
Gruppe" entlang des Geschlechts.

> **Karl:** Die Mädchen streiten sich ein wenig anders als die Jungs! ... Die Mädchen streiten sich
> mit Wörtern und wir, ...na ja...wir prügeln uns lieber! (1. Diskussion mit Jungen, 319)
> **Melanie**: Ja, aber wir schlagen uns nicht, aber die Jungs schlagen sich. (1. Diskussion mit
> Mädchen, 437)

Sich auf die eigene Geschlechtsgruppe zu beziehen und sich dadurch von „den
anderen" abzugrenzen und somit Gemeinsamkeit zu erzeugen, gelingt kommunikativ in den geschlechtshomogenen Diskussionen im Gegensatz zu der gemischten Gruppe sehr schnell und eindeutig. In der konkreten Situation der Bildungs-

veranstaltung, in der sich die Jugendlichen noch nicht gut kennen bzw. sich überwiegend im Rahmen der ersten Bildungswoche erstmals kennen lernen, ist den
Jugendlichen Geschlecht eine vertraute, offensichtliche und daher leicht ver-
fügbare Ressource bzw. Gelegenheitsstruktur (Hirschauer 2001), um erste Ordnung und Zugehörigkeit zu schaffen. Die Phase des Ankommens, des Raumein-
nehmens und der Gruppenfindung gestaltet sich für die Teilnehmenden zunächst
noch schwierig, da den Jugendlichen noch alles fremd ist: die meisten der anderen Teilnehmenden, die pädagogischen Mitarbeiter_innen, die Räume der Jugendbildungsstätte, die Regeln, die für die Bildungsmaßnahme gelten. Das soziale Geschlecht bildet eine Brücke zur neuen Situation und stellt eine Ordnungs-
kategorie dar, die die ersten Begegnungen in der Jugendbildungsstätte strukturiert. Die Schilderung der ersten gemeinsamen Erlebnisse wird mit der Darstellung von Geschlechterstereotypen verzahnt:

> **Melanie**: Und ich weiß noch was, was typisch für Jungs ist. (Pause) Sich Kloppen.
> **Christin**: Sich kloppen. Ja genau.
> **Melanie**: Ja. Heute war die Küchentür, also die Esstür noch nicht auf, ne, mmh
>   **Vanessa**: kloppen
> sie sich, wer zuerst vor der Tür steht. (1. Diskussion mit Mädchen, 370-374)

In der Jugendbildungsstätte gibt es die Regelung, dass die Tür zum Speisesaal
erst geöffnet wird, wenn die offizielle Essenszeit beginnt. Vor dem Mittagessen
versammeln sich dort meistens viele der Gäste und warten auf den Einlass. Häufig kommt es vor und während des Einlasses zu Gedrängel und Schubserei. Die
Mädchen sind sich einig, dass es ausschließlich die Jungen sind, die nicht nur
drängeln, sondern sogar „kloppen". Sowohl die explizite Schilderung der Geschlechterstereotype, als auch die Erzählung über die konkreten Geschehnisse
zeigen, dass die Konstruktion der Wir-Geschlechtsgruppe durch die Abwertung
der jeweils „anderen" Geschlechtsgruppe gestärkt wird. Die Wertungen und
Wertigkeiten der Geschlechterbilder sind allerdings unterschiedliche. Die Jungen
machen sich mehrfach im Gespräch über die Verhaltensweisen der Mädchen
lustig, indem sie das Verhalten der Mädchen überzeichnen. Zum Beispiel stellen
sie die Ordentlichkeit der Mädchen als übertrieben dar: *wenn man in eine drecki-
ge Wohnung geht, dann greift sie [das Mädchen] sofort zu den Putzsachen oder
zieht aus! (1. Diskussion mit Jungen, 268).* Die Mädchengruppe argumentiert
anders: Sie legen die aus ihrer Sicht guten Eigenschaften der Mädchen dar, die
den Jungen fehlen. Besonders deutlich wird dies bei der Beschreibung einer
Spielaktion. Die Mädchen erzählen ausführlich, wie sie das gestellte Problem –
alle auf einem Stuhl sitzen – im Gegensatz zu den Jungen erfolgreich lösten. Das
Fazit der Erzählung ist, dass Jungen keine Ordnung halten können oder wollen.

Melanie: Weil die einfach keine Ordnung hatten. Die haben sich da einfach wild darauf geschmissen. Wie auf dem Fußballplatz, wenn jemand ein Tor geschossen hat.
Mehrere: Ja
    Stefanie: Albern.
        ?: boom.
            Stefanie: Ja. Die waren die ganze Zeit so albern. Dann haben die sich
so draufgedrückt. Dann ist klar, dass sie wieder runterrutschen oder runterfallen. (1. Diskussion mit Mädchen, 302-306)

Die Mädchen haben für sich eine geordnete, regelhafte Lösung gefunden. Sie sortierten sich nach Größe und das größte Mädchen setzte sich als erstes auf den Stuhl, zwei weitere Mädchen nahmen jeweils auf einem Bein des ersten Mädchens Platz und so ging es weiter, bis alle sitzen konnten. Die Jungen waren dazu nicht in der Lage, weil sie sich aus Sicht der Mädchen nicht ordentlich, sondern wild und albern verhalten haben. Dabei ist es für die Mädchen offensichtlich – *dann ist klar* – dass dieses als jungentypisch eingestufte Verhalten bei dieser Spielaufgabe zu keiner adäquaten Lösung führen kann. Die Lösungsstrategie sowie deren Umsetzung durch die Mädchen ist nach dieser Argumentation im Gegensatz zu der der Jungen Erfolg versprechend und somit sinnvoll. Die Mädchen stellen sich selbst als ordentlich, problemlösungsorientiert, vernünftig nachdenkend und vor allem auch als sozialkompetent handelnd dar. Jungen hingegen haben die Aufgabe eher nicht ernst genommen, sich am Fußballtorjubel orientiert und versucht mit körperlicher Aktivität die Aufgabe zu lösen.

In der heterogenen Gruppe wird der abwertende Charakter von Stereotypen offen gelegt und als unfair benannt. Aufgrund der Tatsache, dass beide Geschlechter anwesend sind, kann Geschlecht nicht als Distinktionsmerkmal eingesetzt werden. Es wird aber auch keine andere Grenzziehung eingeführt, d.h. es wird auf ein Gegenüberstellen von „wir" und „die anderen" verzichtet. Dadurch wird die gemeinsame Interaktion und Kommunikation in der konkreten Situation schwieriger. Gemeinsame Positionen und ein Gruppengefühl stellen sich nicht so leicht her wie in den geschlechtshomogenen Gruppen.

3.2 Veränderung der Geschlechterbilder und Geschlechterordnung im Verlauf

In allen Gruppendiskussionen der zweiten und dritten Erhebung schränken die Jugendlichen die Bedeutung ihrer bisherigen Geschlechterstereotype bereits drastisch ein. Die Jugendlichen erzählen, dass sie durch ihre Teilnahme an der Bildungsmaßnahme mehr Wissen über das andere Geschlecht erworben und dabei vor allem stereotype Vorstellungen überwunden haben.

> **Lena**: Dass man mehr weiß, was Jungs und Mädchen so machen und was die auch zusammen machen und sich dann auch verändert.
> **Interviewerin**: Wie war das vorher?
> **Lena**: Da hat man gedacht, Jungs spielen mit Autos und Mädchen mit Barbies und jetzt ist das so gleich. Dass Mädchen auch mit Autos spielen. (2. Diskussion mit Mädchen, 19-21)

Durch das Wissen, dass Jungen die gleichen Interessen wie Mädchen haben und umgekehrt, ist es offenbar erst möglich, miteinander zu interagieren. Lena wiederholt auf die Frage der Interviewerin, wie sie früher gedacht habe, zunächst die aus der ersten Erhebung bekannten Stereotype, die nun eingeschränkt werden. Ein Festhalten an stereotypen Geschlechterdifferenzen enthält die Problematik, dass – wie auch die schwierigen Interaktionen der ersten gemischten Gruppendiskussion zeigten – diese nicht dazu beitragen, eine gemeinsame, geschlechterübergreifende Gruppe zu konstituieren. Dies gelingt nur über die Relativierung der Geschlechterordnung.

> **Aileen**: Wenn zum Beispiel die Jungen Fußball spielen und uns langweilig ist dann spielen wir mit obwohls uns nicht gefällt.
> **Interviewerin**: Und wieso macht ihr mit, auch wenns Euch nicht gefällt?
> **Aileen**: Weil wir auch was mit den Jungen machen wollen und die das auch schön finden, wenn mehr mitspielen. (2. Diskussion mit Mädchen, 50-52)

Aileen distanziert sich zwar immer noch vom Fußballspielen, aber weil sie gerne etwas mit Jungen unternehmen möchte, spielt sie in den programmfreien Zeiten mit den Jungen Fußball. Hier zeigt sich zudem, dass sich die Mädchen auf die Jungen zu bewegen, sie spielen nun Fußball und schauen, wie eine weitere Thematisierung der Gruppen zeigt, selbstverständlich genauso wie die Jungen Pornos. Dadurch wird auch die Selbstinszenierung der Mädchen als sozial kompetent wiederholt bzw. bekräftigt. Bei den Jungen findet hingegen ein deutliches „Aufholen" statt. Diese haben sich in der ersten Erhebung gemäß der Stereotypen als „kloppend" und auch als streitend inszeniert. Dies wird nun ebenfalls relativiert.

> **Andreas**: Ja, aber ich hab gemerkt, dass ich mich jetzt nicht mehr so oft gestritten habe. Mit Mädchen oder Jungen. (2. Diskussion mit Jungen und Mädchen, 40)
> **Tony**: Ja, ich habe gelernt Konflikte anders zu lösen, kann und auch andere in meiner Klasse, die nicht hier waren, sagen kann, dass man Konflikte nicht nur mit Fäusten und äh ja Füßen klären, sondern auch so selbst untereinander und auch nicht immer mit Lehrern, dass man das auch mal so probieren kann. (2. Diskussion mit Jungen, 22)

Die Jungen beobachten dies weniger als Zunahme von Gender-Wissen als dies bei den Mädchen der Fall ist. Stattdessen heben sie ihre neu erworbenen sozialen Handlungskompetenzen hervor. Sie beschreiben zwar immer noch, dass Jungen sich viel und häufig schlagen, wie bei dem Zitat von Tony ersichtlich, sind dies

jedoch vor allem andere Jungen bzw. Mitschüler, die nicht an der Bildungsmaßnahme teilgenommen haben.

Mit dieser von den Jungen und Mädchen bei sich wahrgenommenen Veränderung geht auch eine Modifikation der Geschlechterordnung einher, statt der
Differenz wird nun die Gleichheit der Geschlechter diskutiert, auch Jungen
schminken und stylen sich. Die folgende Passage verdeutlicht jedoch auch die
Grenzen dieser Gleichheit.

> **Rebecca**: Ja die schminken sich, zum Bill von Tokyo Hotel. Der schminkt sich und braucht für
> seine Frisur äh so viel Haargel wie eine Mädchen WG in einer Woche!
> **Andreas**: Tonnen Haargel
> **Kirsten**: Ey hallo ich kenn genug Jungs die äh Gel benutzen. Das s äh keine Ahnung was aus,
> das sieht gut aus, ja.
> **Rebecca**: Ja aber trotzdem! Brauchen die ne so viel Haargel wie ne ganze Mädchen WG für
> eine Woche?
> **Kirsten**: Ich wusste noch nicht mal, dass Mädchen Gel benutzt haben.
> **Lukas**: Haarspray und Haarschaum
> **Rebecca**: Mein ich ja. Meine Schwester...
> **Andreas**: (unverständlich)
> **Rebecca**: Ich benutz auch manchmal Haargel, wenn ich n Zopf mach
> **Andreas**: Damit dat hält ne?
> **Lukas**: Wenn ich mir n Zopf mach, mach ich auch Haargel rein
> (alle lachen) (2. Diskussion mit Jungen und Mädchen, 268-283)

Rebeccas und Andreas' Übertreibung könnte eine Abwertung von schminkenden
und sich stylenden Jungen implizieren. Zumindest Kirsten fühlt sich herausge-
fordert, dass Benutzen von Haargel durch Jungen als gut aussehend und auch als
für Jungen gewöhnlich und normal zu verteidigen. Rebecca jedoch benutzt selbst
„manchmal Haargel" und hält den exzessiven Gebrauch bei Jungen für überzo-
gen. Lukas witzelt, er würde ebenso Haargel für seinen Zopf benutzen. Tatsächlich verwendet er Haargel, trägt aber seine Haare kurz. Haare, insbesondere
Haarlänge und die damit verbundenen Körperpraktiken (Formen und Modulie-
ren), dienen hier offenbar der Suche nach den Grenzen der legitimen Ge-
schlechtsdarstellung. Diese verbalen Selbstinszenierungen der Jugendlichen
erfüllen vielleicht einen ähnlichen Zweck wie die suchenden, erprobenden Ge-
schlechtsinszenierungen, die in ethnographischen Videoprojekten analysiert
wurden: Einerseits findet eine symbolische Annäherung an das andere Geschlecht statt, indem ein Junge z.B. ein Mädchen inszeniert, andererseits wird die
eigene angemessene Körperpraktik reformuliert (vgl. Tervooren 2006; Hackmann 2003). Insgesamt ist festzuhalten, dass die Aussagen der Jugendlichen zur
Geschlechterdifferenz und -gleichheit immer wieder auf Körper und Körperpraktiken verweisen. Am Körper gelangt für sie der Gleichheitsdiskurs an eine Gren-
ze, eine gänzliche Auflösung einer differenten Ordnung gelingt nicht. Sie wird

lediglich aufgeweicht und modifiziert. Auch Mädchen spielen Fußball und einige Jungen gehen Reiten und stylen sich. Diese Modifikation scheint aber die Basis zu sein, sich einander anzunähern, etwas gemeinsam zu unternehmen und in einen Geschlechterdialog einzutreten. Dies unterscheidet die Jugendlichen in ihrer Wahrnehmung deutlich von ihren Mitschülern und -schülerinnen, die nicht an der Bildungsmaßnahme teilgenommen haben. Aus ihrer Sicht haben sie durch die Teilnahme einen Wissens- und Entwicklungsvorsprung im Vergleich zu ihren Mitschülern und Mitschülerinnen erlangt; sie fühlen sich insgesamt reifer und erwachsener. Diese Wahrnehmung ist bei den Jungen ausgeprägter. Sie grenzen sich häufiger explizit von ihren Altersgenossen ab. Zudem sind ihre sozialen Kompetenzen tatsächlich „neu". Die Mädchen knüpfen stärker an ihre Selbstbeschreibung als sozial kompetent an und erleben ihre eigene Veränderung daher eher als nicht so gravierend. Insgesamt ist auch aufgrund der Entwicklungsdynamik das Interesse am anderen Geschlecht gestiegen und das vorher Trennende erfährt eine Öffnung. Im geschützten Raum der Bildungsmaßnahme können sie Kontakt aufnehmen, Nähe ausprobieren, freundschaftliche oder erste partnerschaftliche Beziehungen eingehen und zwar jenseits bekannter schulischer Rollenmuster, Cliquenbildungen und Zugehörigkeiten (Westphal, Schulze 2009).

Die Chancen der geschützten Kontaktaufnahme werden in der dritten Erhebung sehr offensichtlich. Gemeinschaftlichkeit und Kooperation der Geschlechter wird zum Gegenentwurf für den herkömmlichen Umgang von Mädchen und Jungen in der Institution Schule.

> **Robert:** Ich find das ist hier [Bildungswoche] schon was besonderes, ne.
> **Tony:** Also bei uns inner Klasse ist das (lachen der anderen) ganz extrem, also (lachen) so geh weg von mir. (I: Ja). Also es gibt gar keinen Zusammenhalt, eigentlich gar keinen. Man kann auch fast gar keine Gruppenarbeit machen.
> **Robert:** Bei uns muss man eigentlich an jeden Stuhl dranhängen "Hier wache ich, betreten auf eigene Gefahr" das ist wirklich buäh, extrem, das extreme Gegenteil von Gender. (Jungen 3. Interview, 53-66)

Gemeinschaft, Kooperation und Zusammenhalt von Mädchen und Jungen gelten aber nur für die Zeit und den Ort der Bildungsmaßnahme (= Gender). Auflösung und Aufweichung der Geschlechterdifferenz und ein konstruktiver gleichberechtigter Umgang miteinander gelingt in einem speziellen sozialen Schon- oder Schutzraum. Damit verändert sich auch die soziale Ordnung, auf deren Grundlage die teilnehmenden Jugendlichen sich nun als gemeinsame Gruppe konstituieren und emotional binden. Die soziale Ordnung, die sie für die Bildungsmaßnahme konstruieren, ist eine familiäre. Diese ist nicht frei von Geschlechterrollen, es gibt sie hier als Bruder und Schwester sowie Mutter und Vater, wobei sie von den Jugendlichen nicht weiter reflektiert werden.

Tony: Ich hab ganz viele neue Leute kennen gelernt, die ich vorher gar nicht also ich kannt ganz viele nicht, außer Nick, ich hab viele kennen gelernt und in Erinnerung geblieben ist mir eigentlich alles, weil es ne schöne Zeit war und nach den zwei Jahren ist es schon fast so als ob wir alle eine große Familie wären, so groß ist der Zusammenhalt.
Robert: Ja ich find auch am schönsten, dass wir so ne große glückliche Familie sind und für mich ist das wirklich so Geschwister, Brüder und Schwestern und vielleicht K. und D. (päd.Leitung) auch Mama und Mama[6] (3. Diskussion mit Jungen, 8-9)

Rebecca benennt auf den Eingangsimpuls, der nach dem besten Erlebnis fragte, den gemeinsamen Kontakt und grenzt diese Erfahrung auch sofort wieder von ihren Schulerlebnissen ab. Die Bildungsmaßnahme ist damit ein ganz anderer sozialer Raum als die Schule. Die Jugendlichen sind einander nah und miteinander glücklich.

Rebecca: Das war voll schön. Ja also ich find das cool, wenn man Kontakt hat. Also immer mal wieder so ein Wochenende zum gucken was läuft und so. Ja das ist ganz schön toll. Mit allen halt, wir haben ja Freundschaften geschlossen und dann in der Schule macht man dann ja nicht mehr so wirklich viel. (3. Diskussion mit Mädchen, 16)

Die neu gefundene Nähe zeigt sich auch und vor allem im veränderten Umgang der Geschlechter miteinander:

Stefanie: Ja, also nicht mal nur Mädchen zusammen. Mal ein Junge.
Rebecca: sondern auch mal ein Junge dazwischen.
Interviewerin: Mal ein Junge dazwischen?
Marie: Ja jetzt ist das immer abwechselnd. Nicht mehr so wie früher. Da saß die
                                                                    Rebecca: Stimmt!
Marie: erste Woche. Da saßen auf der einen Hälfte die Jungen und auf der anderen Seite die Mädchen. (3. Diskussion mit Mädchen, 33-38)

Das Gefühl von Gemeinschaft und Nähe führt zu neuen Möglichkeiten der Kooperation von Mädchen und Jungen, was sie als einen großen Unterschied zur Schule wahrnehmen. Die Entgegensetzung der sozialen Kontexte Schule – Modellprojekt wird in den Thematisierungen von Benachteiligung ebenfalls deutlich.

---

[6] Wieso Robert von Mama und Mama und nicht Mama und Papa spricht, kann dem Gespräch nicht entnommen werden. Eventuell ist dies eine Anspielung auf die homosexuelle Orientierung des männlichen Pädagogen.

4   Benachteiligung der Jungen – und was ist mit Mädchen?

4.1   Jungen nehmen sich was sie wollen

In der ersten Mädchengruppendiskussion wird deutlich auf die von ihnen erlebten Benachteiligungen durch Jungen hingewiesen. Melanie fasst es zusammen: *Ja, was auch noch typisch für Jungen ist, die nehmen sich einfach das, was sie wollen (530)*. Es lassen sich viele Beispiele für dieses Verhalten der Jungen finden: Jungen, die sich im Speisesaal vordrängeln und den Mädchen den Tisch wegnehmen. Jungen, die zuschlagen, wenn ihnen widersprochen wird oder sie nicht das bekommen, was sie haben wollen. Jungen, die den Mädchen nicht zuhören, u.a.m. In den Erzählungen über diese Situationen wird allerdings meistens nicht deutlich, was die Mädchen den Jungen entgegensetzen. Auf die von der Interviewerin gestellte Frage, wie die Jungen mit dem Erfolg der Mädchen bei der oben beschriebenen Spielaktion umgegangen sind, berichtet Vanessa über die Abwertung des Erfolges der Mädchen durch die Jungen:

> **Vanessa**.: Nö. Die haben sich dann nachher nur hingesetzt und uns zu geguckt, wie wir uns dann hingesetzt haben und das geschafft haben dann eigentlich. Die haben dann gesagt, wir wären irgendwie dämlich, oder so.
> ?: Ja und wir wären mehr.
> **Stefanie**:~ Oder wären weniger. Das hätten wir auch so geschafft. Die ham sich rausgeredet, dass sie doch irgendwie
> **Melanie**:~Jungs können einfach nicht verlieren. Das sind schlechte Verlierer. (1. Diskussion mit Mädchen, 353-356)

Die Mädchen führen nicht weiter aus, wie sie in der konkreten Situation reagiert haben. Vielmehr wird diese Erzählung dazu genutzt, um daraus eine allgemeine Eigenschaft der Jungen, das „Nicht-Verlieren können" abzuleiten. Diese Sequenz stellt einen typischen Gesprächsverlauf dar. Die Mädchen beschreiben ein Überlegenheitsstreben der Jungen und ihre Reaktion darauf ist eine theoretische Generalisierung „Jungen sind so", die zugleich als Verhaltenserklärung dient. Damit präsentieren sie sich auf der diskursiven Ebene mit ihren Generalisierungen als Überlegene, weil sie das Verhalten der Jungen durchschauen und enttarnen. Aussagen wie *„die Jungen wollen sich immer nur schmeißen und kämpfen, die sagen immer was die denken, die denken nie nach, wenn sie etwas reden"*, machen die Mädchen häufig. Ein entgegentretendes, praktisches Handeln der Mädchen wird dagegen nur selten dargestellt. Dadurch stilisieren sich die Mädchen in Bezug auf die konkreten Interaktionen und Handlungen eher hilflos, als würden sie nicht über entsprechende Strategien zur Abwehr von Beleidigungen und Übergriffigkeiten verfügen. Nur an einer Stelle beschreiben sie den Erfolg einer solchen Strategie. Die Mädchen verwehren den Jungen den Zutritt zu ihren nebeneinander gelegenen Schlafräumen und weisen diese als ‚*Frauen-WG*' aus. Sie nutzen damit eine räumliche Ordnung, die durch die Jugendbildungsstätte vorgeben ist. Wie in vielen anderen Bildungseinrichtungen übernachten Jungen und Mädchen in getrennten Zimmern. Durch ein Schild an der Tür machen die Mädchen diese Grenzen sichtbar und schaffen sich somit einen Schutzraum, der allerdings teilweise auch von den Jungen vereinnahmt wird. So beklagen sich die Mädchen weiterhin, dass die Jungen eine Toilette benutzen, die zu der von ihnen definierten Frauen-WG gehöre. Auch in der zweiten Erhebung formulieren sie noch Kränkungen oder Beleidigungen durch Jungen, jedoch weniger konkret und ausgiebig.

> **Anne:** Und dann waren da Jungs vor der Tür und die haben uns sozusagen belästigt, dass wir runter kommen sollen und so und bei den andern Mädchen im Zimmer auch und dann kam S. (Pädagogikstudent) und der hätte schon fast die Polizei gerufen. (2. Diskussion mit Mädchen, 94)

Die Jungen belästigen die Mädchen, unklar bleibt, was genau die Jungen machen. Der Hinweis auf die Polizei zeigt an, dass es sich hier um keine Bagatelle handelt. Sie konnten die Situation auch nicht alleine klären, z.B. durch das Hinauswerfen der Jungen aus ihren Zimmern, sondern hier ist es der pädagogische Mitarbeiter, der den Konflikt, offenbar unter Androhung der Polizei, lösen muss. Zugleich verlagert sich die Benachteiligung nach „außen". In der ersten Erhebung spielen sich die geschilderten „Übergriffe" in der Jugendbildungsstätte und innerhalb der Bildungsmaßnahme ab. Nun sind es Jungen von außerhalb, die sich draußen, d.h. im Außengelände, aufhalten und versuchen, zu provozieren. Zum weiteren Schauplatz von Benachteiligung wird die Schule. Das Thema wird in der zweiten Diskussionsrunde als schulische Jungenbenachteiligung eingeführt:

> **Lukas:** Ja weiß nicht genau, ja früher hab ich immer so die Ansicht gehabt, dass Jungs halt die Vorrechte hatten, bis man dann inner Schule plötzlich das Umgekehrte gesehen hat, dass die Mädchen vorneweg (unverständlich) da musste man halt n paar Mal eingreifen. (2. Diskussion mit Jungen und Mädchen, 50)

Lukas' Aussage entsteht im Zusammenhang mit der Beschreibung des veränderten Gender-Wissens durch die Teilnahme an der Ausbildung. Die Gruppe bespricht, welche Veränderungen und welches Wissen sie durch die Bildungsmaßnahme bisher erlangt haben. Lukas beschreibt im Anschluss an die Aufweichung der Geschlechterbilder, dass sich auch die Wahrnehmung der Geschlechterhierarchie geändert habe. Nicht mehr die Jungen sind in seiner Wahrnehmung vorneweg, sondern die Mädchen. Noch in der ersten Diskussion hatte sich Lukas zum größeren schulischen Erfolg der Mädchen wie folgt geäußert:

Lukas: ich find, dass hat einfach, was zu tun, ob man sich für so Themen interessiert, weil
wenn's einen jetzt nicht interessiert, dann beschäftigt sich man damit auch nicht und dann
bringt man halt keine so guten Ergebnisse wie die Mädchen. Weil es mich nicht interessiert. (1.
Diskussion mit Jungen und Mädchen, 597)

In den Diskussionen der ersten Erhebung werden die Mädchen vor allem von
den Jungen der geschlechtsheterogenen Gruppe als schulisch erfolgreich wahrgenommen. Wie im obigen Zitat offensichtlich, wird dieser Erfolg auf das unterschiedliche Verhalten zurückgeführt. Mädchen sind nicht per se schlauer, aber
sie interessieren sich mehr für die Lehrinhalte und lernen daher auch mehr. Die
Leistungsunterschiede zwischen Jungen und Mädchen werden somit auf konkrete geschlechtliche Handlungspraktiken zurückgeführt und nicht über die Bevorzugung eines Geschlechtes und die Benachteiligung des anderen erklärt.

Der obigen Aussage von Lukas zur Jungenbenachteiligung wird in der
Gruppe nicht widersprochen und im Verlauf des Gesprächs der geschlechtsheterogenen Gruppe immer wieder aufgegriffen. So einigen sich die Jungen und
Mädchen darauf, dass insbesondere im Sport höhere Ansprüche an Jungen gestellt werden. Für die Mädchen werden keine Benachteiligungen benannt. Kirsten versucht zwar die Bekleidungsvorschriften beim Sportunterricht als Benachteiligung anzuführen, kommt damit aber nicht durch:

Lukas: Bei uns ist das in Sport immer so, oder war immer so, dass die öh immer unterschiedlich gefordert wurden. Da wurden die Mädchen weniger gefordert als die Jungs.
Andreas: Bei uns ist das jetzt auch so.
Kirsten: Wir dürfen kein bauchfrei tragen. Wir Mädchen (2. Diskussion mit Jungen und Mädchen, 105-107)

Kirsten stellt nicht in Frage, dass an Jungen höhere Anforderungen gestellt werden, sondern verweist auf eine andere Regelung, von der ihrer Meinung nach die
Mädchen benachteiligend betroffen sind. Dies wird von ihr, auch gegen Andreas
Einwand, explizit betont: Wir Mädchen! Allerdings wird diese Benachteiligung
der Mädchen sofort von Andreas entkräftet, weil er eine Erzählung anschließt,
wie er aufgrund eines zu kleinen T-Shirts aus dem Sportunterricht ausgeschlossen wird.

In den dritten Diskussionen verstummen die Mädchen dann bezüglich ihrer
erlebten Benachteiligung gänzlich. Fokussiert wird allein die Benachteiligung
der Jungen, vor allem in der Schule. Alle Jungen in den verschiedenen Gruppen
beklagen sich über erfahrene Benachteiligung durch die Lehrkräfte, die sich in
unfairer Benotung und härteren Strafen für Jungen äußert. Auch die Mädchen
beteiligen sich an diesen Klagen und stellen dafür ihre eigene Benachteiligung
zurück:

Marie: Wenn Mädchen scheiße bauen ist das scheiß egal, die fliegen nicht raus, wenn Jungs scheiße bauen, fliegen direkt raus.
Stefanie: Ja. Er könnte ja seinen Blick verlieren.
Rebecca: Hellas
Marie: Jaha.
Interviewerin: Er könnte was?
Marie: Er könnte seinen Blick verlieren, wenn er ein Mädchen raus schmeißt.
Interviewerin: Ja, ok.
Rebecca: Dann hat er nicht mehr so einen guten Ausblick.
Interviewerin: Ich glaube ich verstehe schon.
Rebecca: Der guckt ja auch immer nur auf zwei Dinge.
(leises Gelächter) (3. Diskussion mit Mädchen, 149-164)

Es sind nicht nur die gleichaltrigen Jungen, die die Mädchen durch Blicke sexualisieren (könnten), sondern auch die männlichen Lehrer. Die Mädchen wissen durch die kurze, metaphorische Aussage Stephanies sofort bescheid, warum die Lehrer nur Jungen des Unterrichts verweisen. Sowohl Marie als auch Rebecca können der verständnislosen Interviewerin weiterhelfen. Die Mädchen beschreiben, dass sie das männlich, sexualisierte Verhalten durchschauen und begeben sich damit diskursiv in die überlegene Rolle. Im schulischen Kontext nicht sozial auffällig zu sein bzw. keine negative Aufmerksamkeit zu erhalten, stellt sich hier nicht nur als Bevorzugung der Mädchen dar, sondern scheint auch für die Mädchen von Vorteil zu sein, gerade auch weil sie wissen, dass sie im Blick sind und versteckte Aufmerksamkeit erhalten. Dieses Wissen scheint sie als Mädchen in der Schule zu bestätigen und ihnen eine Position der „lachenden Dritten" zukommen zu lassen. Die Mädchen präsentieren sich in den Diskussionen weitgehend als sozial kompetente und in Teilen auch den Jungen überlegene Mädchen. Sie sind Mädchen, die Kooperationsspiele vernünftig lösen, den Jungen zuliebe Fußball spielen und die männlichen Spielchen in der Schule durchschauen. Dadurch drückt sich zudem erneut stark der Gleichheitsdiskurs aus: Fußballspielen ist keine rein männliche Praxis mehr und genau wie Jungen interessieren sich auch Mädchen für Pornos. Zugleich wirken sie für uns im Hinblick auf die Wahrnehmung eigener Benachteiligungen sprachloser als noch zu Beginn des Projektes. Im Vergleich dazu gewinnen die Jungen. Diese entwickeln gänzlich neue soziale Kompetenzen: Konflikte verbal lösen. In den zweiten und dritten Jungendiskussionen beschreiben die Jungen, dass sie durch die Teilnahme an der Bildungsmaßnahme gelernt hätte, Konflikte nicht mehr mit Fäusten, sondern durch Gespräche zu lösen. Dies unterscheidet sie von ihren Klassenkameraden, die in ihrer Wahrnehmung überwiegend einfach zuschlagen, um ihre Bedürfnisse und Interessen durchzusetzen. Ferner entdecken die Jungen ihre oben bereits beschriebene Benachteiligung in der Schule, gegen die sie dann durch Gespräche mit den Lehrkräften vorgehen wollen.

Mit Blick auf die konkreten Prozesse der Bildungsmaßnahme kann festgehalten werden, dass zu Beginn von den teilnehmenden Mädchen und Jungen selbst kaum konkrete schulische Benachteiligungen thematisiert werden. Das pädagogische Team versuchte daher durch gezielte Übungen mit den Jugendlichen zu erarbeiten, was für sie in der Schule überhaupt unfair, ungerecht und benachteiligend ist. Im Rahmen von Rollenspielen und anschließenden Reflexionen in der Gruppe wurden Geschlechterbenachteiligungen in der Schule dann auch von den Jugendlichen in den Blick genommen. Bereits die Aufzeichnungen aus der teilnehmenden Beobachtung verweisen auf eine stärkere Akzentuierung der Jungenbenachteiligung durch die jugendlichen Akteure. Erst bei der Auswertung der Gruppendiskussionen wurde deutlich, dass die Mädchen und Jungen zunehmend explizit nur die Jungen als benachteiligt benennen und diese als Zielgruppe ihre künftigen Bemühungen als Genderbeauftragte ansehen.

5   Ziel des Modellprojektes: Genderbeauftragte

Die Mädchen und Jungen sehen sich in der Verantwortung gegen die Benachteiligung der Jungen vorzugehen. Auch herrscht große Einigkeit unter den Teilnehmenden, dass es ihre Aufgabe als Genderbeauftragte sein wird, Streit zu schlichten bzw. Konflikte in der Schule zu lösen.

> **Kirsten**: Also falls ich das sein sollte, nach der Woche hier, dann würd ich halt in meiner Klasse drauf achten, so, dass die äh bei Streit oder so keine Ahnung, mich da mal zwischen hängen oder so mit einmischen, kann ich gut. Ähm und auch vielleicht irgendwie was verbessern halt, wenn das, wenn das wie ich, extremer Mädchen und Junge wird. Und wenn n Lehrer Mädchen bevorzugt oder sonstwas. Das ist da würd ich mich dann für einsetzen. (2. Diskussion mit Jungen und Mädchen, 397)

Zugleich ist festzustellen, dass die Aufgabe als Genderbeauftragte den Jungen und Mädchen unklar bleibt. Sie wünschen sich von der Schule eine deutliche Anerkennung, die mit Forderungen nach einem Raum, einer Infowand, einem Briefkasten sowie einer betreuenden Lehrkraft unterstrichen werden. Der Raum soll dann für Gespräche genutzt werden.

> **Interviewerin**: Aber wie ist n das jetzt? Ihr wisst noch nicht, obs nen Raum gibt? Aber was möchtet Ihr denn gern als Genderbeauftragte in der Schule machen?
> **Karin**: Streit schlichten, frei kriegen... Nein (lacht)
> (lachen)
> **Aileen**: In der Pause in dem Raum rumhängen, da ist man ja dann auch zusammen so und dann kann man mal mit denen in der Schule reden. (3. Diskussion mit Jungen und Mädchen, 326-329)

Zum Zeitpunkt der dritten Erhebung hatten die Jugendlichen in einem gemeinsamen Treffen mit den Lehrkräften der Schule ihre Forderungen entsprechend
vorgetragen und auch ihren Raum und die Infowand erhalten und gestaltet, aber
zum weiteren Vorgehen waren sie unsicher und unklar. Die zitierte Passage zeigt
neben einer mangelnden Unterstützung eine weitere Schwierigkeit. Konkreter als
Streitschlichten können die Jugendlichen ihre Aufgabe nicht beschreiben und
weichen ihr eher aus. Es kann vermutet werden, dass die Jugendlichen wenig
Klarheit über die Aufgabe als Genderbeauftragte in der Schule bekommen haben. Dies passt zur Beobachtung der wissenschaftlichen Begleitung, welche
besagt, dass die Jugendlichen wenig auf Situationen und das Geschehen in der
Schule vorbereitet wurden. Anleitungen und Übungen mit konkreten schulbezo-
genen Inhalten waren selten. Auch die Lehrkräfte waren nur gering in das Projekt involviert. Insgesamt zeigten sie sich eher wenig informiert und interessiert.
So fand sich lange Zeit keine Lehrkraft, die bspw. als Ansprechpartner für die
Jugendlichen zur Verfügung stehen wollte. Die pädagogischen Kräfte der Bildungsmaßnahme wiederum fühlten sich bedingt für die Prozesse in der Schule
verantwortlich. Eine inhaltliche Kooperation und Abstimmung mit der Schule
konnte nur ansatzweise hergestellt werden. Dies sorgt für Unsicherheit bei den
Jugendlichen hinsichtlich ihrer konkreten Aufgaben und Möglichkeiten. Der
klare Wunsch nach einem eigenen Raum in der Schule drückt dies aus, jedoch
hat der Raum für die Jugendlichen auch eine andere, vielleicht für sie selbst
sogar wichtigere Funktion: Er soll vor allem als gemeinsamer Treffpunkt dienen,
damit die Gemeinschaft der Gruppe erhalten bleibt.

6   Fazit

Das Ziel des Projektes, in Anlehnung an die Gender Mainstreaming Strategie,
Genderkompetenz bei ausgewählten Schülern und Schülerinnen zu entwickeln,
ist insgesamt betrachtet erfolgreich. Deutlich nachweisbar sind die Erweiterung
des eigenen geschlechtsspezifischen Rollenrepertoires, die Bewusstheit über das
eigene rollenspezifische Fühlen, Denken und Handeln sowie der Abbau von ge-
schlechtsrollenspezifischen Stereotypen. Zudem konnte sehr deutlich eine Steigerung des Selbstwertes gezeigt werden. Allerdings möchten wir einschränken,
dass nicht alle Aspekte von Genderkompetenz in gleicher Weise deutlich bei den
Schülern und Schülerinnen entwickelt werden konnten. Diese Aspekte betreffen
insbesondere den Transfer des Gelernten als Genderbeauftragte an der Schule,
also die Ebene der Handlungskompetenz des angemessenen und sicheren Eingreifens bei Diskriminierung und Ungerechtigkeiten im Schulalltag. Diese Aufgabe bleibt nicht nur den Schülern und Schülerinnen auch zum Ende der Bil-

dungsmaßnahme unklar, sondern auch den Lehrern und Lehrerinnen. Diese zeigen dann auch zunehmend weniger Interesse bzw. Erwartungen an Veränderungen in der Schule bzw. in der Schulklasse durch die Teilnahme einzelner Schüler und Schülerinnen an dem Modellprojekt.[7] Nur wenige Schüler und Schülerinnen berichten von einer aktiven und konkreten Umsetzung ihres Wissens und ihrer Kompetenz in der Schule sowie einer aktiven Ermutigung durch die Lehrkräfte. Hier muss allerdings bemerkt werden, dass die wissenschaftliche Begleitung keine abgesicherte Aussage über die Wirkung in der Schule treffen kann, da diese nicht Gegenstand der Begleitforschung war.

Ferner zeigen sich die Mädchen und Jungen von Beginn an begeistert und sehr zufrieden. Sie nutzen die Maßnahme als eigenen Reflexions- und Möglichkeitsraum für adoleszente Interessen und Aufgaben, jenseits von Schule und Familie. Sie gewinnen (neue) Freunde, Vertrauen und emotionale Bindung unabhängig von Geschlechtszugehörigkeit, (schulischer) Cliquenzugehörigkeit sowie familiären Beziehungen.

Als ambivalentes Ergebnis wird von uns allerdings betrachtet, dass die Frage der Benachteiligung von den beteiligten Schülern und Schülerinnen vor allem auf die schulische Benachteiligung von Jungen bezogen wird. Gegen die Benachteiligung von Jungen wollen sich Mädchen wie Jungen explizit engagieren. Eine offene oder gar verdeckte Benachteiligung von Mädchen wird von ihnen nicht diskutiert. Vielmehr wird von ihnen stark auf die erreichte Gleichheit von Mädchen und Jungen verwiesen. Kritisch fragen wir uns, ob und wie die Bildungsmaßnahme nicht auch zur Verdeckung bestimmter Ungleichheit beiträgt (vgl. Wetterer 2003; Bitzan/Daigler 2004).

Die Ausbildung sogenannter Genderbeauftragte für die Schule zu entwickeln, ist eine sehr innovative und herausfordernde Projektidee, allerdings auch nicht als unproblematisch einzuschätzen, da hier zentrale Aufgaben der Schule bzw. der Lehrer und Lehrerinnen, eben Geschlechterdemokratie in Unterricht und Schule durchzusetzen und für diese einzustehen, an die Ebene der Schüler und Schülerinnen delegiert wird. Ein solches Ziel kann sicher nur gelingen, wenn die Lehrer und Lehrerinnen bzw. die Schule im Rahmen von Schulentwicklung in gleicher Weise für die konkreten Frage- und Problemstellungen sensibilisiert und ausgebildet werden. Diese Sensibilisierung kann jedoch nicht allein Aufgabe der Schüler und Schülerinnen sein, gerade weil dies mit ihrer Schülerrolle aufgrund der Funktionsweisen von Schule (z.B. Machtasymmetrie im Schüler-Lehrerverhältnis und Verteilung von Zensuren) kollidiert.

Daraus ergibt sich für uns allerdings nicht der Verzicht auf solche innovativen Maßnahmen, sondern die Überlegung von Kooperationen und Verzahnungen

---

[7] So ein Ergebnis der E-Mail Befragung der Lehrkräfte, die im Rahmen der studentischen Abschlussarbeit durchgeführt wurde (vgl.Westphal/Schulze 2009)

mit in der Schule bereits etablierten Projekten wie z.B. Streitschlichter-programmen. Hier wird (auch von den am Projekt beteiligten Schülern und Schülerinnen) empfohlen, Streitschlichterausbildungen o.ä. wesentlich mit der Genderthematik zu verknüpfen. Hierzu liegen bislang so gut wie keine gender-sensiblen Programme und Konzepte vor. Das Modellprojekt ist allerdings als Maßnahme der außerschulischen Jugendbildungsarbeit nicht hoch genug einzu-schätzen. Die Verknüpfung von (Ferien-) Freizeit mit der hochgradig individuell wie gesellschaftlich interessierenden Genderproblematik im Übergang von Kindheit zu Jugendalter mit seinen spezifischen Entwicklungsaufgaben ist als sehr gelungen anzusehen und weiter dringend zu empfehlen. Aus den Ergebnis-sen folgern wir, dass es weiterhin notwendig sein wird auch im Rahmen von Bildungsmaßnahmen, die sich an beide Geschlechter richten, den Mädchen einen eigenen, kritisch-reflektierenden Raum anzubieten, um so die verdeckten Be-nachteiligungen überhaupt in den Blick nehmen zu können. Gegenwärtig scheint der Diskurs über die benachteiligten Jungen und die erreichte Gleichheit der Mädchen vor allem im Hinblick auf Schule äußerst dominant und auch außerhalb von Schule sehr wirkungsmächtig zu sein.

Literatur

Athenstaedt, Ursula (2000): Normative Geschlechtsrollenorientierung. Entwicklung und Validierung eines Fragebogens. In: Zeitschrift für Differentielle und Diagnostische Psychologie, H. 1, 91–104.

Bitzan, Maria/Daigler, Claudia (2004): Eigensinn und Einmischung. Einführung in Grundlagen und Perspektiven parteilicher Mädchenarbeit. 2. Aufl. Weinheim, München: Juventa.

Bohnsack, Ralf (2008): Rekonstruktive Sozialforschung. Einführung in qualitative Me-thoden. 7. durchgesehene u. aktualisierte Auflage. Opladen u.a.: Budrich.

Breidenstein, Georg/Kelle, Helga (1998): Geschlechteralltag in der Schulklasse. Ethno-graphische Studien zur Gleichaltrigenkultur. Weinheim, München: Juventa.

Budde, Jürgen/Scholand, Barbara/Faulstich-Wieland, Hannelore (2008): Geschlechterge-rechtigkeit in der Schule. Eine Studie zu Chancen, Blockaden und Perspektiven ei-ner gender-sensiblen Schulkultur. Weinheim, München: Juventa.

Faulstich-Wieland, Hannelore/Weber, Martina/Willems, Katharina (2004): Doing Gender im heutigen Schulalltag. Empirische Studien zur sozialen Konstruktion von Ge-schlecht in schulischen Interaktionen. Weinheim, München: Juventa.

Flaake, Karin/King, Vera (Hrsg.; 1992): Weibliche Adoleszenz. Zur Sozialisation junger Frauen. Frankfurt am Main: Campus.

Glaser, Edith/Klika, Dorle/Prengel, Annedore (Hrsg.; 2004): Handbuch Gender und Er-ziehungswissenschaft. Bad Heilbrunn: Klinkhardt.

Hackmann, Kristina (2003): Adoleszenz, Geschlecht und sexuelle Orientierung. Eine empirische Studie mit Schülerinnen. Opladen: Leske+Budrich.

Heintz, Bettina (Hrsg.; 2001): Geschlechtersoziologie. Wiesbaden: Westdeutscher Verlag

Hirschauer, Stefan (1994): Die soziale Fortpflanzung der Zweigeschlechtlichkeit. In: Kölner Zeitschrift für Soziologie und Sozialpsychologie, H. 4, 668–692.

Hirschauer, Stefan (2001): Das Vergessen des Geschlechts. Zur Praxeologie einer Kategorie sozialer Ordnung. In: Heintz (2001): 208–235.

King, Vera/Flaake, Karin (Hrsg.; 2005): Männliche Adoleszenz. Sozialisation und Bildungsprozesse zwischen Kindheit und Erwachsenensein. Frankfurt am Main: Campus.

Knapp, Gudrun-Axeli/Wetterer, Angelika (Hrsg.; 2003): Achsen der Differenz. Gesellschaftstheorie und feministische Kritik II. Münster: Westfälisches Dampfboot.

Koch-Priewe, Barbara (Hrsg.; 2002): Schulprogramme zur Mädchen- und Jungenförderung. Die geschlechterbewusste Schule. Weinheim: Beltz.

Michalek, Ruth (2006): Qualitative Forschung mit Kindern. Gruppendiskussion als Erhebungsinstrument. In: Schultheis et al. (2006): 80–98.

Schultheis, Klaudia/Strobel-Eisele, Gabriele/Fuhr, Thomas (Hrsg.; 2006): Kinder. Geschlecht männlich. Pädagogische Jungenforschung. Stuttgart: Kohlhammer.

Tervooren, Anja (2006): Im Spielraum von Geschlecht und Begehren. Ethnographie der ausgehenden Kindheit. Weinheim, München: Juventa. (Kindheiten, 30).

Thies, Wiltrud/Röhner, Charlotte (2000): Erziehungsziel Geschlechterdemokratie. Interaktionsstudie über Reformansätze im Unterricht. Weinheim, München: Juventa.

Thomas, Helga Z./Weber, Norbert H. (Hrsg.; 2000): Kinder und Schule auf dem Weg. Bildungsreformpolitik für das 21. Jahrhundert. Weinheim, Basel: Beltz.

Wetterer, Angelika (2003): Rhetorische Modernisierung. Das Verschwinden der Ungleichheit aus dem zeitgenössischen Differenzwissen. In: Knapp et. al. (2003): 286–319.

Westphal, Manuela/Schulze, Nora (2009): Abschlussbericht „Gendertraining für Schüler und Schülerinnen" für die Aktion Mensch (unveröffentlichtes Manuskript; in Vorbereitung zur Veröffentlichung).

Gender plus Diversity als bildungspolitische Perspektive

Katharina Schiederig und Dagmar Vinz

1 Einleitung

Die Erkenntnis, dass die Bildungschancen in Deutschland ungleich
verteilt sind, ist in den letzten Jahren
zunehmend in den Fokus der bildungspolitischen Debatte gerückt
(Miera 2008). Ursachen für die Prob-

leme des deutschen Bildungswesens liegen wesentlich in den bestehenden erheb-
lichen sozialen, migrations- und geschlechtsbedingten Benachteiligungen begründet. Im Rahmen des Beitrags soll eine Antwort auf die Frage gesucht werden, ob der Ansatz „Gender plus Diversity" eine Perspektive für den Abbau von
Ungleichheiten in der Schule darstellt.

Zunächst werden dazu die Konzepte Diversity und Diversity Management
vorgestellt, Diversity wird in Bezug zu dem Konzept Gender (und Gender Mainstreaming) gesetzt und begründet, warum von „Gender plus Diversity" gesprochen wird. Anschließend werden Perspektiven für die Übertragung auf die Bil-
dungs- und Schulpolitik aufgezeigt. Dazu werden der Begriff der Institutionellen
Diskriminierung als Forschungsperspektive für die Analyse des Bildungssystems
und der Bildungsorganisationen eingeführt und abschließend einige Perspektiven
für die Bildungspolitik und die Organisationsentwicklung von Bildungseinrichtungen mit Gender- und Diversity-Kompetenz entwickelt.

2 Was ist Diversity? Was ist Diversity Management?

2.1 Das Konzept Diversity

Der englische Begriff „Diversity" steht für Differenz, Heterogenität und Verschiedenheit, wird aber mit positiver Konnotation vor allem als Vielfalt übersetzt. Allgemein gesprochen meint Diversity „all das, worin Menschen sich unterscheiden können" und bezieht sich dabei sowohl auf äußerlich wahrnehmbare

als auch auf subjektive Unterschiede (Wagner/Sepehri 1999: 18). Diversity bündelt Versuche, Phänomene der Pluralität heutiger Gesellschaften zu erfassen und praxisrelevante Konzepte für den Umgang mit Vielfalt zu finden.

Einschlägige Einführungen zu Diversity wählen tabellarische oder graphische Schemata, welche mit Verweis auf äußere Merkmale, aber auch in Bezug auf Charaktereigenschaften, Verhaltensweisen, Wertvorstellungen oder Wissen und Fähigkeiten relevante Dimensionen sozialer und kultureller Diversität zeigen. Diversity ist als Konzept angelegt, das Identitäten und Gruppenzugehörigkeiten des Individuums zu fassen sucht. Häufig werden unter Diversity die so genannten „Kernkategorien" oder „Big 6" gefasst, die als individuell nicht oder kaum veränderbare Faktoren verstanden werden. Dazu zählen:

- Herkunft und ethnische Zugehörigkeit
- Geschlecht
- Alter
- Sexuelle Orientierung
- Behinderung
- Religion und Weltanschauung

Die Big 6 sind auch die Merkmale, die im 2006 in Kraft getretenen Allgemeinen Gleichbehandlungsgesetz (AGG) verankert sind. Zu den „Big 8" werden über die sechs Kernkategorien hinaus noch Staatsangehörigkeit und Status innerhalb der Organisation gezählt. Die Kategorie soziale Herkunft bzw. Klasse als Diskriminierungsgrund hingegen findet nur selten Berücksichtigung.

Das Konzept Diversity kommt ursprünglich aus der US-amerikanischen Bürgerrechtsbewegung. Seit den 1980er Jahren findet es im Personalmanagement zunehmend Verbreitung. In den letzten Jahren wurde der Begriff auch im europäischen Raum aufgegriffen. Obwohl Diversity also ein für Deutschland sehr neues Konzept ist, wird es seit der Jahrtausendwende sowohl in Unternehmen wie in Politik, Wissenschaft und Zivilgesellschaft interessiert aufgenommen und genutzt. Die positive Wandlung von Verschiedenheit in Vielfalt hat ihren Weg als programmatisches Leitbild in den öffentlichen Raum gefunden.

Diversity kann – in einer positiven Wendung des Antidiskriminierungsauftrags – als Alternative zu Ansätzen der Assimilation oder des Multikulturalismus verstanden werden. Anders als diese Ansätze berücksichtigt Diversity neben der ethnischen Herkunft weitere Identitätsdimensionen und geht von komplexen, fluiden Identitäten aus, die sich aus verschiedenen Merkmalen zusammen setzen und innerhalb einer Gruppe keinesfalls homogen sind.

2.2   Diversity Management

Diversity wird vor allem in Unternehmen in Form personalpolitischer Strategien des „Diversity Managements" umgesetzt. Diversity Management bedeutet, Vielfalt als Organisationsressource in alle Management- und Personalführungsprozesse zu integrieren. Damit enthält Diversity Management vor allem einen Auftrag für Personalleitung und Führungskräfte.

Die Organisationskultur soll so geändert werden, dass das Unternehmen die gesellschaftliche Vielfalt sowie die vielfältigen Talente und Fähigkeiten seiner Belegschaft wertschätzen und produktiv nutzen kann. Mögliche Strategien sind z.B. eine Diversity-Analyse, Training, Mentoring-Programme für bestimmte Gruppen, Work-Life-Balance-Programme und die Einrichtung einer Diversity-Leitstelle. Das Ziel beziehungsweise Leitbild von Diversity Management ist die „Multikulturelle Organisation" (Cox 1993).

Hinter der Einführung von Diversity-Maßnahmen steht für Unternehmen nicht nur eine moralische Motivation, das Diskriminierungsverbot ist mit dem AGG auch rechtlich vorgeschrieben und ökonomisch vorteilhaft. In der Tat haben Unternehmen einen „Business Case" für Diversity erkannt: Multikulturelle Unternehmen können auf einen größeren Talentpool zugreifen, arbeiten kreativer und können besser angepasst auf verschiedene Zielgruppen am Markt reagieren. Man verspricht sich von der Implementierung von Diversity Management einen konkreten Nutzen – nicht nur in der Außenwirkung, sondern auch betriebsintern in Bezug auf Kosten- und Wettbewerbsvorteile (Krell 2008).

2.3   Diversity Management und Gender Mainstreaming – Gemeinsamkeiten und Unterschiede

Während privatwirtschaftliche Unternehmen sich stärker am Leitbild Diversity orientieren, kommt im öffentlichen Dienst Gender Mainstreaming zum Einsatz, um Chancengleichheit zu verbessern. Gender Mainstreaming bedeutet, in allen Maßnahmen, Politiken und Problemlagen die Bedürfnisse und Bedarfe beider Geschlechter gleichermaßen zu berücksichtigen. Mit Mainstreaming ist dabei gemeint, dass es sich um eine Querschnittsaufgabe handelt, die in alle Aufgabenbereiche und Themenfelder integriert werden soll. Das Konzept stammt ursprünglich aus der Entwicklungszusammenarbeit und hat von dort seinen Weg in die europäischen und deutschen Institutionen genommen. Gender Mainstreaming ist für den öffentlichen Dienst in Deutschland gesetzlich vorgeschrieben (Meuser/Neusüß 2004).

Die Gemeinsamkeiten zwischen den beiden Konzepten Gender Mainstreaming und Diversity Management bestehen darin, dass beide einen Gleichstellungsanspruch zu operationalisieren versuchen und beide Top-Down-Ansätze sind, die von oben umgesetzt werden. Die wesentlichen Unterschiede bestehen darin, dass Diversity neben Geschlecht weitere Dimensionen von Differenz berücksichtigt und einen stark ökonomisch orientierten Fokus hat.

3   Warum Gender plus Diversity?

Unseres Erachtens ist es richtig, mit „Gender plus Diversity" einen zweigliedrigen Zugang in der Bildungspolitik und Schulentwicklung zu wählen. Die Formulierung Gender plus Diversity wendet sich nämlich gegen die Vorstellung, Gender als in sich differente Kategorie enthalte Diversity bereits – oder umgekehrt Diversity könne Gender unter seinem Dach hinreichend gut beherbergen. Bei allen Gemeinsamkeiten – und trotz gewiss vorhandener Überlappungen – aber auch bei all dem Eigensinn und Verschieden-Sein von Gender und Diversity behalten beide Begriffe doch ihre Relevanz.

Die Perspektive Gender plus Diversity ist zunächst deshalb richtig, weil sie die historischen Besonderheiten beider Kategorien anerkennt: Gender als wissenschaftliche Kategorie ist im Zuge der Institutionalisierung von Frauenbewegung und Geschlechterforschung an nationalen und internationalen Universitäten wirkungsmächtig geworden. Hier ist mittlerweile ein großer Korpus an Literatur entstanden, der die Kategorie Gender theoretisch reflektiert (Geschlecht als Strukturkategorie, „doing gender", Geschlecht als soziale Konstruktion) und den Wandel von Geschlechterverhältnissen international vergleichend oder mit historischem Zugang untersucht. Der Begriff Diversity hingegen ist als politisches Leitbild sehr viel weniger verwissenschaftlicht und institutionalisiert. Während Gender Studies in Deutschland und Europa an den Universitäten als Forschungsgegenstand oder Studiengang fest verankert sind, entstehen interdisziplinäre Forschungszusammenhänge und Zentren für Diversity Studies gerade erst (Krell/Riedmüller et al. 2007). Diversity Studies können dabei ihre Grundlagen aus Theorien der Alterität (Fuchs 2007), aus Studien zur Vorurteilsforschung (Benz/Widmann 2007) oder aus Debatten zum Multikulturalismus (Bienfait 2006) beziehen. Eine weitere wichtige Frage innerhalb der Diversity Studies befasst sich damit, wie sich kulturelle Unterschiede zu sozialen Ungleichheiten verhalten (Rehberg 2006). Ein angemessenes Verständnis von Diversity muss thematisieren, welche Unterschiede sozial bedeutsam sind und damit Zusammenhänge und Trennlinien verdeutlichen: zwischen der Vielfalt als buntem Nebeneinander von persönlichen Vorlieben, z.B. in Bezug auf Musik oder Freizeitgestaltung und Unterschieden, die als Ursache von sozialer Ungleichheit und/oder rechtlicher oder politischer Diskriminierung sozial relevant werden (Hormel/Scherr 2004). Ein erster Ausweg besteht in der Orientierung des Diversity-Konzepts an den Kategorien, die auch im Allgemeinen Gleichbehandlungsgesetz (AGG) entsprechend der europäischen Richtlinien benannt werden, also Alter, Geschlecht, sexuelle Orientierung, Behinderung, Rasse/Ethnie und Religion/Weltanschauung. Bemerkenswert und problematisch ist, dass eine für soziale Ungleichheit und die Selektion im Bildungssystem so relevante Kategorie wie soziale Herkunft im Antidiskriminierungsrecht nicht angesprochen wird. Eine sinnvolle Politik der Chancengleichheit wird sich einer Auseinandersetzung mit dieser Kategorie nicht entziehen können.

Dieser Tatsache Rechnung trägt das Konzept der Intersektionalität, das von Gudrun Axeli Knapp (2005a) als das neue Paradigma der Gender Studies im deutschen Sprachraum eingeführt wurde. Intersektionalität kommt vom englischen Wort „intersection" (Kreuzung) und wurde im Black Feminism als Konzept entwickelt, um die spezifischen Diskriminierungserfahrungen von schwarzen Frauen zu thematisieren und die Ausrichtung von Politik und Institutionen an den Bedürfnissen weißer Mittelschichtfrauen zu kritisieren (Crenshaw 1989; Crenshaw 1991). Als Überschneidungstheorie thematisiert Intersektionalität die Heterogenität der Gruppe der Frauen und die Zugehörigkeit zu verschiedenen Gruppen (McCall 2005). Dabei ist die Orientierung an der Triade „Race, Class, Gender" prägend für Theorien der Intersektionalität (Knapp 2005b). Indem die Gender Studies das Konzept der Intersektionalität theoretisch und methodologisch aufgreifen und weiterentwickeln (Winker/Degele 2009) und damit Differenzen innerhalb der Gruppe der Frauen thematisieren, bewegen sich die Gender Studies auf das Konzept Diversity zu (Smykalla/Vinz 2011, in Vorbereitung). Es wird sich zeigen, ob der Begriff Diversity in den Gender Studies an Bedeutung gewinnen wird, ob also Gender und Diversity ein „Traumpaar" (Andresen/Koreuber et al. 2009) werden, oder ob Diversity als konkurrierender Begriff oder verkürzt als betriebswirtschaftliches Managementkonzept verstanden mehrheitlich abgelehnt werden wird.

Für den weiterbildenden Masterstudiengang „Gender- und Diversity-Kompetenz" an der Freien Universität Berlin ist bereits eine institutionelle Entscheidung für die Erweiterung der Gender-Perspektive um die Dimension Diversity gefällt worden (http://www.fu-berlin.de/gediko/). Der anwendungsorientierte Studiengang verfolgt das Ziel, Personen in Schlüsselpositionen dafür zu qualifizieren, als „Change Agents" den gesellschaftlichen Wandel durch Globalisierung, Migration und die zunehmende Erwerbstätigkeit von Frauen mit den Zielen der Chancengleichheit und Inklusion zu gestalten.

Neben diesen Überlegungen ergibt sich eine der stärksten Argumentationen für die Paaroption von Gender plus Diversity in rechtspolitischer Hinsicht: Für eine Politik der Chancengleichheit ist Diversity im Rahmen der Antidiskriminierungsgesetzgebung Policy-relevant geworden. Der Schutz vor Diskriminierung war lange Zeit stärker auf die Geschlechtszugehörigkeit konzentriert. Gemäß der neueren EU-Richtlinien für Gleichbehandlung sind auch andere soziale Merkmale in den Blickpunkt geraten: ethnische Herkunft oder Rasse, Religion oder Weltanschauung, Behinderung, Alter und sexuelle Orientierung. Im Antidiskriminierungsrecht ist Gender zwar lediglich eine von sechs Dimensionen unter dem Dach von Diversity. Aus rechtspolitischer Sicht ist die Hervorhebung von Gender als eigenständige Kategorie jedoch geboten. Mit dem im Grundgesetz verankerten Gebot der Gleichstellung von Mann und Frau sind aktive Maßnahmen zur Förderung von Geschlechtergleichheit erlaubt, die über das Minimum bloßer Abwehr von Diskriminierung hinausgehen (Klein 2006): Gemeint sind hiermit z.B. Frauenförderpläne oder die bevorzugte Einstellung von Frauen bei gleicher Qualifikation. Von daher rechtfertigt die Gesetzgebung den Bezug auf das Paradigma Gender plus Diversity.

Im Folgenden soll nun diskutiert werden, wie die Perspektive Gender plus Diversity bildungspolitisch genutzt werden kann.

4   Gender plus Diversity – Chancengleichheit im Bildungssystem?

Der Bericht „Bildung in Deutschland 2008", erstellt im Auftrag der Bundesregierung und der Länder, thematisiert implizit, wie wichtig Gender plus Diversity-Policies für die Weiterentwicklung des Bildungssystems sind (Autorengruppe Bildungsberichterstattung 2008). Darin wird moniert, dass das Arbeitskräftepotenzial für die moderne Wissensgesellschaft der Zukunft nicht genügend qualifiziert sei. Dies betrifft vor allem den hohen Anteil von Hauptschulabgängern mit und ohne Abschluss, die keinen Ausbildungsplatz finden und den wachsenden Anforderungen am Arbeitsplatz nicht gewachsen sind. Ursachen für die Probleme des deutschen Bildungswesens liegen wesentlich in den erheblichen sozialen, migrations- und geschlechtsbedingten Benachteiligungen begründet:

Es kommt zu deutlichen Abständen in den Bildungskarrieren entlang der Trennlinie sozialer Herkunft; Akademikerkinder sind gegenüber Kindern aus unteren bildungsfernen Schichten benachteiligt. Dies ist umso schlimmer, als immer mehr Kinder in Armutslagen aufwachsen (bei 23% der Kinder liegt das Familieneinkommen unterhalb der Armutsgrenze).

Die ethnische Herkunft wirkt im Verlauf der Bildungsbiografie als Selektionsmechanismus. Dementsprechend legt der Bericht einen Schwerpunkt auf migrationsbedingte Benachteiligung und verweist auf erhebliche Förderungsdefizite in Bezug auf den hohen Anteil von Kindern mit Migrationshintergrund in Sonder- und Hauptschulen.

In der öffentlichen Debatte wird immer wieder vorgebracht, Mädchen seien aufgrund der Feminisierung des Personals in vorschulischen Einrichtungen und in der Grundschule bevorteilt und seien zudem im Bildungsverhalten die erfolgreichere Gruppe. Der Bericht zeigt jedoch, dass es Mädchen nicht gelingt, ihre schulischen in berufliche Erfolge umzumünzen. Fünf Jahre nach ihrem Abschluss sind sie auf dem Arbeitsmarkt deutlich unterrepräsentiert.

Ein wichtiger Ansatz zur Herstellung von Chancengleichheit im deutschen Bildungssystem ist für uns der Forschungsansatz der institutionellen Diskriminierung. Ein großer Teil der Ungleichheiten im Bildungssystem entsteht nicht aufgrund des absichtsvollen Handelns von Individuen, sondern aufgrund der institutionellen Einbettung potenziell diskriminierender Muster. Daher ist es wichtig, in der Analyse den Fokus auf institutionelle Diskriminierung zu richten. Die Verknüpfung des Diversity-Konzepts mit dem Konzept der Institutionellen Diskriminierung erlaubt es, eine Perspektive für die Veränderung institutioneller Mechanismen zu entwickeln, die perspektivisch auf größere institutionelle Inklusion aller Schülerinnen und Schüler hinwirkt.

Dabei sehen wir den Abbau von institutioneller Diskriminierung als eine Aufgabe, die einerseits einen Politikwechsel erfordert und z.B. in der Lehrerausbildung oder in den Curricula mehr Qualifikationen für Gender- und Diversity-Kompetenz verlangt. Zum anderen erfordert der Abbau institutioneller Diskriminierung Prozesse der Organisationsentwicklung und das Verständnis von Schulen als „lernende Organisationen". Schulen können auf umfangreiche Erfahrungen in Wirtschaft, Verwaltung und Politik mit den Strategien des Gender Mainstreaming (in Verwaltung und Politik) und des Diversity Management (in der Wirtschaft) zurückgreifen, um als lernende Organisationen das Paradigma „Gender plus Diversity = institutionelle Inklusion" umzusetzen. Gender plus Diversity enthält Mechanismen zur Analyse von Ungleichheiten und zur Organisationsentwicklung in Bildungsorganisationen.

Zunächst werden wir daher die Entwicklung des Konzepts der institutionellen Diskriminierung als Forschungsperspektive für die Analyse des Bildungssystems und der Bildungsorganisationen darstellen und hierzu einige wichtige Forschungsergebnisse vorstellen. Anschließend wird die Rolle der Akteure im Konzept der institutionellen Diskriminierung und das zugrunde liegende Gerechtigkeitsverständnis diskutiert. Abschließend sollen einige Perspektiven für die Bildungspolitik und die Organisationsentwicklung von Bildungseinrichtungen mit Gender- und Diversity-Kompetenz entwickelt werden.

4.1 Definition und Begriffsgeschichte „Institutionelle Diskriminierung"

Kommen wir zunächst zur Entstehung des Begriffs der institutionellen Diskriminierung. Ein Meilenstein bildet das Buch „Racial and Ethnic Relations" des Wissenschaftlerpaares Joe Feagin und Clairece Booher Feagin, erschienen 1986 (Feagin/Booher Feagin 1986). Ihr Konzept geht zurück auf die Rassismusforschung im angloamerikanischen Raum in den 60er Jahren. Neu ist jedoch der Bruch mit der Vorurteilsforschung, die damals zur Erklärung von Rassismus und Benachteiligung von Schwarzen herangezogen wurde. Das Autorenpaar widersprach dem Ansatz, Probleme des Rassismus oder der Rassensegregation der Psychologie oder der Sozialpsychologie zu überlassen. Stattdessen begreifen sie Diskriminierung als Ergebnis sozialer Prozesse; die Ursachen von Diskriminierung werden im organisatorischen Handeln gesucht. So ergibt sich ein Sichtwechsel: Die Diskriminierungsforschung verschiebt ihr analytisches Zentrum von der Erforschung des Individuums hin zur Erforschung der Gesetze, Organisationen und Kollektive. Dies bedeutet einen Bruch mit der Intentionalitätsperspektive: Es geht um Diskriminierung, die sich nicht aufgrund von Vorurteilen absichtsvoll ergibt. Wie die folgende Abbildung 1 (nach Gomolla/Radtke 2002:49) zeigt, unterscheiden Feagin/Booher Feagin vier Diskriminierungstypen:

Grad der Intentionalität		Grad der Einbettung in Organisationen - ← → +		
Grad der Intentionalität	+ ↑	Diskriminierung als intentionale isolierte Einzelhandlung	Diskriminierung durch kleine Gruppen	Intentionale, direkte institutionalisierte Diskriminierung
	↓ -			Nicht-intentionale, indirekte institutionalisierte Diskriminierung

Abbildung 1: Vier Typen diskriminierenden Verhaltens (nach Feagin/Booher Feagin)

Diskriminierung als intentionale isolierte Einzelhandlung: Gemeint sind rassistische oder sexistische Übergriffe Einzelner in privaten oder öffentlichen face-to-face Kommunikationen. Motiviert sind sie durch Vorurteile oder durch die Absicht zu schaden.

Diskriminierung durch kleine Gruppen (small-group discrimination): Gemeint ist absichtsvolle Diskriminierung durch kleine informelle oder formalisierte Gruppen, z.b. fremdenfeindlich motivierte Brandanschläge.

Intentionale, direkte institutionalisierte Diskriminierung: Gemeint sind Handlungen bzw. Praktiken in Form von Gesetzgebung oder formellen und informellen Regeln, die intentional den Zweck verfolgen, eine bestimmte Gruppe zu benachteiligen oder auszugrenzen. Beispiele in Deutschland sind z.b. das Inländerprivileg bei der Arbeitsvermittlung, aber auch Sprach- und Einbürgerungstests oder die Einführung bzw. Erhöhung von Sprach- und Qualifikationserfordernissen seitens der Arbeitgeber.

Nicht-intentionale, indirekte institutionalisierte Diskriminierung: Gemeint sind z.b. die Anwendung von Regeln, bei denen Angehörige verschiedener Gruppen grundsätzlich ungleiche Chancen haben, diese zu erfüllen. Es kann zu solchen Diskriminierungen kommen, ohne dass offensichtliche Vorurteile im Spiel sind oder ohne das eine klare Diskriminierungsabsicht vorliegt. Im Antidiskriminierungsrecht gibt es die Variante der „mittelbaren Diskriminierung"[1], die hierzu gehören würde.

Politisch relevant wurde der Ansatz der institutionellen Diskriminierung mit dem britischen Macpherson Report von 1999. Er wurde von der britischen Regierung in Auftrag gegeben und befasst sich mit dem Versagen der Polizei bei der Aufklärung eines rassistisch motivierten Mordes an einem kleinen Jungen. Er untersucht die institutionelle Verankerung von Rassismus in der Polizei, die dazu führte, dass die rassistische Motivation des Mordes in den Ermittlungen übergangen und nicht ausreichend berücksichtigt wurde. Die Aufklärung des Mordes wurde durch die mangelnde Kompetenz der Polizei im Umgang mit Rassismus behindert und so wurde der Macpherson Report mit dem Ziel geschrieben, innerhalb der Organisation Polizei stärker für Vorurteile und nicht-absichtsvolle Diskriminierung innerhalb der eigenen Reihen zu sensibilisieren. Darüber hinaus gibt der Bericht auch Empfehlungen für das Bildungssystem. Als Reaktion auf den Bericht wurde das britische Antidiskriminierungsrecht von 1976 überarbeitet

---

[1] Rechtlich wird zwischen unmittelbarer und mittelbarer Diskriminierung unterschieden, je nachdem, wie direkt die Diskriminierung erfolgt. Unmittelbare Diskriminierung meint die weniger günstige Behandlung einer Person gegenüber einer anderen in einer vergleichbaren Situation. Mittelbare Diskriminierung liegt vor, wenn eine Benachteiligung durch scheinbar neutrale Vorschriften, Maßnahmen, Kriterien oder Verfahren erfolgt, die sich faktisch diskriminierend auswirken (Bayreuther 2007).

und der Race Relations Act von 2000 als gesetzliche Grundlage geschaffen. Hormel (Hormel 2007: 67 ff.) bewertet jedoch die praktische Relevanz des Reportes und die Verpflichtung von Organisationen, eingehend zu untersuchen, ob sie tatsächlich nicht-diskriminierende Verfahrensweisen realisieren, als problematisch. Sie geht davon aus, dass die angestrebte Überwindung eines handlungs- und akteurszentrierten Modells der Diskriminierung nicht ausreichend eingelöst wird und kritisiert, dass die spezifisch institutionelle Dimension nicht hinreichend genau und präzise entwickelt werde. Das Problem der Akteursorientierung werden wir später noch eingehender diskutieren, vorab möchten wir jedoch mit Bezug auf aktuelle Forschungsergebnisse in Bezug auf das deutsche Bildungssystem illustrieren, welche Aspekte der institutionellen Diskriminierung das deutsche Bildungssystem kennzeichnen.

4.2 Forschung mit dem Konzept der Institutionellen Diskriminierung

Mit der Untersuchung von Gomolla und Radtke (2002) wird Mitte der 90er Jahre in Bielefeld Mechanismen institutioneller Diskriminierung auf den Grund gegangen: Die Untersuchung befasst sich mit Selektionsentscheidungen an zentralen Übergangsschwellen im Grundschulbereich wie z.B. Einschulung, Überweisung in die Sonderschule für Lernbehinderte (SOLB) oder dem Übergang in die Sekundarstufe I. Die erste Übergangsschwelle bildet der Eintritt in die Grundschule: Hier gibt es ein statistisch erwiesenes erhöhtes Risiko für Kinder mit Migrationshintergrund, in den Schulkindergarten zurückgestellt zu werden. Gomolla sieht eine Form der *wohlmeinenden direkten Diskriminierung*, wenn z.B. Kinder mit Migrationshintergrund von Grundschulen ohne Förderklassen explizit zum Deutschlernen zurückgestellt werden, obwohl der Schulkindergarten rechtlich nicht zum Spracherwerb vorgesehen ist. Für *indirekte Diskriminierung* gibt es zahlreiche Beispiele:

- diagnostische Praktiken, in denen aus fehlenden Deutschkenntnissen mangelnde Schulreife konstruiert wird;
- „Sprachdefizite" werden als „Entwicklungsverzögerungen" gedeutet und als „Hinweis auf andere Fähigkeits- und Leistungsdefizite";
- Annahmen über Herkunftsmilieu und religiöse Orientierung, kulturelle Differenz oder mangelnde Unterstützung durch die Eltern werden als zentrale Lern- und Integrationshindernisse angesehen.

In der Folge werden die betroffenen Kinder als „Problemfälle" etikettiert. Da sie wegen der Zurückstellung ein höheres Alter aufweisen, werden sie sodann verstärkter Beobachtung und Selektion unterzogen. Gomolla und Radtke (2002) fassen die Ergebnisse folgenderrmaßen zusammen und begründen die Verwendung des Diskriminierungsbegriffs:

> Muster der Diskriminierung und Abweisung entlang von Normalitätserwartungen in Bezug auf die Schul- und Sprachfähigkeit, wie sie deutschsprachige, im weitesten Sinne christlich sozialisierten Mittelschicht-Kindern entsprechen, prägen die gesamte Schullaufbahn eines Kindes. Bei den Zuweisungsentscheidungen geben vor allem Abweichungen von Normen den Ausschlag, die zusätzlich zu guten Leistungen erwartet werden: soziale Integration, Elternmitarbeit, ein anregungsreiches häusliches Milieu etc., vor allem dass die Kinder nicht durch besondere Schwierigkeiten und Lernbedürfnisse die Homogenität in den Klassen gefährden. Von Diskriminierung ist zu sprechen, da es für die meisten Migrantenkinder aus einer Vielzahl von Gründen weitaus weniger wahrscheinlich ist als für ihre autochthonen Mitschülerinnen und Mitschüler, diese Kriterien zu erfüllen. (ebd.: 105).

Wie Gomolla und Radtke (ebd.) herausstellen, wurde in keinem Interview vom Lehrpersonal und anderen Befragten der Umgang mit Mehrsprachigkeit als neue Herausforderung und Aufgabe der Institution thematisiert. Ebenfalls wird nicht thematisiert, dass abgewiesene Kinder weder in den Lernbehindertenschulen noch in den vorschulischen Einrichtungen eine qualifizierte Förderung in Deutsch als Zweitsprache erhalten. Gomolla und Radtke kritisieren u. E. zu Recht, dass legitime Bildungsbedürfnisse und -interessen von Migrantinnen und Migranten im Rahmen separater Fördermaßnahmen behandelt werden und den Charakter einer Zusatzaufgabe erhalten. Sie heben das Versäumnis der Politik hervor, die Bildungsinstitutionen systematisch an die migrationsbedingte sprachliche und kulturelle Pluralisierung anzupassen.

Die Forschung zur institutionellen Diskriminierung im Bildungssystem widerspricht insgesamt der These der Mainstream-Forschung in der Soziologie, dass ein schlechteres Abschneiden in den schulischen Leistungen primär an Defiziten der Schüler_innen mit Migrationshintergrund und ihrer Eltern liegt. Auch Flam (Flam 2007) zufolge kann es durchaus sinnvoll und ergiebig sein, einen Blick auf das Schulsystem Deutschlands zu werfen und über die Diskriminierung im Bildungssystem nachzudenken, anstatt nur die Schüler_innen mit Migrationshintergrund und ihre Eltern unter die Lupe zu nehmen:

> Damit wird nicht behauptet, dass das Erlernen der deutschen Sprache oder die Unterstützung der Eltern nicht wichtig seien. Es wird nur die Perspektive gewechselt und danach gefragt, wie agieren die Politik, die Institution Schule, einzelne Lehrer oder Behörden, um das Erlernen der deutschen Sprache zu erleichtern oder um den Eltern zu helfen, ihre unterstützende Rolle spielen zu dürfen. Die Last der Verant-

wortung wird – mit anderen Worten – der deutschen bzw. der Aufnahmegesellschaft aufgebürdet und nicht mehr nur den einzelnen Migranten (ebd.: 61).

Im Rahmen des EU geförderten Projekts „The European Dilemma: Institutional Patterns and Politics of 'Racial' Discrimination" legt Flam (ebd.) die Betonung auf Gesetze, Regelungen, Deutungsmuster und Entscheidungspraktiken, die das Primat des Deutschen in vielen Lebensbereichen absichern. Sie unterscheidet zwischen drei wesentlichen Faktoren für institutionelle Diskriminierung:

Der erste Faktor für institutionelle Diskriminierung ist der „Monolinguale Schulhabitus": Demzufolge soll das Deutsche das uneingeschränkte Instrument der Wissensvermittlung werden. Aber Deutschland hat sich de facto in ein Einwanderungsland verwandelt. Fast ein Drittel aller Kinder und Jugendlichen stammen aus Familien mit Migrationshintergrund.

Der zweite Faktor für institutionelle Diskriminierung betrifft das Gebiet der Fremdsprachen: Flam fordert dabei, Sprachen der Nachbarländer stärker im deutschen Schulsystem zu verankern. Wichtig wären auch die Sprachen der Haupt-Herkunftsländer, z.B. Türkisch.

Der dritte Faktor für institutionelle Diskriminierung sind die fehlende Zusatzqualifikation von Lehrerinnen und Lehrern im Fach Deutsch als Fremd- und Zweitsprache und fehlendes Schulpersonal mit Migrationshintergrund (ebd.: 79). Sie fordert demzufolge eine bevorzugte Einstellung von Lehramtsbewerbern mit einer Zusatzqualifikation Deutsch als Fremdsprache (DaF) und fordert eine stärkere Verbindlichkeit der Ausbildung in den Fächern DaF und DaZ (Deutsch als Zweitsprache). Auch die „Emilie"-Studie im Auftrag der Europäischen Kommission (Miera 2008) kommt zu ähnlichen Empfehlungen und fordert darüber hinaus die Abschaffung des dreigliedrigen Schulsystems, die Einführung von Ganztagsbetreuung, kleinere Klassen, interkulturelle Sensibilisierung der Lehrer_innen und stärkere Vernetzung der Schulen mit der lokalen Gemeinschaft, um mittelbarer institutioneller Diskriminierung entgegen zu wirken.

4.3   Analyse eines Fallbeispiels mit dem Konzept der Institutionellen Diskriminierung

Der Zugewinn durch das Konzept der Institutionellen Diskriminierung soll anhand eines Fallbeispiels illustriert werden. Als Fallbeispiel wurde eine Elternversammlung an einer Grundschule in Berlin-Kreuzberg gewählt, da diese exemplarisch die typischen Konflikte an Schulen in Quartieren mit hohem Migrationsanteil zeigt. In der Klasse besteht hohe Diversität, zwei der 26 Kinder haben einen rein autochthonen Hintergrund, die Familien der Übrigen stammen vor allem aus dem türkischen, arabischen und afrikanischen Raum und viele Kinder haben keinen deutschen Pass. Zu Beginn des vierten Schuljahres veranstaltete die Klassenlehrerin einen Elternabend und lud dazu mit einem Schreiben in deutscher Sprache ein. Die Eltern von acht Kindern kamen zum Elternabend. Diese niedrige Zahl löste bereits das Missfallen der Lehrerin aus. Hinzu kam das verspätete Eintreffen mehrerer Eltern. Die Mehrheit der Eltern hatte offensichtlich Probleme, den Ausführungen der Lehrerin zu folgen. Sie reagierte darauf, indem sie lauter auf Deutsch sprach. Zwei Konfliktpunkte traten im Laufe des Treffens auf: Zum einen wollte sich keine/r der Anwesenden – zum überwiegenden Teil die Mütter – als Elternvertreter_innen wählen lassen, da sie sich nach eigener Aussage nicht kompetent genug dafür fühlten und zu wenig Deutsch beherrschten. Zum anderen hielt die Lehrerin den Eltern einen Vortrag über die richtige Ernährung und Bekleidung der Kinder, den die Eltern als herablassend und bevormundend auffassten, der aus Sicht der Lehrerin aufgrund der kulturellen Unterschiede aber dringend notwendig war. Im darauf folgenden Jahr weigern sich mehrere der betroffenen Mütter, zur Elternversammlung zu erscheinen.

Eine Mainstream-Analyse würde die „Schuld" auf beiden Seiten suchen. Eine Analyse mit dem Konzept der institutionellen Diskriminierung öffnet den Blick auf die institutionellen Rahmenbedingungen. Darauf, wie die Kommunikation zwischen Eltern und Schule strukturiert ist, wie ein Elternabend abläuft. Nicht alle Eltern verstehen Deutsch, nicht alle haben in den Herkunftsländern oder in Deutschland Lesen und Schreiben gelernt. Dies trifft insbesondere auf die Mütter zu, die in der geschlechterspezifischen Arbeitsteilung für Schulangelegenheiten zuständig sind. Die Lehrenden haben Probleme im Schulalltag, mit denen sie sich von den Eltern nicht verstanden fühlen. Die im deutschen Schulsystem erwartete Elternmitarbeit können und wollen Eltern bestimmter sozialer und sprachlicher Herkunft nicht erfüllen. Es ist nicht vorgesehen, dass an der Elternversammlung die Sozialarbeiter_innen aus der Kindertagesstätte oder vom Stadtteilmanagement teilnehmen, die in der Community vernetzt sind und sprachlich vermitteln könnten. Wie wir sehen, öffnet das Paradigma „Gender plus Diversity = institutionelle Inklusion" in der Analyse den Blick für Vielfalt, für Fortbildungsbedarf, für die Intersektionalität von Klasse, Herkunft und Geschlecht.

4.4 Kritische Reflektion des Forschungsansatzes „Institutionelle Diskriminierung"

4.4.1 Die Rolle der Akteure im Konzept der „Institutionellen Diskriminierung"

Der Erkenntnisgewinn des Ansatzes der institutionellen Diskriminierung liegt in der genauen Trennung von Akteur und System, von Vorurteil und diskriminierendem Verhalten. Gomolla spricht hier von mittelbar diskriminierenden Praktiken, die als „Gelegenheitsfenster" in die Routinen einer Organisation eingebaut sind und auf „unwissentlichen Vorurteilen, Ignoranz und Gedankenlosigkeit" beruhen. Heißt das nun etwa, dass Diskriminierung für die handelnden Akteure wenig sichtbar ist und verschleiert unterhalb der Wahrnehmungsschwelle liegt? Der Soziologe Wieviorka (Wieviorka 1995) kritisiert das Konzept der institutionellen Diskriminierung, weil es die dominante Gruppe paradoxerweise gleichermaßen für „total schuldig" und „total unschuldig" erklärt. Offen ist daher die Frage nach Verantwortung und Verantwortlichkeit in einem Verständnis von Diskriminierung, das die institutionelle Dimension stark betont. Auf einen möglichen Ausweg verweist Flam, die in ihrer Forschung den Blick auf so genannte „Gate-Keeper" wie z.B. Lehrer_innen richtet. Sie entscheiden über den Zugang zu Rechten, Ressourcen oder Chancen. Aus der Forschung zu Stereotypen wissen wir, dass bereits die Erwartungen eines Lehrers oder einer Lehrerin an die Schüler_innen negative Auswirkungen nicht nur auf die Bewertung der Leistungen, sondern auch auf die Leistungen selber haben können: Der so genannte „Stereotype Threat" ist die Angst, dass die eigene Leistung bei einer bestimmten Aufgabenstellung ein negatives Stereotyp über die eigene Gruppe bestätigen könnte. In Kenntnis der Stereotypisierung bindet die Angst, dem Stereotyp möglicherweise zu entsprechen, kognitive Energie oder erfordert mentale Anstrengungen, um dagegen anzugehen. Ein Beispiel sind die Stereotype über die schwächeren Leistungen von Mädchen in Mathematik, die sich negativ auf die Leistungen auswirken (vgl. Steele 1997).

Wie sieht es nun mit den Qualifikationen und Reflektionsmöglichkeiten der Lehrer_innen in Bezug auf Diskriminierung aus? Flam verweist auf deren Ermessensspielräume und deren Möglichkeit, eigene Erfahrungen zu verarbeiten, vorherrschenden Diskursen zu widersprechen oder alternative Deutungsweisen zu entwickeln. Sie betont die hohe Relevanz von Ausbildung (damit sich Handeln nicht aus allgemeinen politisch-medialen Diskursen speist) und die Sensibilität für den Umgang mit Vorurteilen und negativen Erwartungen. Dabei bezieht sich die Forschung zur institutionellen Diskriminierung hauptsächlich auf die Dimension Ethnie/Migrationshintergrund, während die Kategorie Gender ausgeblendet wird. Um Chancengleichheit an der Schule herzustellen und die freie Entfaltung der Persönlichkeiten zu fördern, ist es stärker notwendig als bisher, geschlechtsspezifische Unterschiede und Bedürfnisse von Schüler_innen mit Migrationshintergrund im Rahmen einer stärkeren Zielgruppendifferenzierung zu berücksichtigen. Um institutionelle Diskriminierung in Bezug auf Gender und Diversity abzubauen, bedarf es der Implementierung von Strategien zur Organisationsentwicklung wie Gender Mainstreaming oder Diversity Management und der Sensibilisierung und Qualifikation der Gate-Keeper, z.b. durch Gender- oder Diversity-Trainings. Das Erlangen von Gender- und Diversity-Kompetenz ist somit eine Herausforderung für die Schule als Organisation und für die Lehrkräfte als Personen und Gate-Keeper.

4.4.2   Das Gerechtigkeitsverständnis im Konzept der institutionellen Diskriminierung

Die Annahme institutionalisierter Diskriminierung basiert auf der Beobachtung, dass bestimmte soziale Gruppen wie Schüler_innen mit Migrationshintergrund systematisch weniger Belohnungen oder Leistungen als klar identifizierbare Vergleichsgruppen erhalten. Denn es gilt folgende Annahme: Mitglieder verschiedener Gruppen sind potenziell gleichermaßen fähig, die Schule erfolgreich zu bewältigen. Unterdurchschnittliche Ergebnisse bestimmter Gruppen müssen als Ausdruck von Diskriminierung erfasst werden. Sie geben Grund zu der Annahme, dass die betroffenen Gruppen vermehrt Barrieren ausgesetzt sind, die verhindern, dass sie ihre Potenziale verwirklichen können. Diesen Annahmen liegt eine Gerechtigkeitskonzeption zugrunde, die der US-amerikanischen Philosophin Onara O'Neill (O'Neill 1993) zufolge auf der Idee einer statistischen oder substanziellen Chancengleichheit beruht:

> Nach dieser Auffassung [von substanzieller Chancengleichheit] kann ein Unternehmen nur dann wahrheitsgemäß behaupten, Chancengleichheit zu garantieren, wenn eine angemessene Anzahl von Stellen auf allen Ebenen mit Arbeitern und Arbeiterinnen aus verschiedenen Minderheitengruppen besetzt sind oder, falls dies nicht der Fall ist, wenn es Hinweise auf ernsthafte Bemühungen gibt, Mitglieder unterrepräsentierter Gruppen anzuwerben und zu befördern. (ebd.: 149)

Grundlegend ist also auch für Bildungsorganisationen nach Anne Phillips (Phillips 1995) das „Mirror Principle of Representation": Auf allen Ebenen einer Organisation soll sich die Vielfalt der Organisationsmitglieder widerspiegeln. Das ist auch eine Sichtweise, die wir in Gesprächen mit Expert_innen von Diversityprogrammen in Kanada und USA wiederfinden konnten: „Wenn Chancen-

Katharina Schiederig und Dagmar Vinz

gleichheit gegeben ist, dann ist Diversity die automatische Konsequenz". Kriti-ker_innen einer solchen Position können aus einer gerechtigkeitstheoretischen Position einwenden, dass Dominanzen von bestimmten Gruppen – z.b. in bestimmten Berufsgruppen oder Führungspositionen – auch gerechtfertigt und das Ergebnis von Entscheidungen, Vorlieben oder unbeeinflusster Wahl sein können (vgl. O'Neill 1993). Um dies auszuschließen, ist eine genauere Untersuchung erforderlich, um die Ursachen für die statistische Unterrepräsentanz zu ermitteln. Die empirische Forschung zu institutioneller Diskriminierung geht daher in zwei Schritten vor:

1. Eine statistische Analyse zu der Frage: Erhalten bestimmte soziale Gruppen systematisch weniger Belohnungen oder Leistungen als klar identifizierbare Vergleichsgruppen?

2. Eingehendere Untersuchungen unter Einbezug qualitativer Verfahren um zu klären, wie die Unterschiede auf der Mikroebene der Organisationen zustande kommen.

Für Analysen dieser Art eignen sich Instrumente, wie sie vor allem bei Gender Mainstreaming-Ansätzen entwickelt wurden. Verwiesen sei hier auf die 4R-Methode (Doblhofer/Küng 2008: 171ff.), das 6-Schritte-Modell (Krell/Mückenberger et al. 2008) oder die verschiedenen Konzepte zur Gender-Analyse (March/Smyth et al. 1999). Was die Instrumente zur Analyse von Projekten oder Maßnahmen angeht, so gibt es in der Genderforschung bereits ein weit entwickeltes Instrumentarium mit einem praktischen Anwendungsbezug (Doblhofer/Küng 2008; Lange 2006). Diversity als Konzept und Strategie kann in dieser Hinsicht von Gender-Analyse und Gender-Mainstreaming-Konzepten lernen. Die vorhandenen Instrumente sind hinsichtlich weitergehender Kategorien der Differenz fortzuentwickeln.

4.4.3   Die mangelnde Verknüpfung von Gender und Diversity in der
         Forschung zu institutioneller Diskriminierung

Die Forschung zu institutioneller Diskriminierung im Bildungssystem bezieht sich primär auf die Dimension Ethnie und problematisiert die mangelnde Ausrichtung von deutschen Bildungsorganisationen auf die Bedürfnisse von Schüler_innen mit Migrationshintergrund. Die Kategorie Geschlecht und die lange währende Debatte um die Benachteiligung von Mädchen im koedukativen Schulsystem wird in diesen Arbeiten nicht berücksichtigt, obwohl sich durchaus interessante Parallelen herstellen lassen. Zunächst besteht eine Gemeinsamkeit darin, dass Bildungseinrichtungen neue Gruppen von Schüler_innen integrieren mussten, ohne darauf vorbereitet zu sein und ohne beraten oder durch Forschung begleitet zu werden. So sind im Zuge der Arbeitsmigration nach Deutschland seit den 60er-Jahren immer mehr Schüler_innen mit Migrationshintergrund eingeschult worden, ohne dass die Schulen mit Konzepten zu deren Inklusion darauf reagiert hätten. Ähnlich wurden bei der Einführung der Koedukation in der Bundesrepublik Ende der 60er-Jahre im Zuge der Bildungsreform keine koedukativen Schulen geschaffen, sondern Mädchen in das Jungenschulsystem aufgenommen. Es wurde kein pädagogisches Konzept entwickelt, keine gesellschaftliche Debatte geführt, kein begleitender wissenschaftlicher Forschungsprozess initiiert, der den Wandel hin zu einer gemeinsamen schulischen Erziehung von Jungen und Mädchen kritisch begleitet hätte. Angesichts der fortbestehenden Diskriminierung von Mädchen in koedukativen Schulen wurde von Beginn an die Chance verpasst, statt der formalen die reale Gleichberechtigung zu erfüllen. Anders als Schüler_innen mit Migrationshintergrund haben Mädchen auch in einigen Punkten vom koedukativen Schulsystem profitiert. Man kann sie nicht pauschal als Verliererinnen der gemischtgeschlechtlichen Bildung bezeichnen: Wenn auch vom Standpunkt der Schulleistungen aus gesehen die Geschichte der Koedukation eine einzige Erfolgsgeschichte der Mädchen ist (bessere Noten, 50% Abiturientinnen, selteneres Sitzenbleiben, weniger Sonderschülerinnen), so setzen Mädchen diese Leistungen nicht in berufliche Erfolge und ein gestärktes Selbstbewusstsein um. Dies ist bedingt durch einen „heimlichen Lehrplan", der den Mädchen in koedukativen Schulen nach wie vor all zu oft eine Normalität weiblicher Unterordnung und männlicher Dominanz vermittelt. Der heimliche Lehrplan wirkt auf der Ebene der Personalstruktur (männliche Autoritätspersonen wie Rektor, Schulrat und Hausmeister; Frauen, die Reproduktionsarbeiten übernehmen), auf der Ebene der Inhalte (diskriminierende klischeehafte Darstellung von Mädchen und Frauen in Schulbüchern) und auf der Ebene der Interaktionsformen (Jungen erhalten mehr Aufmerksamkeit von Lehrer_innen; Jungen bewerten ihre Leistungen als Resultat ihrer Intelligenz, Mädchen als Ergebnis ihres Fleißes).

Um den heimlichen Lehrplan außer Kraft zu setzen, wurde die Unterrichtung von Mädchen in gleichgeschlechtlichen Gruppen gefordert, im Ideal in der Organisationsform einer feministischen Mädchenschule. Gleichgeschlechtliche Gruppen seien – besonders für Mädchen, aber auch für Jungen – geeignet, um die Kategorie Geschlecht „außer Kraft zu setzen", die möglichst große Entfaltung von Unterschiedlichkeit unter den Angehörigen des gleichen Geschlechts zu ermöglichen und das Erleben eines gemeinsamen „Anders-sein" aufzuheben. Kritiker_innen der Idee einer feministischen Mädchenschule argumentieren, dass die koedukative Schulform beibehalten werden sollte, da eine getrennte schuli-

sche Ausbildung von Jungen und Mädchen der falsche Weg und politisch ohne-
hin nicht mehr durchsetzbar wäre. Die geschlechtsspezifische Einteilung und
Trennung bestätige selbst schon das Geschlecht als unabänderbares Prinzip, als
Lebensschicksal.

Die Konsequenz aus der kritischen Debatte um die Koedukation sollte jedoch nicht die organisatorische Trennung der Mädchen sein. Vielmehr sollte der
Blick darauf gelenkt werden, wie sie ihre Palette von Möglichkeiten erweitern
könnten. Die koedukative Schule bedarf also dringender Reformen, um von der
„Ko-Instruktion" zur echten Koedukation zu gelangen. Prinzipiell ist sie aber im
Sinne einer „reflexiven Koedukation" reformierbar, insbesondere durch die Implementierung von Gender Mainstreaming als Strategie der Organisationsentwicklung. Dazu bedarf es:

- der Veränderung von Lehrplänen und Unterrichtsmaterialien (Integration
  von weiblichen Kulturleistungen und Lebensbedingungen von Frauen in den
  Unterrichtsstoff, Schaffung von Identifikationsformen jenseits der traditionellen Rollenbilder insbesondere in den Schulbüchern);
- der Veränderung des Interaktionsgeschehens im Unterricht und des Leh-
  rer_innenverhaltens (gezielte Unterstützung der Mädchen zur verstärkten
  Teilnahme am Unterricht);
- der Veränderung von Organisationsformen (Abbau der geschlechtshierarchi-
  schen Arbeitsteilung im Lehrkörper; grundsätzliche Möglichkeiten für geschlechtshomogene Gruppen, um eine von Rollenstereotypen unabhängige
  Interessenentwicklung zu ermöglichen; stärkere Arbeit in Kleingruppen, in
  denen Mädchen mehr zu Wort kommen und Jungen der Überforderung –
  Stichwort Stärkeimperativ – entgehen).

Reformen sollten die Umsetzung der reflexiven Koedukation beinhalten, die auf
der institutionellen Ebene und der Bewusstseinsebene der Lehrer_innen die Voraussetzungen für die gleichberechtigte Persönlichkeitsentfaltung von Jungen und
Mädchen schafft. Die Frage ist, wie die reflexive Koedukation mit Strategien
zum Abbau institutioneller Diskriminierung von Schüler_innen mit Migrationshintergrund verknüpft werden kann. Hierfür steht die Ausarbeitung von anwen-
dungsorientierten Strategien erst am Anfang. Leicht herstellbare gemeinsame
Ziele bestehen darin, dass in Schulbüchern stereotypisierende Darstellungen von
Mädchen ebenso unterlassen werden wie stigmatisierende Illustrationen von
Menschen mit Migrationshintergrund. Ebenso gilt im Sinne des Leitbilds „Gender plus Diversity = institutionelle Inklusion", dass im Lehrkörper nicht nur
Frauen, sondern auch ethnische und religiöse Minderheiten angemessen vertreten
sein sollten. Im Sinne des Konzepts der Intersektionalität ist auch die häufig

besondere Situation von Schülerinnen mit Migrationshintergrund zu berücksichtigen, die beispielsweise im Hinblick auf das Tragen von Kopftüchern in der Schule oder die Teilnahme am Sport- und Schwimmunterricht und an Klassenfahrten anderen Konflikten (mit der Mehrheitsgesellschaft respektive mit dem Elternhaus) ausgesetzt sind als ihre autochthonen Mitschülerinnen. In einem liberalen Sinne möchten wir im Anschluss an Amartya Sen (Sen 2007) weiter unten ausführlich dafür argumentieren, dass die Schule die Aufgabe hat, die Persönlichkeitsentwicklung in Freiheit zu fördern und dementsprechend dazu zu befähigen, begründete Entscheidungen über die Wahl von Gruppenzugehörigkeiten und die Pflege von Traditionen treffen zu können. In diesem Sinne bilden die Menschenrechte und die Verwirklichung der Grundfreiheiten einen normativen Rahmen für das Leitbild „Gender plus Diversity = institutionelle Inklusion". Entsprechend der „Allgemeinen Erklärung zur kulturellen Vielfalt", verabschiedet 2001 von der UNESCO-Generalkonferenz, gilt: „Niemand darf unter Berufung auf die kulturelle Vielfalt die Menschenrechte und Grundfreiheiten verletzen, wie sie in allgemein anerkannten internationalen Vereinbarungen festgeschrieben sind, noch ihren Umfang einschränken." (Art.4)

4.4.4 Diversity, Multikulturalismus und Sprachförderung in der Schule

In seinem Buch „Die Identitätsfalle" fordert Amartya Sen (2007) in einem streng liberalen Sinne, dass die Schule gerade durch den gemeinsamen Unterricht von Mädchen und Jungen, von Schüler_innen mit und ohne Migrationshintergrund oder mit unterschiedlicher Religionszugehörigkeit dazu befähigen soll, frei darüber zu entscheiden, welche Gruppenzugehörigkeiten und welche Traditionen für sie und ihren eigenen Lebensweg von Relevanz sind. Sen verteidigt damit die Freiheit der bürgerlichen Gesellschaft und betont die Möglichkeit, „zwischen alternativen Identitäten oder Kombinationen von Identitäten" wählen zu können. Dabei unterstreicht er das Recht der Menschen, eigene Prioritäten bei der Wahl von wichtigen Gruppenzugehörigkeiten zu setzen, die für die eigene Identität grundlegend sind. Er betont die grundsätzliche Freiheit, zwischen verschiedenen Bindungen, Loyalitäten und Zugehörigkeiten, die wir empfinden, auszubalancieren. Sen würde also argumentieren, dass beispielsweise Türk/inn/en in Deutschland verschiedene Gruppenzugehörigkeiten haben und nicht auf ihre türkische Identität reduziert werden dürfen. Vielmehr soll die Schule zu Entscheidungen für Identitätsoptionen befähigen, die nach Sen jedoch immer auch unter Budgetzwang getroffen werden, d.h. im Wissen um ein vielfältiges, wiewohl begrenztes Möglichkeitsfeld. Identitätsoptionen sind durch diese Budgetrestriktionen beschränkt, es können nicht alle denkbaren Optionen gelebt werden. Wichtig ist jedoch Sens Perspektive auf Menschen, deren Denk- und Entscheidungsvielfalt im Vordergrund steht. Vielfalt und Multikulturalismus werden nur dann geschätzt, wenn sie von den betreffenden Personen frei gewählt wurden:

> Eine der zentralen Fragen ist dabei, wie die Menschen gesehen werden. Soll man sie einstufen nach den überkommenen Traditionen, speziell der überkommenen Religion der Gemeinschaft, in die sie zufällig hineingeboren wurden, und soll diese ungewählte Identität automatisch Vorrang haben vor anderen Zugehörigkeiten nach politischer Einstellung, Beruf, Klasse, Geschlecht, Sprache, Literatur, sozialem Engagement und sonstigen Verbindungen? Oder soll man sie begreifen als Menschen mit vielen Zugehörigkeiten und Verbindungen, über deren Prioritäten sie selbst entscheiden (und wofür sie die Verantwortung aufgrund einer wohlerwogenen Wahl übernehmen) müssen? (ebd.: 159)

Sen votiert klar für die zweite Variante und betont damit, dass Menschen nicht nur Wurzeln haben, sondern auch Füße. Damit unterstützt Sens Verständnis von Multikulturalismus das, was in einem bekannten Zitat des Dramatikers Georg Bernhard Shaw zum Ausdruck kommt: „Tradition ist eine Laterne, der Dumme hält sich an ihr fest, dem Klugen leuchtet sie den Weg." Bei Sen heißt es weiter:

> In eine bestimmte soziale Umgebung hineingeboren zu sein ist an sich, wie schon erwähnt, keine Ausübung kultureller Freiheit, denn es handelt sich nicht um einen Wahlakt. Die Entscheidung hingegen, an der traditionellen Lebensweise festzuhalten, wäre eine Ausübung von Freiheit, falls die Wahl nach der Erwägung anderer Alternativen getroffen wird (ebd.: 166).

Der Schule kommt daher die zentrale Rolle zu, das Individuum zu befähigen, mit verschiedenen Wahlmöglichkeiten in einer zunehmend multikulturellen Gesellschaft souverän umzugehen. Anders als bei den anerkannten nationalen Minderheiten in Deutschland wie den Dänen oder Sorben geht es im staatlichen Bildungs- und Erziehungsauftrag im Hinblick auf zugewanderte Kinder nicht um den Erhalt der kulturellen Identität als Ziel der Schulpolitik. Es sind eben nicht identitätsspezifische Minderheitenrechte vorgesehen, die zur Verfestigung kultureller Identitäten beitragen. Vielmehr geht es in Bezug auf Kinder mit Migrationshintergrund darum, individuelle Handlungsoptionen zu eröffnen, die die Entscheidung für Assimilation oder identitätswahrende Integration einschließen. Wie die Rechtswissenschaftlerin Christine Langenfeld (Langenfeld 2001) herausstellt, hat das Kind mit Migrationshintergrund mit dem grundgesetzlich verankerten Recht auf freie Entfaltung seiner Persönlichkeit das Recht auf eine Schulpolitik, die die Verwurzelung der jugendlichen Migrant/inn/en in Sprache und kultureller Überlieferung ihrer Herkunftskultur anerkennt und entsprechende Bildungsangebote macht, die den Erhalt dieser Kompetenzen ermöglichen. Da ein Kind mit Migrationshintergrund der assimilatorischen Wirkung der öffentlichen Schule ohne Ausweichmöglichkeit ausgesetzt sei, besteht nach Langenfeld die Aufgabe darin, den sprachlichen Anliegen anderssprachiger Schüler_innen zumindest durch ein den Regelunterricht ergänzendes Angebot entgegenzukommen. Langenfeld stellt in den Vordergrund, dass die Schule damit Kindern und Eltern die Wahloption zwischen Assimilation und identitätswahrender Integration eröffnen soll. Darüber hinaus den Erhalt der kulturellen Identität als Ziel der Schulpolitik durch den Ausbau eines weiter gehenden minderheitenschutzrechtlichen Instrumentariums zu sichern und durch die Gewährung identitätsspezifischer Rechte (im Sinne weiter gehender verfassungstheoretischer Konzepte der Multikulturalität) kulturelle Identitäten von zugewanderten Minderheiten zu verfestigen, ist im Rahmen des deutschen Rechts nicht vorgesehen. Doch auch für den Auftrag, die Wahlmöglichkeit zwischen Assimilation und identitätswahrender Integration zu eröffnen, sind die Schulen nach wie vor nicht ausreichend ausgestattet. Insbesondere das Angebot von Fremdsprachen der nach Deutschland zugewanderten Migrant/inn/en ist mangelhaft. Daher sollen nun mit Bezug auf die Konzepte der institutionellen Diskriminierung und Diversity strategische Perspektiven aufgezeigt werden.

4.5   „Gender plus Diversity" als Perspektive für die Organisationsentwicklung

Im Kontext des gesellschaftlichen Wandels, in dem ethnische und sprachliche Vielfalt Einzug in die Unterrichtsräume gefunden haben und soziale Herkunft ebenso wie Geschlecht strukturierende Bedeutung für die Wahrscheinlichkeit schulischen Erfolgs und für die Berufswahl haben, stellt sich die Frage, ob die Verknüpfung von Gender Mainstreaming und Diversity Management als Strategie der Organisationsentwicklung Perspektiven für den Weg von der „fragmentierten" zur „integrierten Schule" eröffnen kann. Diversity, bisher ein „Fremdwort" (Hansen 2003) für die meisten deutschen Bildungsorganisationen, hat – in den USA genauso wie im europäischen Ausland – zunehmend eine handlungsleitende Relevanz für Schulen und Universitäten. Schulen als lernende Organisationen zu konzipieren hieße in diesem Kontext, dass Bildungsorganisationen ihre Leistungen auch an Zielvorgaben der Inklusion und Gleichheit zu messen haben. Vergleichende Analysen über Strategien zur Entwicklung einer multikulturellen Organisation verweisen ebenso wie Strategien des „Gender Mainstreaming" darauf, kompensatorische Förderstrategien nicht als isolierte Zusatzaufgabe zu konzipieren, sondern direkt in Prozesse der Organisationsentwicklung und des Qualitätsmanagements aufzunehmen.

Gomolla (2005) zeigt hierzu in einer vergleichenden Studie zu England, Deutschland und der Schweiz, dass drei Elemente für Strategien gegen institutionelle Diskriminierung wichtig sind, z.b. im Rahmen eines Prozesses der Organisationsentwicklung mit Diversity Management: 1. die Vermittlung eines fundierten Wissens über Vorurteile, Diskriminierung und Ungleichheit und die Sensibilisierung von Schüler/inne/n und Lehrer/inne/n; 2. klare politische Vorgaben (in England z.b. durch „Ethnic Monitoring"[2], eine verbindliche Gleichstellungsgesetzgebung und die Ausarbeitung von Handlungsplänen) und 3. die permanente Evaluation beispielsweise durch Controlling- und Monitoringsysteme.

Zu den Best Practices und Instrumenten der Organisationsentwicklung, die in Forschung und Politik vorgeschlagen werden (Gomolla 2005; Hameyer 2006; Heinrich-Böll-Stiftung Berlin 2004), gehören für den schulischen Bereich zu den meist genannten:

- eine Organisationsberatung für ein „Inklusions-Monitoring" zur Qualitätssicherung, vergleichbar dem „Ethnic Monitoring";
- die Förderung einer Schulkultur der Anerkennung und des gegenseitigen Respekts;
- die Etablierung von Wahl- und Wahlpflichtbereichen, um „Diversity Lernen" als Unterrichtsprinzip zu etablieren und auf die Heterogenität der jeweiligen Lerngruppe gezielt eingehen zu können (z.b. in England durch die Etablierung des Faches „Citizenship Studies");
- der Umgang mit Mehrsprachigkeit als Spezial- und Querschnittsaufgabe und eine stärkere Verbindung von Sprach- und Leistungsförderung für Schüler_innen mit Migrationshintergrund;
- die bessere Einbindung und Vernetzung der Schule in das gesellschaftliche Umfeld und die Zusammenarbeit mit den Eltern (die Schule als „Community Center").

5   Fazit

So zeigt sich, dass der Ansatz „Gender plus Diversity" eine interessante Perspektive für den Abbau von Ungleichheiten im Schulalltag, aber auch in der Bildungspolitik, darstellt. In diesem Beitrag konnte angedeutet werden, wie das

---

[2] Ethnic Monitoring umfasst die fortdauernde statistische Evaluation der Schulleistungen und -abschlüsse nach den Kriterien Geschlecht, sozio-ökonomischer Status, ethnische Zugehörigkeit etc.

Paradigma „Gender plus Diversity = institutionelle Inklusion" den Blick für Vielfalt, für Fortbildungsbedarf, für die Intersektionalität von Klasse, Herkunft und Geschlecht öffnen könnte. Im Rahmen von Gender plus Diversity können Erfahrungen mit Koedukation mit Strategien zum Abbau institutioneller Diskriminierung von Schüler_innen mit Migrationshintergrund verknüpft werden.

Der Schule kommt daher die zentrale Rolle zu, das Individuum zu befähigen, mit verschiedenen Wahlmöglichkeiten in einer zunehmend diversen Gesellschaft souverän umzugehen. Damit sind Wahlmöglichkeiten zwischen verschiedenen Geschlechterrollen, Assimilation oder identitätswahrender Integration, und anderen Identitätsdimensionen und Lebensentscheidungen gemeint.

Schulen können auf umfangreiche Erfahrungen in Wirtschaft, Verwaltung und Politik mit den Strategien des Gender Mainstreaming (in Verwaltung und Politik) und des Diversity Management (in der Wirtschaft) zurückgreifen, um als lernende Organisationen das Paradigma „Gender plus Diversity = institutionelle Inklusion" umzusetzen.

Allerdings stellen sich auch für den Bereich der Schulentwicklung Herausforderungen in Bezug auf das Verhältnis von „Equity" und „Efficiency", wie Gomolla (2006: 55f.) am englischen Beispiel zeigt. Denn Gender Mainstreaming und Diversity Management wollen ja immer beides: Equity im Sinne von Chancengleichheit bzw. Gerechtigkeit, sowie Efficiency im Sinne ökonomischen Nutzens und der besseren Funktionsweise von Organisationen. Parallel zu den umfangreichen gleichstellungspolitischen Maßnahmen hat Gomolla für England beobachten können, dass die Entscheidungen für Marktsteuerung und Ökonomisierung des Bildungswesens dazu beitragen, dass Schulen Fördermittel gezielt für die Gruppen von Schüler_innen verwenden, die das Gesamtresultat der Schule im nationalen Bildungsranking verbessern – zu Ungunsten einer Förderung von Jugendlichen aus benachteiligten Gruppen, die zudem Lernbehinderungen oder Verhaltensauffälligkeiten aufweisen. Somit bestehen unter den Bedingungen der Marktsteuerung des Bildungssystems und des hohen Stellenwerts der Performanz einer Schule neue Ausgrenzungs- und Spaltungsrisiken. Es ist eine Aufgabe zukünftiger Forschung herauszuarbeiten, wie erfolgreich Policies der Chancengleichheit unter den Bedingungen einer stärkeren Marktsteuerung von Bildungsorganisationen sein können.

Literatur

Andresen, Sünne/Koreuber, Mechthild/Lüdke, Dorothea (2009): Gender und Diversity. Albtraum oder Traumpaar. Interdisziplinärer Dialog aktueller Tendenzen der "Modernisierung" von Geschlechter- und Gleichstellungspolitik, Wiesbaden: VS Verlag für Sozialwissenschaften

Autorengruppe Bildungsberichterstattung (2008): Bericht Bildung in Deutschland 2008. Ein indikatorengestützter Bericht mit einer Analyse zu Übergängen im Anschluss an den Sekundarbereich I, in: http://www.bildungsbericht.de/daten2008/bb_2008.pdf.

Bayreuther, Frank (2007): Diskriminierungsschutz und Gleichbehandlung im Arbeitsleben – Eine rechtswisssenschaftliche Analyse der Diskussion über das AGG, in: Krell, Gertraude/Barbara Riedmüller/Barbara Sieben/Dagmar Vinz (Hrsg.): Diversity Studies. Grundlagen und disziplinäre Ansätze, Frankfurt am Main/New York: Campus, 179-200.

Benz, Wolfgang/Widmann, Peter (2007): Langlebige Feindschaften - Vom Nutzen der Vorurteilsforschung für den Umgang mit sozialer Vielfalt, in: Krell, Gertraude/Barbara Riedmüller/Barbara Sieben/Dagmar Vinz (Hrsg.): Diversity Studies: Grundlagen und disziplinäre Ansätze, Frankfurt am Main/New York: Campus, 35-48.

Bienfait, Agathe (2006): Im Gehäuse der Zugehörigkeit. Eine kritische Bestandsaufnahme des Mainstream-Multikulturalismus. Wiesbaden: VS Verlag.

Cox, Taylor (1993): Cultural Diversity in Organizations: Theory, Research and Practice, San Francisco: Berrett-Koehler.

Crenshaw, Kimberle Williams (1989): Demarginalizing the Intersection of Race and Sex, in: University of Chicago Legal Forum.

Crenshaw, Kimberle Williams (1991): Mapping the Margins: Intersectionality, Identity Politics, and Violence Against Women of Color, in: Stanford Law Review, H. 6, 1241-1299.

Doblhofer, Doris/Küng, Zita (2008): Gender Mainstreaming. Gleichstellungsmanagement als Erfolgsfaktor. Ein Praxisbuch, Heidelberg: Springer.

Feagin, Joe E./Booher Feagin, Clairece (1986): Racial and Ethnic Relations. New Jersey: Prentice Hall.

Flam, Helena (Hrsg.; 2007): Migranten in Deutschland. Statistiken - Fakten - Diskurse, Konstanz: UVK.

Fuchs, Martin (2007): Diversity und Differenz – Konzeptionelle Überlegungen, in: Krell, Gertraude/Barbara Riedmüller/Barbara Sieben/Dagmar Vinz (Hrsg.): Diversity Studies: Grundlagen und disziplinäre Ansätze, Frankfurt am Main: Campus, 18-34.

Gomolla, Mechtild (2005): Schulentwicklung in der Einwanderungsgesellschaft. Strategien gegen institutionelle Diskriminierung in England, Deutschland und der Schweiz, Interkulturelle Bildungsforschung, Band 14, Münster/New York/Berlin/München: Waxmann.

Gomolla, Mechtild (2006): Strategien gegen institutionelle Diskriminierung von Schüler/innen mit Migrationshintergrund. Modelle aus europäischen Nachbarländern, in: Archiv für Wissenschaft und Praxis der sozialen Arbeit: Vierteljahreshefte zur Förderung von Sozial-, Jugend- und Gesundheitshilfe, H. 4, Chancengleichheit in Deutschland - eine Illusion, 50-62.

Gomolla, Mechtild/Radtke, Frank-Olaf (2002): Institutionelle Diskriminierung. Die Herstellung ethnischer Differenz in der Schule, Opladen: VS Verlag für Sozialwissenschaften.

Hameyer, Uwe (2006): Diversität im Schulentwicklungsprozess, in: Journal für Schulentwicklung H. 2, 24-30.

Hansen, Katrin (2003): "Diversity" - ein Fremdwort in deutschen Arbeits- und Bildungsorganisationen?, in: Belinzki, Eszter/Katrin Hansen/Ursula Müller (Hrsg.): Diversity Management. Best Practices im internationalen Feld, Münster: Lit-Verlag, 155-205.

Heinrich-Böll-Stiftung Berlin (2004): Schule und Migration. 6. Empfehlung der Bildungskommission der Heinrich-Böll-Stiftung, in: http://www.migration-boell.de/downloads/migration/Bildungskomm_Empfehlung.pdf.

Hormel, Ulrike (2007): Diskriminierung in der Einwanderungsgesellschaft. Begründungsprobleme pädagogischer Strategien und Konzepte, Wiesbaden: VS Verlag für Sozialwissenschaften.

Hormel, Ulrike/Scherr, Albert (2004): Bildung für die Einwanderungsgesellschaft. Perspektiven der Auseinandersetzung mit struktureller, institutioneller und interaktioneller Diskriminierung. Wiesbaden: VS Verlag für Sozialwissenschaften.

Klein, Uta (2006): Geschlechterverhältnisse und Gleichstellungspolitik in der Europäischen Union. Akteure - Themen - Ergebnisse. Wiesbaden: VS Verlag für Sozialwissenschaften.

Knapp, Gudrun-Axeli (2005a): 'Intersectionality' - ein neues Paradigma feministischer Theorie? Zur transatlantischen Reise von 'Race, Class, Gender', in: Feministische Studien, H. 1, 68-81.

Knapp, Gudrun-Axeli (2005b): Race, Class, Gender. Reclaiming Baggage in Fast Travelling Theories, in: European Journal of Women's Studies, H. 3, 249-265.

Krell, Gertraude (2008): Diversity Management: Chancengleichheit für alle und auch als Wettbewerbsfaktor, in: Krell, Gertraude (Hrsg.): Chancengleichheit durch Personalpolitik. Gleichstellung von Frauen und Männern in Unternehmen und Verwaltungen. Wiesbaden: Gabler, 63-80.

Krell, Gertraude/Mückenberger, Ulrich/Tondorf, Karin (2008): Gender Mainstreaming: Chancengleichheit (nicht nur) für Politik und Verwaltung, in: Krell, Gertraude (Hrsg.): Chancengleichheit durch Personalpolitik. Gleichstellung von Frauen und Männern in Unternehmen und Verwaltungen, Wiesbaden: Gabler.

Krell, Gertraude/Riedmüller, Barbara/Sieben, Barbara/Vinz, Dagmar (Hrsg.; 2007): Diversity Studies: Grundlagen und disziplinäre Ansätze, Frankfurt am Main: Campus.

Lange, Ralf (2006): Gender-Kompetenz für das Change Management, Berlin/ Stuttgart/Wien: Haupt.

Langenfeld, Christine (2001): Integration und kulturelle Identität zugewanderter Minderheiten: eine Untersuchung am Beispiel des allgemeinbildenden Schulwesens in der Bundesrepublik Deutschland, Tübingen: Mohr Siebeck.

March, Candida/Smyth, Ines/Mukhopadhyay, Maitrayee (1999): A Guide to Gender-Analysis Frameworks, Oxford: Bertrams Print on Demand.

McCall, Leslie (2005): The Complexity of Intersectionality, in: Signs: Journal of Women in Culture and Society, H. 3, 1771-1800.

Meuser, Michael/Neusüß, Claudia (2004): Gender Mainstreaming. Konzepte, Handlungsfelder, Instrumente. Berlin: Bundeszentrale für politische Bildung.

Miera, Frauke (2008): Politikempfehlung: Bildungspolitische Herausforderungen in Deutschland im Kontext von Migration. EMILIE, Forschungsprojekt, Finanziert von der Europäischen Kommission, Sechstes Rahmenprogramm.

O'Neill, Onora (1993): Wie wissen wir, wann Chancen gleich sind?, in: Rössler, Beate (Hrsg.): Quotierung und Gerechtigkeit. Eine moralphilosophische Kontroverse. Frankfurt am Main/New York: Campus, 143-157.

Phillips, Anne (1995): The Politics of Presence. Oxford: Clarendon Press.

Rehberg, Karl-Siegbert (Hrsg.; 2006): Soziale Ungleichheit, kulturelle Unterschiede: Verhandlungen des 32. Kongresses der Deutschen Gesellschaft für Soziologie in München, Frankfurt am Main: Campus.

Sen, Amartya (2007): Die Identitätsfalle. Warum es keinen Krieg der Kulturen gibt. Bonn: Beck.

Smykalla, Sandra/Vinz, Dagmar (Hrsg.; 2011, in Vorbereitung): Intersektionalität zwischen Gender und Diversity. Theorien, Methoden und Politiken der Chancengleichheit, Münster: Lit-Verlag.

Steele, Claude M. (1997): A threat in the air: How stereotypes shape intellectual identity and performance, in: American Psychologist, H. 6, 613-629.

Wagner, Dieter/Sepehri, Paivand (1999): Managing Diversity – Alter Wein in neuen Schläuchen, in: Personalführung, H. 5, 18-22.

Wieviorka, Michel (1995): The Arena of Racism, London: Sage Publications.

Winker, Gabriele/Degele, Nina (2009): Intersektionalität. Zur Analyse sozialer Ungleichheiten, Bielefeld: transcript.

Autor_innenverzeichnis

Uli Boldt

Uli Boldt, Jahrgang 1951, arbeitete nach Beendigung seiner Referendarzeit im Jahre 1974 als Sekundarstufen-I-Lehrer an der Martin-Niemöller-Gesamtschule in Bielefeld. Er unterrichtete dort die Fächer Mathematik, Wirtschafts- und Gesellschaftslehre. Zu den inhaltlichen Schwerpunkten seiner schulischen Arbeit gehörten u.a. die Themen „Berufsorientierung und Lebensplanung für Mädchen und Jungen" sowie „Jungenarbeit als Teil der geschlechterbewussten Bildung". Seit dem 1. August 2004 arbeitet Uli Boldt mit einer halben Stelle als Lehrer im Hochschuldienst (LiH) bei der Fakultät für Erziehungswissenschaften der Universität Bielefeld.

Kontakt: dorulina@t-online.de

Ilse Brehmer

Ilse Brehmer, Jahrgang 1937, promovierte 1978 in München zu dem Thema „Implizite Theorien in der Sozialisationsforschung" und habilitierte 1986 über „Der ambivalente Alltag von Lehrerinnen". Ihre Themenbereiche sind geschlechtsspezifische Sozialisation in der Schule und Geschichte der Frauenbildung. Bis 2001 hatte sie eine Professur für Systematische Pädagogik an der Universität Graz inne.

Kontakt: ilse.brehmer@arcor.de

Jürgen Budde

Dipl. Päd., Dr. Phil. Jürgen Budde, Jahrgang 1968, publiziert und lehrt vor allem zum Bereich Gender und Schule. Weitere Schwerpunkte sind Peer-Interaktionen in der Schule, soziale Ungleichheitsforschung und Übergang von der Schule in den Beruf.
   Im Fachbereich Erziehungswissenschaft der Universität Hamburg erlangte er 2004 die Promotion. Seit 2008 ist er wissenschaftlicher Mitarbeiter am Zen-

trum für Schul- und Bildungsforschung der Martin-Luther Universität zu Halle-Wittenberg.

Kontakt: juergen.budde@zsb.uni-halle.de

Waltraud Cornelißen

PD Dr. Waltraud Cornelißen, geb. 1949, absolvierte 1973 das Studium des Lehramts mit Erstem und zweitem Staatsexamen für das Lehramt an Grund- und Hauptschulen. Darauf folgte von 1974 bis 1983 ein Studium der Soziologie mit Promotion zu Dr. rer. pol. an der Gesamthochschule Universität Duisburg.

Seit 1987 war Cornelißen Leiterin des Forschungsbereichs Politik/ Medien/Öffentlichkeit am Institut „Frau und Gesellschaft" in Hannover. Dort forschte sie zu Mediengebrauch, Männlichkeits- und Weiblichkeitsbildern in den Medien, zu Gleichstellungspolitik und zu politischer Partizipation von Männern und Frauen. Am Institut für Soziologie der Carl von Ossietzki-Universität Oldenburg erlangte sie 1997 die Habilitation.

Nach der Leitung von der Abteilung „Geschlechterforschung und Frauenpolitik" am Deutschen Jugendinstitut e.V. in München (1999 bis 2006) übernahm Cornelißen die Leitung der Forschungsgruppe Gender und Lebensplanung. Ihr aktuelles Forschungsprojekt (Laufzeit 2007 - 2010) bezieht sich auf Karriereverläufe von Frauen in Paarbeziehungen.

Kontakt: cornelissen@dji.de

Michael Corsten

Dr. Michael Corsten ist Professor für Soziologie an der Universität Hildesheim. Sein Studium absolvierte er in den Fächern Soziologie, Volkswirtschaftslehre, Wirtschafts- und Sozialgeschichte und Philosophie an den Universitäten Bielefeld und Marburg. Er arbeitete als wissenschaftlicher Mitarbeiter am Max-Planck-Institut für Bildungsforschung und am Sonderforschungsbereich 580 der Universitäten Halle und Jena. Seine Arbeitsschwerpunkte sind Lebenslauf- und Generationsforschung, Bildungs- und Berufssoziologie, Methoden der qualitativen Sozialforschung und Soziologie der populären Kultur(en).

Kontakt: corsten@uni-hildesheim.de

Elke Gramespacher

Dr. phil. Elke Gramespacher, Diplom-Pädagogin sowie Grund- und Hauptschullehrerin, promovierte 2007 an der Albert-Ludwigs-Universität Freiburg zu „Gender Mainstreaming in der Schul(sport)entwicklung". Seit 2000 ist sie wissenschaftliche Mitarbeiterin bei verschiedenen Projekten zum Thema Sport, Gender und Integration, zum Beispiel „Geschlecht als Kategorie sozialer Ordnung an Schulen – eine empirische Analyse als Grundlage für die Umsetzung von Gender Mainstreaming", und seit 2008 leitet sie die Servicestelle „Dual Career Couples" an der Eberhard-Karls-Universität Tübingen.

Weitere Arbeitsschwerpunkte sind Berufliche Förderung sozial benachteiligter Jugendlicher, Subjektive Didaktik, Sportpädagogik und Sportdidaktik, Koedukation im Schulsport, Interkulturelles Lernen im und durch Sport.

Kontakt: elke.gramespacher@uni-tuebingen.de

Heike Kahlert

Heike Kahlert absolvierte ihr Diplom-Studium der Soziologie mit den Nebenfächern Allgemeine Volkswirtschaftslehre, Psychologie und Neuere Deutsche Literaturwissenschaft an der Universität Hamburg und schloss die Promotion an der Fakultät für Soziologie der Universität Bielefeld als Doktorin der Sozialwissenschaften (Dr. rer. soc.) ab. Sie war u.a. als wissenschaftliche Mitarbeiterin an den Universitäten Hamburg und Greifswald und als wissenschaftliche Assistentin am Institut für Soziologie und Demographie der Universität Rostock tätig und hatte Gastprofessuren am Fachbereich Politikwissenschaft und Soziologie der Paris-Lodron-Universität Salzburg sowie am Zentrum für Interdisziplinäre Frauen- und Geschlechterstudien (ZIF) der HAWK Hochschule für angewandte Wissenschaft und Kunst Fachhochschule Hildesheim/Holzminden/Göttingen und der Stiftung Universität Hildesheim (Maria-Goeppert-Mayer-Programm für internationale Frauen- und Genderforschung) inne. Zurzeit ist sie Projektleiterin am Institut für Soziologie und Demographie der Universität Rostock. Ihre Forschungsschwerpunkte umfassen die Transformationen des Wissens in der Moderne, Geschlechterverhältnisse und sozialer Wandel im Wohlfahrtsstaat, Soziologie der Bildung und Erziehung sowie die Gleichstellungsbezogene Organisations- und Personalentwicklung im Public-Profit-Bereich.

Kontakt: heike.kahlert@uni-rostock.de

Dorothea Krüger

Dorothea Krüger studierte an der Universität Bremen und Carl v. Ossietzky Universität Oldenburg. Den Abschluss Diplom Sozialwissenschaftlerin erlangte sie mit dem Thema „Lebensrealität und Lebensorientierung von Frauen in der Nachkinderphase". Im Anschluss war sie wissenschaftliche Mitarbeiterin an der Universität Oldenburg im Forschungsprojekt „Chances in the Life Patterns of Families in Europe" (Leitung: Prof. Dr. Rosemarie Nave-Herz), wissenschaftliche Assistentin am Institut Frau und Geschlecht in Hannover (Leitung: Prof. Dr. Rosemarie Nave-Herz, Prof. Dr. Carol Hagemann-White). Durch Mitarbeit und Leitung wirkte sie zwischen 1987 und 1999 Drittmittel geförderten Forschungsprojekten bei: DDR-Lesebücher, Frauen im Alter, Ein-Elternfamilien. Die Promotion folgte 1990 zu „Alleinleben in einer paarorientierten Gesellschaft". Bis 2001 war sie Projektmitarbeiterin an der Universität Hannover des DFG-Projekts „Späte Mütter". Seit 2001 ist sie wissenschaftliche Mitarbeiterin im Fach Soziologie an der Universität Hildesheim. Zu ihren Schwerpunkten in Forschung und Lehre gehören: Familien- und Lebensformen, Soziale Ungleichheit und Geschlecht, Gewalt im familiären Kontext.

Kontakt: krueger@uni-hildesheim.de

Katharina Schiederig

Dipl. Pol. Katharina Schiederig ist wissenschaftliche Mitarbeiterin in der Arbeitsstelle für Gender und Diversity am Otto-Suhr-Institut für Politikwissenschaft der Freien Universität Berlin. Sie ist Diplom-Politologin und hat einen Master in Entwicklungsökonomie an Sciences Po Paris absolviert. Ihre Arbeitsschwerpunkte sind Arbeit, Geschlecht, Entwicklung und neue Informationstechnologien. In ihrer Doktorarbeit beschäftigt sie sich mit Gender und Diversity an der Schnittstelle zwischen Gewerkschaften und transnationalen Unternehmen.

Kontakt: katharina.schiederig@fu-berlin.de

Nora Schulze

Nora Schulze, M.A., Jahrgang 1977, schloss 2006 ihr Magisterstudium in Erziehungswissenschaft und evangelischer Theologie an der Universität Osnabrück ab. Von 2005 bis 2007 war sie Mitarbeiterin im Evaluationsprojekt „Genderbeauftragte in der Schule". Seit August 2007 ist sie wissenschaftliche Mitarbeiterin am Institut für Erziehungswissenschaft (Universität Osnabrück) im Fachgebiet Schulpädagogik. In Ihrer Dissertation befasst sie sich mit Peer-Kultur zwischen institutioneller Rahmung, pädagogischer Einflussnahme und eigendynamischer Gestaltung. Weitere Arbeitsschwerpunkte sind Jugendforschung und schulische Sozialisation.

Kontakt: nschulze@uni-osnabrück.de

Heidi Schrodt

Heidi Schrodt, Jahrgang 1950, studierte Englisch und Deutsch für das „Lehramt an Höheren Schulen" an der Universität Wien, das sie 1974 abschloss. Bis 1992 lehrte sie an Wiener AHS (Allgemeinbildenden Höheren Schulen).
    Bereits 1985 beschäftigte sie sich intensiv mit geschlechtsspezifischen Aspekten im Kontext Schule. Seit September 1992 ist sie Direktorin im Bundesrealgymnasium Rahlgasse 4 in Wien. Ihre Arbeitsschwerpunkte sind Organisationsentwicklung an Schulen, Geschlecht und Schule sowie Weiterentwicklung der Koedukation. Im Oktober 2005 erhielt sie den Wiener Frauenpreis. 2008 bis 2009 war sie Mitglied der ExpertInnenkommission der österreichischen Unterrichtsministerin. Seit September 2008 ist Heidi Schrodt Lehrbeauftragte an der PH Niederösterreich.

Kontakt: heidi.schrodt@gmail.com

Dagmar Vinz

Prof. Dr. Dagmar Vinz ist Professorin für Politikwissenschaft mit dem Schwerpunkt Gender und Diversity am Otto-Suhr-Institut für Politikwissenschaft der Freien Universität Berlin. Sie ist Wissenschaftliche Leiterin des weiterbildenden Masterstudiengangs „Gender und Diversity Kompetenz". Prof. Vinz hat zahlreiche Veröffentlichungen zu Gender und Diversity vorgelegt; sie ist u.a. Mitherausgeberin des Sammelbandes „Diversity Studies. Grundlagen und disziplinäre Ansätze". Ihre Schwerpunkte sind Gender und Diversity, Nachhaltigkeit, Arbeit und politische Ökonomie.

Kontakt: dagmar.vinz@fu-berlin.de

Manuela Westphal

Dr. phil. Manuela Westphal ist apl. Professorin. Sie war bis zum WS 2010 Juniorprofessorin für Allgemeine Pädagogik und Geschlechterforschung an der Universität Osnabrück. Von 2008 bis 2009 hatte sie eine Gastprofessur für Heterogenität und Bildung an der Universität Augsburg. Sie arbeitete zus. m. Dr. Sedef Gümen als wissenschaftliche Mitarbeiterin von 1991-1997 im DFG-Forschungsprojekt »Familienorientierung, Frauenbild, Bildungs- und Berufsmotivation von eingewanderten und westdeutschen Frauen und Familien in interkulturell-vergleichender Perspektive« (Leitung: Prof. Dr. Leonie Herwartz-Emden). In den Jahren 1999-2002 übernimmt sie nach einer beruflichen Weiterbildung im Bereich Organisations- und Personalentwicklung eine Koordinierungsstelle zur beruflichen und betrieblichen Frauenförderung in Niedersachsen. Ihre aktuellen Arbeitsschwerpunkte sind Sozialisationsforschung, Migration und Gender sowie interkulturelle Bildungs- und Integrationsforschung.

Kontakt: mwestphal@uni-kassel.de

Katharina Willems

Nach dem ersten Staatsexamen im Lehramt für die Oberstufe promovierte Katharina Willems 2006 zum Thema „schulische Fachkulturen und Geschlecht". Von 2000 bis 2007 war sie wissenschaftliche Mitarbeiterin in verschiedenen Forschungsprojekten an der Universität Hamburg. Danach arbeitete sie als freiberufliche Wissenschaftlerin und Mitbegründerin des Hamburger Bildungsinstituts für Theorie und Praxis „Steuerboard".

Seit 1998 hatte Katharina Willems regelmäßige Lehraufträge an verschiedenen deutschen und österreichischen Universitäten. Im August 2008 begann sie ihre Tätigkeit im Hamburger Schuldienst an der bilingualen Gesamtschule Stellingen.

Kontakt: kwillems@gmx.de